نورو آموزش

راهنمای جامع سیستم‌های آموزشی جدید و مغز محور

با توجه به ذهن، مغز ، علوم آموزشی

نویسنده:

تریسی توکوهاما اسپینوزا

مترجم:

نغمه کشاورز MPSY

K.P.H Group

ونکوور ۲۰۲۳

سریال کتاب: P2315390122

عنوان: نورو آموزش

زیر نویس عنوان: راهنمایی جامع برای آموزش جدید مغز محور

نویسنده: تریسی توکوهاما اس پی نوزا

مترجم: نغمه کشاورز

صفحه آرا: نرگس تاج الدینی

طراح جلد: محبوبه لعلپور

شابک: ISBN: 978-1-990760-66-2

موضوع: آموزشی، علمی

مشخصات کتاب: Paperback Book , A5

تعداد صفحات: ۲۷۲

تاریخ نشر در کانادا: نوامبر ۲۰۲۳

Kidsocado Publishing House

خانه انتشارات کیدزوکادو

ونکوور، کانادا

تلفن: +1 (833) 633 8654

واتس آپ: +1 (236) 333 7248

ایمیل: INFO@KIDSOCADO.COM

وبسایت انتشارات: HTTPS://KIDSOCADOPUBLISHINGHOUSE.COM

وبسایت فروشگاه: HTTPS://KPHCLUB.COM

قوی سیاه فرهنگ ایران

آیا تا کنون یک قوی سیاه دیده‌اید؟

آیا شما هم باور دارید که تنها قوی سفید وجود دارد؟ باور به وجود قوی سیاه شاید دور از ذهن باشد؟ شاید هنوز یک قوی سیاه به چشم ندیده‌اید؟ قبل از کشف استرالیا هیچکس نمی‌دانست که قوی سیاه وجود دارد و همه خیال می‌کردندکه امکان‌پذیر نیست اما زمان کشف استرالیا قوی سیاه که قویی بسیار زیبا و کمیاب بود دیده شد. و بسیاری از مردم باور کردند که قوی سیاه نیز وجود دارد.

و ما، یعنی خانه انتشارات کیدزوکادو، قوی سیاه را در فرهنگ ایران بوجود آوردیم. قوی سیاهی که امکان وجود و باورش سخت بود.

هم‌زبانان ما نیز شاید از وجود یک انتشارات رسمی خارج از ایران که این امکان را به پدیدآورندگان یک اثر فرهنگی برای انتشار اثرشان در سراسر دنیا بدهد و همچنین دسترسی به کتاب فارسی را به علاقمندان کتاب در سراسر دنیا آسان کند، خبر نداشتند و انتشار و تهیه کتاب فارسی از یک بستر جامع مانند قوی سیاه غیر ممکن به نظر می‌رسید.

افتخار داریم که سهم کوچکی در گسترش فرهنگ غنی‌مان داریم و امکان انتشار آثار به فارسی و هر زبان دیگری را برای اولین بار برای نویسندگان فارسی‌زبان میسر کردیم. امکان جهانی‌شدن پیامشان و رسیدن صدایشان به دنیا را...

و اما برای ما غربت‌نشینان، سفارش کتاب فارسی از **آمازون** و یا هر وبسایت کتاب‌فروشی و دریافت‌اش درب خانه، لحظه گشودن آن بسته، بوی کتاب و ارتباط با زبان مادری بسان دیدن قوی سیاه شگفت انگیز است.

در رسالت ما یعنی، در دسترس گذاشتن سریع و آسان، آثار و فرهنگ غنی ایران و معرفی نویسندگان ایرانی به فرزندان ایران، به کتاب دوستان ایرانی و به تمام دنیا، همراه ما باشید.

بخوانید تا دنیا را احساس کنید. **Read the words feel the world.**

خانه انتشارات کیدزوکادو

قوی سیاه برگرفته از کتاب قوی سیاه نوشته نسیم طالب

مقدمه مترجم:

نیاز به داشتن آگاهی در زمینه‌های روانشناسی، علوم اعصاب، و سیستم‌های آموزشی برای معلمان امروز در مدارس بسیار مهم است. یک علمی که از ادغام و هماهنگی این سه تشکیل شده است به معلمان کمک می‌کنند تا بهترین رویکردها و روش‌های آموزشی را در کلاس‌های خود به کار بگیرند و به دانش‌آموزان خود یاددهند. در ادامه توضیحاتی در مورد اهمیت هر یک از این علوم برای معلمان ارائه می‌شود:

روانشناسی:

درک افراد: دانش روانشناسی و رفتار شناسی به معلمان کمک می‌کند تا بهترین شیوه‌ها برای درک نیازها، علایق، و توانایی‌های دانش‌آموزان خود را پیدا کنند. درک احساسات کمک می‌کند که دلایلهر واکنشی را درک کنند. این اطلاعات می‌تواند به معلمان کمک کند تا درس‌ها را به شکلی طراحی کنند که با علایق و نیازهای دانش‌آموزان هماهنگ باشد.

مدیریت رفتار: معلمان می‌توانند از مباحث روانشناسی در مدیریت رفتار دانش‌آموزان استفاده کنند. درک رفتار و انگیزه دانش‌آموزان می‌تواند به بهبود مدیریت کلاس و حفظ نظم در محیط آموزشی کمک کند.

علوم اعصاب:

درک عملکرد مغز: علوم اعصاب به معلمان اطلاعاتی در مورد چگونگی عملکرد مغز و یادگیری ارائه می‌دهد. این اطلاعات معلمان را قادر می‌سازد تا رویکردهای آموزشی مبتنی بر علوم اعصاب را به کار بگیرند تا یادگیری دانش‌آموزان را تسهیل کنند.

اهمیت نیازهای فیزیکی: درک اعصابی نیازهای فیزیکی دانش‌آموزان می‌تواند به معلمان کمک کند تا بهترین شرایط برای یادگیری فراهم کنند، مثلاً برای کنترل استرس و اضطراب در دانش‌آموزان.

سیستم‌های آموزشی:

درک سیستم‌های آموزشی: آگاهی از سیستم‌های آموزشی مختلف و تاریخچه آموزش از معلمان خواسته می‌شود تا بتوانند بهترین رویکردهای آموزشی را انتخاب کنند و در محیط‌های آموزشی مختلف عمل کنند.

تطابق با نیازهای جامعه: معلمان باید بتوانند سیستم‌های آموزشی را با نیازهای جامعه و اجتماع هماهنگ کنند تا به دانش‌آموزان کمک کنند تا به شکلی مؤثر در جامعه موفق باشند.

در نهایت، داشتن آگاهی از روانشناسی، علوم اعصاب، و سیستم‌های آموزشی به معلمان ابزارهای قدرتمندی برای بهبود یادگیری و توسعه دانش‌آموزان می‌دهد. ادغام دانش‌ها به معلمان کمک می‌کنند تا به شکل بهتری با چالش‌ها و نیازهای متنوع دانش‌آموزان در مدارس امروزی برخورد کنند و برای تربیت نسلی با استعداد و آماده به مواجهه با چالش‌های جامعه کمک کنند.

خانم تریسی توکوهوما اسپنوزا یک علم جدید را معرفی می‌کند به نام MBE که در این کتاب به آن پرداخته شده است.

خواندن این کتاب را به تمام افرادی که در هر کدام از این سه زمینه فعالیت دارند توصیه می‌شود و همینطور معلمین، مدیران، مسئولان و دست اندرکاران مدارس و دانشگاه‌ها و طراحان سیستم‌های آموزشی خواندن این کتاب توصیه می‌شود.

مباحثی که در این کتاب بصورت بسیار متفاوتی ارایه شده است شامل نورو آموزش، مراحل رشد شناختی، و همینطور جدا سازی آنچه تا کنون بصورت غلط در ذهن عموم شکل گرفته از واقعیت شناخت مغز است. به طور مثال اینکه ما فقط از ده درصد مغزمان استفاده می کنیم و یا بعضی افراد چپ مغزند و بعضی راست مغز و در این کتاب به این می پردازیم که آیا واقعاً دلایل شهودی و علمی برای اثبات این اعتقادات شکل گرفته در ذهن مردم وجود دارد یا خیر.

پیشگفتار

از جودی ویلیس[۱]، MD, Med

نیاز به تحلیل تحقیقات پژوهش‌ها درباره‌ی ذهن و مغز مرتبط و ارتباطشان با آموزش، هرگز هیچ‌وقت تا این اندازه حیاتی نبوده است. مربیان آموزگاران به روش‌هایی نیاز دارند، که با استفاده از آن‌ها بتوانند داده‌ها، بیشترین حجم اطلاعاتی بسیاری را شامل مطالب کاربردی که برای موفقیت دانش‌آموزان در آزمون‌های استاندارد، به ایشان می‌توانند پاسخ‌گو باشند، آموزش دهند. تا به امروز هیچ آزمون برنامه‌ی زمانی یا هزینه‌ای مالی وجود نداشته که بتواند نتوانسته است. تمایزی میان برنامه‌ها، چارچوب‌های درسی یا مشاورانی که ادعا می‌کنند مدعی مداخله‌ی مبتنی بر مغزی ارائه‌ی دروس بر پایه‌ی شناخت مغز می‌کنند، (از تمایز تفاوت و مدیریت رفتاری گرفته تا گسترش بالا بردن قدرت حافظه کاری وی و بحث افزایش نمرات در امتحان و آزمون) برقرار کند، تفکیک قائل شود. این نگرانی‌ها در این‌باره باید برآورده برطرف شوند، اما از آنجا اکثر به سبب آن که معلمان در زمینه‌ی دانش، پیش زمینه‌ی آگاهی و دانش لازم کافی برای ارزیابی تجزیه و تحلیل کیفیت تحقیقات برچسب‌گذاری شده روی این محصولات تجاری مشهور در این زمینه را ندارند، نیاز به همکاری با کارشناسان متخصصی با تخصص‌های علوم اعصاب و روانشناسی شناختی برای ارزیابی روش‌های مورد استفاده‌شان در تحقیق و تفسیر داده‌ها دارند برای‌شان ضروری به نظر می‌رسد. کتاب علم ذهن، مغز و آموزش تربیت می‌تواند همان کتابی منبعی باشد که مربیان و محققان به آن نیاز دارند تا از داده‌های تحقیقاتی آن را در فعالیت‌های روزانه‌شان در

---

[۱] born on 1967 / Judy Willis

روش‌های کاری روزانه‌شان (چه در آزمایشگاه‌ها و چه در کلاس‌های درس) استفاده کنند، چه در آزمایشگاه‌های تحقیقاتی و چه در کلاس‌های درس. در این کتاب، تریسی توکوهاما اسپینوزا[1] در این کتاب از تخصصشاش در زمینه‌ی حوزه‌ی علوم اعصاب، سال‌های سابقه‌ی تدریسش در کلاس درس مدرسه و پیشینه‌ی اداری آکادمیک‌اش و دانشگاه و نیز همچنین تحقیق روی پژوهش درباره‌ی بیش از ۴۵۰۰ مورد استفاده می‌کند، او از این طریق مقیاسی نتایجی ارائه می‌کند.

داده که می‌تواند پشتوانه‌ی بیشترین حمایت را از دهها استراتژی راهکار و شیوه‌های تدریس داشته باشد. توکوهاما اسپینوزا با موفقیت به تحقیقات موفق، دقیق، پیچیده و فراوانی می‌پردازد و با دقت از این رهگذر به اهدافش در این کتاب می‌رسد، و سبب خواندنی بودن کتاب نیز همین است؛ این همان چیزی است که این کتاب را خواندنی کرده، چرا که زیرا به همه‌ی افراد کمک می‌کند به بهترین شکل ممکن چگونگی ارتباط در درک اینکه آموزش چطور می‌تواند به بهترین وجه با پردازش اطلاعات در مغزی را دریابند، مرتبط باشد، کمک می‌کند. انتخاب نکات برجسته‌ی این اثر، از آنجائی که این کتاب در هر صفحه‌اش حاوی اطلاعات مفید و قدرتمندی پُرباری را در خود جای داده است، انتخاب نکات برجسته در آن حقیقتاً چالش بزرگی است. مطمئناً خوانندگان مطمئناً فصولی را خواهند یافت که بسیار با سطح میزان علایق و تخصصشان مرتبط است، بسیار مرتبط هستند. همچنین آموزگاران و فعالان عرصه‌ی مربیانی که در عرصه‌ی آموزش فعال هستند. این کتاب را برای ارزیابی به کارگیری بهترین ابزارها و مشاورانه‌های آن‌ها و نیز پیدا کردن مداخلاتی که به بهترین وجه برای مناسب‌ترین روش‌های آموزشی‌شان مناسب باشد، کتابی مفید خواهند یافت، سودمند خواهند دید. ارزیابی روش شناختی تحقیق توسط پژوهشی توکوهاما اسپینوزا به همه‌ی کسانی که دردست‌اندرکاران حوزه‌ی بهبود کیفیت و افزایش لذت آموزش یادگیری از طریق بهترین شیوه‌های تدریس، برنامه‌های مؤثر درسی مؤثر، ارزیابی ارزشیابی آموزنده سازنده و تکنیک‌های راهکارهای صحیح برنامه‌ریزی فعال هستند. کمک می‌کند بیشترین میزان مفاهیم قابل انتقال را به دانش‌آموزان منتقل کنند. در بخش، «معلمان

[1] December 29, 1963 (age 59 years) / Tracey Tokuhama-Espinosa

بزرگ چه می‌کنند و چرا کار می‌کنند؟ »، معلمان از کشف شواهد علمی که پایه‌های مبانی عصبی مرتبط با مهم‌ترین بهترین موفقیت‌های آموزشی‌شان را شرح می‌دهند، خوشحال خواهند شد. مربیان با مطالعه‌ی این کتاب از کاربردهای علمی تحقیقات مربوطه آگاه خواهند شد، زیرا توکوهاما اسپینوزا یافته‌های نظری، تجربی و عملی را ترکیب و شفاف‌سازی می‌کند که توسط حوزه‌ی فرا رشته‌ای ذهن، مغز و آموزش تربیت روشن شده کرده است، ادغام و شفاف می‌کند. از آنجا که به سبب آنکه توکوهاما اسپینوزا تحلیل‌گر دقیقی است، می‌توان به برنامه‌هایشی که ارائه می‌کند اعتماد کرد. یکی از اهداف من به عنوان یک متخصص فعال در حوزه‌ی علوم و مغز و اعصاب، که معلم کلاس درس آموزگار هم هستم، یکی از اهدافم، استفاده از سوابقم تجربیاتم در حوزه‌ی علوم اعصاب، این دانش برای از میان برداشتن و از بین بردن افسانه‌های علوم اعصاب و کاربردهای به کار بردن نادرست نتایج تحقیقات آزمایشگاهی پژوهش‌های آزمایشگاهی بود، که برای حمایت پشتیبانی از کالاهای محصولات تجاری معیوب، و پرهزینه و دردسرساز و برنامه استفاده می‌شد. به قول خود نویسنده اذعان می‌کند که او در این کتابش به دنبال «طرح سؤالات سخت مشکل در حوزه‌ی آموزش است؛ پرسش‌هایی که معمولاً با روش‌های متعارف مانند نیازهای متمایز متفاوت دانش‌آموزان، انواع جدید مشکلات در مسیر یادگیری و چالش‌های آموزشی را در بر می‌گیرد که پاسخ‌های رضایت بخشی به آن‌ها داده نشده است، توام شده‌اند. » البته با نگاهی رویکردی تازه و درک این نکته که نیاز به اصلاح آن‌ها ضروری است.

یکی از بهترین ویژگی‌های دانشمندان برتر، تمایلشان به ادامه‌ی ارزیابی و تحلیل مجدد دوباره‌ی چیزی موضوعی است، که تصور می‌شود، درست است. فصل چهارم به موضوع «نوراسیت» (افسانه‌های عصبی) می‌پردازد. که در حال حاضر اکنون به نوعی، یک نقصض در فرآیند آموزشی تلقی می‌شود، به حساب می‌آید، مانند بحث راست و چپ مغز که درباره‌ی بحث میزان توجه دانش‌آموزان مطرح می‌شود. توکوهاما اسپینوزا پیامدهای منفی را که نتایج به کارگیری این افسانه‌ها هستند، را شناسایی می‌کند. دانشمندان این فصل را به اندازه‌ای قدری مستند خواهند یافت، که ممکن است در برخی از مفروضات خود که را از طریق توضیحات ارائه شده درباره‌یتحقیقات اخیر در زمینه‌های همپوشانی خارج از تخصص خود تجدید نظر کنند. تحلیل‌های توکوهاما

اسپینوزا به محققان درباره زمینه‌های خاص، یافته‌های تحقیقاتی میان رشته‌ای مرتبط برای تقویت، اصلاح یا گسترش فرضیات تازه‌ی محققان، یافته‌های میان رشته‌ای نوپایشان ارائه می‌دهد. از توکوهاما اسپینوزا هم بابت اطلاعاتی که در این کتاب در اختیارمان قرار می‌دهد و همچنین برای خرد، فداکاری، اشتیاق و شفقتی که برای خلق در راه آفرینش این اثر به کار برده ممنون هستم. مطمئنم اطمینان دارم که اثر «علم ذهن، مغز و تربیت آموزش: راهنمایی جامع برای آموزش جدید مغز محور»، همه‌ی کسانی را که شانس مجال مطالعه‌ی این کتاب را داشته باشند، هیجان‌زده خواهد کرد.

پیشگفتار نویسنده

ما در زمانی روزگاری زندگی می‌کنیم، که برای دانستن برخی اصول اولیه و رعایت برخی تعدادی از استانداردهای خاص ناچاریم در زمینه‌های گوناگون به مراجعه به متخصصان در زمینه‌های مختلف هستیم مراجعه کنیم. برخلاف نسل‌های پیشین گذشته، نسل‌هایی که در دورهی زندگیشان پارامترها سنجش آسان سهل‌تر بوده و آموزش صرفاً به اطلاعات یک مربی یا معلم وابسته بود، نسل جدید به نیازمند دستورالعمل‌های روش‌های بسیار سخت‌گیرانه‌تر و پیشرفته‌تری نیازمند است، چرا که نسبت به قبل، افراد انسآن‌های بیشتری در شکل دادن به شخصیت یک فرد حرفه‌ای فعال نقش دارند. در قرن هفدهم، ممکن بود یک پینه‌دوز در کنار خیابانی می‌توانست کفش بی‌کیفیتی بدوزد، در حالی که پینه‌دوز بغل دستی‌اش کفشی به مراتب بهتر بسازد و کیفیت‌اش به دلیل دانشی بود که او به عنوان شاگردی فرا گرفته بود. در حالی که امروزه برای آن‌که در هر حوزه به موفقیت برسیم، باید دوره‌های مختلف گوناگون کارآموزی را بگذرانیم، معیارهای جمعی اجتماعی بسیار بیشتری در مورد ارزش یک حرفه را فرابگیریم و مقررات بیشتری را که برای کیفیت تک تک ابعاد هر تخصص مطرح می‌شود، فراموش نکنیم. موضوعی که همگی از آن بهره‌مند خواهیم شد، رجوع به متخصصان برای کسب دانش و مهارت و کسب آگاهی از نگرش‌های رویکردهای اصلی مهم، به معنای خدمات، تمرین و توجه بهتر بیشتر است، چیزی که همگی از آن منتفع خواهیم شد. این مسئله در مورد همه‌ی حرفه‌ها صدق می‌کند. چه تولید کفش، چه حوزه‌ی علوم اجتماعی، چه پزشکی و... حداقل کم‌ترین آگاهی، دانش اصلی در هر

حرفه به پیشرفت کلی جامعه نیز کمک می‌کند. اما همه‌ی این‌ها چطور بر شکل‌گیری یک حرفه‌ای تأثیر می‌گذارد؟ از طریق دست‌یابی به الزامات دانش الزامات اصلی و کلیدی دانش به عنوان مثال، مطالعه‌ی روانشناسی مدرن به مبانی خاصی از نظر دانش اصلی وابسته است. فرض کلی بر این است که حرفه‌ای‌های این رشته، کم‌ترین درکی حداقلی از موضوعاتی چون مانند آگاهی، ادراک، عواطف، شخصیت، رفتار، شناخت و روابط بین فردی داشته باشند. این الزام نه تنها در طی دهه‌ها بلکه طی قرون گذشته هیچ‌گاه تغییر نکرده است. روانشناسان در طول دهه‌ها، همواره سیر روند فرآیندهای ذهنی مانند ادراک، حافظه، گفتار و اندیشه، سازماندهی حرکت و عمل را در انسان مطالعه کرده‌اند. صدها دوره برای دانشجویان رشته‌ی روانشناسی در دانشگاه‌ها تهیه برگزار و مباحث زیادی تدریس شده و هزاران کتاب در این‌باره رابطه به توصیف شخصیت، گفتار و رفتار انسان پرداخته‌اند. مطالعه‌ی دقیق همه‌ی این حوزه‌ها در زمینه‌ی علوم رفتاری، اطلاعات، با ارزش غیر قابل برآوردی را به دنبال داشت و سرنخ‌های مهمی از ماهیت قوانین علمی حاکم بر این فرآیندها ارائه کرده است. به همین ترتیب، در علوم اعصاب شناختی نیز علی‌رغم رشته‌ی تحصیلی علوم اعصاب شناختی جوان‌تری[۱] نسبت به رشته‌ی روانشناسی جدیدتر است، اصول تخصصی ویژه‌ای را مطرح کرده است. علوم اعصاب به طور کلی بر شناخت سیستم دستگاه عصبی، مغز، و درک نورون‌ها، سیناپس‌ها و انتقال دهنده‌های عصبی متمرکز است (که هر کدام به نوبه‌ی خود می‌توانند حوزه‌های تخصصی دیگری به دنبال داشته باشند، شامل می‌شوند مانند: فیزیولوژی عصبی[۲]، نوروآناتومی[۳]، نوروفارماکولوژی[۴]، و علم عصب مولکولی[۵]). مطالعات حوزه‌ی عصب‌شناسی معمولاً شامل کلاس‌هایی مباحثی درباره‌ی شبکه‌های عصبی، سیستم‌های دستگاه‌های حسی و کنترل حرکتی (مثل مانند علوم دانش شناخت اعصاب سیستم‌ها دستگاه‌ها) می‌شود. فراتر از این مبانی علم اعصاب، این علم

---

۱ cognitive neuroscience
۲ neurophysiology
۳ neuroanatomy
۴ Neuropharmacology
۵ Neuroscience

به مطالعه‌ی چگونگی یادگیری، و حافظه و مکانیسم‌های سازوکارهای شناختی و برانگیختگی می‌پردازد که مستقیماً به علوم اعصاب رشدی، علوم اعصاب رفتاری و به ویژه علوم اعصاب شناختی مرتبط هستند. در مقوله‌ی آموزش، بحث مبحث برنامه‌های درسی را داریم، برنامه‌هایی که با ظهور شیوه‌های تازه، واسطه‌ی تربیت معلمان مدرن دچار تغییراتی شده‌اند. زمانی که بیش از ۲۰ سال پیش، زمانی که در مقطع کارشناسی ارشد در رشته‌ی آموزش در دانشگاه هاروارد تحصیل می‌کردم، عمده‌ی و بیشترین تمرکزم بر مطالعه درباره‌ی برنامه‌های درسی تطبیقی بین‌المللی بود، اما لازمه‌ی این مطالعات آن بود، که درباره‌ی در مورد شیوه‌های تدریس، برنامه‌ریزی، ارزیابی، تحقیقات پژوهش‌های آموزشی، فلسفه و فناوری اطلاعات آگاهی داشته باشم؛ البته کاربرد این اطلاعات در مورد گروه‌های سنی مختلف را نیز بدانم. زمانی که وقتی در سال ۲۰۰۸، در مقطع دکترا فارغ‌التحصیل شدم، تمرکز اصلی من روی علم ذهن، مغز و آموزش بود، خلاقیتی که به من امکان داد عناصر روانشناسی و علوم اعصاب را به یک برنامه‌ی آموزشی پایه، عناصر روانشناسی و علوم اعصاب اضافه کنم. این برنامه قطعاً برنامه‌ای میان رشته‌ای بود و از ترکیب دوره‌های پایه، مفاهیم، دانش‌ها، مهارت‌ها و نگرش‌هایی شکل می‌گرفت، که به طور سنتی معمولاً در رشته‌های علوم اعصاب، روانشناسی و آموزش یافت می‌شدند، شکل می‌گرفت.

(تصویر P1 تصویر۱)

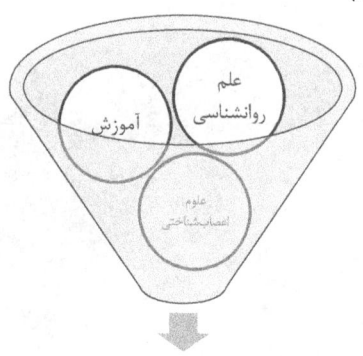

علم
آموزش
علم ذهن، مغز، آموزش

رشته‌ی جدید تازه‌ی علم ذهن، مغز و آموزش در واقع نشان دهنده‌ی پارامترهای و متغیرهای جدیدی است؛ که شامل سؤالات دشوار درباره‌ی آموزش را نشان می‌دهد که به روش‌های متعارف به آن‌ها پاسخ داده نشده است. نیازهای متمایز متفاوت دانش‌آموزان، انواع جدید مشکلات تازه را در مسیر یادگیری و چالش‌های آموزشی که نتوانسته‌اند، پاسخ‌های رضایت‌بخشی دریافت کنند، نیازمند نگاهی و رویکردی تازه به دیدگاه‌های جدید هستند. از نظر پالمر[۱]«شیوه‌ی تشخیصی که ما وضعیت دانش‌آموزان‌مان را به واسطه‌ی آن تشخیص می‌دهیم، نوع درمانی را که ارائه می‌کنیم در نظر می‌گیریم، تعیین می‌کند.» (ص ۴۱). من به شخصه، شخصاً اعتقاد دارم روشی که با آن بتوانیم تحلیل مسائل مشکلات یادگیری را تحلیل کنیم. از طریق به‌کارگیری مباحث رشته‌ی جدید علم ذهن، مغز و آموزش دقیق‌تر و کامل‌تر می‌شود. به حداکثر رساندن پتانسیل توانایی‌های هر دانش‌آموز به معنای تشخیص واضح نقاط قوت و ضعف، مشکلات پیش رو و هدایای کشف استعدادهای فردی است و نیزکه نیاز به اصلاح و تمرکز است و این امر به هیچ عنوان این کار به هیچ عنوان کار ساده‌ای نیست و نخواهد بود.

۱ (1997) / Palmer

تصویر P.۲ دانش اصلی در علم ذهن، مغز و آموزش

در گذشته تدریس در گذشته کار ساده‌تری بود. صد سال پیش شاید تنها افراد ثروتمند و مرفه، آرزوی تحصیل داشتند. اما امروزه اعلامیه‌ی منشور جهانی حقوق بشر (ماده‌ی ۲۶) عنوان کرده است. همه‌ی افراد (اعم از شامل ثروتمند، فقیر، باهوش و معمولی...) به شکلی طور مساوی و برابر حق دارند در کلاس‌های درس حضور یابند. در عصر حاضر نه تنها دانش‌آموزان با طیف بسیار وسیعی از توانایی‌ها به کلاس‌های درس می‌آیند، بلکه در مقایسه با گذشته کودکان بیشتری در کلاس‌های درس حاضر می‌شوند. که نیازمند کمک، توجه و راهنمایی ما معلمان برای شکوفایی استعدادهایشان

و تحقق بخشیدن پتانسیل‌هایشان هستند. همچنین این انبوه تفاوت‌ها میان کودکان، پویایی افزون‌تری طلب می‌کند. ارائه می‌کند که پیش‌تر در تاریخ آموزش وجود نداشته سابقه نداشته است و اگر شیوه‌ی استفاده‌ی درست از موقعیت‌ها را بدانیم و از ایجاد چالش‌ها دلسرد نشویم، این امر می‌تواند، نوید بخش پربار شدن تجربیات در امر یادگیری غنی‌تری ارائه می‌کنند باشد، اگر بدانیم چطور باید از موقعیت‌ها استفاده کنیم و از چالش‌ها ناراحت نشویم و به همین دلیل، منابع موجود در رشته‌ی علم ذهن، مغز و آموزش با ایجاد دسترسی به منابع معتبر می‌تواند دیدگاه عمیقی در این‌باره ارائه کند.

مقدمه

این کتاب نقطه‌ی اوج چندین سال اجماع، بحث و گفت‌وگوی در میان متخصصانی است که از رشته‌های متفاوت در سرتاسر جهان گرد هم آمده‌اند. و در نقش معلمی که بیش از ۲۰ سال تجربه‌ی کار با کودکان سطح پیش‌دبستانی از مدرسه تا جوانانی دانشجو از سطوح دانشگاهی در ۱۷ کشور جهان را دارند نوشته‌ام، در سال ۲۰۰۷ تصمیم گرفتم از انزوا طلبی دست بردارم از نقطه‌ی امن خود خارج شده و تحصیلاتم را در مقطع دکترا در رشته‌ای جدید تکمیل کامل کنم، علم ذهن، مغز و آموزش(MBE)[۱]. این تحقیق و تأمل، مرا به زمینه‌هایی مباحثی از درباره‌ی علوم اعصابی و روانشناسی وارد کرد، که پیش از آن تا آن زمان هرگز با این موضوعات آشنا نبودم. متوجه شدم باید با واژگان و زبان جدید و نیز پروتکل‌های اصول متفاوتی از تعامل میان همتایانی که این رشته را مطالعه می‌کنند، سازگار شوم. با وجود آنکه سابقه‌ی تدریس دروس دانشگاهی درباره‌ی حوزه‌ی مبانی مغز و آموزش یادگیری داشتم و با ادبیات عمومی آشنا بودم، ابتدای در بدو ورودم به این رشته با اصطلاحات متعدد گوناگون پزشکی، آناتومی مغز و اصطلاحات بیولوژیکی زیستی و تکنولوژیکی فناوری مواجه شدم که معمولاً توسط اساتید استادان رشته‌ی علم MBE استفاده می‌کنند، مواجه شدم. با این وجود حال از اولین لحظات تحصیلی و آغاز تحصیل، عمیقاً تحت تأثیر فروتنی فکری نظریه‌پردازان اصلی این رشته قرار گرفتم، که هرگز فرصت اصلاح پیش فرض‌هایم را از من نگرفتند. در واقع هرچه اساتید استادان این حوزه رشته شناخته شده‌تر و دارای دانش عمیق‌تری بودند، در زمان ارائه‌ی پیشنهادات یا نقد عبارات استفاده شده در مقالاتم، میزان سخاوت فکری بالاتری بیشتری از خود نشان می‌دادند. در پایان سال ۲۰۰۷، توانستم ۳۹ نفر از متخصصانی را شناسایی کنم که اغلب در این رشته مطرح سرآمد بودند. متخصصان حوزه‌ی دانش MBE (علم ذهن، مغز،

---

[۱] Mind, Brain, and Education science

آموزش) از دو زمینه‌ی فکری اصلی سرچشمه گرفته‌اند، می‌آیند. یا گروهی هستند که در دو زمینه از سه زمینه‌ی اصلی این علم تبحر داشته دارند و شناخته شده هستند، یا به طور خاص خصوصاً در حوزه‌ی MBE این رشته فعال و شناخته شده‌اند. هویت داشته و متخصصان شناخته شده‌ای هستند. به عنوان مثال، مایکل پوزنر[۱]، هم در روانشناسی و هم در علوم اعصاب تخصص دارد و همچنین به دلیل همکاری‌اش با معلمان نیز شهرت دارد. یا به شکلی مشابه، کارت فیشر[۲] به همین شکل در حوزه‌ی رشته‌ی روانشناسی تحصیل کرده است، اما مقالات و کتب بی‌شماری درباره‌ی علم MBE وجود دارد. با توجه به وضعیت به دلیل نوظهور بودن این علم، تعداد محدودی متخصصان کم‌شماری در این حوزه وجود دارند که می‌توان گفت به معنای واقعی در این زمینه تخصص دارند و سرآمد هستند. ۳۹ کارشناس متخصص این رشته به پنل دلفی دعوت شدند. از اعضای متخصص و مفسران میان آنان دلفی[۳]، دانیل انصاری، مایکل آترتون، ویرجینیا برنینگر، جین برنشتاین، سارا جین بلیکمور، جان تی بروئر، رنه نوملا کین، دونا کوچ، دیوید دانیل، استانیسلا دیهان، ماریان دایموند، کرت فیشر، هوارد گاردنر، جان گیگ، اوشا گوسوامی، کریستینا هینتون، پل هوارد جونز، مری هلن ایموردینو، اریک جنسن، جل جولز، هیداکی کویزومی، مایکل پوزنر، مارک شوارتز، ریتا اسمیلکستین، دیوید سوزا و جودی ویلیس[۴] صمیمانه تشکر می‌کنم. لازم می‌دانم تشکر ویژه‌ای نیز داشته باشم از رابرت سیلوستر[۵] که متن نهایی را بررسی کرد، و پاتریشیا ولف[۶] که بازرخوردهای مهمی در مورد همه‌ی طول جوانب مسیر انجام کار ارائه منعکس کرد. سپاس‌گزاری ویژه نمایم. کارشناس وظیفه‌ی ارائه‌ی نظر را بر عهده گرفتند و تعدادی از کارشناسان دیگر در مورد نتایج نهایی اظهار نظر کردند. این کارشناسان از نُه کشور (آرژانتین، استرالیا، کانادا، فرانسه، آلمان، ژاپن، هلند، بریتانیا و ایالات متحده) گرد هم جمع شده بودند آمدند، که نه تنها باعث شد ماهیت کار انجام گرفته غیر از

---

[۱] Michael Posner

[۲] Kurt Fischer

[۳] The Delphi method is a structured communication technique or method/ Delphi

[۴] Daniel Ansari, Michael Atherton, Virginia Berninger, Jane Bernstein, Sarah-Jayne Blakemore, John T. Bruer, Renate Nummela-Caine, Donna Coch, David Daniel, Stanislas Dehaene, Marian Diamond, Kurt Fischer, Howard Gardner, John Geake, Usha Goswami, Christina Hinton, Paul Howard-Jones, Mary Helen Immordino-Yang, Eric Jensen, Jelle Jolles, Hideaki Koizumi, Michael Posner, Marc Schwartz, Rita Smilkstein, David Sousa, and Judy Willis

[۵] Robert Sylwester

[۶] Patricia Wolfe

میان‌بین رشته‌ای باشد، بلکه بین‌المللی نیز شود. ماه‌ها تبادل نظر میان این کارشناسان منجر به ارائه پارامترهایی متغیرهای برای رشته‌ی جدید علم MBE شد، که برای ارزیابی وضعیت فعلی آموزش مغز محور مورد استفاده قرار گرفتند و نتایج‌شان آن‌ها در این کتاب به اشتراک گذاشته خواهند شد در اختیار علاقه‌مندان قرار خواهد گرفت. لازم به ذکر خاطر نشان می‌کنم اطلاعات ارائه شده دارای بالاترین سطح کیفیت هستندکاربرد را دارند و من نهایت کوشش تمام تلاشم را برای انعکاس نتیجه‌گیری گروه انجام دادم به کار بسته‌ام. اگر خطایی در این اثر مشاهده می‌کنید، صرفاً نتیجه‌ی قصور بنده من است. مشخصات کامل کارشناسان را می‌توانید در پیوست B مشاهده کنید.

این کتاب در ۹ نُه فصل سازمانده تنظیم شده است، که از تعریف اساسی علم MBE در فصل اول آغاز شده و به نقش فرد در بهبود روند تدریس در فصل نهم می‌رسد و منتهی می‌شود. در فصل دوم درباره‌پنج حقیقت کاملاً تثبیت شده ثابت شده‌ی این رشته‌ی جدید بحث می‌کنیم و نیز مباحث مفهومی کلیدی در این رشته را روشن می‌کنیم. در فصل سوم به تشریح روشی را شرح می‌دهیم می‌پردازیم که به یاری آن روند آموزش طی قرون گذشته به واسطه‌ی آن تکامل یافته است. او به وضعیت فعلی در مورد چگونگی یادگیری مغز رسیده است. در فصل چهارم نمایی کلی از اهداف و استانداردهای علم MBE ارائه می‌کنیم و ۲۴ نکته‌ی عصب‌شناسی را مطرح می‌کنیم که در حال حاضر فرآیند آموزش را آزار می‌دهد، با اختلال مواجه کرده و به معلمان درباره‌پیامدهای منفی که نتیجه‌ی اعمال این موارد به معلمان است، هشدار می‌دهیم. فصل پنجم درباره‌چیستی، چرایی و چگونگی ابعاد مختلف یادگیری انسان در دانش MBE بحث می‌کنم. فصل ششم، هشت مهارت اصلی بقا و زندگی انسانی مرتبط با دانش MBE (تأثیرگذاری، همدلی، احساسات و انگیزه، کارکردهای اجرایی و تصمیم‌گیری، تشخیص چهره و تفسیر، حافظه، توجه، شناخت اجتماعی، مدیریت متوالی فضایی و سازمان‌دهی زمانی–ترتیبی) را شناسائی می‌کند و چگونگی تأثیرشان بر فرآیند آموزش و یادگیری را توضیح می‌دهد. در فصل هفتم چگونگی انتقال اطلاعات نتایج آزمایشگاهی به کلاس درس شرح داده می‌شود و در مورد بهترین منابع موجود درباره‌یرشته‌های آکادمیک دانشگاهی زبان و ریاضی بحث می‌شود،(از جمله تعداد انگشت شماری از مداخلات تثبیت شده و برنامه‌های اصلاحی که این علم از آن‌ها به واسطه‌ی علم ذهن، مغز و تربیت پشتیبانی می‌شوند) مورد بررسی قرار می‌گیرد. در فصل هشتم، اصول جهانی اصلی علم MBE که پایه‌ی اصول بهترین روش تدریس را شکل می‌دهند مرور می‌کنیم و نهایتاً، کتاب با در نظر گرفتن این نکته که تمامی این اطلاعات

همه‌ی این‌ها برای یک معلم جدید و تازه‌کار یا یک کارآموز تا چه اندازه می‌تواند معنایی داشته و کاربردی باشد، چطور هر کدام از این نقش‌ها در قالب هنر و تدریس نمود می‌یابند، به پایان می‌رسد. برای نگارش این کتاب نتایج هزاران مطالعه بررسی و تحلیل شده است، که فضا اجازه‌ی اشاره به همگی آن‌ها را نمی‌دهد و مجال گنجاندن تمامی آن‌ها در این مقال وجود ندارد. در صورت اقتضا، هر جا لازم باشد در پاورقی‌ها به برخی نمونه‌های مطالعاتی مورد اشاره قرار خواهند گرفت و در موارد دیگر نقل قول‌ها یا عبارتی مستقیماً و در جریان داخل متن مورد استناد قرار می‌گیرند. واژه‌نامه و ضمائم شامل مباحثی در مورد چالش‌های ارتباطی است، که متخصصان علوم اعصاب، روانشناسی و آموزش در صورت درگیر شدن در رشته‌ی جدید علم مغز، ذهن و تربیت با آن‌ها مواجه می‌شوند. ضمیمه‌ی A چندین نشریه، انجمن، کنگره، مجله، و کنفرانس‌هایی را معرفی می‌کند که در آن‌ها به این رشته پرداخته شده است. در نهایت نیز فهرستی از برخی رهبران و نظریه پردازان اصلی رشته‌ی علم ذهن، مغز، تربیت آموزش در ضمیمه‌ی B ارائه می‌شود. این کتاب صرفاً آغاز یک شروع راه است. زمانی که هنری فورد[1] صنعت خودروسازی را پایه‌گذاری کرد، هشدار داد: «این صرفاً یک شروع است و گرد هم آمدن شروع کار است. فعالیت گروهی کنار هم نگه داشتن، پیشرفت محسوب می‌شود. کار کردن در کنار هم، موفقیت است.». در علم MBE باید به همان اندازه‌ی کافی محتاط باشیم. آینده‌ی این رشته در دست همه‌ی کسانی است، که چالش‌های پیش روی معلمان در کلاس‌های درس را می‌پذیرند و آن‌ها را با نگاهی نگاهی جدید و تازه به آن‌ها می‌نگرند، دارند. یک رویکرد جدید به در امر آموزش رویکردی است که توسط علوم اعصاب و روانشناسی ارائه می‌شود. رویکردی که ممکن است تنها دیدگاه‌های راهکارهای لازم ضروری برای مقابله با مشکلات دنیای مدرن و نوین، پیچیده و چالش برانگیز آموزش را مطرح کنند.

[1] Henry Ford / ۱۸۶۳-۱۹۴۷

فهرست مطالب

فصل هفتم   ۲۱۵

فصل هشتم   ۲۳۷

فصل نهم

فصل اول

مقدمه

این کتاب مقدمه‌ای است، بر تولد و به وجود آمدن رشته‌ی تازه‌ی آکادمیک دانشگاهی جدید علم MBE (ذهن، مغز و تربیت)[1]است. که این مفهوم ذهن، مغز و آموزش را تعریف کرده می‌کند و درباره‌اش توضیح می‌دهد. البته نباید آن این اثر را دفاعیه یا استدلال درباره‌ی ابداع علم MBE بر این رشته دانست، زیرا مسلماً پیش از ما، دیگران نیز پیش‌تر در این مورد هم در این‌باره نظرات بسیاری بیان مطرح کرده‌اند. این کتاب همچنین اثر پیش رو تعریف نوع جدیدی از علم عصب‌شناسی، روانشناسی و علوم مطالعه‌ی اعصاب زیستی نیست را معرفی نمی‌کند، چرا که پیش‌تر نویسندگان باتجربه‌تری در این موارد هر آنچه چه را لازم بوده است در این خصوص گفته‌اند و عنوان کرده‌اند. در واقع این کتاب حاضر، راهنمایی برای معلمان وظیفه‌شناسی است، که تمایل دارند و علاقه‌مندند عملکردشان را از طریق تکیه بر یک الگویی مناسب عملکرد خویش را بهبود ببخشند و نهایتاً تغییر اندیشه درباره‌ی روش‌های آموزشی را پیگیری می‌کند. این کتاب به دنبال تغییر در تفکر پیرامون روش‌های آموزشی است. علم MBE در ابتدای شکل‌گیری یک سرمایه‌گذاری برای مطالعه‌ی میان رشته‌ای بین علوم اعصاب شناختی، روانشناسی بود، اما پس از مدتی با گذر زمان از پارامترهای متغیرهای این دو رشته پا فراتر رفته نهاد و به بحث آموزش وارد شد. (شکل تصویر ۱. ـ۱).

---

[1] که از این پس به اختصار به آن MBE می‌گوییم.

با این وجود، حال این رشته برای تبدیل شدن به رشته‌ای آکادمیک دانشگاهی، روندی را طی کرده، که آنچه را که هیداکی کویزومی[۱] (۱۹۹۹) فرآیند آن را «توسعه‌ی فرا رشته‌ای» نامیده است. همان‌طور که در شکل تصویر ۱.۲۱ ـ ۲ می‌بینید، در این رشته نیز مانند سایر دیگر فرآیندهای تکاملی، ترکیب ژن‌های غالب سازنده‌ی غالب، منجر به وجود رشته‌ای سازگارتر را به وجود آورد شد. به عبارت دیگر، علم MBE به جای بحث در مورد هر آنچه تحت عنوان آموزش، علوم اعصاب و روانشناسی قرار می‌گیرد، انتخاب دقیقی از بهترین اطلاعاتی است که می‌توان ارائه کرد انتخاب دقیق کاربردی‌ترین اطلاعاتی است، که جایگزین مناسبی بر مباحث آموزش، علوم اعصاب و روانشناسی به شمار می‌آید. توسعه‌ی گسترش این علم MBE منجر به استفاده از روشی جدید تازه و نوآورانه می‌شود که با برای در نظر گرفتن مشکلات قدیمی گذشته در موضوع آموزش، و ارائه‌ی راه حل‌هایی مبتنی بر شواهد برای کلاس درس ارائه می‌دهد.

علم MBE به عنوان مشابه‌ی یک زمینه‌ی حوزه‌ای چند رشته‌ای[۲]

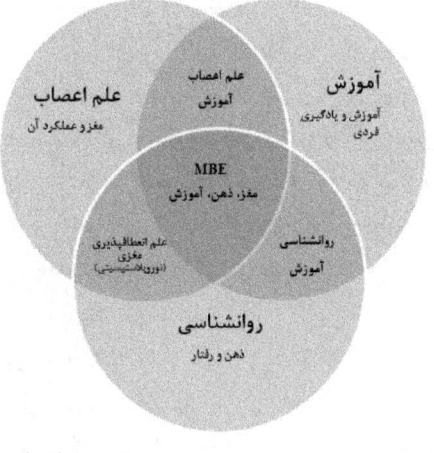

تصویر ۱- ۱

---

۱ Hideaki KOIZUMI, Ph.D / 1946

۲ برگرفته از مقاله‌ی
bramwell for tokuhama espinosa 2010

در شکل ۱.۲ می‌بینیم که چطور چگونه سه رشته‌ی پایه‌ی آکادمیک دانشگاهی باهم از راه تلاقی یافته با یکدیگر و دیدگاهی جدید و تازه ارائه می‌کنند که به واسطه‌ی آن می‌توان به یافتن راه‌حل برای مشکلات پیش رو موجود در فرآیند یاددهی و یادگیری پرداخت. این دیدگاه جدید، رویکرد نوین پیشینه‌ها، فلسفه‌ها و به ویژه چشم‌اندازهای معرفت شناختی متفاوتی ارائه می‌کند و در اختیارمان قرار می‌دهد که می‌توانیم از طریق آن‌ها به مشکلات، مسائل رایج در علوم اعصاب، روانشناسی و آموزش نزدیک می‌شویم. از آنجا که با توجه به اینکه علم جدید حاصل از ترکیب این سه رشته‌ی پیش‌گفته است و به دست آمده، پس پیشین‌های از تجارب هر سه رشته را با خود دارد. این بدان معنی است که تاریخ، و نیز فلسفه و متعاقباً معرفت‌شناسی هر سه رشته در شکل‌گیری علم MBE تأثیر و نقش به سزایی داشته‌اند. همان‌طور که ساموئلز[۱] (۲۰۰۹) در مقاله‌ی تازه‌ی خود با عنوان، «ذهن، مغز و آموزش» آورده است: «از نظر تاریخی، علم و آموزش تأثیرات جداگانه اما و درعین‌حال در هم تنیده‌ای بر جامعه داشته‌اند. اما از نظر دیدگاه فلسفی، در تعارض با ارزش‌هایی قرار داشته‌اند که براساس آن‌ها عمل می‌کنند اما در تعارض بوده استعمل می‌شود. و از منظر معرفت‌شناختی، رشته‌ها بر مفهوم‌سازی متفاوتی از دانش تکیه کرده‌اند.» (ص ۴۵). به همین دلیل علم و این بدان معنی است که، MBE با سه چالش اصلی روبه‌رو است:

شکل ۲.۱تصویر ۱ـ۲

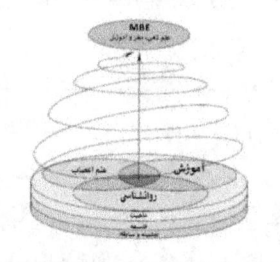

Bramwell for Tokuhama-Espinosa, 2010.

---

[۱] Samuels

اول آن‌که بزرگترین چالش متخصصان در حوزه‌ی علم جدید MBE در حوزه‌ی علم ذهن، مغز و آموزش، پذیرش ریشه‌های تاریخی و پیشینه‌های مختلف و گوناگون این سه رشته است، یعنی، این بدان معناست که کسانی که به عنوان معلم و یا مدرس کار می‌کنند. آموزگاران و مدرسان باید درک کنند. در برخی اطلاعات داده‌های روانشناسی و علوم اعصاب، کانون‌ها نقاط قابل تمرکز، اهداف، و روش‌های و رویه‌های متفاوتی نسبت به هم در مقایسه با حوزه رشته‌ی آموزش وجود دارد، که البته همگی به یک اندازه برای یادگیری نحوه‌ی چگونگی آموزش، مفید هستند. به شکلی مشابه، همین صورت، روانشناسانی که در این رشته‌ی جدید نوین تحصیل می‌کنند. باید بدانند اطلاعات موضوعات علوم اعصاب و آموزش نیز با وجود تفاوت در تاریخچه، پیشینه ارزشمندند هستند و متعاقباً همچنین دانشمندان علوم اعصاب نیز که در تحقیقاتشان پژوهش‌هایشان به نوع و گونه‌ای متفاوت با فشارها و دشواری‌های کار تجربی عادت کرده‌اند. و کنار آمده‌اند. باید یاد بگیرند و بیاموزند که از اهمیت مطالعات کیفی و تأثیری که مطالعات آموزشی و روانشناسی می‌توانند بر این رشته جدید داشته باشند، حمایت و پشتیبانی کنند. نکته‌ی دوم آن‌که باید بپذیریم و باور کنیم که این مبانی چندگانه بر فلسفه‌هایی تأثیر گذاشته است که متخصصان هر کدام از سه رشته از دریچه‌ی به واسطه‌ی آن‌ها به جهان می‌نگرند، تأثیر گذاشته است. دانشمندان رشته‌ی علم MBE ، ذهن، آموزش دیدگاه‌های تا حدودی تقریباً گسترده‌تری دارند، زیرا آن‌ها می‌توانند همزمان از چندین لنز نظریه بهره ببرند. نظم کلاسی، مشارکت در یادگیری، شیوه‌های آموزشی و روش‌های ارزشیابی، همگی می‌توانند با استفاده از دیدگاه‌ها و نظرات متعدد ارائه شده در این علم جدید به شیوه‌ای نوین عرضه شوند. در نهایتاً و مهم‌تر از آن است که درک کنیم. درک این نکته مهم است که تاریخ و فلسفه مربوط به هر کدام از این سه رشته اصلی توضیح می‌دهند که چرا هر کدام مبانی معرفت‌شناسی متفاوتی دارند. دلیل تفاوت مبانی معرفت‌شناسی هر کدام از این سه رشته‌ی اصلی را توضیح می‌دهند. این معرفت‌شناسی‌ها بر دریچه‌ای تمرکز دارند که به واسطه‌ی از خلال آن به مشکلات دیده نگریسته می‌شود. دیدگاه آکادمیکی علمی که از طریق به واسطه‌ی آن جهان را می‌بینیم، بر آنچه به عنوان دانش تلقی می‌شود، چگونگی کسب آن، اینکه چه از ما می‌داند و چرا می‌داند، تأثیر می‌گذارد. دانشمندان رشته‌ی علم، ذهن، تربیت، علم MBE بنا به ماهیت رشته‌ای که در آن آموزش دیده‌اند، در مقایسه با جهان بینی عمیق‌تری نسبت به دانشمندانی که دارند که تنها در یک رشته تحصیل کرده‌اند. چه از تمامی شما که معلم یا چه عصب‌شناس یا روانشناس یا

فعال در حوزه‌های مربوط به این رشته‌ها هستید، و چه فردی باشید که در زمینه‌های مرتبط با این رشته‌ها فعالیت دارد، از شما دعوت می‌کنیم به این تغییر پارادایم الگو در اندیشه در تفکر و نحوه‌ی چگونگی آموزش بپیوندید. استفان جی گولد[۱]، به درستی عنوان کرده و گفته است: «هیچ چیز خطرناک‌تر از یک جهان بینی جزم‌گرایانه نیست و هیچ چیز به تا این اندازه محدودکننده، و کور در برابر نوآوری، محدودکننده و کور نبوده و نیست و هیچ عاملی چیز به اندازه‌ی اندازه‌ی جزم‌اندیشی چنین جهان بینی مخرب‌تر از گشودگی به روی تازگی‌ها نیست دریچه‌های جدید به روی تازگی را نخواهد بست.» (۱۹۹۵، صفحه ۹۶) داشتن برداشت جدید نسبت به حل مشکلات قدیمی نیاز به ذهن باز و اندیشه‌های جدید نیاز دارد.

علم MBE ذهن، مغز تربیت چه چیزی هست و چه چیزی نیست؟

اگرچه دشوار نیست، که بپذیریم نیاز به علم ذهن، مغز، آموزش وجود دارد، اما آنچه دشوار است آن است که این علم حقیقتاً به چه معنا است. درک نیاز به علم MBE موضوع دشواری نیست، اما دشواری واقعی در یافتن معنای حقیقی آن است. یک راه برای درک فهمیدن اینکه ماهیت این رشته‌ی جدید از علم، دقیقاً چه چیزی است، آن است که آن را تصورش به مثابه‌ی «نوزادی» متولد شده‌ای، از والدینی نوجوان تصور کنیم، است. بسیاری از این والدین نوجوان مجبورند به سختی تلاش کنند تا بتوانند جایگاه‌شان را به عنوان نقش یک پدر یا مادر واقعی به دنیای پیرامون‌شان تعریف و ثابت کنند و در عین حال به پرورش فرزندشان نیز بپردازند. که این موضوع منجر به تربیت فرزند از سوی کودک می‌شود و تربیت به دست کودک سپرده شود. یکی از رشته‌های اصلی تأثیرگذاری که MBE از آن مشتق شده، علوم اعصاب عصب‌شناسی است که خود حدود ۲۵ سال شکل گرفته استیکی از رشته‌های اصلی و تأثیرگذار است که علم MBE از آن مشتق شده و ۲۵ سال از شکل‌گیری آن می‌گذرد. بحث آموزش همگانی برای توده‌های جمعیت نیز، بحثی که نسبتاً با تأخیر و از اواخر دهه‌ی ۱۸۹۰ وارد صحنه‌ی جهانی شد و از اواخر دهه ۱۸۹۰ جهانی شد، اما روانشناسی معاصر هدف آموزش همگانی را دنبال می‌کند، چرا که مبنایی قدیمی‌تری دارد. به دلیل آن که دیرینگی بیشتری دارد، اهداف آموزشی را نیز دنبال می‌کند و هر دو رشته‌ی آموزش و روانشناسی حدود ۱۲۵ سال عمر دارند. اگرچه ۱۲۵ در نگاه اول و مقایسه با علومی سال ممکن است قدیمی به نظر برسد، اما در مقایسه با سایر رشته‌هایی چون زیست شناسی یا فلسفه که بیش از هزاران سال قدمت دارند، ممکن است ۱۲۵

---

[۱] ۱۹۴۱-۲۰۰۲ / Stephen Jay Gould

سال بسیار قدیمی به نظر برسد، اما این رشته‌ها را آموزش و روانشناسی را، باید نوجوان در نظر گرفت. البته که مثال یک ازدواج سه طرفه میان یک کودک ۲۵ ساله و دو نوجوان ۱۲۵ ساله ممکن است. شاید عجیب و مضحک به نظر بیاید، اما استعاره‌ی تشبیه مناسب و خوبی برای درک کم و بیش آن حدودی چیزی اتفاقی است، که درباره‌ی علم رشته‌ی MBE اتفاق افتاده است. در واقع این سه رشته با هم تلاقی کرده‌اند و محصول این پیوندشان علم، ذهن، مغز و آموزش بوده است. اما این پیوند حتی از این هم پیچیده‌تر است. پیوستگی رخ داده پیچیده‌تر از این حرف‌هاست. با آن‌که در سال‌های اخیر ترکیب مختلط میان دو رشته امری است که طی سال‌های اخیر رواج یافته است، اما این بدان معنا نیست که چنین امری بدون انتقاد بوده است و انتقادهایی در پی نداشته است. بسیاری از افراد ترکیب رشته‌ها با یکدیگر رد شده و حتی متهم می‌شود، به بی‌محتوا بودن و رشته‌ی جدید را رد کرده‌اند و این منظر رشته‌ی نوظهور، به بی‌محتوایی متهم شده است. لازمه‌ی چنین ادغام‌هایی، مستلزم مصالحه از سوی هر دو طرف موافقان و مخالفان و نیز شکل‌گیری نوع جدیدی از ارتباطات است که گاهی به قربانی شدن عناصر اصلی موجود در هر دو رشته منتهی می‌شود. این‌گونه ائتلاف‌ها، در بهترین حالت ثمربخش هستند اما نیازمند حفظ مستمر، به ویژه در ائتلاف‌های همگن هستند. به ویژه ائتلاف‌های یکسان، در صورتی ثمربخش‌اند که استمرار داشته باشند. چرا؟ زیرا هر کدام از دو رشته‌ی اصلی با وزن و ارزش مساوی از لحاظ تاریخی، فلسفه، اصول معرفت‌شناسی و شیوه‌های نگرشی خاص خود همراه است که حتی ممکن است با هم در تعارض باشند. علم MBE علاوه بر اینکه دانشی فرا رشته‌ای است، یک نهادی میان‌فرهنگی نیز هست که مفاهیم به معنای واقعی کلمه در سرتاسر کشورهای دنیا گسترش یافت. این رشته در معنای واقعی کلمه در سرتاسر جهان و همان زمان در کشورهای متعدد مفهوم‌سازی شد. در فاصله‌ی سال‌های ۲۰۰۲ تا ۲۰۰۹، ابتکاراتی برای ترویج آن در کشورهایی از جمله: ژاپن، ایالات متحده، کانادا، استرالیا، آلمان، هلند، بریتانیا، ایتالیا، و فرانسه راه‌اندازی شده و ابتکاراتی برای ترویج آن ارائه گردید. این همکاری‌های بین‌المللی نشان می‌دهد که استانداردهای علم MBE ذهن، مغز، آموزش مبتنی بر پذیرش بین فرهنگی هنجارهای خاص و ارزش‌های مشترک میان‌فرهنگی رشته‌های تشکیل‌دهنده پایه‌گذاری شده است. مزایای چشم انداز ترکیب این علم MBE به لطف غنای هر سه رشته، به سرعت جایگزین باورهای منسوخ شده است، که پیوند علوم اجتماعی و علوم سخت را همچون «پلی بسیار دور از دسترس» می‌دیدند. با این وجود حال، علم MBE را نباید چندان هم دست کم گرفت.. نکته‌ی جالب آن است که بدانیم نقطه‌ی قوت این رشته دانش

می‌تواند نقطه‌ی ضعف آن نیز باشد. دیدگاه‌ها، طرح‌واره‌های دانش علمی، و ارزش‌هایی که معمولاً مکمل یکدیگرند، گاهی می‌توانند در تناقض با یکدیگر نیز قرار گیرند. ساموئلز اخیراً در مورد چالش‌های این علم MBE در این رابطه عنوان کرده و گفته است: «نظم بین‌المللی دیدگاهی در خلق آفرینش دانش علمی ایجاد می‌کند، که تمامی رشته‌ها را در سطح یک موضوع خاص یکپارچه می‌کند. این رویکرد، ایده‌آل برای یافتن راه حل‌های پیچیده برای مسائل است و می‌تواند برای یافتن راه‌حل مسائل پیچیده مطلوب باشد.» (ص ۴۶). این کتاب حاضر با این پیش‌فرض آغاز می‌شود که راه برون‌رفت از حل مشکلات کنونی در حوزه‌ی آموزش، داشتن رویکردی پیچیده‌تر و کامل‌تر است، که علم MBE آن را ارائه داده است.

مطالعه‌ی این کتاب به چه کسانی توصیه می‌شود؟

این کتاب ویژه‌ی دانشمندان و متخصصان علم MBE است، اما در برخی موارد این برچسب کلی می‌تواند برای معلمانی و آموزگارانی کاربردی باشد، که علوم اعصاب‌شناسی و مبانی روانشناسی را در شیوه‌ی تدریسشان ادغام می‌کنند. همچنین از جنبه‌ی دیگر به معنی روانشناسانی است که به دنبال پل زدن و برقراری ارتباط میان علوم سخت[1] و علوم نرم[2] هستند همچنین منظور از متخصصان علوم اعصاب، عصب‌شناسانی است که جرأت می‌کنند نتایج یافته‌های آزمایشگاهی را به کلاس درس بیاورند، می‌توانند از مطالب کتاب بهره‌مند شوند. در حالی‌که بسیاری از مربیان، روانشناسان و متخصصان علوم اعصاب و عصب‌شناسان به عنوان متخصصان در رشته‌ی تخصصی خود فعالیت می‌کنند و در عین حال تعداد بسیاری از آنان نیز در سه حوزه‌ی دانشگاهی آموزش، روانشناسی و علوم عصب‌شناسی و اعصاب شناختی و با عنوان مطالب جدید علم MBE درگیر هستند. و به دنبال دستیابی به تخصص کافی علم ذهن، مغز، تربیت هستند. این علم مستلزم داشتن مجموعه‌ای از مسئولیت‌پذیری‌های حرفه‌ای است که با حوزه‌های ناب اصلی سه رشته‌ی گفته شده آموزش، روانشناسی و علوم اعصاب متفاوت است، تفاوت دارد. یعنی به غیر از رعایت استانداردهای معیارهای ترکیبی آموزش، روانشناسی و علوم اعصاب شناختی، متخصصان این حوزه، نگرش‌های منحصر به فرد رشته‌ی خودشان را نیز اتخاذ می‌کنند. برخی از این نگرش‌ها دیدگاه‌ها در بیانیه‌ای تشریح شده که از سوی سازمان

---

[1] علوم سخت به زمینه‌هایی خاص از علوم طبیعی، از جمله فیزیک، شیمی، زمین‌شناسی و بخش‌های متعددی از زیست‌شناسی، اطلاق می‌شود

[2] علوم نرم به ریاضی‌شدن، به صورتی دقیق، بیان شدن، قابل تکرار یکسان در تجارب و آزمایش‌ها بودن، یا عینی بودن، تن نمی‌دهند.

همکاری اقتصادی و توسعه (۲۰۰۷، ۲۰۰۲) در تعریف علم جدید آموزش ارائه کرده است، تشریح شده‌اند. برونو دلاکیزا، ونسا کریستوف و کریستینا هینتون[1] (۲۰۰۹) ویژگی‌های خاصی برای متخصصان رشته‌های جدید مشخص کرده‌اند. به عقیده‌ی پیشنهاد من آن است که همین ویژگی‌ها درباره‌یمتخصصان علم MBE نیز صدق می‌کند و در نهایت کاملاً هم الزامی است. سه موردَ از مهم‌ترین ویژگی‌ها خصوصیات گفته شده را در ادامه شرح میدهم، خواهم داد:

اول آن‌که متخصصان این علم ذهن، مغز و تربیت «مایلند دانششان را نه فقط با همتایان‌شان، با کسانی هم که خارج از این رشته هستند فعالیت می‌کنند به اشتراک بگذارند. نه تنها با همتایانشان». این به این معنی است که مثلاً ۱) عصب‌شناسان این رشته مایلند یافته‌هایشان را با مربیان این سه گروه به اشتراک بگذارند: ۱.) مربیان ۲.) روانشناسانی که سؤالات نتایج تحقیقاتی پژوهش‌های علوم اعصاب را پیگیری می‌کنند. ۳) مربیانی و آموزگارانی که سؤالات نتایج پژوهش‌هایی روانشناسی را دنبال می‌کنند.

مسئله‌ی دوم آن است که علم MBE نیاز به تطبیق زبان و زمینه‌ی فعالیت آنان دارند، به گونه‌ای که برای مخاطبان عمومی و فعالان کسانی که خارج از این رشته هستند، قابل درک باشد. به این معنا که یعنی این متخصصان باید واژگان این رشته را گسترش و به نحوی توسعه دهند که تا برای تقویت ارتباطات میان رشته‌ای مناسب باشد. یکی از بزرگترین چالش‌های پیش روی در تحریک همکاری میان متخصصان کارشناسان علوم اعصاب، آموزش و روانشناسی، عدم وجود یک زبان مشترک میان رشته‌ای است.

سوم آن‌که همه‌ی، دانشمندان علم MBE عموماً این باور را می‌پذیرند که ارتباطات اطلاعاتی حوزه‌های میان زمینه‌های این رشته هم برای دیگران و هم برای خودشان مفید است و اهمیت پرورش عملکرد درست خودشان با اطلاعات سایر در این زمینه‌ها را می‌پذیرند و اهمیت بسیاری دارد. برای نمونه می‌توان به عنوان مثال، این باور را می‌توان در عصب‌شناسانی دید که می‌دانند ارزش کار آزمایشگاهی‌شان زمانی بیشتر می‌شود که واقعاً بتوانند نتایج آن را در یک کلاس درس به کار ببرند، یا در معلمانی مشاهده کرد که سؤالات قابل آزمون را پرسش‌هایی را برای دانشمندان علم اعصاب شناسی طرح می‌کنند. در این چهارچوب هر سه رشته جایگاهی در موقعیتی برابر هستند و در بخش‌های یکسانی به تحقیقات و پژوهش، عمل و سیاست‌هاو تصمیم‌گیری‌ها در این رشته جدید علم تازه کمک می‌کنند. به همین دلیل است که سبب شده هر سه زمینه دارای اطلاعاتی از یکدیگر باشند. از یکدیگر هم یاد می‌آموزند. این

---

[1] Bruno della Chiesa (1962), Vanessa Christoph, and Christina Hinton (1987)

دیدگاه با در مورد سایر رشته‌ها متفاوت است که در آن‌ها اغلب به شکلی یک جانبه و به صورت مستقل هستند، متفاوت استعمل می‌شود. جریان اطلاعات در علم MBE، جریانی سه طرفه است. (نگاه کنید به شکل تصویر ۳.۱)

تصویر ۱ ـ ۳: شکل ۱.۳ جریان اطلاعات در علم MBE

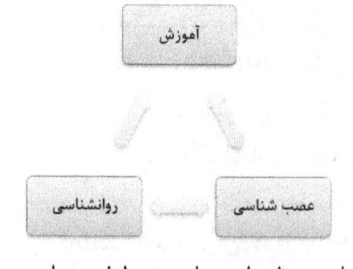

این منظور از جریان سه طرفه، به این معنی است که یک مفهوم در این رشته‌ی جدید پذیرفته شود. یک مفهوم در این رشته‌ی جدید، مربیان، روانشناسان، و عصب‌شناسان باید فرضیاتشان را نه فقط تنها در رشته‌های خودشان بلکه در دو رشته‌ی دیگر نیز تائید و اثبات کنند. علم MBE به مثابه‌ی ذهن، مغز و آموزش پلی رسمی است، که زمینه‌های موضوعات عصب‌شناسی و علوم اعصاب، روانشناسی و آموزش را، که در طول دهه‌ها ناپدید شده بود، به یکدیگر پیوند می‌دهد. در عصر جدید، به معلمانی و آموزگارانی نیازمندیم که اطلاعاتی کامل درباره‌یمغز انسان و نحوه‌ی روند یادگیری و به بهترین شکل اطلاع داشته باشند، همچنین وجود عصب‌شناسان و روانشناسانی ضروری است، که بتوانند نتیجه‌ی کاربرد فعالیت‌های‌شان را عملاً درکارشان و در محیطهای مدرسه مشاهده کنند. اما چرا دلیلش چیست؟ زیرا امروزه آموزش و پرورش مملو از مشکلات و مسائل پیچیده‌ای است، که تنها صرفاً با تکیه بر رویکردهای آموزشی برطرف نمی‌شوند با موفقیت همراه نبوده‌اند، منجر نخواهد شد. گاردنر در مورد نیاز به ذهن آینده می‌نویسند. کارکرد ذهن در آینده می‌گوید که، این ذهنیت دیدگاه باید ذهنیتی بتواند اطلاعاتی را که اکنون در جهان وجود دارند که بتواند با کیفیت بالا ترکیب و اطلاعاتی را که در حال حاضر در جهان وجود دارند، ترکیب و قضاوتآن‌ها را داوری کند. اطلاعات بسیاری زیادی وجود دارند که همه‌ی ما روزانه در معرض آن داده‌های بسیاری قرار می‌گیریم و به همین دلیل آموزش معلمان در حاضر باید شامل مهارت‌های شیوه‌های آموزش را داده به گونه‌ای صریح مطلوب باشد، بیاموزند. بدین معنا، یعنی آموزش باید به شکلی باشد که از میان این همه اطلاعات مشخص کند چه اطلاعاتی خوب و چه اطلاعاتی بد هستند و مهارت تشخیص درست و نادرست را در میان این حجم از داده‌ها در انسان افزایش دهد که می‌توان این سازوکار را از

طریق ترکیب اطلاعات به دست آورد. این ادغام مرتب‌سازی را می‌توان تا حدی از طریق ترکیب واضح اطلاعات به دست آورد. ترکیب اطلاعات نیز خود فرآیندی پیچیده است، که مستلزم توانایی در اختیار گرفتن و به‌کارگیری انواع منابع اطلاعاتی، درک مفاهیم اصلی هرکدام از این منابع و سپس قضاوت و بررسی کاربردشان است. معلمان باید به مهارت‌ها و اسباب مطلوب تفکری عالی، تفکر انتقادی مجهز باشند. تا بتوانند چنین توانائی‌هایی را به دانش‌آموزان‌شان منتقل کنند. فرآیند ترکیب داده‌ها، نقش مهمی در علم MBE ایفا می‌کند، زیرا به توانائی ارزیابی و قضاوت اطلاعات مربوط می‌شود و مهارت سنجش و داوری را در آنان افزایش می‌دهد. این بدان معنی است که اگر معلمان و آموزگاران به تفکر انتقادی مجهز نشده باشند، این علم دچار خدشه و ذهن، مغز، تربیت، آسیب پذیر خواهد بود و برای همین، موضوع داشتن. توانائی مهارت‌های میان رشته‌ای داشتن و ایجاد پیوستگی ترکیب در داده‌های اطلاعات این رشته برای متخصصان کارشناسان این رشته بسیار مهم است. جای تعجب ندارد که چندین سال اول از عمر شکل‌گیری این رشته به بحث پیرامون درباره‌ی پارامترهای معیارهای اساسی آن این رشته گذشته و مشکلات و چالش‌های موجود در رشته‌های اصلی آن شامل علوم اعصاب، روانشناسی و آموزش به پیچیدگی این علم افزوده را افزایش داده است. زیرا به این دلیل که زیرشاخه‌های زیادی در زمینه‌های این حوزه‌های اصلی وجود دارند و هر کدام تأکید متفاوتی بر جوانب آموزش و یادگیری داشته‌اند و عناصر گوناگونی برای بررسی هر رشته در رشته‌ها جمع‌آوری کرده‌اند. با همه‌ی این وجود، پیچیدگی علم MBE به عنوان یک رشته‌ی دانشگاهی نیز بخشی از جذابیت آن به عنوان یک رشته‌ی آکادمیک است به حساب می‌آید و علم MBE تا حدی فریبنده است، زیرا همان‌طور که دریدا[۱] ادعا می‌کند: «اگر همه چیز ساده بود، کلمه همه جا را فرا می‌گرفت» (۱۹۸۸، ص ۱۱۹). زمانی که پیچیدگی به عنوان بخشی از یک رشته‌ی جدید باشد، مطرح می‌شود، اهمیت آن نیز چند برابر خواهد شد. صدسال پیش، یکی از بزرگ‌ترین نویسندگان، ثوراندایک[۲] صد سال پیش (۱۹۴۹ – ۱۸۷۴) بیان کرده است: «تکامل فکری چنین انجمن‌هایی شامل بسیاری تعدادشان افزایش تعداد، ظرافیت، پیچیدگی، ماندگاری و سرعت شکل‌گیری آن‌ها چنین انجمن‌هایی است». این جمله تاییدی است بر این که امروزه مشکلات و مسائل پیچیده‌تر در آموزش امروزی نیازمند راه حل‌هایی هستند که ساده

---

۱ / Jacques Derrida [۱]

[۲] Edward Lee Thorndik (1874) او یکی از نویسندگان بزرگ و از مهم‌ترین پژوهشگران در تدوین روانشناسی حیوانی بود

انگارانه نباشند و این واقعیت توجه را به این واقعیت ایده جلب می‌کند که اگر پیدا کردن راه حلی برای مشکلات آموزشی بیش از حد آسان، به نظر می‌رسد، احتمالاً چنین است.

فصل دوم

راه‌حل‌های مبتنی بر شواهد برای کلاس‌های درس

چگونه می‌توان بهتر آموخت؟ توانایی انسانی به چه معناست؟ چطور می‌توان مطمئن شد که کودکان در جایگاه یاد گیرنده به بهترین شکل می‌آموزند یاد می‌گیرند؟ بسیاری از فلاسفه، و نیز عصب‌شناسان، روانشناسان و مربیانی که تأملاتی در این موارد داشته‌اند، این پرسش‌های و سؤالاتی از این دست را طرح کرده‌اند. به دلیل آن‌که علم MBE آموزگاران را، بیش از هر زمان دیگری در تاریخ، به پاسخ به این پرسش‌ها نزدیک کرده و آنان را در کارآمدی حرفه ایشان و یادگیرندگان را در موفقیت نهایی بهره‌مند ساخته است. امروزه به کمک فناوری عکس‌برداری از مغز می‌توان بسیاری از تصورات و پرسش‌ها را در این‌باره با پژوهش‌های علمی تجربی اثبات کرد. مثلاً معلمان شایسته که عمیقاً به موضوع آموزش فکر می‌کنند، شاید این دغدغه را داشته باشند که چرا وقتی پرسشی را طرح می‌کنند و تنها اندکی بیش از حد معمول، زمان پاسخ‌گویی به آن اختصاص می‌دهند، پاسخ‌های مقبول‌تری دریافت می‌کنند. از سال ۱۹۷۲، شواهدی به دست آمده که نشان می‌دهد اگر آموزگاران به جای زمان مشخص‌شده برای هر آزمون چند دقیقه فرصت بیشتر برای پاسخ در اختیار دانش‌آموزان قرار دهند، احتمال دریافت جواب‌های مطلوب‌تر افزایش می‌یابد که اطلاعات مربوط به این زمان‌های پاسخ‌گویی در برخی مدارس تربیت معلم موجود است. معیارهای علم MBE تضمین می‌کنند اطلاعات مربوط به بازه‌ی زمانی توجه مغز و نیاز به فرصت تأمل، در رویکرد آموزشی معلمان گنجانده شده است. فرض اصلی استفاده از استانداردهای علم MBE این است که مهارت‌های اساسی مانند خواندن و ریاضیات بسیار پیچیده‌اند و برای درست کار کردن به انواع مسیرهای عصبی و سازوکارهای ذهنی نیاز دارند. این علم به آموزگاران یاری می‌دهد که بدانند چرا راه‌های زیادی برای اشتباه پیش رفتن همه‌چیز و شیوه‌های بسیاری جهت به حداکثر رسیدن توانایی تمامی یاد گیرندگان

وجود دارد. همچنین آنان را تشویق می‌کند ریشه‌های اصلی را پیدا و رمزگشایی کنند. (مثلاً مباحثی مانند شناخت اعداد، پردازش کمی، ساختارهای فرمول‌ها یا برخی مهارت‌های دیگر در ریاضیات). معیارهای علم MBE روش‌های آموزشی و شناختی را دقیق‌تر می‌کنند و معلمان به وسیله‌ی این علم ابزارهای تشخیصی بهتری در اختیار دارند تا بتوانند نقاط قوت و ضعف دانش‌آموزان‌شان را با دقت بیشتری کشف کنند. این استانداردها از توجه معلمان به ادعاهای غیرقابل اثبات جلوگیری می‌کند و ابزار بهتری برای قضاوت در مورد کیفیت اطلاعات در اختیارشان قرار می‌دهد. با آنکه الگوهای انسانی برای گسترش مجموعه مهارت‌هایی مانند راه رفتن، صحبت کردن، استفاده از ریاضی و... وجود دارند، هر فرد ویژگی‌های خاص خود را دارد. یکی از رضایت بخش‌ترین عناصر علم MBE در اختیار گذاشتن ابزارهایی برای به اوج رساندن توانایی فرد هنگام یادگیری مهارت‌های جدید است.

معرفی مفهوم‌مان

علم MBE با هدف گسترش روش‌های آموزشی به مطالعه‌ی چگونگی یادگیری مؤثرتر انسان‌ها می‌پردازد. چندین متخصص این علم، آن را «دانش استفاده از پژوهش‌های علمی تجربی برای اثبات بهترین شیوه‌های آموزشی» تعریف می‌کنند. کارت فیشر(یکی از بنیان‌گذاران این رشته) معتقد است: «هدف اصلی حوزه‌ی نوظهور علم MBE ایجاد یک پایگاه تحقیقاتی نیرومند برای عملکرد مطلوب آموزشی و زمینه‌ای از دانش کاربردی به منظور یادگیری و آموزش مؤثر است» (۲۰۰۹، ص۱) متخصصان این علم معتقدند بیشترین فایده‌ی این علم حل مشکلات آموزشی است و علوم طبیعی، علوم زندگی، علوم عصبی و علوم اجتماعی را، که اصول‌شان از یکدیگر جدا شده است، در هم ادغام می‌کند. زیرشاخه‌های آموزش (مانند نوآموزی، آموزش استثنایی و آموزش تیزهوشان)، علوم اعصاب (مانند عصب‌شناسی، عصب‌شناسی اخلاقی، عصب روان‌پزشکی، اعصاب رشدی، اعصاب اطفال) و روانشناسی (مانند روانشناسی رشد و عصب روانشناسی) زمینه‌های تازه‌ای برای تدریس در این علم ارائه کرده‌اند، همچنین این علم به مثابه‌ی دانشی چندرشته‌ای، شامل تأملاتی از چند رشته‌ی فرعی از جمله زیست شناسی، شیمی و علوم اجتماعی نیز هست و در پایان، مسائل ریاضی و الگوهای یادگیری نیز به آن افزوده شده‌اند. پیشینه‌ی علم MBE که شامل علوم آموزش، روانشناسی و علوم اعصاب می‌شود، به قرن‌ها پیش باز می‌گردد. وقتی صحبت از آموزش به میان می‌آید، این حوزه‌های متعدد و متنوع با هم تلاقی پیدا می‌کنند.

امروزه آموزش نتیجه‌ی طبیعی میل سیری‌ناپذیر انسان برای شناخت بهتر خود و فناوری‌های تازه در نظر گرفته می‌شود که امکان اثبات بسیاری از فرضیات درباره‌ی شیوه‌های آموزشی را فراهم می‌کند. الگوهای قدیمی یادگیری، که بسیاری‌شان از روانشناسی و علوم اعصاب سرچشمه گرفته‌اند، مسیری برای حل مشکلات کنونی پژوهش هموار کرده‌اند که امروزه برای ابداع ابزارهای آموزشی سودمند بررسی می‌شوند. مثلاً در اوایل شکل‌گیری علم روانشناسی، فروید[۱] این نظریه را مطرح کرد که بخشی از روش‌های مدیریت رفتار موفق شامل آموزش، صرفاً تغییرات ناملموس ذهنی نیستند، بلکه نتیجه‌ی تغییرات فیزیکی مغز هستند. این عقیده با شواهدی مبنی بر انعطاف‌پذیری عصبی و این واقعیت اثبات شده است که مغز روزانه (البته در سطح میکروسکوپی) تغییر می‌کند. این تغییرات بسته به محرک‌های محیطی، تجربیات گذشته و شدت مداخله ، متفاوت هستند. بنابراین آنچه زمانی تنها یک فرضیه‌ی روانشناسی بود، اکنون و به کمک این دیدگاه‌های میان رشته‌ای جدید و اختراع فناوری به اثبات رسیده و از سوی دیگر باورهای قدیمی درباره‌ی مغز دگرگون شده است. مثلاً در دورهای دو اصطلاح «چپ‌مغز» و «راست‌مغز» رایج بود و از آن‌ها برای تشویق دانش‌آموزان به رقابت با یکدیگر استفاده می‌شد. اکنون با قطعیت ثابت شده که مغز طراحی پیچیده‌ای از یک دستگاه یکپارچه است و چیزی با این دو عنوان و برتری یکی بر دیگری معنا ندارد. این مثال‌ها نشان می‌دهند باورهای رایج در گذشته چگونه ممکن است با گذر زمان و کشف شواهدی درباره‌ی عملکرد مغز انسان تغییر کنند یا رد شوند.

یک شاخه گل رز با هر نام دیگری؟

تلاقی میان آموزش، علوم اعصاب و روانشناسی طی سه دهه‌ی گذشته به راه‌های گوناگون و با عناوین بسیاری انجام شده است. برخی اصطلاحات مورد استفاده برای توصیف این تقاطع، یادگیری مبتنی بر مغز، علوم عصب آموزشی (در درجه اول اطلاعاتی در مورد یادگیری است که در تحقیقات آزمایشگاهی پایه‌گذاری شده‌اند)، عصب روانشناسی آموزشی (عصب‌شناسی خاستگاه آن را در روانشناسی ثابت کرده است)، روانشناسی تربیتی (خاستگاهش در روانشناسی، تلاشی برای توضیح یادگیری براساس رفتارهای قابل‌مشاهده است)، عصب روانشناسی شناختی (عصب‌شناسی منشأ آن را در روانشناسی ثابت کرده است) و علوم اعصاب (مطالعه‌ی دستگاه عصبی است و بیشتر شامل مطالعاتی درباره‌ی چگونگی یادگیری جانداران دیگر می‌شود) هستند.

---

[۱] Sigmund Freud/ (1856-1939)

همه‌ی رشته‌های نام برده شده به دانش یادگیری، که در علم MBE مفهوم‌سازی شده، افزوده می‌شوند. بزرگترین تفاوت میان این عناوین در روشی است که درباره‌ی یادگیری بر آن تأکید دارند.

آموزش در برابر یادگیری در علم MBE

«همه‌ی جانوران یاد می‌گیرند، اما اندکی از آن‌ها یاد می‌دهند.»

سارا جین بلیکمور و یوتا فریث[۱]، مغز و یادگیری: درس‌هایی برای آموزش (۲۰۰۷، ۱۱۹)

علم MBE به یک دلیل اساسی کلید تغییر الگو در شیوه‌های تدریس و نمونه‌ای نوین یادگیری از کودکی تا بزرگسالی است. در این علم بر تحقیق درباره‌ی چگونگی یادگیری انسان و نیز تدریس، به صورت یکسان تأکید می‌شود. یوشا گوسوامی (استاد برجسته‌ی روانشناسی و علوم اعصاب در آموزش در دانشگاه کمبریج) از اولین کسانی بود که اذعان به اینکه «علوم اعصاب هنوز در حوزه‌ی تدریس مورد توجه قرار نگرفته‌اند»، توجه همگان را به این عدم تعادل برانگیخت (گوسوامی، b2008، ص ۳۴) . همچنین اریک جنسن، آموزگار مشهور، نیز در اولین اثر خود با عنوان آموزش با مغز در ذهن ناامید توجهات را به این واقعیت جلب کرد که بیشتر مربیان زمان بسیار اندکی را صرف شناخت عنصر اصلی زندگی، یعنی مغز می‌کنند. علم MBE به این عدم تعادل در حوزه‌ی آموزش پرداخته و دیدگاه جدیدی ارائه می‌کند که به وسیله‌ی آن می‌توان با شناسایی شیوه‌های تدریس، بهتر به حل مشکلات یادگیری پرداخت. سارا جین بلیکمور و یوتا فریث (از مؤسسه‌ی علوم عصب‌شناسی کالج دانشگاه لندن) معتقدند: «بیشترمان اطلاعات بسیار اندکی درباره‌ی آنچه در مغز می‌گذرد داریم و تقریباً هیچ‌چیز درباره‌ی آنچه هنگام یادگیری در مغز رخ می‌دهد نمی‌دانیم.» همچنین اضافه می‌کنند: «توانایی یادگیری بسیار قدیمی‌تر و خودکارتر از قدرت یاد دادن است. همه‌ی جانداران یاد می‌گیرند، اما اندکی از آن‌ها یاد می‌دهند.» (ص ۱۱۹) هزاران مطالعه در این‌باره نشان داده است که چگونه و چرا گونه‌های جانوران انواع اطلاعات را فرامی‌گیرند، اما تنها تعداد انگشت‌شماری از مطالعات به این موضوع پرداخته‌اند که چطور می‌توان طوری به دانش‌آموزان آموزش داد تا یادگیری در آنان به حداکثر برسد. هدف علم جدید آموزش و یادگیری، برخلاف اهداف علوم اعصاب یا روانشناسی اعصاب، غیر از درک چگونگی یادگیری انسان‌ها، تعیین این است که چطور باید به بهترین شکل تحت آموزش قرار بگیرند تا توانایی‌های‌شان به اوج برسد. برای آشنایی خوانندگان

[۱] 1941 / Uta Frith

علاقه‌مند به کتاب‌شناسی کامل این مطالعات، از آنان دعوت می‌شود ۴۵۰۰ مرجع بررسی‌شده طی نشست مشاوره‌ی «پانل دلفی» را مشاهده کنند. در آن ۳۰ دلیل دیگر ارائه می‌شود برای اینکه چرا علم MBE با دیگر رشته‌های قبلی متفاوت دارد. بیشتر تحقیقات آزمایشگاهی علوم اعصاب به دلیل دوری بسیار از فضای کلاس درس مورد انتقاد قرار گرفته‌اند، درحالی‌که شیوه‌های تدریس اغلب به دلیل نداشتن پایه‌های مورد انتقاد مورد انتقاد بوده‌اند. علم MBE با این فرض به دنبال رفع شکاف‌ها بوده که اطلاعات موجود در آن به اندازه‌ی کافی برای تحقیقات پُربار هستند.

رشته‌ای دانشگاهی یا رشته‌ای حرفه‌ای؟

علم MBE یک رشته‌ی دانشگاهی است نه حرفه‌ای. توجه به این تفاوت مهم است زیرا یک رشته‌ی دانشگاهی مستلزم تحقیق و مطالعه است، درحالی‌که جمعی از افراد رشته‌ی حرفه‌ای را برای انجام کاری مشترک دنبال می‌کنند. در ادامه ویژگی‌های رشته‌های دانشگاهی را شرح خواهم داد که اواخر سال ۲۰۰۸ در توصیه‌های «پانل دلفی» ارائه شدند.

رشته‌های دانشگاهی:

- تمایل دارند یک جامعه یا اداره آن‌ها را تنظیم و یا هدایت کند.
- به شناسایی یک یا چند موضوع علاقه دارند و تلاش می‌کنند هنجارها، اصول معرفت‌شناسی، یافته‌ها و شیوه‌های موجود در این رشته را پذیرفته و به چالش بکشند.
- دوست دارند جلسات آموزشی منظم (مانند همایش‌های سالانه) برگزار کنند.
- می‌خواهند رهبرانی شناخته شده داشته باشند که بتوانند به بهترین شکل از منافع‌شان حمایت کنند.

الزامات یک رشته‌ی دانشگاهی چیست؟

- مأموریت مشترک
- مسیرهای مشترک گسترش حرفه‌ای و دانشگاهی
- معیارها
- واژگان مشترک
- الگوهای برجسته‌ای که برای تفسیر پدیده‌های مورد علاقه استفاده می‌شوند (یعنی دانشگاهیان به راحتی می‌توانند الگوهای اصلی، بحث‌برانگیز و تعارضاتی را شناسایی کرده و مورد بحث قرار دهند که در تلاش برای استفاده از آن‌ها هستند)

• تصدیق و ارزش‌گذاری اهداف فرعی در حوزه‌های گوناگون

رشته‌های حرفه‌ای (مانند پزشکی، حقوق، آموزش و روانشناسی) علاوه بر همه‌ی معیارهای گفته‌شده، بحث مجوز عضویت را نیز دارند. صدور مجوز، حقوق و مسئولیت‌های بیشتری به دنبال دارد که ممکن است شامل حق درمان مراجعان، تجویز دارو (مثلاً در حرفه‌ی پزشکی) و دیگر موضوعات باشد. براساس این معیار مشخص می‌شود که علم MBE یک رشته‌ی جدید دانشگاهی است.

اطلاعات علم MBE چطور مطالعه می‌شود؟ گویا نمی‌توان این مسئله را انکار کرد که هر چه تعداد رشته‌های فرعی که از روش‌های آموزشی گوناگون پشتیبانی می‌کنند بیشتر باشد، کارسازی آن روش باورپذیرتر خواهد بود. با این حال، فراوانی تعداد رشته‌های فرعی، این علم را بسیار پیچیده جلوه می‌دهد.

استفاده از علم MBE

از نظر علمی، بهترین راه برای به کارگیری دانش MBE آن است که نخست تعیین کنیم عصب‌شناسی، آموزش و روانشناسی چگونه، کی، کجا و در چه موضوعاتی هم‌پوشانی دارند. دوم آن که بدانیم دانشمندان این علم برای پاسخ‌گویی به سؤالات اصلی و مورد علاقه‌ی هر سه رشته از یک دیدگاه میان‌رشته‌ای استفاده می‌کنند. این دانش با تمرکز بر نقاط عطف سه رشته سعی می‌کند برداشتی منحصر به فرد از مسائل قدیمی ارائه کند. مثلاً بهبود مهارت‌های خواندن، یک هدف رایج در علم آموزش است. برخی دانشمندان علوم اعصاب درباره‌ی چگونگی عملکرد مغز در زمان یادگیری مطالعه کرده و تغییرات مغز را که در سطح میکروسکوپی رخ می‌دهد ثبت کرده‌اند، از جمله تغییرات جزئی در ساختارهای مغز که هنگام یادگیری اتفاق می‌افتد. از سوی دیگر برخی روانشناسان نیز، پرسش‌های اجتماعی، عاطفی و انگیزشی درباره‌ی یادگیری و چگونگی خواندن مطرح کرده‌اند. در نهایت برخی معلمان به این بحث پرداخته‌اند که چطور برخی روش‌ها یا فعالیت‌های آموزشی خاص بر عملکرد دانش‌آموزان در زمینه‌ی خواندن تأثیر می‌گذارند. متخصص علم MBE همه‌ی این دیدگاه‌ها را در نظر می‌گیرد و یافته‌ها را برای درک جامع‌تر نحوه‌ی یادگیری خواندن، یکپارچه می‌کند. اگر اطلاعات گفته شده در کلاس درس اعمال شود، یعنی معلمان از روش‌ها و فعالیت‌های آموزشی متنوعی برای دستیابی به گسترده‌ترین سبک‌های یادگیری استفاده می‌کنند. این رویکرد ترکیبی به آموزش بهتر و یادگیری مطلوب منجر می‌شود.

بحث‌های مفهومی در این رشته

یکی از راه‌های درک بحث‌های مفهومی در علم MBE این است، که تشخیص دهیم «علم عصب‌شناسی بر عصب به عنوان واحد اصلی مطالعه تمرکز می‌کند، درحالی که واحد مطالعه‌ی روانشناسی ذهن است و دیدگاه آموزشی به جامعه و فرد می‌پردازد. مشخص است فردی که از دریچه‌ی میکروسکوپ به یادگیری می‌نگرد با کسی که بر تغییرات رفتاری تمرکز دارد و دیگری که مقوله‌ی یادگیری را از طریق تعاملات در کلاس درس بررسی می‌کند، هر یک دیدگاه‌های متفاوتی درباره‌ی یادگیری دارند. طرحواره‌ی ذهنی یعنی افرادی که در جایگاه گردانندگان اصلی یک رشته یا مربیان آن هستند و آنچه مکان اصلی اجرا در نظر می‌گیریم، همگی از این شکل‌گیری‌های دانشگاهی اثر می‌گیرند . در یکی از پژوهش‌هایی که در مجلات دانشگاهی درباره‌ی «مغز و یادگیری» انجام شد، مجموعه‌ی شگفت‌انگیزی از دیدگاه‌ها به دست آمد. زمانی که کلمات کلیدی «مغز» و «یادگیری» در مرورگر درج شدند، تفسیرهای بی‌شماری از این دو کلمه ارائه شد؛ از دیدگاه‌هایی که در چارچوب نظریات عصب‌شناسی قرار داشتند گرفته تا دیدگاه‌های روانشناسی و در بسیاری از مقالات ارائه شده این مفاهیم در مورد مغزهای غیرانسانی بررسی شده بود و البته تعداد اندکی هم به بررسی این دو مفهوم درباره‌ی بچه‌های مدرس‌های پرداخته بودند. تعداد زیادی از مجلات روانشناسی هم بر درمان و تغییرات رفتاری تمرکز کرده بودند، اما باز هم بدون توجه به بحث آموزش و یادگیری در کلاس درس، از همه شگفت‌انگیزتر آن بود که نوشته‌ها و مقالات اندکی در حوزه‌ی آموزش و یادگیری به مفهوم مغز (به طور خاص) پرداخته بودند. این مسائل را گفتیم تا در نهایت به اینجا برسیم که هر کدام از این دیدگاه‌ها با روش‌های بسیار متفاوتی به موضوع مغز و یادگیری می‌پردازند و هر یک از این نظریات بر درک ما درباره‌ی چگونگی یادگیری مغز برای خواندن و سپس بر نحوه‌ی آموزشمان نیز تأثیر می‌گذارند. توجه متقابل به این مفاهیم و تلفیق همه‌ی این دیدگاه‌ها، چشم انداز منحصر به فردی از نحوه‌ی یادگیری و آموزش ارائه می‌کند که می‌توان آن را با مداخلات آموزشی خاص تکامل بخشید. ادغام متخصصان علم MBE برای همه‌ی این دیدگاه‌های متفاوت و در عین حال ارزشمند، نظریات مرتبط در هر کدام از این رشته‌ها را با یکدیگر ترکیب کرده و رویکرد جدیدی برای یادگیری ارائه می‌دهد که در هر سه رشته‌ی اصلی اثبات شده است.

مثلاً جولیانا پاره بلایگوف[1] (۲۰۰۶)، ماریان ولف[2] (۲۰۰۷) و استانیسلاس دهاینه[3] (۲۰۰۹) در زمینه‌ی خواندن، با ترکیب سه دیدگاه موفق به ایجاد تعادل میان اطلاعات علوم اعصاب، روانشناسی و آموزش می‌شوند یا در آموزش ریاضی با ادغام دیدگاه‌های استانیسلاس دهاینه (۱۹۹۷) و همکارانش و نیز تحلیل‌های دونا کوچ، کرت فیشر و جرالدین داوسن[4] (۲۰۰۷) انجام شده است. در فصول ششم و هفتم، با هدف نشان دادن چگونگی و چرایی رویکرد جامع‌تری برای درک یادگیری و آموزش، چندین مثال دیگر از کاربردهای خاص علم MBE در موضوعات اصلی و تعلیم ارائه خواهیم کرد. مشاهده‌ی مشکلات یادگیری از نظر علم MBE، ادراکات مرسوم درباره‌ی علوم اعصاب، روانشناسی و آموزش را تغییر خواهد داد. برای نمونه تصور کنید معلمی متوجه می‌شود که حفظ اطلاعات جدید دانش‌آموزان، از طریق «یادگیری مشارکتی» افزایش می‌یابد. او در این موضوع تردید دارد که آیا یادگیری مشارکتی می‌تواند ابزار شایسته‌ای از علم MBE در نظر گرفته شود؟ برای پاسخ به این پرسش با تعریف روشنی از یادگیری مشارکتی شروع می‌کند. شیوه‌های یادگیری مشارکتی، فعالیت‌هایی هستند که در چارچوب آن‌ها گروه‌هایی از دانش‌آموزان به شکلی مردم سالارانه راه‌های حل مشکلات را با یکدیگر اشتراک می‌گذارند. در چنین شرایطی با کاهش سطح رقابت سطح استرس دانش‌آموزان نیز به شکلی ملموس کاهش می‌یابد. معلم درمی‌یابد یادگیری و آموزش مشارکتی شامل بازخورد و الگوسازی می‌شود و اینکه در علم روانشناسی شواهدی بسیار درباره‌ی دو موضوع بازخورد و الگوسازی وجود دارد. او با تأیید شواهد در روانشناسی بر حوزه‌ی علوم اعصاب تمرکز می‌کند.

تصویر ۲ ـ ۲: چرخه‌ی پیشنهادی تولید اطلاعات برای مربیان

Juliana Pare-Blagoev [1]
Maryanne Wolf [2]
1965 / Stanislas Dehaene [3]
Kurt Fischer and Geraldine Dawson [4]

مطالعات علم عصب‌شناسی نشان می‌دهند، یادگیری با کاهش سطح استرس افزایش می‌یابد. ترشح هورمون‌های استرس مسیرهای طبیعی یادگیری را مسدود می‌کند. مستندات این مطالعات، توضیحات زیستی برای ناراحتی‌های روانی، که بر اثر ترس، استرس و اضطراب در مغز ایجاد می‌شود، ارائه می‌کنند. معلم متوجه می‌شود این اطلاعات می‌تواند به پیشرفت یادگیری مشارکتی کمک کند، بنابراین آن‌ها را در جایگاه فعالیت‌های خوب علمی در دانش MBE طبقه بندی می‌کند.

بیایید اجازه دهید به مثال دیگری از چارچوب روانشناسی نگاه کنیم. تصور کنید یک روانشناس متوجه می‌شود موش‌ها در محیط‌هایی که در آن‌ها اسباب بازی‌ها و موش‌های دیگر حضور دارند، بهتر یاد می‌گیرند. سپس این پرسش برایش به وجود می‌آید که آیا محیط‌های غنی آموزشی بر مغز انسان نیز تأثیر می‌گذارد یا نه. او برای جست‌وجوی شواهد در علوم تربیتی و عصب‌شناسی، نخست باید تعریفی از این‌گونه محیط‌ها ارائه دهد و سپس عناصر تشکیل‌دهنده‌ی آن‌ها را شناسایی کند. بنابراین در نظر می‌گیرد که محیط‌های غنی‌شده شامل انواع گوناگون تحریک‌کننده‌ها، مواد مختلف، چالش‌های قابل مدیریت، پاداش‌های قابل پیشبینی و مشارکت می‌شود. روانشناس در مرحله‌ی بعد به دنبال شواهدی برای آموزش می‌گردد و درمی‌یابد دانش‌آموزانی که تحریکات مشابه‌ی دریافت می‌کنند اغلب در مدرسه هم عملکرد بهتری دارند، علاوه بر این می‌فهمد شواهدی وجود دارد که نشان می‌دهد چطور فقدان تحریک بر مغز تأثیر منفی می‌گذارد. برجسته‌ترین پژوهش در این رابطه، درباره‌ی کودکان یتیم رومانیایی صورت گرفته که بدون هیچ تماس انسانی به گهواره‌شان بسته می‌شدند. روانشناس برای تأیید این که آیا همه‌ی زیرشاخه‌های علم MBE محیط‌های غنی‌شده را پشتیبانی می‌کنند یا خیر، به تصویب نهایی علوم اعصاب متوسل می‌شود. سپس با تکیه بر علوم اعصاب درمی‌یابد که محیط‌های غنی‌شده مغز را تغییر می‌دهند و فعالیت سیناپسی بیشتری در مطالعات موش‌ها به دست می‌آید. البته می‌فهمد که این شواهد تنها به جنبه‌های خاصی از این محیط‌ها مربوط می‌شود، مانند تمرین یک مهارت در محیط‌های گوناگون، اکنون برای تکمیل این یافته‌ها هیچ مدرکی وجود ندارد که نشان دهد تراکم سیناپسی و بهبود یادگیری به یکدیگر مرتبط هستند (هال[۱]، ۲۰۰۵، ۱۷) همچنین انتقاداتی در این‌باره مطرح شده که محیط‌های مطالعات اولیه در مورد موش‌ها، بیشتر شبیه محیط‌های عادی بوده، به این معنی که مطالعات ثابت کرده‌اند محیط‌های فقیر به نوعی باعث آسیب می‌شوند و البته محیط‌های غنی شده نیز لزوماً مفید

---

[۱] 1967 / Matthew Hall

نیستند. روانشناس متوجه می‌شود شواهد قانع‌کننده‌ای برای گنجاندن محیط‌های غنی‌شده وجود دارد، اما این شواهد هنوز در جایگاه پذیرش کامل قرار نمی‌گیرند، یعنی در نظر گرفتن محیط‌های یادگیری خوب می‌تواند مهم باشد و شواهد نیز نشان می‌دهند که احتمالاً چنین است، اما در این مقطع زمانی به‌خوبی تأیید نشده است. روانشناس در نهایت می‌پذیرد که باید شواهد قانع‌کننده‌ی بیشتری برای پذیرش کامل این نظریه ارائه شود. برای درک روند کار روانشناس به تصویر ۳ ـ ۲ بنگرید:

تصویر ۳ ـ ۲: چرخه‌ی پیشنهادی تولید اطلاعات برای روانشناسان

ارائه‌ی یک نمونه در مورد عصب‌شناسی احتمالاً به ما کمک خواهد کرد بهتر درک کنیم که اطلاعات در این رشته‌ی جدید چطور نقد می‌شوند. تصور کنید یک متخصص مغز و اعصاب متوجه شده یکی از بیمارانش پس از سکته‌ی مغزی توانایی خواندن (یا فهم شوخی‌ها یا قدرت نوشتن کلمات با املای درست) را از دست داده است. متخصص با استفاده از این اطلاعات، تعمیماتی در مورد نحوه‌ی عملکرد زبان ارائه می‌کند. برای این عصب‌شناس شاید جای سؤال باشد که آیا مسیرهای عصبی خاص که به دنبال سکته‌ی مغزی آسیب دیده‌اند، می‌توانند به دانش چگونگی آموزش بهتر بی‌افزایند یا خیر. پس در مرحله‌ی اول باید دقیقاً مشخص کند که چه چیز این قسمت از مغز را تحریک می‌کند و فیزیولوژی عصبی پس از سکته‌ی مغزی دقیقاً چگونه تغییر می‌یابد. هنگامی که متوجه شود چگونه می‌تواند چنین تغییراتی را اندازه‌گیری کند، در مرحله‌ی بعدی قادر خواهد بود به دنبال شواهد تحقیقاتی در حوزه‌ی آموزش و روانشناسی بگردد که نشان دهند خواندن با چه سازوکارهایی آغاز می‌شود. اما آیا این آزمایش‌ها اثرات تحریک مضاعف این ناحیه‌ی خاص از مغز را بررسی کرده‌اند؟ آیا چنین آزمایش‌هایی منجر به بهبود توانایی خواندن کودکان می‌شوند؟ آیا تحقیقاتی انجام‌شده که نشان دهند آسیب به این نواحی از مغز چطور باعث از دست رفتن مهارت خواندن می‌شود؟ زمانی که عصب‌شناس چنین حمایتی از دو رشته‌ی آموزش و روانشناسی دریافت کند، اطمینان می‌یابد که موردش استثنایی نبوده و ارائه‌ی نظریات درباره‌ی مغز و قدرت خواندن را آغاز می‌کند. گویای این موضوع، موردی

در عصب روانشناسی مربوط به فینیاس گِیج[1] بود که تصادف هنگام کار در راه آهن باعث شد لوب پیشانی و جداری سمت راست مغزش را از دست بدهد. بعدها مشخص شد این منطقه مربوط به تفسیر عبارات استعاری و درک شوخی‌هاست. اگرچه این یافته در روانشناسی بسیار مورد بحث قرار می‌گیرد، تدریجاً به معلمان آموزش داده می‌شود، یعنی آنان به اطلاعات مهمی که باید درباره‌ی این موضوع داشته باشند، دسترسی ندارند. برای نمونه درباره‌ی گِیج، این اطلاعات به درک این نکته منتهی شد که اگرچه برخی دانش‌آموزان ممکن است مقداری در زبان‌آموزی پیشرفت داشته باشند، اما شاید در بعضی زمینه‌های دیگر ضعیف باشند زیرا دستگاه‌های گوناگون در مغز، بخش‌های متنوع زبان را اداره می‌کنند. به طور خاص املا، استعاره، واژگان و دستور زبان هر یک به صورت جداگانه در شبکه‌های عصبی مجزا پشتیبانی می‌شوند. بنابراین برای معلمان شگفت‌آور نیست که ببینند کودکی در یک زمینه ضعیف و در زمینه‌ی دیگر قوی است و هر دانش‌آموز نقاط قوت و در مقابل نقاط ضعفی دارد. این یافته‌ها به این نتیجه‌ی نهایی منتهی می‌شوند که آموزگاران نه‌تنها غیر از آن‌که باید روانشناسی‌شان را متمایز کنند، لازم است دانش‌آموزان را با تقسیم مهارت‌های‌شان به چند حوزه‌ی فرعی (مثلاً املا، دستور زبان، نوشتن، صحبت کردن و...) مورد سنجش قرار دهند. در ادامه نمودار مربوط به متخصص مغز و اعصاب را می‌بینید:

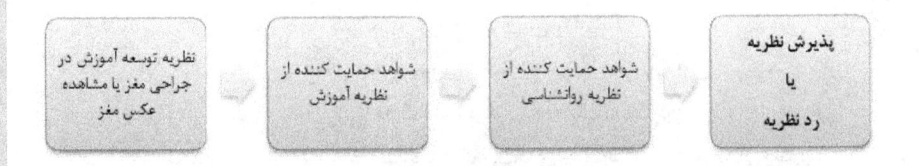

تصویر ۴ ـ ۲: چرخه‌ی پیشنهادی تولید اطلاعات برای متخصصان علوم اعصاب

همان‌گونه که پیش‌تر گفتیم، رشته‌های عصب‌شناسی، روانشناسی و آموزش می‌توانند به راه‌های گوناگون با یکدیگر مرتبط شوند. در ادامه و برای اثبات ماهیت میان رشته‌ای علم MBE، چند نمونه‌ی خاص از این مبادلات را ارائه خواهیم کرد.

Phineas Gage [1]

علوم اعصاب می‌توانند به حوزه‌ی آموزش کمک کنند

روش‌های بی‌شماری وجود دارند که علوم اعصاب در چارچوب آن‌ها می‌توانند به آموزش و پرورش کمک کنند. برخی از برجسته‌ترین مطالعات این حوزه، در این‌باره، در زمینه‌ی ریاضیات و خواندن انجام شده‌اند گرفته است. به زمینه‌های موضوعات دیگر کمتر مورد توجه شده استقرار گرفته‌اند، اما به همان اندازه مهم هستند. مثلاً برای نمونه، عصب‌شناسی، یادگیری را مقوله‌ای با شیوه‌های خاص می‌داند که به آموزگاران کمک می‌کند به دانش‌آموزان‌شان طوری آموزش دهند که با سازوکارهای طبقه‌بندی طبیعی مغز مطابقت داشته باشند. تا شیوه‌های آموزشی‌شان را با سازوکارهای طبیعی طبقه‌بندی مغز دانش‌آموزان مطابقت دهند. این یکی از اولین مهارت‌های معمول رایج است که بچه‌های کوچک در مدرسه می‌آموزند، زیرا شروع به نظم دادن مفاهیم در دنیای خود می‌کنند. همچنین این مطالعات علوم اعصاب آموزگاران را یاری می‌کند که متوجه شوند که کدام یک از مفاهیم را می‌توان به بهترین شکل پشت سرهم آموزش داد و کدام مفاهیم را، اگر با هم آموزش دهیم، قابل‌فهم نخواهند بود. مثلاً نتایج این تحقیقات اثبات کرده‌اند. اگر کسی فرانسوی و اسپانیایی را، که دو زبان بسیار شبیه به هم هستند، همزمان یاد بگیرد، برایش دشوار خواهد بود، حتی سخت‌تر از آموختن فرانسوی و ژاپنی (دو زبان بسیار مشکل و درعین حال دارای املای بسیار متفاوت) مطالعات دیگر در علوم عصب‌شناسی اعصاب تلاش می‌کنند از طریق مطالعه‌ی پژوهش درباره‌ی ترکیب عصبی رفتاری، شکاف میان درک‌مان از ذهن و مغز را پر کنند و به این موضوع می‌پردازند که مغز و ذهن چگونه مغز و ذهن برای مدیریت همه‌ی فعالیت‌های بیرونی و نیز ذهنی را مدیریتی عمل می‌کنند. و نتایج این تحقیقات در فهم به معلمان خواهد کرد تا پیچیدگی‌های تصمیم‌گیری، همچنین بهتر درک کنند. محرک‌های بیرونی تا چه حد اندازه الگوهای فکری را منحرف یا هدایت می‌کنند و این مسئله چطور چگونه بر رفتار دانش‌آموزان در کلاس درس تأثیر می‌گذارد، به آموزگاران یاری می‌رساند؟ سایر دیگر مطالعات عصب‌شناسی ارتباط میان خواب و یادگیری را توضیح می‌دهند که می‌توانند نتایج بسیار مفیدی برای معلمان در پی خواهد داشته باشند. به عنوان مثال، به لطف یاری همین تحقیقات پژوهش‌ها می‌دانیم که خواب برای تثبیت حافظه، ضروری است، با این حال وجود بسیاری از دانش‌آموزان تمام طول شب امتحان، تمام شب را بیدار مانده می‌مانند، و مطالعه می‌کنند. سپس، بعد از این تعجب متعجب می‌شوند، که چرا چند روز بعد پس از امتحان گذشت آزمون، هیچ یک کدام از موضوعاتی خوانده شده را که مطالعه کرده بودند، به یاد

نمی‌آورند. به طور کلی باید عنوان داشت، هزاران روش مختلف گوناگون وجود دارند که در چارچوب آن‌ها علوم عصب‌شناسی در قالب آن‌ها می‌تواند به حوزه‌ی آموزش کمک کند.

حوزه‌ی آموزش می‌تواند در جهت آگاهی‌بخشی به حوزه‌ی روانشناسی حرکت کند و آگاهی‌بخشی کند.

علوم آموزشی با روش‌های مختلفی گوناگونی وجود دارند که به واسطه‌ی آن‌ها علوم آموزشی می‌توانند به روانشناسی کمک کنند. مشاهده‌یات معلمان در مورد واکنش‌های دانش‌آموزان به شیوه‌های آموزشی آموزگاران روش‌های مختلف و نیز اندازه‌گیری رشد فراشناختی آنان‌شان می‌تواند به روانشناسی کمک کند. از سوی دیگر، مطالعه‌ی این شیوه‌های آموزشی متمایز مرتبط با سبک‌های یادگیری درک شده‌ی یادگیری می‌توانند قادرند اولویت‌های ترجیحات ذخیره‌سازی حافظه را شناسائی کنند. آموزش و ارزیابی دانش‌آموزان براساس استعداد و پتانسیل فردیشان در یک حوزه موضوعی، یکی از اصول اساسی علم MBE است به شمار می‌آید. سطوح گوناگون مختلف هوش و ترجیحات اولویت ذهنی دانش‌آموزان، در کنار میزان متفاوت سطوح مختلف دانش، آگاهی و مهارت‌های‌شان، تمایز در شیوه‌های کلاسی تدریس را توجیه می‌کند،. این بدان معنا نیست که معنای آن آموزش دادن به صورت انفرادی نیست انجام می‌شود، بلکه به این معناست که معلم برای تشخیص نیازهای دانش‌آموز و برنامه ریزی استفاده از تجربیاتش در یادگیری او، به صورت ویژه شیوه‌ای شخصی‌تر وقت می‌گذارد. مثلاً امروزه اثبات شده است که نباید هنگام آموزش موضوعاتی که با یکدیگر همپوشانی دارند عجله از عجله در آموزش موضوعاتی که همپوشانی دارند اجتناب کنیم (حتی اگر به ترتیب عنوان شوند) و در مقابل مطمئن شویم که آن موضوعات مسائل به اطلاعات گذشته یا طرحواره‌ی ذهنی دانش‌آموز مرتبط باشند. اگر میزان درک آموزگاران را درباره‌ی شیوه‌ای متنوع بتوانیم توانائی‌های ادراکی معلمان در مورد روش‌های مختلف یادگیری را افزایش دهیم، آن‌ها می‌توانند عملکرد بهتری داشته باشند. به همین ترتیب، پژوهش درباره‌ی چگونگی تأثیر تحقیق در مورد اینکه روش‌ها و فعالیت‌های کلاسی مختلف بر کیفیت خروجی دانش‌آموز، در محیطهای کلاس تأثیر می‌گذارند، روشی ارزشمند برای به دست آوردن بینش در مورد فرآیندهای فکری روانشناختی است و برای دستیابی به آگاهی در مورد فرایندهای فکری روانشناختی ارزشمند است. شاید رایج‌ترین مطالعات روانشناسی مربوط به فعالیت‌های کلاسی مرتبط با روانشناسی، فعالیت‌هایی و پژوهش‌هایی باشند که مفاهیمی از جمله اعتماد به نفس، و انگیزه و تأثیرشان بر

یادگیری را بررسی می‌کنند. همان‌گونه که آموزش می‌تواند به روانشناسی کمک کند، روانشناسی نیز می‌تواند به یاری علوم عصب‌شناسی شتافته است.

روانشناسی می‌تواند به علوم عصب‌شناسی کمک کند

می‌توان گفت روانشناسی شاید منبع اصلی تحقیقات علوم اعصاب باشد. در واقع، آنچه سال‌ها در زمینه‌های روان‌شناختی شناخته شده بود، اکنون از نظر لحاظ فعالیت مغز و از طریق علوم اعصاب ثابت می‌شود. برای نمونه، روانشناسان قرن‌هاست می‌دانند، انسان‌ها به دلایل اجتماعی تمایل دارند به تقلید از یکدیگر تقلید کنند و انسان‌ها با نگاه کردن به اطرافیان‌شان و همانند آن‌ها رفتار می‌کنند تا بتوانند با دستیابی به جایگاه اجتماعی مناسب، داشته باشند و پذیرفته شوند. چنین از این مطالعاتی را می‌توان برای توسعه‌ی گسترش نظریات‌های فعال‌سازی مغز در جریان شناخت اجتماعی، استفاده کرد، همچنین در موارد دیگر فرضیه‌های روانشناختی درباره‌یرفتارهای خاص را می‌توان در علوم اعصاب و برای تعیین الگوها یا سیستم‌های مکانیسم‌های سازوکارهای مغزی، ثبت کرد. به عنوان نمونه استائومازر[۱] (۲۰۰۳) نشان داده که میزان رشد روانشناختی ذهن یک کودک را چطور چگونه می‌توان با تکیه بر علوم اعصاب اندازه‌گیری کرد. او با مقایسه‌ی انسان‌ها و شامپانزه‌ها و مسیرهای ذهنی‌ای که هر کدام برای تصمیم‌گیری استفاده می‌کنند، به دنبال آن بود که «آنچه را واقعاً محصول رشد ذهن انسان است» بهتر تعریف کند. او در نهایت ثابت کرد توانست اثبات کند، چهار تفاوت ذاتی وجود دارد که از طریق اندازه‌گیری فعالیت مغز بالقوه‌ی مغز با در مواجهه با رویدادها، میان گونه‌های مختلف قابل اثبات تأیید هستند.

روانشناسی نه تنها غیر از آن‌که بر علوم اعصاب تأثیر گذاشته است، بلکه می‌تواند به حوزه‌ی آموزش نیز کمک کند.

روانشناسی می‌تواند به آموزش کمک کند.

روانشناسی منبع غنی اطلاعات برای حوزه‌ی آموزش است. به عنوان مثال، باورهای مفهومی و اساسی در مورد فرآیند تفکر، ابتدا در روانشناسی و سپس با کاربردهای بعدی دیگر در محیطهای یادگیری رسمی رایج مورد توجه قرار گرفت. روانشناسی نشان داد که باورهای مربوط به هوش، چطور چگونه می‌توانند بر موفقیت در یادگیری تأثیر بگذارند. دانش‌آموزان تمایل دارند انتظارات معلمان‌شان را برآورده کنند. انتظارات بالا نتایج بهتری به همراه دارند.

---
۱ Staumwasser

برخی ارتباطات میان روانشناسی و آموزش آشکار است. مثلاً مجلهی " Monitor on Psychology"، (مجلهی انجمن روانشناسی آمریکا (APA))(APA)، به بررسی این موضوع پرداخته است، که اسکن‌های مغزی چطور می‌توانند در برنامه‌های درسی لحاظ می‌شوند. سایر تحقیقات روانشناختی درباره‌ی بررسی نقش فرضی حافظه‌ی فعال در آموزش، یا شواهدی برای شیوه‌های آموزش که یادگیرنده را درگیر می‌کنند، از جمله پژوهش‌هایی تحقیقات روانشناسی هستند که در این حوزه‌ی آموزش مؤثر بوده‌اند. همه‌ی این مطالعات، به وضوح و آشکارا نقش عمده‌ای را که روانشناسی در طراحی روش‌های تدریس فعلی در علم MBE ایفا کرده است، نشان می‌دهد از سوی دیگر، علم آموزش نیز می‌تواند با روش‌های مشابه، به علوم عصب‌شناسی کمک کند.

آموزش می‌تواند علوم اعصاب را آگاه کند

آموزش می‌تواند با روش‌های مختلف گوناگونی قادر است علوم اعصاب را آگاه کند. به عنوان مثال، آموزگاران درباره‌ی ارائه‌ی بهتر تحقیقات مبتنی بر علم، مطالب بسیاری نوشته‌اند. این ارزیابی‌ها، اطلاعات ارزشمندی در مورد سطح درک آموزش در چارچوب تحقیقات مبتنی بر علم، در اختیار علوم اعصاب قرار داده است. در اصل، عصب‌شناسان از معلمان می‌خواهند جوانب زمینه‌های مفیدی را در تحقیقات‌شان بیابند که کاربرد مستقیمی در کلاس درس دارند. در موارد دیگر، یافته‌های آموزشی می‌توانند یافته‌های نتایج پژوهش‌های آزمایشگاهی‌های علوم اعصاب را به صورت منظم ارائه‌ی تنظیمات معتبر از نظر محیطی تایید یا رد کنند؛ امکانی که در اغلب تحقیقات آزمایشگاهی وجود ندارد. سایر مطالعات آموزشی، روششناسی خاصی برای بررسی دقیق در علوم اعصاب ارائه کرده‌اند و نشان داده‌اند که نحوه‌ی آموزش چگونه بر آنچه آموخته می‌شود، تأثیر می‌گذارد. برخی تحقیقات آموزشی این نکته را بیان می‌کنند که نشان داده‌اند که کلاس‌های درس بستر اثبات نهائی علوم اعصاب مرتبط با علم MBE هستند. در نهایت، شواهد موجود در علم آموزش، باید به عنوان مبنایی گواهی برای تائید فرضیات روانشناسی قرار گیرند که در علوم اعصاب تأیید شده‌اند، مورد استفاده قرار گیرند. شاید مهم‌ترین ارتباط میان علوم آموزشی و علوم اعصاب زمانی رخ می‌دهد که عصب‌شناسان پیشنهاداتی در آموزش می‌پذیرند و آن‌ها را به شکل واقعی را در کلاس‌های درس واقعی آزمایش می‌کنند. به عنوان مثال، دانشمندان علوم اعصاب می‌توانند مقدمات اصلی اثر آلفی کوهن[۱] (۱۹۹۹) (با

---

[۱] 1957 / Alfie Kohn

عنوان: مدارسی که کودکان‌مان شایستگی دارند که حرکتی فراتر از کلاس‌های سنتی و استانداردهای سخت‌گیرانه) و طرح برنامه‌ی درسی لایه‌ای کتی نانلی (b2002) را با اطلاعات علوم اعصاب بسنجند. ادعاهای آموزشی منبعی کمتر استفاده شده و در عین حال غنی برای دسترسی و در شناسائی سؤالات جدید علوم اعصاب برای تحقیقات هستند. نیاز ضروری است که تحقیقات بسیار بیشتری در علوم اعصاب با موضوع مسائل آموزشی انجام شود که متناسب برای محیط‌های آموزشی کاربردی باشند.

نکته‌ی جالب دیگر آن‌که، عصب‌شناسی نیز به روشی مشابه می‌تواند بر روانشناسی تأثیر بگذارد.

علوم اعصاب می‌توانند به روانشناسی کمک کنند

علوم اعصاب می‌توانند با روش‌های مختلفی متنوع به روانشناسی کمک یاری کنند. شاید بدیهی‌ترین راه، تأیید ادعاهای خاص باشد. برای مثال، روانشناسی دهه‌ها را صرف بحث در مورد موضوع آگاهی کرده است. دانشمندان علوم اعصاب مانند راسل پولدارک[۱] و آنتونی واگنر[۲] (۲۰۰۴) این پرسش را مطرح کرده‌اند: که « تصویربرداری عصبی در مورد ذهن، چه اطلاعاتی می‌تواند در اختیارمان قرار دهد؟». بسیاری دیگر از محققان دیگر روانشناس نیز پرسیده‌اند: این پرسش را مطرح کرده‌اند که «جامعه‌ی عصبی در حال ظهور چگونه نحوه‌ی زندگی، کار و عشق را تغییر خواهد داد؟». برخی دیگر نیز به طرح سؤال درباره‌یماهیت در مقابل آموزش پرداخته‌اند و این پرسش را به عنوان روشی مرکب از «ژن‌ها، مغز و شناخت» در نظر گرفته‌اند. علوم اعصاب و عصب‌شناسی برای پاسخگویی به دغدغه‌های روانشناسی در مورد یادگیری اجتماعی، شناختی و عاطفی استفاده می‌شود. در حالی‌که بسیاری در مورد آنچه علوم اعصاب می‌تواند برای روانشناسی انجام دهد، مشتاق هستند، دیدگاه‌های محافظه کارآن‌های وجود دارند که پارامترهایی متغیرهایی را پیرامون درباره‌ی بحث « آنچه تصویربرداری عصبی می‌تواند انجام دهد، نمی‌تواند و نباید انجام دهد» مطرح می‌کنند. این نوع مطالعات به تعامل طبیعی علوم اعصاب و روانشناسی و نیز زمینه‌های متعدد هم‌پوشانی آن‌هااین مطالب، اشاره دارند. در نظر گرفتن این‌که این سه رشته چطور و چگونه می‌توانند بر موفقیت یکدیگر تأثیر بگذارند، بحث جالبی است که نشانگر آینده‌ی روشن علم MBE ذهن، مغز و تربیت است را نشان می‌دهد.

---

[۱] Russell Poldrack

[۲] Anthony Wagner

این علم MBE با تکیه بر دیدگاه‌های متعدد و فرا رشته‌ای می‌تواند پیشرفت‌های تدریس را از طریق تفسیر مجدد یافته‌ها در علوم اعصاب، روانشناسی و آموزش تسهیل کند. مثلاً به عنوان مثال، روانشناسی تربیتی می‌تواند به علوم اعصاب آموزشی اطلاع رسانی کند، که آن هم، در جایگاه به نوبه‌ی خود، می‌تواند بر بحث آموزش نیز تأثیر بگذارد. طبق آنچه گفته‌ی جان تی بروئر، می‌گوید: « اکنون در حال حاضر به ندرت می‌توان مقاله‌ای را که توسط یک متخصص علوم اعصاب نوشته شده است، در ادبیات آموزشی پیدا کرد. مجلات آموزشی باید مقالاتی را از متخصصان علوم اعصاب درخواست کنند که به آن‌ها در حوزه‌ی فعالیتشان به آن‌ها کمک کند. به همین ترتیب، دانشمندان علوم عصب‌شناسی نیز می‌توانند و باید خطاها یا تعمیم بیش از حد اطلاعات درباره‌یمغز را به عموم مردم و به ویژه مربیان گوشزد کنند. این نوع اصلاحات ملایم می‌تواند خواهد توانست کیفیت اطلاعات برای در مورد استفاده در کلاس‌های درس را افزایش دهد.

علم MBE ، علمی پیشرفته است، اما چیز جدیدی نیست!

نظریه‌های معاصر یادگیری می‌توانند از بررسی‌های علم MBE بهره‌مند شده‌اند. اگر بتوان این یافته‌ها را به گونه‌ای از طریق یک تلاش بین رشته‌ای تأیید کرد، اهمیت آن‌ها در همه‌ی زمینه‌ها چند برابر خواهد شد. این موضوع یک تغییر پارادایم الگویدر تفکر درباره‌یآموزش و یادگیری است را دستخوش تغییر خواهد کرد. تا یک دهه‌ی پیش تصور می‌شد علوم عصب‌شناسی باید به روانشناسی آموزشی کمک کند و بالعکس. اما امروزه در حال حاضر این نقش یک نقش وظیفه‌ی مدیریتی است که برای هر سه رشته درجه‌ای یکسان دارد و هر سه حوزه باید پیشرفته‌ای‌شان را در اختیار یکدیگر قرار دهند. متخصصان علم MBE می‌توانند در برنامه‌های دروس دانشگاهی به شکلی متعادل‌تر آموزش ببینند، یا دانش‌ها و مهارت‌های لازم را می‌توانند از هر یک کدام از این سه رشته دانش‌ها و مهارت‌های لازم را بیاموزند و در این چارچوب نگرش‌های خاص علم MBE را ارائه کنند. محققان در این علم MBE درک می‌کنند که چگونه و چرا اشتراک‌گذاری بین رشته‌ای برای رشد رشته‌ای و رسیدن به اهداف حیاتی که در مقدمه به آن‌ها اشاره شد، ضرورت دارد و حیاتی است.

پنج مفهوم به خوبی تثبیت شده در علم MBE

خلاصه‌ی زیر از مفاهیم به درستی تثبیت و نهادینه شده در علم MBE تهیه گردیده که در کتاب علم جدید آموزش و یادگیری: کاربرد اصول علم ذهن، مغز و تربیت به قلم خودم به آن‌ها اشاره کرده‌ام:

۱. مغز انسان منحصر به فرد است. اگرچه ساختار کلی آن در همه‌ی انسان‌ها یکسان است، اما در عین حال به همان‌گونه در جزئیات هیچ دو انسانی شبیه به یکدیگر نیستند. در حالی‌که الگوهای کلی سازماندهی در نحوه‌ی چگونگی یادگیری افراد مختلف و نواحی مغز وجود دارد، هر مغز عملکرد بی‌همتایی منحصر به فرد خود را در سازماندهی این نظم‌بخشی بر عهده دارد. یگانه و منحصر به فرد بودن مغز انسان شاید اساسی‌ترین باور در علم MBE باشد. ثابت شده که است، حتی دوقلوهای همسان نیز به دلیل داشتن تجربیات کمّی متفاوتی، که دارند، مغزهای فیزیکی متفاوتی متمایزی دارند. الگوهای آشکاری واضحی از رشد مغز میان همه‌ی افراد مشترک است وجود دارد، اما منحصر به فرد و یکتا بودن هر مغز به این معنی است که چرا دانش‌آموزان به روش‌های متفاوتی یاد می‌گیرند. البته این نکته درباره‌ی منحصر به فرد بودن هر مغز نباید تحت‌الشعاع این واقعیت قرار گیرد که انسان در جایگاه به عنوان یک گونه، دارای مراحل رشد مشخصی است که متغیرها و پارامترهایی را برای یادگیری دارد.

۲. همه‌ی مغزها توانائی‌های قابلیت یکسانی ندارند، از این رو چرا که زمینه و توانائی، بر یادگیری تأثیر می‌گذارد؛ زمینه به معنی محیط یادگیری، انگیزه‌ی یادگیری و اطلاعات گذشته قبلی است. از سوی دیگر، افراد با توانایی‌های مختلفی متولد می‌شوند که بسته به محرک‌ها یا نبودِ فقدان وجود محرک‌ها آن‌ها، ممکن است می‌توانند این استعدادها و توانائی‌هایشان را بهبود بخشیده یا از دست بدهند. نحوه‌ی چگونگی دریافت محرک به وسیله‌ی یادگیرندگان متأثر از زمینه‌ی یادگیریشان از جمله تجربیات گذشته و اطلاعات قبلیشان است. این بدان معنی است که کودکان با زمینه‌های فکری یکسانی وارد کلاس درس نمی‌شوند و برخی‌شان از بدو تولد آماده‌تر هستند. پذیرش این یک واقعیت کار آسانی نیست، سخت است که باید آن را پذیرفت اما چرا که به صراحت چارچوبی قطعی برای تفسیر این توانائی‌ها ارائه می‌کند. با این وجود، کلید رفع این مشکل آن است که پتانسیل‌ها ظرفیت‌ها را به حداکثر برسانیم. افراد بسیاری هستند که با پتانسیل‌ها موهبت و ضریب هوشی بالایی متولد می‌شوند، اما به این استعدادهای‌شان توجهی نمی‌شود، در حالی که بسیاری دیگر با توانایی و پتانسیل‌ها و ضریب هوشی متوسط، متولد شده اما فراتر از انتظارات، توانایی‌های‌شان را به بیش‌ترین اندازه می‌رسانند. ژنها نیز، از طریق تجربیات قبلی و آنچه برای تقویت در مورد توانایی و پتانسیل‌های کودک انجام می‌شود، به موفقیت او به عنوان یک یادگیرنده کمک می‌کنند.

۳. مغز با تجربه تغییر می‌کند. مغز این عضو مهم بدن سیستمی دستگاهی پیچیده، پویا و یکپارچه دارد که دائماً به واسطه‌ی تجربه، تغییر می‌کند، اگرچه با آن‌که بیشتر این تغییرات تنها

در سطح میکروسکوپی مشهود و دیدنی است. به این ترتیب که هر شب با مغزی متفاوت از چیزی که مغزی که صبح با آن بیدار شده‌اید، به رخت‌خواب می‌روید. هر حس بویایی، بینائی، چشائی و لامسه‌ی جدیدی که تجربه می‌کنید و هر احساس یا تفکری که دارید شکل فیزیکی مغزتان را تغییر می‌دهد. اگرچه این تغییرات مغزی اغلب نامحسوس هستند، اما به شکلی مداوم ساختار فیزیکی مغز را تغییر می‌دهند و این تغییرات با تمرین دائمی می‌شوند. مناطقی از مغز که با هم استفاده شده‌اند، تقویت می‌شوند، در حالی که مناطقی که تحریک نشده‌اند تجزیه (آتروفی) می‌شوند. این حقیقت مفهوم سیناپس را ایجاد کرده‌اند که به وسیله‌ی هبی[۱] (۱۹۴۹) مطرح شده است: نورون‌هایی عصب (نورون)هایی که با هم تولید می‌شوند، به یکدیگر مرتبط هستند. به طور خلاصه اینکه، تمرین یاد نگرفتن برای مغز غیرممکن است، چونرا که تجربه‌ای که به طور کلی با عنوان دانش یا خرد عملی به دست آمده، از به کمک آنچه فرد مشاهده کرده، با آن روبه‌رو شده یا متحمل شده، تعریف می‌شود، و همه‌ی این موارد مغز را به شکل روزانه تغییر می‌دهند.

۴. مغز بسیار پلاستیکی است.، مغز انسان دارای درجه‌ی بالایی از انعطاف‌پذیری دارد و در طول عمر رشد می‌کند، اگرچه با آن‌که محدودیت‌های عمده‌ای برای انعطاف این انعطاف‌پذیری وجود دارد و این محدودیت‌ها این محدودیت‌ها با افزایش سن، افزایش بیشتر می‌شوند. انسان قادر است این قابلیت را دارد که در طول زندگی‌اش تا پایان عمر مداوم یاد بگیرد. یکی از تأثیرگذارترین یافته‌های قرن بیستم، کشف انعطاف‌پذیری مغز بوده است. این کشف یافته، باورهای قبلی گذشته درباره‌یمحلی‌سازی (اینکه به این معنی که هر ناحیه از مغز عملکرد خاص خود را دارد) را به چالش کشید. اکنون اثبات ثابت شده است که نوروپلاستیسیته انعطاف‌پذیری عصبی می‌تواند توضیح دهد که چرا برخی افراد می‌توانند مهارت‌هایی را که تصور می‌شود به دلیل آسیب از دست داده‌اند، بازیابی کنند یا افرادی کسانی که تنها با یک نیم‌کره‌ی مغزی متولد می‌شوند نیز می‌توانند توانایی دارند زندگی عادی داشته باشند، که این خود اثبات کننده‌ی قابلیت انعطاف‌پذیری مغز است. آنتونیو باترو[۲] و مری هلن[۳] ایموردینو یانگ[۴]، مستنداتی

[۱] یک نظریه عصب روانشناختی که ادعا می‌کند افزایش کارایی سیناپسی از تحریک مکرر و مداوم یک سلول پس سیناپسی ناشی می‌شود.

[۲] 1936 / Antonio M Battro

[۳] 1979 / Mary Helen

[۴] Immordino-Yang

را از افرادی با یک نیمه‌ی مغزی فعال ارائه کرده‌اند. کار آنتونیو باترو روی چنین افرادی متمرکز بوده است. داستان نیکو (۲۰۰۰) مستندی دیدنی و قابل توجه از زندگی کودکی است که با یک نیمکره‌ی فعال مغزی متولد شده است و مفاهیم قبلی عملکرد مغز برای یادگیری را به چالش می‌کشد. ایموردینو یانگ با الهام از این تحقیق، مطالعه‌ی مورد مفصلی با این عنوان انجام داد: «داستان دو مورد: درس‌هایی برای آموزش براساس مطالعه‌ی زندگی دو پسر که با یک نیمکره مغزی فعال زندگی می‌کنند» (b2007) او در این اثر نشان می‌دهد که چطور چگونه کل مغز مانند یک سیستم و دستگاه بزرگ کار می‌کند و زمانی که بخش‌هایی از آن نابود می‌شوند، مانند این دو کودک که هر کدام با یک نیمکره به دنیا آمده‌اند سایر بخش‌ها می‌توانند وظایف بخش‌های نابود شده را بر عهده بگیرند. محققانی مانند پل باخ ریتا[1] نیز آشکارا به وضوح عنوان می‌کنند: «ما با مغزمان میبینیم نه با چشمان‌مان.». به این معنی که مغز در جایگاه به عنوان یک کل، مسئول ادراک حسی است، نه فقط یک قسمت از مغز، باخ ریتا این نکته را با استفاده از یک استعاره تشبیه ساده توضیح می‌دهد: «بیایید اجازه دهید فرض کنیم شما از نقطه‌ی A به سوی نقطه‌ی B در حال رانندگی می‌کنید. معمولاً برای این کار راحت‌ترین مسیر را انتخاب می‌کنید که، این مسیر ممکن است مسیر طبیعی و هموار نباشد، اما جاده‌ای است که شما را سریع‌تر و راحت‌تر به نقطه‌ی B می‌رساند، و حتی شاید ممکن است به مسیر ترجیحی‌تان و همیشگی‌تان تبدیل شود.» اما نویسنده‌ای که شاید بتوان گفت بیشترین تلاش را برای توضیح انعطاف‌پذیری عصبی نوروپلاستیسیته داشته و انجام داده، دکتر نورمن دویج[2] باشد که مطالعات مستندی قابل استنادی در این‌باره رابطه انجام داده است، مطالعاتی که نشان می‌دهند. «کودکان همیشه در سطح توانایی‌های ذهنی که با آن‌ها متولد می‌شوند، باقی نمی‌مانند، بلکه مغز آنان می‌تواند خود را مجدداً دوباره سازماندهی کند، به طوری که وقتی یک قسمت از آن از کار افتاد، قسمت‌های بخش‌های دیگر اغلب جایگزین شده و وظایف آن بخش از کار افتاده را بر عهده می‌گیرند و تقبل می‌کنند. اگر سلول‌های مغزی از بین بروند، در برخی موارد می‌توان آن‌ها را جایگزین کرد». انعطاف‌پذیری عصبی نوروپلاستیسیته دستاوردهایی برای مغزهایی که آسیب‌دیده دیده‌اند، و همچنین دستاوردهایی درباره‌ی نحوه‌ی چگونگی تفکر ما در مورد آموزش داشته است. در حالی که با آن که در دهه‌ی ۱۹۹۰ اعتقاد به یادگیری و فکر کردن به سال‌های اولیه‌ی زندگی، رایج بود. اکنون در حال حاضر پذیرفته شده که یادگیری این امر در طول عمر

---

[1] 1934 / Paul Bach-y-Rita

[2] Norman Doidge

تداوم می‌یابد. پس بنابراین آیا این دستاورد در تناقض با این نظریه تناقض دارد است که به شیوه‌های آموزشی سال‌های دوران کودکی باید بهای بیشتری داد؟ خیر، به هیچ عنوان، این نظریه صرفاً به این معنی است که در شرایط مناسب، مهارت‌هایی که مراحل رشد طبیعی را مشخص می‌کنند باید به عنوان یک معیار باشند و در نظر گرفته شوند، نه مانع، چرا که انسان‌ها می‌توانند در طول عمرشان همواره بیاموزند.

۵. مغز اطلاعات جدید را به اطلاعات قدیمی وصل می‌کند. ارتباط برقرار کردن میان اطلاعات جدید و قدیمی باعث تسهیل در روند یادگیری می‌شود. زمانی که اطلاعات و داده‌های جدید را با موضوعاتی که پیش‌تر می‌دانستیم ترکیب کنیم، بهتر و سریع‌تر یاد می‌گیریم. برای مثال فرض کنید جایی می‌روید که پیش‌تر هرگز نرفته‌اید. اگر کسی که به شما راهنمایی ارائه می‌کند، اگر به شما نقطه‌ی مرجع نشان بدهد، (مثلاً بگوید: «جلوتر که رفتی و یک دفتر پست دیدی، میبینی اونو که دیدی بپیچ به سمت راست بپیچ.») خیلی بهتر یاد می‌گیرید. به همین ترتیب وقتی کودک هنگام یادگیری، از اطلاعات گذشته‌اش بهره‌ی زیادی می‌برد. هیچ یادگیری و آموزش جدیدی تازه‌ای بدون اشاره به گذشته ممکن نیست و امکان ندارد. متأسفانه مایه‌ی تأسف است که گاهی مفاهیم جدید آموزشی در مدرسه در خلأ مفهومی و بدون اشاره به آنچه دانش‌آموزان از قبل یاد گرفته‌اند باشند، آموزش داده می‌شوند. این خلاء کمبود، دلیل ضعفی است که بسیاری از دانش‌آموزان در یک موضوع خاص است و ضعیف می‌شوند. کودکی که هنوز جمع کردن را یاد نگرفته چطور چگونه می‌تواند تفریق را یاد بگیرد؟ بدون داشتن وجود پیشینه‌ی محکم و استوار در مفهوم‌سازی ریاضی پایه، دانش‌آموزان برای درک مفاهیم پیچیده‌تر این علم با مشکلات زیادی مواجه خواهند شد.

مفاهیم به خوبی تثبیت شده در علم ذهن، مغز و تربیت، MBE ایده‌ها و نظرات جدیدی نیستند. هر پنج مورد را اگر نگوییم قرن‌ها پیش که دهه‌ها پیش مطرح شده‌اند. آنچه موضوع جدید است، این است که هر پنج مفهوم بدون شک در علم اعصاب، روانشناسی و محیط‌های آموزشی به اثبات رسیده‌اند. آنچه جدید است، کاربرد مداوم این پنج مورد در بهترین تمرینات کلاسی کاربردی مداوم داشته است. این پنج حقیقت باید همه‌ی شیوه‌ای آموزشی و نیز تحقیقات آینده درباره‌یابزارهای بهتر آموزشی، می‌بایست از این پنج حقیقت تأثیر بگیرند را متأثر کنند.

در این فصل، علم MBE براساس ریشه‌های، مباحث مفهومی این علم و حقیقت‌های حقایق پذیرفته شده، در این رشته جدید تعریف شد. پیش از صحبت درباره‌ی ورود به کاربردهای

این علم در کلاس‌های درس، در فصل سوم، نگاهی مختصر خواهیم داشت به تاریخچه‌ی علم MBE و مختصراً بررسی خواهیم کرد.

فصل سوم

نگاهی نو به مشکلات قدیمی حوزه‌ی آموزش

«دانستن اینکه یک چیز چطور به وجود آمده، اغلب بهترین سرنخ برای فهم چگونگی عملکرد آن چیز است.»

ترنس دیکن، گونه‌های نمادین: تکامل مشترک زبان و مغز (۱۹۹۸، ص ۲۳)

برخی سؤالات قرن‌ها برای معلمان مطرح بوده است. دانستن اینکه چه چیزی مهم است؟ چه کسی برای تدریس آمادگی دارد؟ به چه کسی فردی و چطور، چگونه باید آموزش داد؟ برای این پرسش‌ها نکاتی در مورد پاسخ‌های مناسبی به این پرسش‌ها در طول تاریخ یافت می‌شوند و این نکات مکرراً به ابهامات درباره‌ی مفاهیم کلیدی علم جدید MBE را، که سنگ‌بنای آن علم جدید آموزش و یادگیری به شمار می‌روند، رفع می‌کنند و پاسخ می‌دهند.

از مصری‌ها تا یونانی‌ها تا قرن ۱۱۰۰: ریشه‌های آموزش رسمی

انسان‌ها گونه‌های پیچیده‌ای هستند و سوابق اطلاعات دقیق بسیاری زیادی از جوانب مشترک رشد ما چندان شناخته شده نیستند. توسعه‌ی سیستم‌های سازوکارهای نوشتاری در حدود ۳۵۰۰ سال پیش از میلاد مسیح گسترش یافته است و وجود داشته‌اند. برخی از اولین سوابق نشانه‌های مکتوب نشان می‌دهند که آموزش رسمی، که در چارچوب آن مهارت‌های ارتباطی اولیه، زبان، آداب معامله و آداب کشاورزی و مذهبی آموزش داده می‌شدند، در فاصله‌ی سال‌های ۳۰۰۰ تا ۵۰۰ سال پ. م. پیش از میلاد مسیح در مصر آغاز شده‌اند. آشوربانی‌پال، پادشاه امپراتوری نوآشوری (۶۲۷ ـ ۶۸۵ پ. م[1]) اولین کتابخانه‌ی شناخته شده برای بشر را، در بابل و توسط آشوربانیپال، پادشاه امپراتوری نوآشوری (۶۸۵- ۶۲۷ پیش از میلاد) ساخته شد.

---

[1] مخفف پیش از میلاد

متون موجود در این کتابخانه مستندات جالبی از پیشرفت بشر در ریاضیات، خواندن و نوشتن، و نیز آموزش شیوه‌های رایج جنگ و نیز شکار ارائه کرده‌اند. در طول سلطنت سلسله‌ی ژو[1] (۴۷۹ ـ ۵۵۱ پ. م)، کنفوسیوس[2] (فیلسوف مشهور چینی)، تأثیر زیادی بر تمرکز کلی برنامه‌های آموزش رسمی تأثیر زیادی گذاشت و ارزش‌های آموزشی را، که حتی امروزه نیز در سیستم آموزشی مطرح هستند، شکل داد. کنفوسیوس اگرچه او بیشتر به خاطر آموزه‌های اخلاقی و معنوی‌اش شناخته شده است، اما تمرکزش بر ارزش‌های شخصی و بر در تدوین برنامه‌های آموزشی مؤثر بوده و تأثیر گذاشته است. برای نمونه، خودکنترلی و احترام، به مثابه توسعه‌ی پیشرفت فکری در آموزه‌های او مطرح شده‌اند. علاوه بر این، کنفوسیوس احتمالاً یکی از اولین کسانی بوده که به شیوهای متمایز به درباره‌ی آموزش به شیوهای متمایز فکر کرده است: «براساس توانایی دانش‌آموزان آموزش دهید.» (نگاه کنید به چین، ۲۰۰۷، ص۱) . این جمله نشان می‌دهد اوامین بدان معنی است که ۲۵۰۰ سال پیش کنفوسیوس درباره‌یارزش آموزش متمایز صحبت کرده است. محتوای آموزش رسمی اما محتوای آموزش رسمی با یونانی‌ها بود که تغییر کرد و یونانی‌ها بودند که به دنبال متعادل کردن مهارت‌های سودمند فایده‌گرایانه با و تفکرات دوراندیشانه درباره‌ی منشأ ریشه‌های اندیشه تفکر بودند و آن را دنبال کردند. بقراط (حدود ۳۷۰–۴۶۰ پ.م.پیش از میلاد)، سقراط (حدود ۴۷۰–۳۹۹ پ.م)، و ارسطو (حدود ۴۸۴–۳۲۲ پ.م پیش از میلاد) همگی در مورد آنچه اراده، انگیزه و یادگیری انسان نامیده‌اند، بحث کرده‌اند. با آن‌که در حالیکه مربیان از زمان یونانیان تا کنون به درباره‌ی چگونگی تأثیرگذاری بر اعمال انسان از طریق آموزش رسمی فکر کرده‌اند، اما تمرکز بر عملکرد مغز برای بهبود فرآیند آموزش و یادگیری مسئله‌ی نسبتاً جدیدی تازه‌ای است. از نظر هاورد گاردنر، (نظریه‌پرداز آموزش مدرن)، «شاید فلاسفه‌ی یونانی ممکن است اولین کسانی بوده باشند که در مورد ماهیت ماده، موجودات زنده، دانش، اراده، حقیقت، زیبایی و خوبی سؤالاتی مطرح کرده‌اند باشند. با این وجود، در قرن‌های اخیر، فلسفه به شکلی پیوسته مشتاقانه یا با اکراه، در برابر علوم تجربی تسلیم شده است.» (گاردنر، ۲۰۰۰، ص ۱) .

قرن ۱۰ تا ۱۷: با شروع قرن دهم، بشریت به درکی اساسی درباره‌یچگونگی تفسیر ادراکات حسی–حرکتی در مغز و تبدیل آن‌ها دست یافت. الحازن (۱۰۳۹ـ ۹۶۵ م) شاید یکی

---

[1] دودمان ژو یک دودمان چینی پس از دودمان شانگ و پیش از دودمان چین از سال ۱۰۴۶ پیش از میلاد تا ۲۵۶ پیش از میلاد بود.

[2] کنفوسیوس (Confucius) حکیم و سیاستمدار چینی آیین تازه‌ای برای مردم چین آورد

از بزرگترین فیزیکدانان تمام دوران و محصول عصر طلایی اسلام یا همان رنسانس اسلامی بود. او سهم قابل توجهی در پیشرفت آناتومی کالبدشناسی، علم نجوم و ستاره‌شناسی، مهندسی، ریاضیات، پزشکی، چشم پزشکی، فلسفه، فیزیکی، روانشناسی و ادراک بصری داشت و در درجه‌ی اول به عنوان مخترع روش علمی شناخته می‌شود. الحازن وی برخی از اولین ایده‌ها و باورها درباره‌ی روانشناسی تجربی را مطرح کرده و می‌توان او را داوینچی خاورمیانه دانست. کار الحازن انتقال تفکرات فلسفی در مورد هوش به قلمرو علم بوده است و الحازن به این موضوع پرداخته که یادگیری به واسطه‌ی ادراکات حسی ما از جهان ایجاد می‌شود. حواس ما اطلاعات را به حافظه‌مان می‌رسانند، و ما باید با کمک مغزمان اطلاعات جدید و قدیم را با یکدیگر مقایسه کنیم، الگوها و موارد جدید تازه را شناسایی کرده کنیم و یادگیری اطلاعات جدید را براساس اطلاعات گذشته بیاموزیم.

از بدن فیزیکی تا مغز یادگیرنده

محققان دوره‌ی رنسانس سؤالات فلسفی مشابه‌ی درباره‌ی یونانیان مطرح کرده‌اند، اما همگی به دنبال پاسخ براساس شواهد فیزیکی بوده‌اند. تفسیر لئوناردو داوینچی[1] ایتالیایی از مغز انسان (۱۵۰۸) و نقاشی‌های آناتومیک کالبد شناسانه‌ی آندریاس وسالیوس[2] بلژیکی (۱۵۴۳)، نه تنها غیر از آن که سوابق بصری دقیقی ایجاد کرده‌اند، بلکه شروع به نام‌گذاری نواحی خاصی از مغز کردند. آنچه داوینچی به آن اشاره کرد، همان موضوعی است که محققان امروزی نیز هم‌چنان با آن دست و پنجه نرم می‌کنند. بدون شرایط وجود مرجع و واژگان رایج، مقایسه‌ی یافته‌ها غیرممکن است.

(نگاه کنید به تصاویر ۳ ـ ۱ و ۳ ـ ۲)[3]

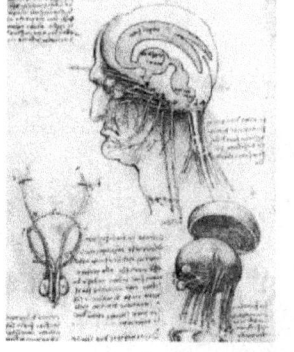

شکل تصویر ۳ ـ ۱: تفسیر لئوناردو داوینچی از مغز انسان، ۱۵۰۸

۱۴۵۲/ Leonardo da Vinci [1]

۱۵۱۴ / Andreas Vesalius [2]

منبع : http://www.drawingsofleonardo.orghttp://www.drawingsofleonardo.org [3]

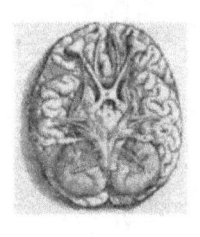

شکل تصویر ۳ ـ ۲: تصویرهای آندریاس وسالیوس از مغز انسان ، ۱۵۴۳

این دانشمندان خلاق در عصر هیجان انگیزی از در اروپا زندگی می‌کردند. «نیمه‌ی اول قرن هفدهم شاید عصر ظهور گروه‌های علمی بود که اعضای‌شان برای ترویج بحث و انتشار فلسفه‌ی جدیدی گرد هم می‌آمدند» (بکر، ۲۰۰۶، پاراگراف۱)[۱]

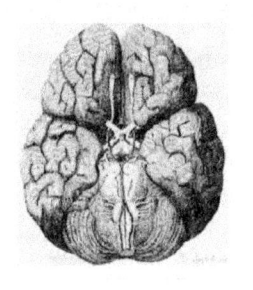

[۱] منبع تصویر دوم:
http://as.miami.edu/english/wiki105/images/e/e4/Andreas Vesalius_Bas_of_The_Brain.jpg

فلسفه‌ای که شامل مطالعه‌ی یادگیری و بررسی بحث در مورد مغز انسان بود را در بر می‌گرفت. کریستوفر رن[۱] یکی از کامل‌ترین نسخه‌های اولیه‌ی تصویر مغز را در سال ۱۶۶۴ یکی از کامل‌ترین نسخه‌های اولیه تصویر مغز توسط کریستوفر رن (ویلیس، ۱۶۶۴) ترسیم شد کرد.

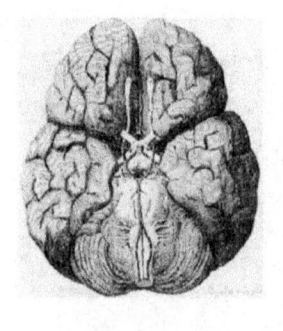

تصویر ۳-۳: تفسیر کریستوفر رن از مغز انسان[۲]

بیانیه‌ی رنه دکارت[۳] (من فکر می‌کنم پس هستم)[۴] در سال ۱۶۳۷ باعث شکل‌گیری تأملاتی تازه درباره‌ی نقش انسان و ذهن و ادراکاتش از جهان‌بینی شد که برای همیشه بر مفاهیم غربی آموزش تأثیر اثر گذاشت. تفکر و نه فقط بودن، تعریف هدف فرد در جهان را نیز شامل در بر می‌گیرد. این ایده باور حاکی از آن بود است که به حداکثر رساندن پتانسیل ظرفیت فردی برای اندیشیدن، آفرینش خلق کردن و تولید، وجودش را توجیه می‌کند. در سال ۱۶۳۹، جان لاک[۵] در سال ۱۶۳۹، نظریاتی در مورد آموزش، ارتباط میان روانشناسی و رشد مطرح کرد. او خواستار برقراری یک سیستم سازوکاری آموزشی بود که خودتنظیمی عمیق‌تر و یادگیری را تشویق کند و بر نحوه‌ی چگونگی آموزش دانش‌آموزان تأثیر بگذارد. به اعتقاد لاک اعتقاد داشت

---

[۱] ۱۶۳۲ / Christopher Wren

[۲] منبع: http://eee.uci.edu/clients/bjbecker/NatureandArtifice/willisbrainb.jpg

[۳] ۱۵۹۶ / René Descartes

[۴] "Cogito, ergo sum"

[۵] ۱۶۳۲ / John Locke

کلید دستیابی به آموزش خوب مطلوب کمک به دانش‌آموزان برای اندیشیدن درباره‌ی آن است که به دانش‌آموزان کمک کنیم بیشتر در مورد فرآیندهای تفکریشان است، فکر کنند. مثلاً به عنوان مثال، او با بیان مطرح کردن موضوع گام‌های ذهنی در حل یک مسئله، باور داشت معتقد بود که یادگیرندگان متفکران بهتری خواهند شد. این فرآیند بازتابی، سنگ بنای تفکر انتقادی مدرن امروزی است که در چارچوب آن، عادات ذهنی خاصی که به دانش‌آموزان را یاری می‌دهد کمک می‌کند چنین فرایندهایی بازتابی را تکرار کنند، پایه‌های آموزش با کیفیت مدرن کنونی را شکل می‌دهند.

قرن ۱۸ و ۱۹: به استثنای غیر از جهان اسلام که در اوایل قرن ۱۰ دارای مؤسسات آموزشی آکادمیک متمایز از نهادهای مذهبی داشت. تا قرن ۱۸، استفاده از آموزشگاه‌های مذهبی پدیده رایج در سرتاسر جهان، استفاده از مؤسسات مذهبی به عنوان مشابه‌ی مکان‌هایی برای آموزش رسمی، پدیده‌ی رایجی در سرتاسر دنیا بود. اغلب، در اکثر موارد، کلیساها و معابد در جایگاه به عنوان اولین کلاس‌های درس مطرح می‌شدند و به استثنای غیر از تعداد محدودی، عموماً تنها به نخبگان جامعه خدمات آموزشی ارائه می‌کردند. به عنوان مثال، مدارس کاتولیک، اولین مؤسسات آموزش رسمی در نروژ بودند که در سال سال ۱۱۵۲ شروع به کار کردند، و شورای سوم لاتران[1] در سال ۱۱۷۹ آموزش رسمی رایگان را برای فقرا را در انگلستان اجباری کرد، اگرچه با وجود آنکه این کلاس‌های آموزشی عمدتاً به خواندن متون مذهبی اختصاص داشت. با این وجود تنها در دهه‌ی ۱۵۰۰ میلادی بود که آموزش عمومی رواج یافت. برخی از مدارس مذهبی به مدارس لاتین تبدیل شدند و هر شهر موظف شد یک بازار و یک مدرسه داشته باشد. با شروع دهه‌ی ۱۶۰۰، گرایش به سوی جهانی شدن آموزش به شکلی دموکراتیک مردم سالارانه بیشتر مطرح شد، البته که این روند کاستی‌های فراوانی نیز داشت. در طول قرن هفدهم ۱۷ بود که معابد بودایی، در جایگاه به عنوان ساختارهای آموزشی در ژاپن شروع به خدمت کردند. به همین ترتیب، در قرن هجدهم ۱۸ در هند نیز مدارس و معابد از نظر فیزیکی ساختار و چارچوب یکسانی داشتند. خواندن، نوشتن، حساب، الهیات، حقوق، نجوم، متافیزیک، اخلاق، علوم پزشکی و دین در این مؤسسات به دانش‌آموزانی از همه‌ی طبقات اجتماعی تدریس می‌شد. فرقه‌های مذهبی، اکثر بیشتر مؤسسات آموزشی در ایالات متحده را، که در فاصله‌ی سال‌های ۱۶۴۰ تا ۱۷۵۰ تأسیس شده‌اند، پایه‌گذاری کرده‌اند. توسط فرقه‌های مذهبی تأسیس

---

[1] شورای لاتران (انگلیسی: Lateran council)، شامل سلسله شوراهایی است که توسط کلیسای کاتولیک در شهر رم در نزدیکی کاخ لاتران در کنار باسیلیکای سنت جان لاتران برگزار می‌شد.

شدند. اما با این وجود، در با آغاز دهه‌ی ۱۶۰۰ در نقاط زیادی از جهان، اغلب بسیاری از نهادهای مذهبی جای‌شان را به آموزشگاه‌های رسمی و غیررسمی دادند. در سال ۱۶۳۳ پارلمان اسکاتلند مالیاتی برای تأمین آموزش عمومی تصویب کرد.

توماس پین[۱] در اواخر دهه‌ی ۱۷۰۰، توماس پین، در سرتاسر اقیانوس اطلس، ایده‌ی طرح آموزش عمومی رایگان را در سرتاسر اقیانوس اطلس ترویج کرد، اگرچه این ایده پیشنهاد تا سال ۱۸۷۳، که هوراس مان[۲] توانست موفق شد طرح اخذ مالیات در راستای حمایت از مدارس دولتی را به تصویب برساند، عملی نشد. در دهه‌ی ۱۸۸۰ آموزش عمومی در فرانسه عادی شد و این مسئله تا سال ۱۸۹۰ در ژاپن شکلی اجباری به خود گرفت. در سال ۱۹۱۹ آموزش اجباری و رایگان در امپراتوری روسیه و کشورهای اتحاد جماهیر شوروی اجرا شد. در چین از سال ۱۹۵۰، نُه سال آموزش اجباری تصویب شد. کشورهای آمریکای امریکای لاتین در دهه‌ی ۱۹۶۰ اصلاحاتی را آغاز کردند که به موجب آن کودکان شش تا نُه ساله باید آموزش به صورت ابتدایی رایگان و اجباری آموزش دریافت کنند. در افریقا در آفریقا علیرغم تبلیغات فراوان روی درباره‌ی ارزش‌های فزاینده‌ی آموزش یادگیری در جوامع محلی و تعهد بسیاری از کشورهای این قاره به تحقق «اهداف توسعه‌ی هزاره» برای آموزش که شامل اتمام اجباری دوره‌ی مدرسه ابتدایی به عنوان یک برنامه‌ی آموزشی است، تا سال ۲۰۰۹، کمتر از ۶۰٪ درصد کل دانش‌آموزان برای آموزش رسمی عمومی ثبت نام کرده بودند. با این مرور کوتاه، متوجه می‌شویم موضوع آموزش یا هنر تدریس، تاریخ نسبتاً کوتاهی داشته است. مفهوم آموزش رسمی و نیازهای مدرنی امروزی، که به دلیل تنوع این بحث مطرح شده‌اند، بسیار گسترده هستند. در حالی که تنها در چند صد سال پیش از این تعداد اندکی از اقوام ما باسواد بوده‌اند، اما تحصیل کودکان با هر وضعیت مالی و اقتصادی در عصر حاضر، مسئله‌ای بسیار عادی است. زمانی که آموزش تبدیل به یک هنجار تبدیل شود، دیگر مدارس مانند قرون وسطی مملو از دانش‌آموزان ثروتمند نخواهد بود، بلکه مملو از دانش‌آموزان عادی است یا حتی دانش‌آموزانی با نیازهای ویژه لبریز می‌شود که شاید صدها سال پیش تصور آموزش به آنها غیرممکن بود. تکامل و گستردگی دسترسی گسترده آموزش با اکتشافات عمیق در علوم اعصاب همراه بوده که منجر به شکل‌گیری باورهای جدید تازه درباره‌یادگیری شده‌اند.

---

۱ Thomas Paine / (۱۸۰۹-۱۷۳۷)

۲ Horace Mann / (۱۸۵۹-۱۷۹۶)

منطقه‌ای سازی (تمرکز روی بر مناطق مختلف گوناگون مغز)

منطقه‌ای سازی یعنی باور به این موضوع که این باور است که مهارت X در بخش Y مغز قرار دارد. این ایده اندیشه ریشه ازدر مطالعات اولیه درباره‌ی مغز، (عمدتاً در سال‌های ۱۸۰۰ –۱۷۰۰) سرچشمه گرفته دارد، که در آن زمان انسان‌ها به دنبال یافتن ارتباط میان بخش‌های خاصی از مغز و عملکردهای آن مغز، مانند زبان در نیمکره‌ی چپ بودند. بخش‌سازی به این معنی است که اگر به هر دلیل X آسیب ببیند، Y برای همیشه از دست می‌رود. امروزه در حال حاضر تقریباً همه‌مان می‌دانیم که چنین چیزی درست لزوماً صحیح نیست. با این وجود، در قرن ۱۹ تمرکز بر رمزگشایی مغز بود، و طبیعی است که در این میان اعتقادات نادرست بسیاری درباره‌ی عملکرد مغز مطرح شده بود. از جمله‌ی این باورها این مواد، اعتقاد به جمجمه‌شناسی (فرنولوژی)[۱] بود که در چارچوب آن برجستگی‌ها و شکاف‌های جمجمه برای تعیین نقاط قوت و ضعف هم در زمینه‌ی مهارت تحصیلی و هم ویژگی‌های شخصیتی اندازه‌گیری می‌شدند. در اواسط قرن نوزدهم و اوایل قرن بیستم، یافته‌های جدید تازه و قابل اعتمادی درباره‌یعملکرد سازوکار مغز مطرح شد. پل بروکا[۲] در سال ۱۸۶۲ و کارل ورنیکه[۳] در سال ۱۸۷۴ اکتشافاتی مربوط به عملکرد حوزه‌های خاص مغز مانند زبان انجام دادند که توسط پل بروکا (۱۸۶۲) و کارل ورنیکه (۱۸۷۴) مطرح شد، کوربینین بُردمن نموداری کلی از نواحی مغز ارائه داد توسط کوربینین برودمن و سانتیاگو رامون کاخال در سال ۱۹۱۱ به یافته‌هایی درباره‌ینقش سیناپس‌ها یا پیوندهای میان نورون‌ها عصب‌ها در مغز دست یافت که توسط سانتیاگو رامون کاخال[۴] (۱۹۱۱) مطرح شدند که، همگی هیجانات تحولات جدیدی در این حوزه ایجاد کردند. بروکا و ورنیکه نشان دادند و ثابت کردند اکثر مردم (۹۵٪ درصد افراد راست دست و ۷۰٪ درصد چپ دست‌ها) دارای دارای دو ناحیه‌ی زبان اصلی در لوب پیشانی و آهیانه هستند. (تصویر۳ـ۴ نگاه کنید به شکل). بُردمن[۵] سیستم سازوکار زیبایی پسندیده‌ای برای تفسیر مسیرهای حرکتی اولیه بینایی و شنوائی در مغز ارائه کرد. (تصویر ۳ ـ ۵ نگاه کنید به شکل). رامون و کاخال (معاصران بُردمن) بردمن، با اثبات اینکه نورون واحد اصلی عملکردی و ساختار در مغز است، تأثیر ماندگاری

---

۱ Phrenology (جمجمه‌شناسی)

۲ Paul Broca / (۱۸۲۴-۱۸۸۰)

۳ Carl Wernicke / (۱۸۴۸-۱۹۰۵)

۴ Santiago R.y Cajal / (۱۸۵۲-۱۹۳۴)

۵ Korbinian Brodmann / (۱۸۶۸)

بر این علم به جا گذاشتند و هر کدام از این اکتشافات به تعاریف جدیدی از ماهیت فیزیکی یادگیری و مغز منجر شد. آغاز قرن نوزدهم، همراه بود با سیل نظریه‌های علمی جدید درباره‌یادگیری، از جمله بحث موضوع معروف «ماهیت ذات در مقابل برابر تربیت» همراه بود.

بحث زیست شناسی یادگیری و ماهیت ذات در مقابل برابر تربیت

درست زمانی که آموزش رسمی در سرتاسر جهان و در اواخر دهه‌ی ۱۸۰۰ شروع شد، فرانسیس گالتون[۱] (پدر اصلاح نژادی) در سال (۱۸۶۹)، بحث مهم اصلی در مورد تأثیر طبیعت در مقابل برابر تربیت و ارتباط آن را این مسئله با یادگیری و هوش را مطرح کرد. همان‌طور که ژن‌های دریافتی از پدر یا مادرتان سطح هوش شما براساس را ژن‌هایی است که از پدر یا مادرتان معین می‌کند، دریافت کرده‌اید، آیا این مسئله به نوع آموزش‌ها و تربیتتان نیز بستگی دارد؟ این سؤال تا به امروز نیز همچنان مطرح می‌شود، و ریشه‌ی بسیاری از تصمیمات و سیاست‌های آموزشی بوده است. آیا این مدارس هستند که ورای صرف نظر از اینکه یک کودک چقدر باهوش یا کندذهن باشد، موظف به حمایت و ارائه‌ی آموزش مناسب به آنها هستند (چرا که مسئله‌ی اصلی نه ژن، بلکه تربیت و آموزش است)، و بنابراین باید منابع را برای آموزش و برنامه‌های ویژه در این زمینه سرمایه گذاری کرد؟ گالتون در جلب توجه‌ات به نقش جایگاه زیست شناسی در یادگیری، نقش اساسی داشت، نقشی که هم‌چنان بخش عمده‌ای از علم MBE به شمار می‌رود.

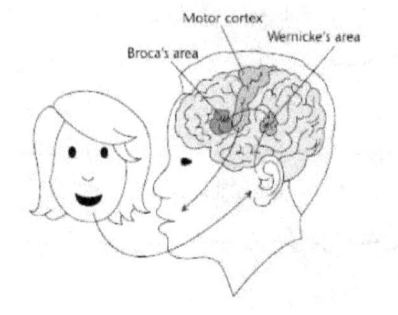

تصویر ۳

ـ ۴: مناطق بروکا و ورنیکه[۲]

---

[۱] Francis Galton /(۱۸۲۲-۱۹۱۱)

[۲] منبع تصاویر ۳ ـ ۴: Bramwell for Tokuhama-Espinosa, 2010

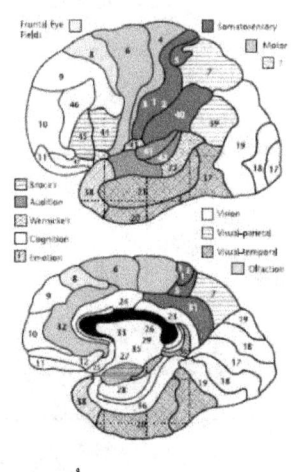

تصویر ۳ ـ ۵: مناطق برُدمن[1]

مارک بالدوین در اواخر دهه‌ی۱۸۰۰ نظریه‌های روانشناسی تکاملی و زیست شناسی اجتماعی توسط را مارک بالدوین در اواخر دهه ۱۸۰۰ در قالب نظری‌های، که به عنوان «اثر بالدیوین» شناخته می‌شود، مطرح کرد. در اثر بالدوین اشاره شده به طور کلی پیشنهاد می‌شود، زمانی که یادگیری برای بقای یک گونه مفید باشد، این نکته در هنگام انتقال ژن‌هایی که به فرزندان آینده‌شان منتقل می‌شود، حفظ گردد. این نظریه تأثیر عمیقی بر این باور داشت که هم زیست شناسی و هم تجربه متقابلاً بر نتایج یادگیری تأثیر می‌گذارند. به عنوان مثال، ماریان ولف[2] (در سال ۲۰۰۷) در کتاب خود با عنوان «پروست و ماهی مرکب» نشان داد که خواندن چطور مغز انسان را از طریق فرآیندهای تکاملی تغییر می‌دهد، نظریه‌ای که با نظریه‌ی استانیسلاس دِهاینه[3] (در سال ۲۰۰۹) درباره‌یبازیافت نورون‌ها و عصب‌ها یا استفاده‌ی مجدد دوباره از آنها تقویت شده است. در آغاز دهه‌ی ۱۹۰۰ نوعی عجله‌ای شتاب‌زدگی برای ارتباط دادن رفتار با زیست‌شناسی وجود دارد، برای مثال در زمینه‌ی مرتبط کردن احساسات با موضوع روانشناسی رشد وجود دارد.

---

[1] منبع تصاویر ۳ ـ ۵: Bramwell for Tokuhama-Espinosa, 2010

[2] Maryanne Wolf

[3] Stanislas Dehaene / (۱۹۶۵)

دهه‌ی ۱۹۰۰ تا ۱۹۵۰: دونالد هب[۱] در کتاب الهام بخش خود به با نام عنوان سازمان رفتار (۱۹۴۹) ارتباطی رابطه‌ای جسورانه میان علم مغز و یادگیری مطرح می‌کند. او در این کتاب، درباره‌یچگونگی ارتباط سازمانی مغز با رفتار و قانون معروف «سیناپس هبی» بحث کرده است. ارتباطی که هسته‌ای از علوم اعصاب مدرن به حساب می‌آید: نورون‌هایی و عصب‌هایی که با هم آتش می‌گیرند، به هم متصل می‌شوند. این یافته آنچه را که روانشناسان دهه‌ها در رفتار بررسی می‌کردند، از منظر بیولوژیکی زیست‌شناسی توضیح می‌دهد. در نظریات کلاسیک و قدیمی، یادگیری تداعی زمانی محقق می‌شود که یک محرک خنثی با یک محرک شرطی همراه باشد. مفهومی که اولین بار توسط ایوان پاولوف[۲] (برنده‌ی جایزه‌ی نوبل فیزیولوژی و پزشکی در سال ۱۹۰۴ برای تحقیقاش روی درباره‌ی سیستم دستگاه گوارشی) مطرح شد. در کار او شرطی شدن با عمل ساده‌ی غذا دادن به سگ‌ها اثبات شد. او پاولوف در این تحقیق با به صدا در آوردن یک زنگ، سگ‌ها را متوجه می‌کرد زمان صرف غذای‌شان فرا رسیده است. وی پاولوف متوجه شد پس از چند بار استفاده از زنگ، بزاق سگ‌ها تنها با صدای زنگ و بدون وجود غذا، شروع به ترشح می‌کنند. از نظر هب، این مسئله را می‌توان این‌گونه با این واقعیت توضیح داد که محرک زنگ و تحویل غذا، شلیک‌های عصبی در مغز سگ‌ها به وجود ایجاد می‌کنند که صدای زنگ و خوردن غذا را به هم مرتبط می‌کنند. مفهوم «سیناپس هبی» درباره‌ی درک ما از انعطاف شکل‌پذیری و یادگیری به عنوان مثابه‌ی یک کل اساسی است و نیز صدق می‌کند. نظریه سیناپس هبی اضطراب‌های مربوط به یادگیری را توضیح می‌دهد. برای نمونه، اگر دانش‌آموزی، احساس حس منفی نسبت به معلمی در یک درس خاص مانند ریاضیات داشته باشد، ممکن است آن حس نامطلوب این احساس منفی می‌تواند در مقاطع بعد هم به اضطراب درباره‌یادگیری ریاضی دامن بزند. اگرچه برخی معلمان شروع به آزمایش برخی بعضی از این مفاهیم براساس مدل‌های روانشناختی کرده‌اند، اما دانش و استفاده‌ی گسترده از مفهوم «سیناپس هبی» هنوز در اکثر بیشتر برنامه‌های تربیت معلمان ناشناخته است. با این وجود سایر دیگر نظریه‌های روانشناختی رشد در راهیابی به موضوع یادگیری، عملکرد نسبتاً موفقی داشته‌اند.

---

[۱] Donald O. Hebb / (۱۹۰۴-۱۹۸۵)

[۲] Ivan Pavlov / (۱۸۴۹-۱۹۳۶)

مراحل رشد شناختی

ژان پیاژه[۱]، یکی از معاصران هب، نیز مشارکت عمیقی مؤثری در مفهوم‌سازی علم MBE جدید آموزش و یادگیری داشت. پیاژه او یکی از مشهورترین روانشناسان رشد در دهه‌ی ۱۹۹۰ بود که تا به امروز هم به عنوان یکی از نظریه‌پردازان اصلی این رشته شناخته می‌شود. پیاژه پیش از ورود به روانشناسی در زمینه‌ی زیست شناسی و فلسفه‌ی آموزش تحصیل کرده بود و به همین دلیل خود را «معرفت‌شناس ژنتیک» می‌دانست. پیاژه در طول زندگی‌اش به شدت روی بر برقراری ارتباط میان زیست‌شناسی و آموزش تمرکز کرد. تحقیقات پیاژه وی در تعریف چهار مرحله‌ی رشد شناختی (شامل مراحل حسی ـ حرکتی، دوره قبل پیش از عملیات، مرحله عملیاتی مشخص، و مرحله عملیاتی رسمی_صوری) مؤثر بود.

برای درک بهتر تأثیرگذاری پیاژه بدر حوزه‌ی آموزش، درک فهم روشی که او برای توسعه‌ی انسانی متصور بود، مهم است. پیاژه رشد انسانی را به مثابه پیوستاری با چندین عنصر فرعی در هر مرحله می‌دانست.

اولین مرحله از چهار دوره‌ی مرحله رشد، مرحله حسی ـ حرکتی (صفرتا دو سالگی) است که این مرحله خود دارای شش مرحله‌ی فرعی است: ۱) رفلکس‌های بازتاب‌های ساده، ۲) عادات اولیه و واکنش‌های دایره‌ای چرخشی اولیه، ۳) واکنش‌های دایره‌ای چرخشی ثانویه، ۴)هماهنگی واکنش‌های دایره‌ای چرخشی ثانویه، ۵) واکنش‌های دایره‌ای چرخشی درجه‌ی سه، تازگی و کنجکاوی، و ۶) درونی کردن و داخلی‌سازی طرح‌ها، تقسیم‌بندی دقیق و توصیف هر کدام یک از این مراحل می‌تواند با تغییرات خاص در سیستم دستگاه عصبی و به ویژه در رشد مغز مرتبط باشد. در مرحله‌ی دوم رشد شناختی پیاژه دو مرحله‌ی فرعی دیگر مطرح می‌شود: ۱. ظهور یک عملکرد نمادین (حدود دو تا چهار سالگی) و تفکر شهودی (حدود چهار تا هفت سالگی). برقراری ارتباط میان این اطلاعات با یافته‌های علوم اعصاب، پیچیده است، اما شواهد فزایندهای بسیاری مبنی بر بلوغ برخی نواحی مغز، مرتبط که با تفکر پیچیده مرتبط هستند، وجود دارد که رشد زیادی را در این سال‌ها نشان داده است. در مرحله‌ی سوم نظریه‌ی پیاژه (مرحله عملیاتی ملموس-صوری) نیز چندین فرآیند دیگر مطرح است، که البته هیچ کدام به عنوان مراحل فرعی نیستند. پیچیدگی تفکر و رشد انسان در این مرحله آشکار می‌شود و بسیاری از عصب شناسان تا به امروز با پیامدهای نتایج این تقسیم دست و پنجه نرم کرده‌اند.

---

[۱] Jean Piaget / (۱۸۹۶-۱۹۸۰)

این فرآیندها عبارت‌اند از:

- توانایی مرتب کردن اشیاء به ترتیب براساس اندازه، شکل، یا هر ویژگی دیگر.
- گذر انتقال، یا توانایی تشخیص روابط منطقی یا رابطه نسبی میان اشیا.
- طبقه بندی یا توانایی نام‌گذاری و شناسایی مجموعه‌ای از اشیاء براساس ویژگی‌های متفاوت‌شان.
- تمرکززدایی، که در آن کودک به منظور یافتن راه حل مناسب، از چند جهت با مسئله مواجه می‌شود؛.
- برگشت پذیری، که در آن کودک در حال رشد کودک بالغ می‌فهمد و درک می‌کند که اعداد یا اشیاء را می‌توان تغییر داد، و مجدداً دوباره به حالت اولیه برگرداند.
- حفاظت، که در آن کودک این ایده را متوجه می‌شود که کمیت مقدار، طول یا تعداد اقلام به ترتیب یا ظاهر شیء یا اقلام جنس ارتباطی ندارد.
- حذف خود محوری و امکان هم‌دل شدن (یعنی توانایی دیدن مشاهده‌ی جهان از نگاه دیگران).

زیبایی ظرافت کار پیاژه در آن است که در حال حاضر می‌دانیم همه‌ی این فرآیندها، که کودک معمولاً قبل پیش از ۱۲ سالگی باید به آنها دست یابد، به وظایف ذهنی مختلفی گوناگونی مربوط می‌شوند که در واقع می‌توانند در مغز انسان شکل بگیرند. یعنی سیستم‌های سازوکارهای مورد نیاز برای مراحل طبقه‌بندی، گذر،انتقال و... همگی مدارهای عصبی متفاوتی در مغز دارند (هرچند گاهی با یکدیگر هم‌پوشانی نیز دارند) و همچنین این بدان معنی است که آن‌ها در حین هنگام رشد، چالش‌هایی فردی برای دانش‌آموزان ایجاد می‌کنند. چهارمین مرحله‌ی درک پیاژه از رشد شناختی، مرحله عملیاتی رسمی صوری نامیده می‌شود. این مرحله دوره معمولاً زمانی فرا می‌رسد و رخ می‌دهد که کودکان به سن نوجوانی رسیده باشند (تقریباً ۱۳ سالگی یا بیشتر) و شروع کنند به تفکر انتزاعی‌تر را آغاز کنند، تفکری که به آن‌ها توانایی می‌دهد استدلال منطقی داشته باشند و استفاده از اطلاعات برای ایجاد فرضیات فرضی در مورد موقعیت‌های گوناگون استفاده کنند، را می‌دهد. پیاژه او خاطر نشان می‌کند، توانائی قدرت حل مسئله‌ی کلامی نوجوان با کیفیت منطقی افکارش در این مرحله مشابه است. در مرحله دوره‌ی عملیات رسمی صوری، انسان شروع می‌کند به استفاده‌ی بیشتری از استدلال‌های فرضی‌قیاسی و به شکلی سیستماتیک و نظام‌مند، انتخاب‌هایش را با تکیه بر استنتاج و نتیجه‌گیری انجام می‌دهد. پیاژه در یک مثال جالب عنوان بیان می‌کند که بسیاری از «عشق‌های اول» در اوایل نوجوانی

رخ می‌دهند، عمدتاً به این دلیل که نوجوانان در این سن می‌توانند فرصت‌هایی را فراتر از لحظه‌های آنی درک کنند. مرحله‌ی عملیات رسمی‌صوری در نوجوانی شروع می‌شود؛ مرحله‌ای، که درباره‌ی شیفتگی نوجوانان را نه فقط تنها به جایی که از کجا آن به وجود آمده‌اند، بلکه به آنچه که احتمالاً در آینده می‌توانند باشند، توضیح می‌دهد. در دهه‌ی ۱۹۶۰، پیاژه در مقایسه با بسیاری از نظریه‌های مدرن نوین (که معتقدند نشان می‌دهند هورمون‌ها در رفتار بی‌ثبات نوجوانشان نقش دارند مقصر هستند) در واقع به واقعیت مغز نوجوانان نزدیک‌تر بود.

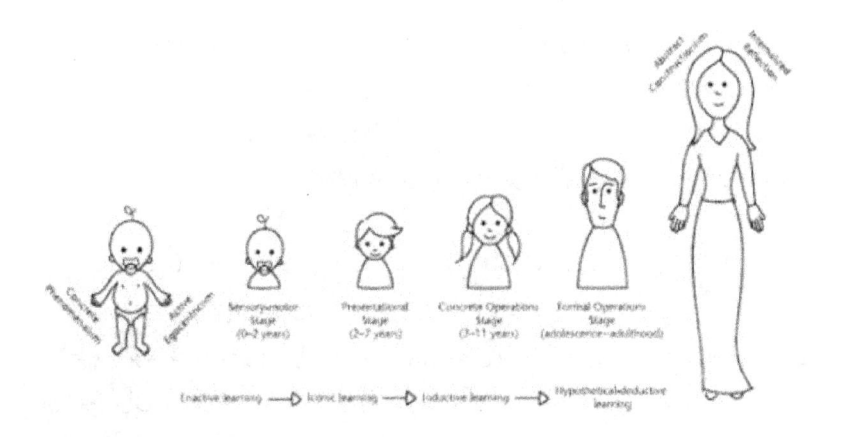

تصویر ۳ـ۶: مراحل رشد پیاژه

عناصر اصلی علم مدرن MBE هم به لحاظ تئوریک نظریه‌ی مراحل رشد شناختی و هم از منظر تغییرات فردی که دانش‌آموزان در آن چارچوب مراحل رشد را دنبال می‌کنند، عناصر اصلی علم مدرن MBE قابل مشاهده هستند. (تصویر ۳ ـ۶ نگاه کنید[1]). مشاهدات دقیق پیاژه به او این امکان را داد که تصور کند رفتارهای قابل بررسی در مشاهده هنگام رشد چطور چگونه در طول زمانی با تغییرات مغز مرتبط می‌شوند و او از طریق انجام آزمایش‌های مبتنی بر رفتار این نظریاتش را به اثبات رساند.

---

[1] منبع: Bramwell for Tokuhama-Espinosa, 2010

روانشناسی اجتماعی - تاریخی و رشد کودک

یکی دیگر از مشارکت کنندگان کلیدی مهم در گسترش علم MBE رشته‌ی علمی ذهن، مغز و تربیت، لو ویگوتسکی[۱] بود که ایده‌های اندیشه‌های جدیدیش درباره‌یرشد شناختی و سایر مفاهیم مرتبط با این علم (از جمله منطقه‌ی توسعه‌ی نزدیک محدوده‌ی تقریبی رشد (ZPD)) در شکل دادن به علم آموزش مدرن جدید و نیز نظریه‌های بعدی رشد کودک، نقش اساسی داشتند. دو مورد از اصلی‌ترین مشارکت‌های اصلی ویگوتسکی که امروزه در حال حاضر همچنان مورد بحث هستند، مربوط به نخست میانجی‌گری فرهنگی و دومی درونی‌سازی یا همان به عنوان «صدای ندای درونی» یک فرد است. (ویگوتسکی، ۱۹۳۴) نظریه‌ی میانجی‌گری فرهنگی این سؤال را در مقابل برابر این نظریه که تمام همه‌ی یادگیری‌ها به واسطه‌ی فرهنگ فرد فیلتر پالایش می‌شوند، این سؤال را مطرح می‌کند که آیا «جهان‌های» مرتبط با یادگیری انسانی وجود دارند؟ مفهوم «نداری درونی» ویگوتسکی می‌پرسد این سؤال را که آیا تفکر مبتنی بر کلماتی است که می‌دانیم یا خیر، یعنی به عبارت دیگر آیا می‌توان بدون یادگیری کلمات، باز هم فکر کرد؟ هر دوی این نظریات در تئوری آموزش مدرن و نوین محل بحث و اختلافات بسیار بوده‌اند. واسیلی داویدوف[۲] نظریه‌ی ویگوتسکی توسط واسیلی داویدوف به ساختار برنامه‌های درسی کودکان در مدارس منتقل کرد. همچنین کار فعالیت او در رشته‌های نوظهور مرتبط با کمک‌های آموزشی تأثیرگذار بوده است.

یکی از شاگردان ویگوتسکی، الکساندر لوریا (۱۹۶۸) در از طریق نوشته‌هایش درباره‌ی رابطه با «روانشناسی فرهنگی ـ تاریخی» و تأثیراتش بر اندیشه، پیشرفت بسیاری ایجاد کرد. چارچوب مفهومی به‌وجودآمده ایجاد شده توسط از سوی این رهبر فکری، پایه‌گذارهایی برای درک اینکه این نکته بود که فرهنگ چطور و چگونه به وسیله‌ی از طریق زبان بر تفکر انسان تأثیر خواهد می‌گذارد، ایجاد کرد. دومین اثر بزرگ لوریا، مستندسازی ذهن یک یادگار: کتاب کوچکی درباره‌ی حافظه بود، که کاتالیزور کنش‌یار (کاتالیزور) شمار زیادی از مطالعات مربوط به سیستم حافظه‌ی انسانی و پرسش‌هایی درباره‌یچگونگی تأثیر حافظه بر یادگیری بود. اثر لوریا او از این جهت اهمیت داشت و مهم بود که با مستندسازی کردن تحلیل یک حافظه‌ی سالم، توانست نشان دهد سیستم‌های سازوکارهای حافظه مختلفی گوناگونی برای آن در مغز وجود دارد. نویسنده او در این اثر، پرونده‌ی مردی را بررسی می‌کند، که نمی‌تواند قادر نبود

---

۱ Lev Vygotsky / (۱۸۹۶-۱۹۳۴)

۲ Vasily Vasilievich Davidov

بسیاری از مسائل را فراموش کند و به همین خاطر از این جهت دچار مشکلات فراوانی در زندگی‌اش دچار مشکلات فراوانی شده بود. مستندات لوریا درباره‌یحافظه، منجر به شکل‌گیری یک مفهوم پیشرفته برای معلمان شد، که در چارچوب آن بتوانند این موضوع را درک کنند که اطلاعات را می‌توان در قالب‌های مختلف گوناگون و از طریق مسیرهای عصبی، متمایز کرد و اینکه حافظه سیستم سازوکاری گسترده و چند لایه‌ای است که انواعی از می‌تواند کمبودها را انواع مختلفی از نقص داشته باشد.

یکی از موضوعات بسیار جذاب پیرامون درباره‌ی دو مفهوم حافظه و سیستم‌های سازوکارهای متنوع آن حافظه‌ای مختلف، مربوط به حس یا توانایی ارتباط انواع مختلف اطلاعات با حواس مختلف است. (به عنوان مثال اینکه چیز خاطره‌ای بصری را بتوان از طریق بو یا بافت آن به یاد آورد یا طعم غذای را بتوان با رنگ یا صدای جویدن آنش بازیابی کرده خاطر آورد). یافته‌های برخی مطالعاتی که با تکیه بر کار الهام بخش لوریا انجام شده‌اند، این نکته را عنوان بیان می‌کنند که مشکلات حافظه می‌توانند گاهی در مراحل رمزگذاری (دریافت اطلاعات توسط از سوی مغز)، ذخیره‌سازی (حفظ پیوندها دربه اطلاعات رمزگذاری شده) یا زبانی (توانایی دسترسی به خاطرات ذخیره شده در مغز و استفاده از آن خاطرات ذخیره شده در مغز) رخ دهند. مطالعات دیگری به این موضوع اشاره می‌کنند که سیستم‌های سازوکارهای مختلف گوناگون حافظه (مثلاً حافظه‌ی سیستم کوتاه مدت در مقابل بلند مدت) دارای مسیرهای عصبی متفاوتی هستند، هرچند گاهی با یکدیگر در برخی موارد همپوشانی داشته باشند. جروم برونر[۱]، یکی از روانشناسان تربیتی برجسته‌ی قرن بیستم در روانشناسان حوزه‌ی شناختی، که از جمله روانشناسان برجسته قرن بیستم در روانشناسی تربیتی بود که، مهارت‌ها و دیدگاه‌هایش را در پیشگفتار چاپ ۱۹۸۷ اثر لوریا عنوان کرد و در آن به تقویت اهمیت توجه به حافظه در تمامی جوانب زندگی اشاره کرد. این ارتباط میان علوم روانشناسی و آموزش با یافته‌های خیره کننده‌ای از علوم اعصاب همزمان شدنده و یکدیگر را تکمیل کردند.

از دهه‌ی ۱۹۶۰ تا ۱۹۸۰: محیط‌های غنی شده؟

در سال ۱۹۵۸، مارک.آر روزنزویگ[۲] و همکارانش نتایج آزمایشات روی درباره‌ی موش‌ها را منتشر کردند که زمینه‌ی جدیدی از بحث تازه‌ای از در رابطه با مبنای عصبی ـ زیستی رفتار

---

[۱] Jerome Bruner / (۱۹۱۵-۲۰۱۶)
[۲] Rosenzweig

و تأثیر محیط‌های غنی شده را ارائه مطرح کرده است. کار همکار او، ماریان دایموند[1]، نیز با تکیه بر یافته‌های روزنزوایگ در دانشگاه کالیفرنیا، تفاوت میان مغز موش‌ها را براساس مقایسه‌ی محیط‌های فقیر و غنی شده بررسی کرد. هر دوی این مطالعات به بحث در این‌باره می‌پرداختند که محیط‌های آموزشی غنی چطور و چگونه می‌توانند رشد عصبی و سیناپسی انسان را تقویت کنند و اینکه آیا افزایش مسئله رشد سیناپسی به یادگیری بهتر منجر می‌شود یا خیر (تصویر نگاه کنید ۳ ـ ۷). همان‌طور که در فصل پیش نیز عنوان کردیم، محققان نویسندگان مطالعات اولیه‌ی علم MBE معتقد بودند محیط‌های آزمایشگاهی غنی شده، در واقع بیشتر شبیه محیط‌های عادی (مثلاً شبکه‌ی فاضلاب) برای موش‌ها (مثلاً محیط‌های فاضلابی) بوده‌اند، و از این جهت نمی‌توان لزوماً به این نتیجه رسید که محیط‌های غنی شده بهتر هستند، بلکه شاید بتوان عنوان کرد که محیط‌های ضعیف بدتر از محیط‌های عادی عمل می‌کنند . علی‌رغم این اطلاعات، صنعتی میلیون دلاری آموزش والدین و معلمان برای طراحی محیط‌های غنی شده شکل گرفته است.

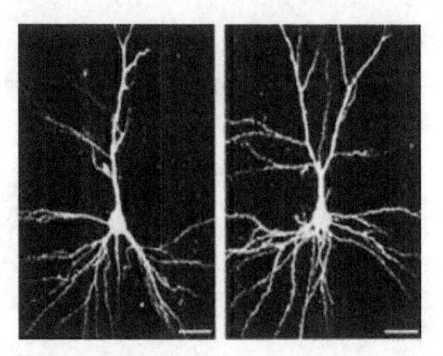

Source: Barbro, Johansson, and Belichenko (2001), *Environmental Enrichment on Intact and Postischemic Rat Brain.*

تصویر ۳ ـ ۷: محیط‌های غنی شده برای موش و رشد سیناپسی[2]

منبع باربرو، یوهانسون و بلیچنکو (۲۰۰۱)، غنی‌سازی محیطی در مغز موش‌های سالم و پس از ایسکمیک

---

[1] Marian Diamond

[2] منبع. باربرو، یوهانسون و بلیچنکو (۲۰۰۱)، غنی‌سازی محیطی در مغز موش‌های سالم و پس از ایسکمیکانسداد

ویلیام گریناف[1] به نوبه‌ی خود از کار دایموند استفاده کرد و به بررسی چگونگی تأثیر تجربه بر مغز در حال رشد و بالغ با تکیه بر تجربه‌های جدید سیناپسی جدید پرداخت. او متوجه شده پلاستیسیته[2] شکل‌پذیری، که امروزه در این حوزه مطرح می‌شود اما از ده‌ها سال قبل پیش شناسایی شده است، به ظرفیت مغز برای تغییر و ساخت سیناپس‌های جدید کمک می‌کند. می‌دانیم که «سیناپس‌ها در موقعیت‌هایی شکل می‌گیرند که حیوانات موجودات در حال یادگیری هستند و سیناپس‌ها معمولاً در نتیجه‌ی فعالیت‌های عصبی غیرمرتبط با یادگیری تشکیل نمی‌شوند»، بنابراین فعالیت‌های سیناپسی بیشتر نشانه‌ی یادگیری هستند. کار پژوهش تازه‌ی گریناف با عنوان «مکانیسم‌های سازوکار سلولی، زیربنای یادگیری و حافظه و سایر فرآیندهای ذخیره‌سازی اطلاعات مغز» بر نحوه‌ی چگونگی عملکرد شکل انعطاف‌پذیری مغز متمرکز است.

بحث بررسی درباره‌ی‌اینکه چه چیزی یک محیط را غنی می‌کند، همچنان ادامه دارد و با بحثی داغ در مورد این موضوع که آیا نوزادان و کودکان باید به تحت آموزش‌های اولیه‌ی کلاس‌های تحریک‌پذیری مغز قرار گیرند، فرستاده شوند یا خیر، همراه شده است. شکی وجود ندارد که محیط‌های غنی، مغز را تغییر داده و یادگیری جدیدی را منجر می‌شوند، با این‌حال همان‌طور که گریناف و سایر دیگر محققان اثبات کرده‌اند، در حالی که شکی وجود ندارد که محیط‌های غنی، مغز را تغییر داده و یادگیری جدیدی را منجر می‌شوند، بحث اصلی مربوط به غنی‌سازی حول پاسخ به این پرسش می‌چرخد: آیا ممکن است آنچه برای یک فرد غنی‌سازی محسوب می‌شود، برای فرد دیگر غنی‌سازی نباشد؟ این موضوع غنی‌سازی در فصول بعدی بیشتر مورد بحث قرار خواهد گرفت. نکته‌ای در اینجا مهم است این است که هیجان در رشته‌های نوظهور آموزشی، منجر به برخی تحقیقات پژوهش‌های ابتکاری دانشگاهی منجر گردید.

مرحله‌ی علمی قبل پیش از شکل‌گیری MBE

برنامه‌ی مقطع دکترای کالج دارتموث، در رشته‌ی روانشناسی و علوم مغز در سال ۱۹۶۸ آغاز شد و مدرک تحصیلی کارشناسی رشته‌ی علوم اعصاب آموزشی دارتموث در رشته‌ی علوم اعصاب آموزشی نیز یکی از قدیمی‌ترین رشته‌ها در کشور [امریکا] است که از در سال ۱۹۹۰

---

[1] William Greene Jr / (۱۸۰۹-۱۷۳۱)
[2] plasticity

تأسیس شده است. برنامه‌ی این کالج در برای پیشرفت این رشته‌ها همچنان با رشد ادامه دارد چرا که متقاضیان بسیاری به دنبال برنامه‌های رشته‌های دانشگاهی هستند که اصول علم MBE را در آن‌ها ترویج کنند. هر دو رشته در سطح لیسانس تدریس می‌شوند. دارتموث یک پایگاه اولیه‌ی این‌گونه مطالعات به شمار می‌رود. اکثر رشته‌ها و برنامه‌های دیگر مرتبط با رشته‌ی علم، مغز، تربیت MBE تا پیش از دهه‌ی ۲۰۰۰ در هیچ نهاد آموزشی دیگری مطرح تدریس نشده است.

برخی محققان دانشگاهی از دهه‌ی ۱۹۷۰ شروع به برقراری ارتباط میان عملکرد مغز، و یادگیری و آموزش کردند. مایکل پوزنر[۱] (نویسنده‌ی حدود ۲۸۰ کتاب و مقاله درباره‌یتوجه حواس و حافظه)، از جمله اولین محققان پژوهش‌گران در این حوزه بود که در دهه‌ی ۱۹۷۰ اولین آثاری را در این رابطه را در دهه ۱۹۷۰ نوشت و ارائه داد. پوزنر نقشی کلیدی در تکامل رشته‌ی علمی MBE داشت و کار اخیر او نیز تلاش برای برقراری در این راستا بوده که ارتباطی میان روانشناسی و علوم اعصاب بوده برقرار کند. کارهایی از این دست را، که در کالج دارتموث و یا به وسیله‌ی افرادی چون مایکل پوزنر در دهه‌ی ۱۹۷۰ انجام شد، را می‌توان مرحله‌ی علمی پیش از ظهور علم ذهن، مغز و تربیت MBE دانست.

در فاصله‌ی سال‌های ۱۹۷۳ تا ۱۹۷۹ علاقه به تعریف و ترویج عصب-روانشناسی آموزشی، (یکی دیگر از رشته‌های پایه‌ی علم MBE) افزایش یافت. رشته‌ی عصب-روانشناسی آموزشی هم ترکیبی به دنبال ادغام آموزش، علوم اعصاب و روانشناسی است، اما بر خلاف علم MBE ذهن، مغز و تربیت، بر مطالعه‌ی یادگیری به جای آموزش تأکید دارد. برای معلمان، عصب-روانشناسی آموزشی جهشی به جلو در ادغام اهداف مشترک آموزش و پرورش و با اهداف روانشناسی رشد در محیط مدرسه بود، به حساب می‌آید. اما هنوز به طور کاملاً به نیازهای معلمان (نحوه چگونگی آموزش مطلوب‌تر) پاسخ نمی‌دهد. عصب-روانشناسی آموزشی در مقایسه به روانشناسی رشدی ساده پیشرفت‌هایی داشت زیرا در آن به مطالعات عصب‌شناسی اهمیت بیشتری داده شد. فقدان عدم حمایت پشتیبانی علوم اعصاب از برخی مطالعات در زمینه‌ی روانشناسی رشد به این معنای بود که بسیاری از مطالعات این پژوهش‌ها به جای مغز بیشتر بر روی ذهن متمرکز بودند که و بر این اساس برخی گروهی معتقد بودند استدلال می‌کردند که کاربردشان در تدریس و آموزش را کاهش می‌دهد. با این وجود، عصب-روانشناسی آموزشی به دو دلیل اصلی تا زمان نگارش این اثر مقاله، به سرعت جای خود را به علم MBE

---

[۱] Michael Posner

ذهن، مغز، تربیت داده است: اولاً آن که همان‌طور که گفته شد در بالا نیز عنوان شد، علم MBE به مطالعه‌ی آموزش می‌پردازد نه صرفاً فرآیندهای یادگیری و ثانیاً آن که با توجه به نحو اصطلاح عصب–روانشناسی آموزشی، آموزش و علوم اعصاب زیرشاخه‌ای از روانشناسی در نظر گرفته می‌شوند، در حالی که در علم MBE ورودی‌های یکسانی از هر سه زمینه‌ی اصلی از روانشناسی وجود دارند .

احساسات و یادگیری

یکی از اولین ارتباطات میان احساسات و یادگیری در زمینه‌ی زبان و در قالب فرضیه‌ی «فیلتر پایه‌ی عاطفی[۱]» معرفی شد که اساساً نشان می‌دهد احساس‌مان بر آنچه می‌توانیم یاد بگیریم، چگونگی، چیستی و چرایی یادگیری تأثیر می‌گذارد. یعنی احساسات بر چگونگی، چیستی و چرایی یادگیری تأثیر می‌گذارد. امروزه این فرضیه در حال حاضر با به مطالعات تصویربرداری عصبی بادامک مغز[۲] مربوط است که در برخی موارد نشان می‌دهند که چطور چگونه استرس فشار روانی و حالات عاطفی بر یادگیری تأثیر می‌گذارند. مهم است که آنچه برای معلمان مهم است، این است که بپذیرند احساسات بر تصمیم‌گیری تأثیر می‌گذارند و تصمیم‌گیری هسته‌ی اصلی یادگیری به شمار می‌روند. نقش احساسات و تأثیرشان بر یادگیری در فصل ششم با جزئیات بیشتری مورد بحث قرار خواهد گرفت. در دهه‌ی ۱۹۶۰، آموزش عمومی در آمریکا دچار بحران وجودی شد. کتاب آینده‌ی آموزش اثر مایرون لیبرمن[۳]، نمایان‌گر مروری کلی بر مفاهیم اصلی مرتبط با عملکرد آموزشی از جمله آموزش معلمان بود. انجمن ملی آموزش، (بزرگ‌ترین سازمان حرفه‌ای معلمان ایالات متحده)، در اواخر دهه‌ی ۱۹۷۰، علاقه‌مند شد به استفاده از یافته‌های علوم اعصاب در کلاس‌های درس علاقه‌مند شد.

در سال ۱۹۷۸، هر دو اثر کتاب تحقیق و یادگیری مغز[۴] و آموزش و مغز اثر و کار چال و میرسکی آموزش و مغز (۱۹۷۸) هر دو به شکل تقریباً همزمان منتشر شدند. این دو کتاب تلاش‌های جدی و کاملاً بررسی‌شده و تحقیق شده‌ای درباره‌ی ادغام علوم اعصاب و آموزش بودند و بر پاشنه‌های بسیاری از پیشرفت‌ها در زمینه‌ی یادگیری انسان قرار گرفتند و سوار شدند. این موضوع شروعی بود برای عمومیت یافتن عمومی اطلاعات درباره‌یتحقیقات علوم اعصاب

---

[۱] affective filter

[۲] amygdalar

[۳] Myron Lieberman

[۴] (انجمن آموزش ملی، ۱۹۷۸)

برای معلمان و ازدواج ادغام عمومی علوم اعصاب، آموزش و روانشناسی محسوب می‌شد، و زمانی هنگامی اتفاق افتاد که سیاست‌گذاران شروع به تمرکز بر دستیابی به همه‌ی دانش آموزان به روشی عادلانه در آموزش تمرکز کردند. این که چگونه می‌توانیم نه تنها به دانش‌آموزان با موفقیت خدمت کنیم، بلکه می‌توانیم به نیازهای دانش‌آموزان کم‌درآمد نیز پاسخ دهیم؟ آمریکا و بسیاری از کشورهای دیگر در سرتاسر جهان متوجه این مسئله شدند که باید کارهای بیشتری صورت گیرد تا تمامی اعضای جامعه از آموزش عمومی و همگانی باید کارهای بیشتری صورت دهد تا منافعش بهره ببرند همه‌ی اعضای جامعه گردد. در دهه‌ی ۱۹۷۰، شاهد وجود معلمان بیکار بسیاری در ایالات متحده بودیم، زیرا چرا که کاهش بودجه‌ی آموزش باعث شده این معنی بود که کلاس‌ها بزرگ‌تر و معلمان تنها معلمان در حوزه‌های اصلی آموزشی استخدام می‌شدند و وجود کلاس‌هایی با جمعیت بیشتری به معنی توجه کمتر به هر کدام از دانش‌آموزان بود، امری موضوعی که مشکلات آموزشی متعددی به دنبال داشت. یافته‌های به دست آمده درباره‌یانتقال دهنده‌های عصبی مرتبط با سازوکارهای مکانیسم‌های توجه در مغز منجر به معرفی «ریتالین» در سال ۱۹۷۱ شد، دارویی که به منظور کمک به درمان کلی اختلال عملکرد مغز استفاده می‌شد و به ویژه شکلی فعال در مورد بچه‌های بیش فعال تجویز می‌شد. در اواخر دهه‌ی ۱۹۷۰، شاهد تبلور شاهد شکل‌گیری مفاهیم بسیاری درباره‌یبادگیری مربوط به مربوط و توجه احساسات، و حافظه و سایر زمینه‌ها بودیم. یک مورد از عمده‌ترین پیشرفت‌ها در این حوزه، فراخوان مایکل گازژانیگا برای ورود علوم عصب‌شناسی به خط مقدم تدریس بود. او تلاش کرد چهره‌ی مفیدتری از یافته‌های علوم اعصاب و اطلاعات را از آزمایشگاه‌ها به محیط‌های کلاس درسی بیاورد. رویکرد بازگشت به مبانی در آموزش عمومی با تأکید بر آنچه در آزمایشگاه علوم مهم تلقی می‌شدند، منعکس شد. مشارکت‌های گازژانیگا و پوزنر در اواخر ۱۹۷۰ در کابرد یافته‌های علمی برای کلاس‌های درس به هنجارهایی برای مطالعات آینده منتهی شد.

برخی مؤسسات پیشگام

سه انجمن پیشگام در زمینه‌ی علوم اعصاب نیز در اواخر دهه‌ی ۱۹۷۰رسمیت یافتند. در سال ۱۹۷۷، انجمن علوم اعصاب ژاپن به عنوان یک سازمان آکادمیک دانشگاهی متشکل از متخصصان مغز و اعصاب شکل گرفت سیستم عصبی که به دنبال آن بودند تا یافته‌های‌شان را به منظور ارتقاء بالا بردن سطح رفاه و فرهنگ انسانی منتشر کنند، شکل گرفت. در همین

سال مرکز علوم اعصاب[۱] به عنوان مؤسسه‌ای از دانشگاه فلیندرز در آدلاید در جنوب استرالیا تأسیس پایه‌گذاری شد مؤسسه‌ای که «اولین مرکز چند رشته‌ای در علوم اعصاب بود که در یک دانشگاه استرالیایی تأسیس می‌شد». اعضای مرکز علوم اعصاب نقش مهمی در تاسیس پایه‌گذاری انجمن علوم اعصاب داشتند که بعدها و در سال ۱۹۷۹ در استرالیا ایجاد شد، نقش مهمی داشتند. این مراکز و جوامع، یافته‌های تازه‌ای درباره‌یمغز ترویج کردند که با از طریق رشد بهبود روش‌های اطلاعات از تکنیک‌های تصویربرداری بهبود یافته، به دست آمده بودند و تأمین می‌شدند. این مؤسسات استرالیایی ـ آسیایی، پیشگامان شکل‌گیری علم ، MBE بودند و بسیاری دیگر از این‌گونه این نهادهای این چنینی نیز در اواخر دهه‌ی ۱۹۹۰ به وجود آمدند.

تصویربرداری عصبی، دانش را تقویت می‌کند

بودجه‌ی فناوری مطالعه درباره‌ی مغز در پاسخ به اولین پیشرفت‌های کامپیوتری رایانه‌ای مدرن نوین در دهه ۱۹۷۰، تقویت افزایش یافت. در همین دهه استفاده از ربات‌های خودکار برایدر خطوط مونتاژ در ژاپن و در دهه ۱۹۷۰، باعث اکتشافات جدیدی تازه‌ای در زمینه‌های دیگر گوناگون مانند پزشکی شد. در دهه‌ی ۱۹۸۰، پیشرفت‌ها در تصویربرداری عصبی و در نهایتاً توسعه‌ی گسترش تکنیک‌های روش‌های تصویربرداری درون بدنی، مشاهده‌ی مغز یادگیرندگان را ممکن ساخت و بینش‌هایی درباره‌یعملکردهای ادراکی، شناختی، و عاطفی مغز در ارتباط با آموزش فراهم کرد. علی‌رغم با وجود الکتروانسفالوگراف‌ها نوارهای مغزی[۲] از سال ۱۹۲۹، اسکن‌های اولیه توموگرافیسی تی. اسکن و محوری کامپیوتری[۳] و تصویربرداری رزونانس تشدید مغناطیسی[۴]، تصویربرداری عصبی تا زمان معرفی توموگرافی برش‌نگاری با گسیل پوزیترون[۵] در سال ۱۹۷۹ مورد استفاده‌ی گسترده قرار نگرفت. تحریک مغناطیسی ترانس کرانیالمغز[۶] در سال ۱۹۸۵ و تصویربرداری رزونانس تشدید مغناطیسی عملکردی[۷]در سال ۱۹۹۰، زمانی که تحقیقات پژوهش‌های گسترده‌ای در این رابطه به نتیجه رسیدند، بیشتر مطرح شدند.

---

۱ (CNS)
۲ (EEG)
۳ (CAT)
۴ (MRI)
۵ (PET)
۶ (TMS)
۷ (fMRI)

با ظهور ابزارهای تصویربرداری عصبی پیشرفته‌تر، کار تحقیقات بسیار بیشتر و بیشتری روی بیماران انجام شد، نه تنها در مورد بیمارانی که دچار آسیب یا ضایعه شده بودند، بلکه روی بسیاری از افراد سالم نیز به منظور رسیدن به نتایج تحقیقاتی نیز کار انجام شد. بسیاری از کارهای مطالعات قبلی پیشین در مورد افراد سالم با تکنیک‌های شیوه‌های تصویربرداری مغزی بر روی بیماران سالم، بر حوزه‌های زبان و توجه حواس متمرکز بودند. هیجان ناشی از افزایش شواهد تجربی درباره‌یمکانیسم‌های سازوکارهای یادگیری باعث علاقه‌ی بیشتر معلمان به آموزش شد.

نوشته‌ها آثار و تلاش‌های اولیه در در زمینه‌ی علم MBE

اولین پایان‌نامه درباره‌یعلم MBE، در سال ۱۹۸۰ با عنوان «آموزش عصبی: استراتژی‌های راهبردهای یادگیری سازگار با مغز» به قلم اودل[۱] انجام شد. اودل او از زمان خودش بسیار جلوتر بود و احتمالاً نمی‌دانست دیدگاه رویایی‌اش درباره‌ی فرآیند آموزش و یادگیری ۳۰ سال بعد، به یک هنجار تبدیل می‌شود. گمانه‌زنی در مورد مکانیسم‌های سازوکارهای عصبی مرتبط با شناخت و بررسی کاربرد آن‌ها در آموزش از اوایل دهه‌ی ۱۹۸۰ آغاز شد. پیامدهای نتایج تحقیق انتخابی مغز روی در مورد فلسفه‌ی آموزش و پرورش نیز به اولین ملاحظات آنچه امروزه به عنوان «اخلاق عصبی» معروف است، اشاره می‌کند: اینکه انتخاب‌های گزینش‌های مبتنی بر اطلاعات جدید چطور درباره‌یعملکرد مغز انجام می‌شوند.

«آموزش و پرورش در حال کشف عملکرد مغز است و این بهترین خبر ممکن است... هرکسی که درک کامل و جامعی از معماری، اهداف و روش‌های اصلی عملکرد مغز نداشته باشد، به اندازه یک طراح خودرو بدون که درک کامل از موتورها را نمی‌شناسد از زمانه‌ی خود عقب است.»

لزلی هارت، مغز انسان و یادگیری انسان (۱۹۸۳/۱۹۹۹ ، ص xi)

دو کتاب محبوب برای مربیان که در همین دوران منتشر شد: چارچوب‌های ذهنی از هاوارد گاردنر (۱۹۸۳)، و کتاب مغز انسان و یادگیری انسانی اثر لزلی هارت (۱۹۸۳) بودند. این دو کتاب اثر در محافظ آموزشی تأثیرگذار تلقی می‌شوند، زیرا چرا که شروع کننده روندی را آغاز بودند که منجر به علاقه‌مندی آموزگاران به مطالعه‌ی ارتباط میان مغز و یادگیری در میان معلمان شدند. اگرچه گاردنر در کتابش از اثر دیگر خود با عنوان «مغزهای متلاشی شده» (که

---

[۱] Scott O'Dell / (۱۸۹۸–۱۹۸۹)

درباره‌ی کهنه سربازان بستری در بوستون و در دهه‌ی ۱۹۷۰) انجام داده بود، الهام گرفته بود، اما ادعا نکرد که نظریه‌ی هوش‌های چندگانه‌ی او مربوط به نواحی خاصی از مغز است. اگرچه با این‌حال آشکارا و به وضوح به این موضوع استناد می‌کند، که حداقل دست‌کم برخی زمینه‌های هوش (مانند یادگیری زبان، موسیقی و ریاضیات) را می‌توان با یک ضایعه‌ی عصبی جدا کرد. اثر گاردنر چندان به مذاق بسیاری از آموزگاران، والدین و روانشناسان خوش نیامد زیرا که در این کتاب دیدگاه پذیرفته شده درباره‌ی هوش را به چالش کشید و با انجام این کار، همگی را به طرح به پرسشی کلی درباره‌ی آنچه تصور می‌شد برایدر مورد همه‌ی تمامی اندازه گیری‌های مقیاس‌های آموزشی درست صدق می‌کند، مطرح دعوت کرد. در مقابل، اثر هارت، بر نحوه‌ی چگونگی یادگیری مغز متمرکز بود. هارت او یکی از اولین کسانی بود که به موضوع بی‌عدم توجهی به عملکرد مغز در تمرینات آموزشی پرداخت. او اعتقاد داشت، طراحی طراحی تجارب آزمون‌ها آموزشی بدون فهم کارکرد و درک مغز مانند طراحی دستکش بدون داشتن درکی تصوری از ساختمان دست انسان است، و در این چارچوب از آموزگاران خواست، هوشیارانه‌تر عمل کنند. اثر هارت در تأکید بر چرایی و نیز چگونگی آموزش تأکید می‌کرد و از این منظر اهمیت بسیاری داشت. اگر کتابی باشد وجود داشته باشد که احتمالاً زمینه را برای ژانر نوع جدیدی تازه‌ی در نوشتن پیرامون درباره‌ی مغز و یادگیری هموار کرده باشد، به احتمال زیاد همین اثرکتاب هارت خواهد بود.

ارتباط شناخت‌گرایی و مدل‌های سازنده

به موازات دیدگاه جدید در مورد از مغز و یادگیری که توسط هارت آن را ارائه شد، و درک تازه‌ای از هوش که توسط گاردنر مطرح کرد، در اواسط دهه‌ی ۱۹۸۰ مباحثی درباره‌ی مدل الگوی پیوندگرا در روانشناسی شکل گرفت. این بحث‌ها منجر به شکل‌گیری مدل‌های پیچیده‌تری شد. نگرش در مورد مغز به عنوان یک ادغام ترکیبی پیچیده از سیستم‌های دستگاه‌های گوناگون، به جای نظریات محلی‌سازی ساده‌ی گذشته، روند جدیدی به حساب می‌آمد. در دهه‌ی ۱۹۸۰ نیز تغییری از مطالعات رفتاری در روانشناسی تربیتی به مطالعات شناخت‌گرایی و نظریه‌های سازنده‌گرایی منجر شد. شناخت‌گرایی بر این ایده‌ی طرح کلی شناخت‌گرایی این بنا شده است که عملکردهای ذهنی را می‌توان و می‌بایست با شواهدی از فعالیت‌های مغزی توضیح داد که می‌توان از طریق آزمایش آن‌ها را اندازه‌گیریشان کرد، توضیح داد. از سوی دیگر، مدل الگوی ساخت‌گرایانه‌ی یادگیری که اغلب به پیاژه نسبت داده می‌شود، بیان می‌کند. عنوان می‌دارد افراد دانششان را براساس تجربیات‌شان می‌سازند. در مجموع

مدل‌های الگوهای یادگیری شناخت‌گرایی و ساخت‌گرایی به درک پیچیده‌تری و کامل‌تری از چگونگی رشد ظرفیت‌های قدرت ذهنی انسان در طول زندگی اشاره دارند و همچنین این نکته که اینکه این رشد را چطور می‌توان میزان این کمال را به صورت نسبی و مطلق اندازه‌گیری کرد، اشاره دارد. از آن‌جایی که این حرکت اولیه از رفتارگرایی (با این باور که تمامی فعالیت‌های اندام‌ها همه چیزهایی را که ارگانیسم‌ها انجام می‌دهند می‌توانند و باید به عنوان رفتار در نظر گرفته شوند) به سمت شناخت‌گرایی گرایید، و روان‌شناسی به سوی سمت علوم اجتماعی سخت و نه نرم چرخید و تغییر مسیر داد، دیدگاه میان رشته‌ای با حرکت به سمت یادگیری و همتای طبیعی اصلی آن در آموزش در دهه‌ی ۱۹۸۰ به صورتی محکم و استوار تثبیت شد.

سازمان‌های جدید نوین

ماهیت میان رشته‌ای علم MBE، در بیانیه‌های بسیاری از سازمان‌های جدید و نوین در دهه‌ی ۱۹۸۰ بازتاب داشت، منعکس شد. در سال ۱۹۸۳، شورای تحقیقات اقتصادی و اجتماعی[۱] در بریتانیا و شورای تحقیقات پژوهش‌های پزشکی[۲] برای تعویق حمایت از «پیشنهادهایات تحقیقاتی پژوهشی نوآورانه ابتکاری و چند رشته‌ای که علوم اعصاب پایه یا مرتبط با سلامت را به عوامل اجتماعی و رفتارهای اجتماعی مرتبط می‌کردند»، تأسیس پایه‌گذاری شدند. شورای تحقیقاتی اقتصادی و اجتماعی، اجتماعی و اقتصادی، «بررسی ارتباط میان ذهن، مغز و ویژگی‌های ذاتی، جامعه، فرهنگ و رفتار طبیعی چه نرمال یا غیرطبیعی» متمرکز شده است. زاویه‌ی تحقیقات اجتماعی پژوهش‌ها که توسط این گروه‌ها آن را ترویج کردند با بازگشت به درک علوم طبیعی در اواسط دهه‌ی ۱۹۸۰ تکمیل شد. تأثیر ژنتیک و وراثت‌پذیری بر هوش عمومی، توجهات را مجدداً دوباره بر نقش‌هایی جلب کرد که طبیعت و تربیت در یادگیری بر عهده دارند، معطوف کرد.

تولد علم عصب‌شناسی

در فاصله‌ی سال‌های ۱۹۸۴ تا ۱۹۸۹، علم عصب‌شناسی با طرح حوزه‌ای جدید و تازه متولد شد و پس از آن کتاب‌هایی سپس کتبی درباره‌ی این کتاب علم به چاپ رسید و منتشر گردید. علم عصب‌شناسی شناخت اعصاب یکی از اولین رشته‌های گرایش‌های واقعاً فرارشته‌ای بود و برخی نویسندگان این حوزه مانند گاردنر (۱۹۸۷) در حوزه‌هایی چون روانشناسی،

---

[۱] (ESRC)
[۲] (MRC)

زبان‌شناسی، هوش مصنوعی و فلسفه نیز تخصص داشتند. این علم چتر مفهومی بزرگی گسترده‌ای در اختیار نظریه‌پردازان قرار داد که در سایه‌ی آن بتوانند فرضیاتی در مورد مبانی بیولوژیکی زیستی تفکر در همه‌ی سطوح مطرح کنند.

علاقه‌ی حوزه‌ی آموزش به مغز

هنگامی در حالی که حوزه‌ی آموزش در اکثر دهه‌های ۱۹۶۰ و ۱۹۷۰ بیشتر به صورت اجتماعی–سیاسی مورد بحث بود، در دهه‌ی ۱۹۸۰، تمرکز بر «برابری» و «تعالی» تغییر کرد و در مقابل تأکید بیشتری بر مکانیسم‌های سازوکارهای یادگیری در مغز تأکید معطوف شد. در این رابطه گروه علایق ویژه‌ی مغز، علوم اعصاب و مغز آموزش[1] که زیرمجموعه‌ی انجمن تحقیقات پژوهش‌های آموزشی آمریکا[2] بود در سال ۱۹۸۸ تشکیل شد. مؤسسه‌ی SIG قدیمی‌ترین نهاد سازمانی است که به طور خاص ویژه برای ارتباط دادن میان پژوهش‌های تحقیقات در علوم اعصاب و آموزش در ایالات متحده اختصاص یافته است. این نهاد تا سال‌های متمادی تنها گروه سازمانی در جهان بود که سالانه مقالات نویسندگان این حوزه را بررسی و پذیرش می‌کرد، میزبان بررسی سالانه برای نویسندگانی بود که مقالاتی در این رابطه ارائه می‌کردند. هدف فعلی SIG، ارتقای بالا بردن سطح درک فهم تحقیقات پژوهش‌های در حوزهی علوم اعصاب در جامعه‌ی آموزشی است و این هدف را با ترویج تحقیقات علوم اعصاب این تحقیقات که پیامدهایی نتایج مطلوبی برای تمرینات آزمون‌ها آموزشی به دنبال دارد و با همچنین تأسیس انجمنی برای مسائل و مناقشات جدل‌های مرتبط به هدف خود می‌رسد، انجام می‌دهد.

اوایل دهه‌ی ۱۹۹۰: دهه‌ی مغز

دهه‌ی مغز (۱۹۹۹-۱۹۹۰) دهه‌ی توسعه‌ی گسترش هزاران یافته‌ی تازه و ده‌ها نظریه درباره‌یمغز و یادگیری بود و دو نوع اساسی از نظریه‌های یادگیری در این زمان دوره تقویت شدند: ۱. نظریه‌های مدولار ۲. حوزه‌های خاص در مقابلو نظریات جهانی.

نظریات مدولار و حوزه‌های خاص عمدتاً بر توضیح مکانیسم‌های سازوکارهای عصبی و مهارت‌هایی مانند ریاضیات، خواندن، توجه حواس و حافظه متمرکز بودند. یا اینکه چطور یک

---

[1] (SIG)

[2] (AERA)

جنبه بخش خاص از مغز مسئول خاطرات به خاطر سپردن چهره‌ی انسان است. این موارد با جزئیات بیشتر در فصل ششم مورد بحث قرار خواهند گرفت.

نظریه‌های جهانی یادگیری، باورهای کلی در این باره ارائه می‌کنند. اینکه مغز چطور و چگونه به بهترین شکل یاد می‌گیرد، ارائه می‌کنند. به عنوان مثال، کرت فیشر و دیگران، ارزش تحقیقات پژوهش‌های علوم اعصاب در آموزش را شناسایی کرده و مطرح کردند و تصویر یک حوزه‌ای مستقل را در این رابطه به تصویر کشیدند. دانشمندان علوم عصب‌شناسیا و عصاب شناختی مانند بروس مک کندلیس و سالی شایویتز[۱]، همچنین و محققان مؤسسه ملی بهداشت ایالات متحده[۲] و مؤسسه‌ی ملی سلامت کودک و توسعه‌ی انسانی ایالات متحده[۳] شروع به انجام آزمایش‌هایی راتی در آزمایشگاه‌های علوم اعصاب آغاز کردند که براساس نظریه‌های جهانی درباره‌ی چگونگی عملکرد مغز هنگام تدریس و یادگیری، کاربردهای مستقیم‌تری برای آموزش بر پایه‌ی آن عصب‌شناسی داشتند. نظریه‌های جهانی در مورد نحوه عملکرد مغز از نظر تجارب تدریس و یادگیری.

دهه‌ی ۱۹۹۰، همچنین دهه آغاز حرکت برای پاسخگویی بیشتر به مسائل آموزش و پرورش در ایالات متحده نیز بود. سؤالاتی از این قبیل که چه کسی مسئول کوشش‌های مطلوب (یا نامطلوب) تلاش‌های آموزشی خوب (یا بد) است؟ آیا دولت‌ها به تنهایی صورت فرد مسئول هستند؟ نقش داشتند؟ معلمان چطور؟ سؤالاتی بودند که در این دوره مطرح شدند. اقدامات پاسخگویانه برای به این پرسش‌ها، فشار زیادی بره سیستم‌های آموزشی محلی برای یافتن علل ریشه‌ای موفقیت یا شکست در سیستم مدارس وارد کرد. پرسش‌های یاسخ سؤالی که برای رسیدن به پاسخ، در ابتدا انگشت اشاره را به سمت سوی سطح کلان کشور گرفته بودند، در نهایت به خردترین سطح طبقه‌ی ممکن جامعه رسیدند: هر دانش‌آموز و مغزش. بسیاری از ایالت‌ها شروع به بررسی دقیق جمعیت محلی بومی خود کردند و روی بر این موضوع متمرکز شدند که ویژگی‌های خاصی مانند وضعیت اقتصادی–اجتماعی پایین، فقر، تغذیه‌ی نامناسب و نبود پشتیبانی فقدان حمایت آموزشی اولیه چطور و چگونه بر سطوح میزان یادگیری عمومی دانش‌آموزان تأثیر می‌گذارد. حتی کشورهای ثروتمند هم متوجه شدند که ضعیف‌ترین حلقه‌ی یک بار دیگر، این زنجیره در نگاه اول، اتفاقاً تنها به اندازه ضعیف‌ترین حلقه آن قوی‌ترین

---

۱ Shayvitz & Bruce McCandless

۲ (NIH)

۳ (NICHD)

حلقه‌ی آن به شمار می‌آید. مداخلات آموزشی از سطح کلان و ایالتی به سمت سوی فردی حرکت کرد که سبب شد تقاضا برای اقدامات شخصی‌سازی این امر افزایش یابد.

تلاش‌های اولیه ابتدایی دانشمندان برای دستیابی نزدیک‌تر و بیشتر شدن به اطلاعات و محصولاتی که مورد قبول پذیرش آموزگاران باشد، در اوایل دهه‌ی ۱۹۹۰ آغاز شد. پائولا تالال[۱] و مایکل مرزنیچ[۲]، شروع به سازماندهی برگزاری کنفرانس‌ها و همایش‌هایی با موضوع شناخت مغز محور برای مربیان بیان کردند. این جلسات برای معلمان آنان بسیار مفید بودند و اشتیاق‌شان آموزگاران به ارائه‌ی نوآوری‌های بیشتر در کلاس را به دنبال داشتند. اگرچه این کارها عموماً از کیفیت بالایی داشتند و اما در برخی موارد «نوآوری» با بررسی واقعیت در تحقیقات پژوهش‌ها خدشه‌دار نشد، و در برخی موارد هم در برخی دیگر از موارد به معنای ترویج عصب‌های افسانه‌های عصبی بود رواج یافت.

همکاری بین‌المللی میان علم MBE و مؤسسات جدید

در اوایل دهه‌ی ۱۹۹۰، شاهد افزایش همکاری‌های میان رشته‌ای و بین المللی در این رشته علم بودیم. در سال ۱۹۹۰، بنیاد جیمز اس، مک دانل[۳]، مستقر در سنت لوئیس، و بنیاد نهاد خیریه‌ی پیو[۴] از فیلادلفیا، به تأسیس پایه‌گذاری مرکز علوم اعصاب در دانشگاه آکسفورد کمک کردند. این مرکز پذیرای مختص به «تحقیق پژوهش در همه‌ی زمینه‌های علوم اعصاب در همه‌ی تمامی رشته‌های مرتبط است و از تحقیقات تجربی، نظری، و بالینی درباره‌یتحلیل ادراکی، حافظه، زبان، و کنترل حرکتی، از جمله رویکردهای فلسفی به شناخت، استقبال می‌کند». در سال ۱۹۹۴، مؤسسه‌ی ماکس پلانک برای علوم شناختی و مغز انسان[۵] در آلمان تأسیس شد که حول در زمینه‌ی توانایی‌های شناختی انسان و فرآیندهای مغزی با تمرکز بر زبان، موسیقی و عمل رفتار می‌چرخید و فعالیت می‌کرد. اما با این وجود، با افزایش تحقیقات پژوهش‌ها و رسمیت یافتن این رشته، شک و تردیدهای زیادی بسیاری نیز درباره‌یهدف متعالی ارتباط آموزش و علوم اعصاب مطرح شد.

---

۱ (روانشناس تجربی از دانشگاه کمبریج)

۲ (فیزیولوژیست عصبی از دانشگاه جانز هاپکینز)

۳ James S. McDonnell

۴ Pew Charitable Trusts

۵ MPICBS

اواخر دهه‌ی ۱۹۹۰: شک و تردید سالم سازنده نسبت به رشته‌ی نوظهور MBE بدبینی و شک سالم سازنده به این رشته در مقاله‌ی جان. تی. بروئر با عنوان «آموزش و مغز: پلی خیلی دور» (۱۹۹۷) شکل گرفت که جیمز برنز و ناتان فاکس با بحث درباره‌ی ارتباط آموزشی تحقیقات پژوهش‌ها در علوم اعصاب توسط جیمز برنز و ناتان فاکس[1] و در مقاله‌های «ارتباط آموزشی پژوهش در علوم اعصاب شناختی» و «ذهن، مغز و تربیت: بخش دوم» آن را دنبال کردند شد. مقالات آنان برنز و فاکس و همچنین تفسیر همتایان‌شان از پیکه دنبال انتشار این مقالات انجام شد، آغاز شکل‌گیری مباحث داغی و مهمی درباره‌ی این موضوع بودند که چه چیزی می‌بایست و باید علم اعصاب و عصب‌شناسی و آموزش را به یکدیگر مرتبط کند. آموزگارانی که با بروئر موافق بودند، خاطرنشان اعتقاد داشتند که معلمان نمی‌توانند تحقیقات نتایج پژوهش‌های علوم اعصاب را مستقیماً به کار ببرند و اعمال کنند. بسیاری از هم‌فکران کسانی که بروئر موافق بودند، معتقد بودند آموزگاران ترجیح می‌دهند روانشناسی شناختی را بپذیرند تا آن که درکشان را از مقوله‌ی آموزش یا سایر دیگر زمینه‌ها، افزایش دهند. در پایان دهه‌ی ۱۹۹۰، فراخوان‌ها برای مرتبط ساختن علوم عصب‌شناسی با آموزش و نیاز به ایجاد همکاری دوسویه میان روانشناسی آموزشی و علوم عصب‌شناسی زیاد فراوان شد. سمینارهای دانشکده‌ای، مانند سمیناری هم‌اندیشی که در سال ۱۹۹۸ در دانشگاه کمبریج برگزار شد، پیامدهای دستاوردهای پژوهش در مورد علوم اعصاب را در علم آموزش بررسی می‌کردند و آموزگاران بیشتری علاقه‌مند به مشارکت و مطالعه‌ی علم MBE و کاربرد مستقیم آن در کلاس‌های درس شدند.

استفاده آموزشی از ابزار علم MBE

در سال ۱۹۹۸، کمیسیون آموزش ایالات متحده، به بررسی این مسئله پرداخت که عصب‌شناسی چطور و چگونه می‌تواند پیامدهایی نتایجی برای سیاست برنامه‌ریزی آموزشی در پی داشته باشد. در پایان دهه‌ی ۱۹۹۰، رونقی در بازاندیشی آموزشی از جمله تلاش برای یکپارچه کردن آموزگاران حول مجموعه‌ای از عناصر پذیرفته شده در یادگیری به وجود آمد، از جمله تلاش‌هایی برای متحد کردن معلمان حول مجموعه‌ای از عناصر آموزشی پذیرفته شده. در حالی که این روش‌ها و فعالیت‌ها محصول تحقیقات و پژوهش‌های علوم اعصاب نبودند اما، آگاهانه یا ناآگاهانه استانداردهای معیارهای علم MBE را پایه‌گذاری کردند و شکل دادند. این

---

[1] Nathan Fox & James Francis Byrnes

نکته بسیار مهم است زیرا میان اطلاعاتی که علم MBE تولید شده کرده توسط رشته‌ی جدید MBE و اطلاعاتی داده‌هایی که در آموزش کاربرد دارند، زمینه‌ی آموزشی استفاده، تمایز قائل می‌شود.

در این دوره برخی معلمان پیام‌های خاص علوم اعصاب را (مانند اینکه هیچ دو مغز یکسانی وجود ندارد) شروع کردند به پذیرش، مثل اینکه هیچ دو مغز یکسانی وجود ندارد، و یا قاعده‌مند شروع کردند به آزمون‌های شانفرمولبندی تمرین‌هایشان براساس یافته‌های عصب‌شناسی آغاز کردند. لوم اعصاب مثلاً به عنوان مثال، جنبشی به منظور تمایز برنامه‌های آموزشی براساس شناخت توانایی‌ها و میزان یادگیری فردی شکل گرفت. شورای ملی تحقیقات یکی از تأثیرگذارترین و مؤثرترین کتاب‌های مرتبط با یادگیری را توسط شورای ملی تحقیقات حمایت شد کرد و براون، برنسفورد و کوکینگ در سال ۲۰۰۳ توسط آن را براون برنسفورد و کوکینگ[۱] به چاپ و انتشار رساندند و منتشر گردید. تحقیقات پژوهش‌های باکیفیت پُربار دیگری نیز در این دوره انجام شد که منجر به مداخلات آموزشی گردید که در آزمایشگاه‌ها به ثبت رسیده بودند و در کلاس‌های درس سرتاسر ایالات متحده رواج یافتند و باب شد. یا مثلاً برنامه‌های درسی مربوط به خواندن مبتنی بر پایه‌ی عصب‌شناسی مثل مانند Fast For Word، و RAVE-O[۲] توسط که متخصصان علوم عصب‌شناسی آن‌ها را به وجود آوردند ایجاد شد و از اواخر دهه‌ی ۱۹۹۰ با موفقیت در کلاس‌ها به کار رفت (برای مطالعه‌ی بیشتر در این رابطه نگاه کنید به فصل هفتم). ارزیابی‌های اولیه‌ی این برنامه‌ها نتایج بسیار مطلوب طرح‌ها را نشان می‌دادند که از سودمند بودن تلاش‌های مشترک میان متخصصان علوم عصب‌شناسی و آموزگاران حکایت داشت و مثمر ثمر بوده‌اند. در اواخر دهه‌ی ۱۹۹۰، تئوری‌های نظریات یادگیری جهانی به دنبال ارائه‌ی توضیحی جامع از برای فرآیندهای یاددهی و یادگیری انسانی برآمدند و اقدام کردند. یکی از این مفاهیم، طراحی جهانی برای یادگیری بود[۳]، که از طریق تحقیق در مورد تنوع، تحقیقات و ارزیابی پژوهش‌های گوناگون درباره‌ی مغز، هوش‌های چندگانه و انعطاف‌پذیری رسانه‌های دیجیتال معرفی می‌شود (گری اسمیت، ۲۰۰۸) طراحی فراگیر جهانی برای یادگیری (UDL) با هدف هدایت محیط‌های یادگیری آموزشی منعطف شکل گرفت که منجر به ایجاد ساختارهای متفاوت یادگیری در کلاس‌های درس شد. این

---

۱ Bransford, Brown, and Cocking

۲ (بازیابی، خودکار بودن، واژگان، درگیر سروکار داشتن شدن با زبان و، املاء)

۳ UDL

مفهوم نه فقط میان علوم عصب‌شناسی و آموزش پیوند برقرار کرد، بلکه به فناوری یکپارچه‌ای نیز تبدیل شد که به سلامت روان همه‌ی دانش‌آموزان در کلاس‌های درس توجه داشت.

مطبوعات عامه‌پسند تلاش می‌کنند موفقیت‌ها را پر رنگ جلوه دهند

با گذشت زمان، علاقه‌ی معلمان به مطالعه‌ی مغز افزایش یافت، اما باز هم تنها تعداد اندکی از دانشگاه‌ها برنامه‌های دوره‌های حرفه‌ای دانشگاهی و دوره‌هایی برای این رشته ارائه کردند، و به این ترتیب مقالات مطبوعاتی و کتاب‌هایی درباره‌ی یادگیری مغز محور منتشر شدند که تا این خلا کمبود را موجود در پایانه دهه‌ی ۱۹۹۰ را پر رفع کنند. در سال ۱۹۹۹، اولین نخستین نمایشگاه یادگیری مغز محور در سندیه‌گو، با حضور بیش از ۷۰۰ معلم و متخصص برگزار شد که نشان دهنده‌ی محبوبیت این‌گونه یادگیری را نشان می‌داد و مغز محور بود.

اولین کنفرانس همایش یادگیری و مغز در دانشگاه هاروارد و پردیس محوطه‌ی MIT در سال ۱۹۹۷ برگزار شد که هدف از برپایی آن ارتقای افزایش سطح میزان برخورد تعامل میان معلمان و عصب‌شناسان بود.، این کنفرانس برنامه همچنین باعث تداوم برگزاری جلسات رسمی درباره‌ی این موضوع این رابطه در پایان دهه‌ی ۱۹۹۰ شد. بیست و ششمین کنفرانس همایش از این دست، در ماه می سال ۲۰۱۰ برگزار شد که بیش از ۲۰۰۰ نفر اکثراً از معلمان در آن حضور داشتند. دانشگاه هاروارد، دانشکده آموزش دانشگاه جانز هاپکینز، برنامه‌ی توسعه‌ی مدرسه‌ی کامر (دانشکده‌ی پزشکی دانشگاه ییل)، مؤسسه‌ی تحقیقات علوم اعصاب، دانشگاه کالیفرنیا، دانشگاه سانتا باربارا، دانشکده‌ی آموزش دانشگاه استنفورد، مرکز مطالعه‌ی یادگیری دانشگاه جورج تاون، آزمایشگاه کنترل و توسعه‌ی شناختی (دانشگاه کالیفرنیا، برکلی)، انجمن ملی مدیران مدارس ابتدایی، انجمن ملی مدیران مدارس متوسطه و... مجموعه نشست‌های کنفرانس‌هایی تاکنون درباره‌ی رابطه با علم MBE و برنامه‌ی ذهن، مغز و تربیت از سوی دانشگاه هاروارد، دانشکده آموزش دانشگاه جان هاپکینز، برنامه توسعه مدرسه کامر (دانشکده پزشکی دانشگاه ییل)، موسسه تحقیقات علوم اعصاب، دانشگاه کالیفرنیا، دانشگاه سانتا باربارا، دانشکده آموزش دانشگاه استنفورد، مرکز مطالعه یادگیری دانشگاه جورج تاون، آزمایشگاه کنترل و توسعهی شناختی (دانشگاه کالیفرنیا، برکلی)، انجمن ملی مدیران مدارس ابتدایی، انجمن ملی مدیران مدارس متوسط و... برگزار شده است. طیف گسترده‌ای از حامیان مالی با ارزش کیفیت بالا از این مجموعه و نشست کنفرانس‌ها حمایت نموده‌اند، که علاقه‌ی عمیق مؤسسات یادگیری را برای گنجاندن مطالب بیشتری از علوم عصب‌شناسی در آموزش را نشان می‌دهد.

رشد انتشارات مرتبط با با این موضوع مغز در طول دهه‌ی ۱۹۹۰ بیانگر نشان دهنده تشویق و ایجاد انگیزه برای ادامه‌ی تحقیقات پژوهش‌ها مرتبط با موضوع مغز در این رشته بوده است. تا سال ۲۰۱۰، کارهای فعالیت‌ّهای بسیار مهمی در رابطه‌ی مستقیم با علم MBE انجام شده است، که از زمینه‌های اصلی علوم اعصاب، روانشناسی یا آموزش نشأت سرچشمه گرفته‌اند. با این‌حال این وجود بسیاری، کیفیت اطلاعاتی را که معلمان در این سال‌ها دریافت کرده‌اند را زیر سؤال برده‌اند.

برنامه‌های جدید آکادمیک دانشگاهی در علم MBE

در اواخر دهه‌ی ۱۹۹۰، بسیاری از انجمن‌های رسمی پیرامون در خصوص رشته‌های نوظهور راه اندازی شدند که همگی سعی داشته‌اند پارامترهایی و معیارهایی برای ارزیابی در مورد کیفیت چگونگی این رشته‌ها ارائه کنند. مؤسسه‌ی ساکلر دانشگاه کرنل که با هدف توسعه‌ی گسترش روانشناسی رشد در سال ۱۹۹۸ تأسیس شد، طی این سال‌ها به شکلی صورتی فزاینده چشم‌گیر روی بر موضوع علوم عصب‌شناسی آموزشی متمرکز شده است. در همین راستا انجمنی در بلژیک نیز تأسیس پایه‌گذاری شد که نشان می‌داد علاقه به علم شناخت مغز و یادگیری در واقع تبدیل به پدیده‌ای بین‌المللی تبدیل شده است. برنامه‌های آکادمیک دانشگاهی نیز در این همین برهه‌ی زمانی شروع به رشد کردند. پس از چندین سال برنامه‌ریزی (۲۰۰۱ ـ ۱۹۹۷)، دانشگاه هاروارد رشته‌ی MBE را در مقطع کارشناسی ارشد در سال‌های ۲۰۰۲ ـ ۲۰۰۱ ارائه کرد. به همین ترتیب، رشته‌ی علوم عصب‌شناسی آموزشی در دانشگاه کمبریج و در سال ۲۰۰۴ ارائه شد. مرکز انتقال علوم اعصاب و یادگیری در اولم، آلمان، مرکز علوم اعصاب و آموزش دانشگاه بریستول (۲۰۰۵)، آزمایشگاه یادگیری در دانمارک (۲۰۰۵) همگی از مهم‌ترین آغازگرانه‌ای مهمی در تلاش برای ساختار دادن به این رشته‌ی نوظهور بوده‌اند. سایر برنامه‌های فعالیت‌ها در زمینه‌ی موجود در علم MBE تا سال ۲۰۰۵ شامل برنامه‌های دانشگاه تگزاس در آرلینگتون، دانشگاه کالیفرنیای جنوبی، دانشگاه پکن و دانشگاه جنوب شرقی نانجینگ بود.

دهه‌ی ۲۰۰۰: تفاسیر نادرست از علوم اعصاب در آموزش

از سال ۲۰۰۰ تا ۲۰۰۵ دیدگاه‌ها درباره‌ی دانش در مورد فرآیندهای رشد یادگیری اصلاح شد، امری که منجر به تکثیر و گسترش اطلاعات کاربردی برای معلمان در حوزه‌ی علوم عصب‌شناسی را در پی داشت، شد. که برای مربیان نوشته شده بود در حالی که برخی متخصصان توصیه‌های سنجیده و باکیفیتی ارزشمندی را برای با معلمان به اشتراک گذاشته بودند، اما طی

این دوره، نویسندگان مطبوعات زرد، محبوب تجاری، ادعاهای جذاب اما نادرست از نظر علم عصب‌شناسی نادرسی را رواج دادند. برای مثال، بحث در مورد کودکان راست مغز و دنیای چپ مغزها و یا راهنماهایی و توصیه‌هایی درباره برای چگونگی به کار بردن روش راست مغزها برای غلبه بر بی‌نظمی و تسلط بر زمان و همچنین رسیدن به اهداف مورد نظر، از جمله تفاسیر و برداشت‌های نادرستی بودند که در دهه‌ی ۱۹۹۰ رایج شدند که بسیاری‌شان از آن‌ها صرفاً انگیزه‌های تجاری و مالی داشتند. نمونه‌هایی از جمله: «هفته به هفته قدرت مغزتان را تقویت کنید. » یا «۵۲ تکنیک روش برای باهوش‌تر کردن شما» و... این‌گونه پذیرش آسان اطلاعات نادرست باعث شد بسیاری از معلمان در محافل علمی بد نام شوند، شهرت بدی پیدا کنند. همچنین معلمان به این متهم شدند که به جای تلاش برای بالا بردن سطح کیفیت آموزش به دنبال راه حل‌های سریع و بی‌دردسری هستند برای آموزش کودکان هستند به جای آن که سعی کنند به کیفیت آموزش احترام بگذارند. این شهرت سوء منجر به انکار موضوع و برچسب «آموزش مغز محور» شد زیرا که با بسیاری از دعاوی نادرست درباره‌یمغز و یادگیری همراه بود.

تکنولوژی فناوری پیشرفته

فناوری دانش فنی تصویربرداری از مغز در ابتدای قرن و با توسعه‌ی گسترش توپوگرافی نقشه‌برداری نوری به وسیله‌ی هیدآکی کوزیومی[۱] شروع شد و توسعه یافت و توسط شرکت هیتاچی در سال ۲۰۰۱ آن را به عنوان یک تکنیک روش تصویربرداری مغزی ایمن و مناسب از مغز برای بیماران، تبلیغ کرد و این فناوری از این جهت جنبه انقلابی بود تحول محسوب شد که «در طول معاینه نیازی به در نظر گرفتن شرایط محیط اندازه‌گیری خاص یا محدودیت‌های بیمار نیست، بنابراین می‌شد عملکردهای مغز را در حالت طبیعی اندازه‌گیری بررسی و ارزیابی کرد». همچنین از طریق این فناوری امکان تصویربرداری از عملکردهای مغز نوزادان را نیز فراهم کرد، و همچنین امکان بسیاری کاربردهای ممکن در مطالعات یادگیری و آموزش بسیار کاربردی بود را باز کرد. این پیشرفت‌های تکنولوژیک گفته شده یک گام بلند پله بزرگ در مسیر ارتباطات بهتر مطلوب‌تر میان آزمایشگاه و کلاس درس به شمار می‌رفت. اختراع کویزومی حرکتی عالی در راه به سمت انتقال دقیق اطلاعات آزمایشگاهی به محیط‌های درسی عملی تدریس بود.

---

۱ Hideaki Koizumi

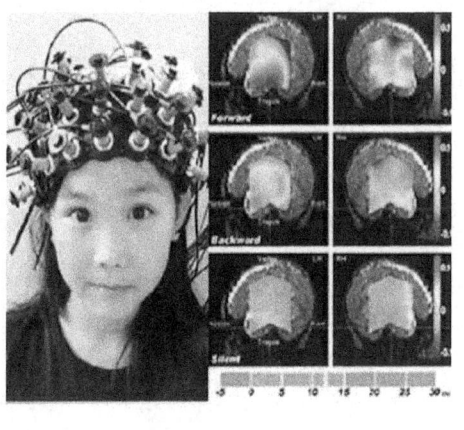

تصویر ۳ ـ ۸:[۱]

تولد یک رشــــــته جدیدنوین: علم ذهن، مغز، تربیتMBE

می‌توان گفت که رشته‌ی MBE در چندین مکان مختلف و به شکلی صورت همزمان در این نقاط مختلف گوناگون از جهان، متولد شد. در آغاز قرن بیست و یکم، تلاش‌های رسمی و عمومی برای یکپارچه‌سازی و متحد کردن مفاهیم میان رشته‌ای در یادگیری و آموزش افزایش یافته بود. در سال ۲۰۰۰، مرکز ملی علوم اعصاب استرالیا برای ترکیب انواع یافته‌های مختلف نهادی و به منظور ارتقاء بالا بردن سطح تحقیقات پژوهش‌های علوم اعصاب و آموزش تأسیس پایه‌گذاری شد. در همان سال سال ۲۰۰۰، گروه عصب‌شناسی اعصاب هند با مأموریت «توانمندسازی از طریق آموزش» و پیگیری نتایج تحقیقات پیشرفته در زمینه‌ی یادگیری فعالیت خود را شروع به فعالیت کرد. نتایج واکاوی‌های تحقیقات انجام شده در هر دو نهاد نشان‌گر سودمندی رشته‌ی علم جدید MBE برای کلاس‌های درسی بود. بسیاری از دانشگاه‌ها مانند دانشگاه ملبورن در مجموعه انجمن‌های ذهن، مغز و رفتار، بازتاب کوشش‌های جهانی را برای ایجاد ارتباط در مورد رابطه میان هوش و آموزش از دیدگاه عصب‌شناسی را رهبری می‌کردند.

برخی از اولین سازمان‌های رسمی که باورهای یافته‌های رشته‌ی علم MBE را در سرتاسر جهان ترویج کردند، واحد تصویربرداری عصبی شناختی INSERM (مؤسسه‌ی ملی تحقیقات

World press report of Hitachi brain machine interface [۱]

پزشکی و بهداشتی فرانسه) در فرانسه و انجمن آموزشی علوم اعصاب آکسفورد در بریتانیا (۲۰۰۱) بودند. اما شاید بتوان تلاش سازمان همکاری‌های اقتصادی و توسعه را بزرگ‌ترین رهبر پیشگام این جنبش را، تلاش سازمان همکاری‌های اقتصادی و توسعه (OECD) دانست که در این سال‌ها سه کنفرانس همایش بین‌المللی برای ترکیب یکپارچه‌سازی نظرات و رفع مشکلات و نگرانی‌ها و طراحی دستورالعمل‌هایی روش‌های اجرایی یکسان واحد به منظور تحقیقات و پژوهش در این رشته برگزار کرده است. این نشست کنفرانس‌ها به ترتیب در نیویورک (۲۰۰۰)، گرانادای، اسپانیا (۲۰۰۱) و توکیو (۲۰۰۱) برگزار برپا شدند که هر یک کدام به شناسایی رهبران این رشته علم و نیز پاسخ به چالش‌های اصلی پیش روی رشته‌ی MBE کمک کرد. نشست چهارصدمین سالگرد آکادمی مؤسسه‌ی علوم پاپی اسقفی در نوامبر ۲۰۰۳ نیز بر این عمل ذهن، مغز، تربیت متمرکز بود و زمینه‌ی تاریخی برای درک تغییرات قابل توجه در آموزش را مورد نظر قرار داده بود.

تلاش‌های دولت برای یکپارچه‌سازی ابتکارات در مطالعه‌ی مغز و یادگیری

چندین برنامه‌ی دولتی مرتبط با این رشته‌ی در حال ظهور نیز در اوایل دهه‌ی ۲۰۰۰ آغاز شد. مؤسسه‌ی تحقیقاتی علم و فناوری ژاپن (۲۰۰۱) و متعاقباً به دنبال آن، مؤسسه RIKEN در ژاپن (۲۰۰۲) دو نهادی بودند که بر انجام تحقیقات پژوهش‌های متحول‌کننده و منعطف و میان رشته‌ای پیرامون درباره‌ی مغز و یادگیری تأکید داشتند. در پایان سال ۲۰۰۲، شورای علوم هلند با مشورت وزارت آموزش، فرهنگ و علوم این کشور، کمیته‌ی مغز و یادگیری را راه‌اندازی کرد و شورای علوم هلند ابتکاراتی برای تحریک ایجاد انگیزه با هدف تبادل تعامل سودمند فعال میان دانشمندان حوزه‌ی مغز، دانشمندان علوم شناختی و دانشمندان علوم تربیتی در زمینه‌ی شیوه‌های آموزشی ارائه داد. این مبادلات در کتابی شامل آخرین یافته‌ها به قلم هنری، با عنوان یادگیری شناخت مغز به اوج خود رسید (ژولز، ۲۰۰۵) بیان شدند. گرایش به استفاده از مفاهیم علوم عصب‌شناسی در محیط‌های آموزشی در حالی بروز می‌یافت که جامعه‌ی آموزشی به شکلی فزاینده پذیرای این اطلاعات و مشتاق به کاربرد از ابزارهای جدید برای مبارزه با مشکلات در آموزش بود.

اولین انجمن بین‌المللی مرتبط با علم MBE

در سال ۲۰۰۴، تشکیل انجمن بین‌المللی ذهن، مغز، و آموزش، تربیت[۱] در کنفرانس «دانش کاربردی و قابل استفاده در ذهن، مغز و آموزش» در دانشگاه هاروارد اعلام شد. این نهاد از زمان آغاز به کارش، جلسات اجتماعی عمومی گسترده‌تری را برگزار کرده است، واقعیتی که نشان دهنده تمایل اعضای آن سازمان به استفاده از علم MBE است. در سال ۲۰۰۵، انجمن علوم اعصاب مکزیک تأسیس شد که گسترش ارزش‌های این رشته‌ی نوظهور در کشورهای غیراروپایی، ژاپن و ایالات متحده را نشان می‌داد. در همین سال یک برنامه‌ای در سطح دکترا برگزار شد: برنامه‌ی دکترای مشترک بین‌المللی علوم اعصاب با انواع دیدگاه‌های مختلف جهانی درباره‌یرشته‌ی MBE که توسط دانشگاه بولونیا (ایتالیا)، دانشگاه کلود برنارد (لیون، فرانسه)، کالج دانشگاهی لندن، دانشگاه بانگور (ولز، بریتانیا) و دانشگاه ویک فارست (کارولینای شمالی در ایالات متحده) از آن حمایت می‌شد.

چالش جدید: ارتباطات فرارشته‌ای

این ابتکارات مختلف همگی در راستای ایجاد رشته‌ای میانی و جهانی صورت گرفت. در فاصله‌ی سال‌های ۲۰۰۴ و تا ۲۰۰۶ بسیاری از پیشنهادهات ملموس درباره‌ی چگونگی بهبود ارتباطات میان رشته‌ای در رشته‌ی نوظهور MBE منتشر شد. در این دوره توجه فعالان این رشته علم به فقدان نبود واژگان مشترک و چالش‌هایی جلب شد که انواع جهان‌بینی‌های مختلف برای پیشرفت در این رشته ایجاد کرده بودند، معطوف شد. تعداد انگشت‌شماری از متخصصانی که در دو رشته (اگر نگوییم هر سه رشته) شکل دهنده‌ی MBE، مطالعاتی را انجام داده بودند، با چالش‌هایی در این رشته مواجه شدند (برخی از این چالش‌ها و پاسخ به آن‌ها را به تفصیل در فصل نهم مورد بحث قرار خواهیم داد). تعداد فزاینده‌ای از دانش‌آموختگان افرادی که به شکلی رسمی در علوم تربیتی و علم عصب‌شناسی تحصیل کرده بودند آثاری را شروع به انتشار کردند که هم برای هم برای متخصصان عصب‌شناسی مفید است و هم برای مربیان و آموزگاران و البته برای روانشناسان نیز می‌توانند از آن‌ها بهره ببرند و جذاب است. یوشا گوسوامی، و جودی ویلیس[۲] از جمله متخصصان علم عصب‌شناسی بودند هستند که در رشته‌ی جدید MBE آثار ارزشمندی تولید کرده‌اند و تخصص‌شان در زمینه‌ی مغز و سبک های نوشتاری دوستانه، روشن و منسجم‌شان آن‌ها معلمان بسیاری را به MBE جذب علم MBE کرد. همین‌طور به طور

---

[۱] IMBES

[۲] Usha Goswami and Judy Willis

مشابه، پاتریشیا ولف و دیوید سوزا[1] از وضعیت معلمی به کارشناس علمان MBE تبدیل بدل شدند. آنان همچنین اطلاعات منسجم و مبتنی بر شواهد قابل خواندنی را در اختیار معلمان قرار می‌دهند و به دانشمندان علوم اعصاب کمک یاری می‌کنند تا مشکلات یادگیری را به صورت در پرتو عملی‌تر در محیط کلاس مشاهده کنند.

مؤسسات و سازمان‌هایی که منحصراً به اهداف این رشته‌ی نوظهور اختصاص داده شده بودند، (از جمله مؤسسه‌ی دانشگاه آکسفورد برای آینده‌ی ذهن (۲۰۰۶) اکنون همچنان به رشد خود ادامه می‌دهند که این موضوع نشانگر رسمی و عمومی‌تر شدن مستمر این رشته است، از جمله مؤسسه‌ی دانشگاه آکسفورد برای آینده ذهن (۲۰۰۶). کتاب کوتاه اما زیبای، تولد یک علم یادگیری (۲۰۰۷، سازمان همکاری‌های اقتصادی و توسعهOECD) به شناخت جهانی این رشته‌ی جدید با تلفیق دیدگاه‌های مشترک از ۳۰ کشور عضو سازمان همکاری‌های اقتصادی و توسعه (شامل کشورهای استرالیا، بلژیک، اتریش، کانادا، جمهوری چک، دانمارک، فرانسه، فنلاند، آلمان، یونان، مجارستان، ایسلند، ایرلند، ایتالیا، ژاپن، کره‌ی جنوبی، لوکزامبورگ، مکزیک، هلند، نیوزلند، نروژ، لهستان، پرتغال، جمهوری اسلواکی، اسپانیا، سوئد، سوئیس، ترکیه، بریتانیا، و ایالات متحده) OECD منجر شد (کشورها استرالیا، بلژیک، اتریش، کانادا، جمهوری چک، دانمارک، فرانسه، فنلاند، آلمان، یونان، مجارستان، ایسلند، ایرلند، ایتالیا، ژاپن، کره جنوبی، لوکزامبورگ، مکزیک، هلند، نیوزلند، نروژ، لهستان، پرتغال، جمهوری اسلواکی، اسپانیا، سوئد، سوئیس، ترکیه، بریتانیا، و ایالات متحده). در طی یک رویداد مهم، رشته جدید علم MBE اولین شماره‌ی مجله بین المللی ذهن، مغز و آموزش را در مارس ۲۰۰۷ به لطف تلاش‌های کرت فیشر و دیوید دانیل منتشر انتشار و به علم MBE اختصاص داده شد. این مجله‌ی علمی دست به کاری زد که تا پیش از آن تنها تعداد اندکی از نشریات قبلاً انجام داده بودند: ایجاد جذب خوانندگانی که شامل عصب شناسان شناختی، معلمان و روانشناسان آموزشی می‌شد.

یکپارچه‌سازی و متحد کردن رشته: معلمان، روانشناسان و عصب‌شناسان درکنار هم کار می‌کنند.

تقریباً از حدود سال ۲۰۰۷، تلاش‌های هماهنگ بسیاری برای ادغام و ایجاد اتحاد بیشتر میان معلمان در فرآیند تحقیق و پژوهش از طریق کنفرانس‌ها و همایش‌ها و جلسات اجتماعی انجام شد، مانند طرح دیدگاه‌های مربی سوپیکرینگ[2] و پل هوارد جونز درباره‌ینقش علوم اعصاب

---

[1] Patricia Wolfe and David Sousa

[2] Paul Howard-Jones & Sue Pickering

در آموزش: یافته‌های حاصل از مطالعه‌ی دیدگاه‌های بین‌المللی همچنین اولین کنفرانس و همایش بین‌المللی ذهن، مغز و تربیت در سال ۲۰۰۷ در فورت ورث، تگزاس در همین راستا برپا شد، که توسط مارک شواترز[1] آن را سازماندهی کرده بود، در همین راستا بود. دومین کنفرانس و همایش، دو سال بعد انجمن بین المللی ذهن، مغز و آموزش در ماه می ۲۰۰۹ در فیلادلفیا برگزار شد که اعضای آن به طور پیوسته در حال افزایش بودند. به نظر می‌رسد با افزایش تعداد نشریات و حضور عموم در در جلسات، جامعه رشد و به نظر می رسد که شکل‌گیری حرفه‌ای علم MBE چشمگیر و در حال رشد است. و به فراخور این شرایط و با این حال، با افزایش پذیرش، مسئولیت نیز افزایش خواهد یافت. از حدود سال ۲۰۰۴، سؤالات و پرسش‌ها در زمینه‌ی اخلاق اعصاب عصبی آشکار شدند.

اخلاق عصبی و انتقاد از خود در علم MBE

با تثبیت این رشته، پیامدهای آنی آن در کار عملی نیز در نظر گرفته شدند و نگرانی‌های فزاینده‌ای درباره‌یاخلاق عصبی شکل گرفت. فراخوان‌ها برای تصمیم‌گیری در مورد اخلاق عصبی پس از عمومی‌تر شدن اخلاقی با در دسترس شدن استفاده مناسب از اطلاعات مربوط به مغزهای فردی، در دسترس عموم جامعه قرار گرفتند. برای نمونه، درخواست‌ها برای اظهار نظر درباره‌ی داروهای تقویت کننده حافظه، مزایا و معایب احتمالی اسکن مغز دانش‌آموزان برای یافتن «نقایص» و همچنین مسئولیت‌هایی که معلمان آموزگاران و والدین برای مراقبت صحیح اصولی از مغز کودکان دارند، افزایش یافته است و تمامی همه این حوزه های اخلاقی مختلف گوناگون چالش‌های پیچیده‌ای را برای شاغلاین در آینده ایجاد خواهد کرد. متخصصان این رشته در جایگاه به عنوان یک کل، و همچنین هر فرد حرفه‌ای به صورت جزئی، باید در مورد این در مورد این مسائل فکر اندیشه کند.

به همین صورت موازات این تحقیقات، تحقیقات پژوهش‌های دیگری نیز با موضوع نگرانی‌های اخلاقی منتشر شدند که یادگیری مفاهیم در رشته‌ی در حال توسعه را به چالش کشیدند. انتقادهای جدید از خود، در واقع انعکاسی از بازتاب بلوغی بود که به اندازه‌ای قدیمی شده بود که تحقیقات قدیمی‌تر را نگاه کرده و آن‌ها را نقد کند. مقالات متعددی در این برهه از زمان منتشر شدند که هشداری بود برای کسانی که تصمیم گرفته بودند اطلاعات نه‌چندان واقعی و اطلاعات نیمه حقیقی و افسانه‌های عصبی را درباره‌ی این رشته رواج دهند، هشدار

---

[1] Mark Schwarzer

می‌داد. این قضاوت‌ها و داوری‌های سودمند از تحقیقات پژوهش‌ها در این رشته به ارتقای بالا بردن سطح استانداردها کمک کرد، اما درد عین حال باعث ایجاد تنش‌هایی را نیز در روابط شکل‌گرفته ایجاد شده توسط متخصصان آموزشی، روانشناسی و علم عصب‌شناسی شد. در کنفرانس‌ها و همایش‌های انجمن بین‌المللی ذهن، مغز و تربیت IMBES معلمان و آموزگاران از متخصصان عصب‌شناسی می‌خواستند به آن‌ها بگویند چه اطلاعاتی خوب درست و حقیقت واقعی و چه اطلاعاتی نادرست هستند. دانشمندان علوم اعصاب به انتقاداتی درباره‌ی این که کارشان آن‌ها به مربوط به حیوانات آزمایشگاهی مربوط می‌شود و نه به معلمان و آموزگاران و دانش‌آموزان‌شان، واکنش نشان دادند و از معلمان خواستند مشکلات «زندگی واقعی» را برای ایجاد ساختار درست در پژوهش‌های تحقیقات آتی در میان بگذارن و دارائه دهند. روانشناسان شروع به واکنش بیشتری به فراخوان‌های مربیان و آموزگاران درباره‌ی نظریه‌ی نشان دادند.

چرخش آونگی از ذهن به مغز و بازگشت دوباره

در پایان سال ۲۰۰۷ مشخص شد، که علم MBE یک نوسان آونگی را تجربه کرده است. از زمان یونانی‌ها تا دهه‌ی ۱۹۹۰، تقاضا برای پایه‌گذاری آموزش علمی به شکلی خاص، ویژه‌ی آموزش مغزمحور همواره مطرح بود. با وجود این، تقریباً اوایل قرن بیست و یکم، تغییراتی در این‌باره رخ داد. بسیاری از دانشمندان این رشته، این نکته را یادآوری می‌کردند که نباید «ذهن را به نفع مغز از دست داد» و حرکت به سمت سوی جبر زیستی نامتعادل، در بهترین حالت، و در بدترین حالت خطرناک است. این مشاهده دیدگاه چهره‌ی انسانی‌تری را به این رشته‌ی نوظهور داد و نیاز به ایجاد یک رسانه‌ی شاد بین میان تحقیق پژوهش و تمرین و نیز میان آزمایشگاه و کلاس درس را اثبات کرد. این چرخش آونگی، نوعی تعادل به وجود اورد، که هم علم و هم هنر تدریس را ارزشمند جلوه می‌داد. در سال ۲۰۰۸، پانل بین‌المللی دلفی متشکل از ۲۰ متخصص در این رشته‌ی نوظهور به دنبال ایجاد چارچوبی برای استانداردها معیارها شکل گرفت. تلاش‌های هماهنگ دانشمندان علم عصب‌شناسی، روانشناسان و مربیان در این پانل، بسیاری از سؤالات و پرسش‌های کلیدی را در کانون توجه قرار داد. اینکه در این مقطع چه کسی باید تدریس کند و چگونه و چه چیزی باید آموزش داده شود تا از دانش درباره‌ی مغز کاربرد داشته باشد، استفاده شود. به یکی از موضوعات اصلی در امر آموزش تبدیل شد. این موضوعات شامل ایجاد استانداردها معیارها و یک زبان مشترک و همچنین موضوعات و مضامین اصلی در علم جدید آموزش و یادگیری بود که همه‌ی آن‌ها در فصول بعدی مورد بحث قرار خواهندگرفت.

در پایان دهه‌ی اول هزاره‌ی جدید: تعداد انتشارات و علاقه‌مندان به علم MBE به هزاران نفر رسیده بود. گردهمائی‌ها و نشست‌های بین‌المللی از جمله گردهمائی «کاوش در یادگیری و مغز» و «یادگیری و مغز» یا «کنفرانس همایش بین‌المللی ذهن، مغز و آموزش، تربیت»، «مغز یادگیری اروپا» و «معلمان ابتدایی انگلستان: کنفرانس یادگیری مغز اروپا» و «کنفرانس رفتار و مغز» تنها تعدادی از این نشست‌ها بود که در سال ۲۰۰۸ در ایالات متحده و بریتانیا برگزار شدند. برای اولین بار نیز کتاب‌هایی منتشر شدند که در عنوانشان از برچسب «ذهن، مغز و آموزش تربیت» استفاده شده بود، مثلاً کتابی از رابی کیس[۱] با عنوان ذهن، مغز و تربیت در اختلالات خواندن.

علم ذهن، مغز و تربیتMBE ریشه در هزاران سال تأمل اندیشه‌ی دانشگاهی ریشه دارد. تاریخچه‌ی مختصری که در این فصل آورده شد، پیشرفت موازی آن را در سرتاسر جهان در عرصه‌ی روانشناسی، آموزش و علم عصب‌شناسی را نشان می‌داد، پیشرفتی که از دهه‌ی ۱۹۹۰ به یک تلاشی یکپارچه تبدیل شد و در فاصله‌ی حدود سال‌های ۲۰۰۴ تا۲۰۰۶ از آن به یک رشته‌ی دانشگاهی جدید نوین تبدیل شد. زمانی که این رشته‌ی جدید، شکلی یکپارچه یافت، چندین سؤال و پرسش واضح، مهم پیرامون آن مطرح شد که، مهم‌تر از همه آنان بود. که هدف این رشته‌ی جدید چیست و اعضا علاقه‌مندان براساس چه استانداردهایی معیارهایی باید آن را مطالعه کنند؟ به این سؤالات در فصل ۴ چهارم پاسخ داده خواهد شد.

---

۱ Robbie Case

فصل چهارم

جداسازی علم از افسانه‌ها

تعیین اهداف و استانداردها معیارها

«سؤال پرسش اصلی این است که آیا می‌توان با استفاده از فرآیندهای عادی و اصلاحات تدریجی اصلاحات، جامعه‌ی یادگیرنده‌ی واقعی ایجاد کرد که مدل‌ها و الگوهای تمهیدات موجود را با نیازهای قرن جدید انطباق دهد، یا اینکه این موضوع نیازمند جایگزینی‌اش با چیز روش کاملاً متفاوتی است.»

– سازمان همکاری اقتصادی و توسعه (۲۰۰۲، ص ۲۵)

«استانداردهایی معیارهایی که توسط جامعه‌ی علمی رعایت می‌کند، هم بر خودش جامعه علمی تأثیر می‌گذارد و هم بر روابط جامعه با کل اجتماعی جامعه‌ی کلی.»

– سرز لانگ[1] ، ریاضیدان (۲۰۰۵- ۱۹۲۷) چالش (۱۹۹۷، ص ۲۴۳)

نیمی از نبرد جدال در مسیر شکل‌گیری علم MBE ذهن، مغز و تربیت، مربوط به شکل‌گیری پارامترهایش و معیارهای آن بود. اینکه با چه قوانینی باید پیش رفت؟ آیا همه‌ی تحقیقات پژوهش‌ها و تمرینات آزمون‌ها در این علم جدید آموزش و یادگیری باید از معیارهای تابع استانداردهای ترکیبی درزمینه‌های علم عصب‌شناسی، و آموزش باشند پیروی کنند یا کافی است. استانداردهای خود را داشته باشند؟ گاردنر و همکارانش(۲۰۰۵) نگرانی‌های خود درباره‌ی این موضوع استانداردی را با طرح برخی سؤالات پرسش‌های جامع در علم MBE بیان کردند:

---

[1] Serge Lang، ریاضی‌دان (۲۰۰۵ ـ ۱۹۲۷)

«کیفیت شواهد مرتبط با آموزش چیست و براساس کدام استانداردهای معیارهای آموزشی شکل گرفته است؟ از دانش و پیشرفت‌های جدید نوین چه استفاده‌ای باید کرد؟ توسط چه کسی و با چه تدابیری باید این استانداردها معیارها را اعمال نمود؟ به پیامدهای پیش‌بینی نشده‌ی تحقیق پژوهش در این حوزه را چگونه مدیریت کنیم و پاسخ دهیم؟». در این رشته‌ی نوظهور حداقل دو جفت ارتباط مفهومی مهمی در پاسخ به این سؤالات شکل گرفته است:

اولین ارتباط مفهومی مهم مربوط به رابطه‌ی میان نظریه‌ی یادگیری مبتنی بر شواهد و عملکرد کلاس درس بستگی دارد. این رابطه توجهات را به گسستگی میان آنچه در مطالعات آزمایشگاهی علم عصب‌شناسی رخ می‌دهد و واقعیتی آنچه که برای دانش‌آموزان در مدارس اتفاق می‌افتد، جلب می‌کند. همچنین این رابطه نشانه‌های هشداردهنده‌ای در اختیار متخصصان علم MBE قرار می‌دهد تا از یک سو نتایج، مطالعات آزمایشگاهی‌ای را که نمی‌توان در کلاس درس اثبات کرد، نپذیرند، و از سوی دیگر، به شیوه‌هایی که در کلاس‌های درس به کار می‌روند و با شواهد علمی قابل اثبات و تأیید نیستند، شک کنند. این بدان معنا است که مطالعات اثبات کننده درباره‌ی چگونگی عملکرد مغز در حیوانات آزمایشگاهی می‌تواند (و در برخی موارد باید) نقطه‌ی شروعی برای تحقیقات پژوهش‌ها باشند، اما نباید به عنوان شواهد نمونه‌ی نهایی در برای به کار بردند. یکته کردن شیوه‌های مربوط به کار با کودکان در کلاس‌های درس پذیرفته شوند. به همین ترتیب، تا زمانی که مشاهدات یا شواهد نمونه‌های مستندی وجود نداشته باشد، نباید آنچه صرفاً به نظر معلمان می‌آید می‌رسد و احساس درونی معلمان و استایشان را بیان می‌کند، نباید کاملاً تصویب شود. با این‌حال وجود، این نکته را نیز نباید فراموش کرد که شواهد علمی به تنهایی تمام داستان نیست.

«هر چیزی که قابل شمارشی باشد لزوماً به حساب نمی‌آید و هر چیزی که مهم است لزوماً قابل شمارش نیست.».

– آلبرت انیشتین[۱]، به نقل از پاتون (۲۰۰۸، ص ۴۲۰)

آلبرت انیشتین این نظریه‌ی دقیق را ارائه کرد که هر چیزی که قابل شمارش باشد، لزوماً شایسته‌ی پذیرش نیست و در مقابل، هر چیز قابل شمارش قابل رد کردنی نیز نیست. داده‌های علمی قابل اندازه‌گیری تنها راه سنجش دانش‌آموزان یا ارزیابی موفقیت‌آمیز آنان‌ها نخواهد بود. از سوی دیگر از معلمان با تجربه‌ای مجرّبی هم که به واسطه‌ی سال‌ها تجربه‌ی تدریس و احساسات درونی برخی مسائل مشکلات را عمیقاً احساس می‌کنند هم نباید خواست که این

---

۱ Albert Einstein، (۱۹۵۵ - ۱۸۷۹)

نوع شهود حرفه‌ای شان را کاملاً رد کنند، بلکه باید تشویق شوند که تا راه‌هایی برای توضیح این تجارب و احساسات در چارچوب تجربی علم بیابند. برخی از بهترین شیوه‌های درسی هنوز به صورت علمی تایید نشده‌اند. نقش وظیفه‌ی ما رد این شیوه‌ها روش‌ها نیست، بلکه کمک به تعیین سطح میزان حمایت از هر کدام از این شیوه‌ها است. یکی از راه‌هایی که می‌توانیم این کار را انجام دهیم، این است که معین کنیم، تصمیم بگیریم چنین شیوه‌هایی از نظر پیوستار سازمان همکاری اقتصادی و توسعه OECD کجا قرار می‌گیرند، تا بتوان میان اطلاعاتی که به درستی خوبی تثبیت شده‌اند و اطلاعاتی داده‌هایی که صرفاً حول در قالب یک افسانه ارائه شده‌اند، فرق گذاشت و تمایز قائل شد (این موضوع در ادامه و بخش بعدی، در جدول ۴ـ۱ توضیح داده شده است).

این ارتباط مفهومی میان تئوری نظریه‌ی یادگیری مبتنی بر شواهد و عملکرد کلاس درس در بسیاری از تحقیقات پژوهش‌های جالب در علوم عصب‌شناسی که مربوط به بررسی رفتارهای نه‌چندان عادیی را بررسی می‌کنند که چندان عادی نیستند، نشان داده می‌شود. متأسفانه یافتن نتایج مطالعات ی در علوم اعصاب و عصب‌شناسی درباره‌یادگیری بسیار رایج شده که با آنکه بسیار خوب طراحی شده‌اند، داده‌ها را به شکلی مناسب جمع‌آوری کرده‌اند و یافته‌ها را به شیوه‌ای تأمل برانگیز ارائه می‌کنند اما کارکرد مغز انسان را ساختگی تلقی می‌کنند، بسیار رایج شده است. این موضوع به یک ائده‌ی نظریه‌ی ساده اما مهم منجر می‌شود: یافته‌های MBEعلم را نه فقط تنها باید بر اساس کیفیت تحقیق، بلکه از نظر کیفیت چگونگی سؤال پرسش تحقیق پژوهشی نیز مورد قضاوت قرار داد. برخی مطالعات، تخیل خیال‌پردازانه را تقویت می‌کنند. مثلاً به عنوان مثال، آزمایش توانایی مغز برای یادگیری استراتژی‌هایی برای تشخیص کلمات شبیه به هم ممکن است به عنوان یک فعالیتی جدید تازه و جالب باشد، اما از نظر علمی، یافته‌های چنین مطالعاتی برای کلاس درس، محدود کاربردی نیستند. به همین ترتیب، مهارت‌های سوادآموزی که واقعاً در حیطه‌ی مجموعه توانایی‌های انسان قرار ندارند، یافت نمی‌شوند، اغلب در تحقیقات پژوهش‌های یادگیری مبتنی بر مغز گنجانده می‌شوند. شخص باید از تخیل زیادی استفاده کند تا متوجه شود چنین مطالعاتی تا چه اندازه به در زمان توضیح رفتار عادی «خواندن» در انسان، چقدر ارتباط دارند. به عنوان مثال، مقاله‌ای در یک مجله‌ی روانشناسی معتبر نشان داد چگونه «خوانندگان به منظور درک و به خاطر سپردن متن‌های روایی، را به منظور درک و به خاطر سپردن متن به مجموعه‌ای از رویدادها ساختار شکل می‌دهند» (اسپی‌یر، زک و رینولدز، ۲۰۰۷، ص ۴۹۹). از این گذشته، درک بهتر نحوه‌ی چگونگی

تقسیم اطلاعات مغز برای منظور به یادسپاری خاطر سپردن موفقیت‌آمیزتر می‌تواند به معلمان کمک کند آموزش مهارت‌های خواندن‌شان را بهبود ببخشند. آنچه مایه‌ی تأسف است این است که با بررسی دقیق‌تر مشخص می‌شود، این آزمایش علی‌رغم اجرای عالی آن، مبتنی بر یک فرآیند ذهنی کاملاً ساختگی است، پایه‌گذاری شده که با تجربیات عادی انسان در طول فرآیند روند خواندن مطابقت ندارد.، یعنی به این معنی که آزمایش چیزی را ثابت می‌کند که معمولاً در مغز انجام نمی‌شود. پس باز هم شاهد اطلاعات داده‌های بدیع اما بی‌فایده برای معلمان هستیم. وقتی ارتباط مفهومی میان یادگیری مبتنی بر شواهد و کلاس درس را مرور می‌کنیم، متوجه می‌شویم که مطالعات مفید باید با تجربیات دانش‌آموزان در محیط‌های معمول یادگیری طبیعی آغاز شده و سپس برای حمایت اثبات به آزمایشگاه منتقل شوند. اولین ارتباط مفهومی میان نظریه‌های یادگیری مبتنی بر شواهد و تمرین‌های کلاس درس به رابطه‌ی ارتباط دوم منجر می‌شوند. در کنار هم قرار گرفتن فرآیندهای طبیعی مغز و سیاست‌های آموزشی موجود، می‌انجامد. MBE منجر به شکل‌گیری پارامترها و متغیرهای استاندارد معیار در رشته‌ی جدید کند که بسیاری از هنجارهای تحمیل این ارتباط مفهومی دوم توجه را به این واقعیت جلب می شده در چیزهایی که به عنوان هنجارهای مدرسه، دیکته می‌شوند، با آنچه می‌دانیم برای مغز در زمینه‌های یادگیری برای مغز بهتر هستند، متناقض‌اند. حداقل دست کم چهار مثال واضح آشکار از این تعارض مربوط به خواب، غذا خوردن، مدیریت کلاس و روش‌های تدریس وجود دارند. اولاً ساعت شروع مدرسه به گونه‌ای برنامه‌ریزی شده که به جای برآوردن نیازهای مربوط به هوشیاری و آمادگی ذهنی دانش‌آموزان، برنامه‌ی کاری والدین را در نظر گرفته است. زمان شروع مدرسه برای پاسخگویی به نیازهای برنامه کاری مدرن والدین به جای مراحل ذهنی هوشیار دانش‌آموزان تکامل یافته است. اگر سیستم‌های سازوکارهای آموزشی، بیشتر با نیازهای مرتبط با خواب دانش‌آموزان هماهنگ باشد، زمان ساعت شروع آغاز به کار مدرسه با عملکرد مغز نوجوان منطبق خواهد شد. نکته‌ی دوم آنکه می‌دانیم، نوع تغذیه بربر آمادگی مغز برای یادگیری تأثیر می‌گذارد، با این‌حال، سیب‌زمینی سرخ کرده و نوشابه در بسیاری از بوفه‌های مدارس به فروش می‌رسند. اگرچه درخواست‌هایی برای تغییر در چگونگی تغذیه‌ی دانش‌آموزان مطرح شده، و قانون جدید موسوم به «غذای ایمن» برای مدارس ایالات متحده نیز نوید تغییر تنوع مطلوب در رژیم غذایی مدارس را می‌دهند، اما امروزهدر حال حاضر بسیاری بیشتر بوفه‌ها و کافه تریاها اجناسی را می‌فروشند که بدون توجه به تأثیرشان بر مغز و یادگیری از نظر اقتصادی مقرون به صرفه و تهیه‌شان آسان باشد، بدون توجه به تأثیری که بر مغز و یادگیری

دارند. سوم آن که برخی معلمان در، مدیریت کلاس درس قدرت و مهارت‌های مدیریت کلاس درس چندان زیادی قوی ندارند، که این موضوع به عنوان یک عنصری حیاتی در موفقیت دانش‌آموزان به رسمیت شناخته می‌شود. معلمانی آموزگارانی که مهارت‌های در مدیریت کلاس ضعیفی دارند، اغلب بیشتر اوقات دانش‌آموزان را مورد در معرض تحقیر مکرر قرار می‌دهند، امری که منجر به ایجاد احساس ناامنی و مانع یادگیری می‌شود. آمادگی ناکافی معلمان آنان برای مدیریت موقعیت‌های چالش برانگیز در کلاس باعث می‌شود بسیاری از دانش‌آموزان با وجود زیرساخت‌های زیبا و مطلوب، برنامه‌ی درسی خوب اصولی و مواد آموزشی کافی، یادگیری مناسبی نداشته باشند. نهایتاً اینکه، مشخص است که شیوه‌های سنتی معلم محور که حول کسب مهارت‌های حافظه می‌چرخند، برخلاف روش طبیعی یادگیری مغز عمل می‌کنند. معلمان آموزگاران مدرنی که از انواع روش‌های آموزشی دانش‌آموز محور بهره می‌گیرند را استفاده می‌کنند، زمینه‌ی بیشتری برای موفقیت دانش‌آموزانشان فراهم می‌کنند. پس بنابراین با توجه به وضعیت خواب و عادت غذا خوردن، شیوه‌های انضباطی در کلاس درس و روش‌شناسی ناکافی در این زمینه‌ها، باید از خود بپرسیم آیا باید سیاست‌هایی وجود داشته باشند که دانش‌آموزان را در برابر شیوه‌های نادرست مدرسه یا معلم محافظت می‌کند؟ در حالی که می‌دانیم که تقریباً غیرممکن است که مغز چیزی را یاد نگیرد، با این وجود مشکلاتی در مدارس وجود دارند که شرایط نامطلوبی را برای یادگیری به دنبال دارند را منجر می‌شوند. ارتباط مفهومی میان یادگیری مبتنی بر شواهد و تمرین کلاسی و تعارض میان فرآیندهای یادگیری طبیعی و سیاست‌های مدرسه چارچوبی ارائه می‌دهند که در آن می‌توان ارزش و کاربرد ایده‌های طرح‌های خاص را در آموزشی را طبقه‌بندی کرد. ایده‌ها و آرمان‌های بزرگ در علم ذهن، مغز، حول آنچه به عنوان یک واقعیت می‌دانیم (آنچه ثابت شده)، و آنچه چیزی که MBE تربیت، «احتمالاً» چنین است (اطلاعاتی که درست یا نادرست بودن‌شان که احتمالاً در آینده‌ی نزدیک از طریق تحقیقات بیشتر درست یا نادرست بودنشان به واسطه‌ی تحقیقات بیشتر مشخص خواهد شد) می‌چرخند. همچنین ایده‌های بزرگ تلاش دارند اطلاعاتی را توضیح دهند سعی می‌کنند به شرح داده‌هایی بپردازند که در این برهه‌ی از زمانی، حدس و گمان هوشمندان محسوب می‌شوند و در این دسته قرار می‌گیرند یا به این دلیل که گونه‌های فردی زیادی در ارتباط با آن این ایده وجود دارند، یا به این دلیل سبب که اطلاعاتی در دسترس، هستند که منطقی به نظر می‌رسند، اما در واقع پشتوانه‌ی علمی اندکی دارند. ایده‌های اهداف بزرگ متعالی این علم همچنین ضمناً توجهات را به اطلاعات نادرستی جلب می‌کنند که اغلب با انگیزه‌ی

تجاری منتشر می‌شوند و سازمان همکاری‌های اقتصادی و توسعه این چهار دسته اطلاعات را، در کتاب درک مغز: به سوی علم یادگیری جدید (۲۰۰۲) آورده از سوی سازمان همکاری‌های (که توسط از سوی شرکت‌کنندگانی از ۳۰ کشور در سرتاسر جهان OECD اقتصادی و توسعه) ایجاد شده و در کتاب «درک مغز: به سوی علم یادگیری جدید» (۲۰۰۲) عنوان شده‌اند. سازمان همکاری اقتصادی و توسعه نمونه‌هایی از آن چهار دسته مورد بحث را به شرح زیر ارائه کرده است[۱]:

جدول ۴ـ۱: جدول ۴.۱ چهار مقوله اطلاعات در زمینه‌ی نوظهور آموزش از منظر سازمان همکاری‌های اقتصادی و توسعه[۲] OECD

چهار مقوله اطلاعات در زمینه‌ی علم MBE از منظر سازمان همکاری اقتصادی و توسعه	کارکرد دایره‌المعارف	عملکرد از جنبه تئاتر
اطلاعاتی که به درستی تثبیت شده‌اند	شواهد قوی از اثربخشی	تأثیرات مثبت
الف.۱ مغز انسان عملکردی منحصر به فرد دارد. با آن که ساختار اصلی آن در همه یکسان است در هیچ دو فردی یک شکل نیست. الگوهای کلی برای سازمانده‌ی چگونگی یادگیری افراد گوناگون یکسان هستند، اما مغز هر فرد سازمانی منحصر به خود را داراست.	حداقل دست‌کم یک مطالعه‌ی بزرگ گسترده‌ی تصادفی یا چند مطالعه‌ی کوچک‌تر دارای تأثیر متوسطی هستند. یک مطالعه‌ی بزرگ و گسترده محسوب می‌شود، مطالعه‌ای است که در آن حداقل ۱۰ کلاس یا مدرسه یا به عبارتی ۲۵۰ دانش‌آموزان مورد بررسی قرار گرفته باشند	شواهد قوی از یک اثر مثبت بدون وجود شواهد مغایر دست‌کم یکی از دو یا چند مطالعه‌ای که تأثیرات مثبت آماری معناداری را نشان می‌دهند، حداقل یکی از آن‌ها با استانداردهای WWC برای شواهد طراحی قوی منطبق است

[۱] براساس اطلاعات OECD، ۲۰۰۲، ص ۲۹

[۲] منبع: توکوهاما–اسپینوزا (b2008، ص ۱۱۱–۱۰۸)

الف.۲ تمامی مغزها در توانایی حل مشکلات عملکرد یکسان ندارند. زمینه و نیز استعداد بر یادگیری تأثیر می‌گذارد. زمینه شامل محیط یادگیری، انگیزه برای یادگیری و اطلاعات پیشین می‌شود.		هیچ مطالعه‌ای که تأثیرات منفی معنادار یا اساسی را نشان دهد، وجود نداشته باشد
A3.الف.۳ مغز سیستم سازوکاری پیچیده، پویا و یکپارچه‌ای دارد که دائماً به واسطه‌ی تجربه و یادگیری در حال تغییر است، اگرچه بیشتر این تغییرات تنها در سطح میکروسکوپی مشهود هستند.		
A4.الف.۴ مغز انسان دارای درجه‌ی بالایی از انعطاف‌پذیری است را داراست و در طول عمر همواره رشد می‌کند، اگرچه محدودیت‌های عمده‌ای برای این انعطاف‌پذیری وجود دارد و این محدودیت‌ها با افزایش سن، بیشتر می‌شوند. A5.الف.۵ ایجاد ارتباط میان اطلاعات جدید تازه و پیشین اطلاعات قبلی، یادگیری را تسهیل آسان می‌کند		

چیزی که احتمالاً درست است آن وجود دارد		تاثیرات مثبت بالقوه
ب.۱ مغزانسان به دنبال تازگی است و اغلب به سرعت آن را تشخیص می‌دهد. ب.۲ مغز انسان به دنبال الگوهایی است که براساس آن‌ها نتایج را پیش‌بینی کرده و دستگاه عصبی به الگوهای مکرر فعال‌سازی پاسخ می‌دهد. ب.۳ یادگیری انسان از طریق فرایندهای رشدی حاصل می‌شود که از یک الگوی جهانی در مورد اکثر مهارت‌ها پیروی می‌کنند، از جمله مهارت‌های تحصیلی مشترک در فرهنگ‌های سوادآموزی مثل خواندن، نوشتن و ریاضیات. ب.۴ تمرین، نشانه‌های بازیابی به فرایند حافظه‌ی بیانی را نشان می‌دهد. ب.۵ گستردگی (آموزش آشکار) مفاهیم کلیدی یادگیری جدید را آسان می‌کند.	یک مطالعه‌ی همسان بزرگ گسترده یا چند مطالعه‌ی کوچک‌تر با حجم نمونه‌ی جمعی ۲۵۰ دانش‌آموز با اندازه‌ی اثر متوسط دست‌کم ۰/۲۰+ +۰.۲۰۰. .	شواهدی از یک اثر مثبت بدون شواهد مغایر بزرگ حداقل دست‌کم یک مطالعه که اثر مثبت آماری معنادار یا اساسی را نشان دهد هیچ مطالعه‌ای که اثرات منفی آماری معنادار یا اساسی را نشان دهد وجود نداشته باشد

ب.۶ کسب دانش اعلامی به حافظه و توجه یادگیرنده بستگی دارد. ب.۷ تغذیه بر یادگیری تأثیر می‌گذارد (عادات غذایی خوب و ضعیف توانایی مغز را برای استفاده از بالاترین ظرفیت آن کاهش می‌دهند). ب.۸ خواب برای تثبیت حافظه‌ی بیانی مهم است (بعضی از انواع خاطرات مانند خاطرات عاطفی بدون خواب کافی نیز قابل بازیابی هستند، اما کم‌خوابی بر حافظه اثر منفی می‌گذارد). ب.۹ نگرانی بر یادگیری تأثیر می‌گذارد: دلهره‌ی خوب (هیجان مفید) توجه را افزایش داده و به یادگیری کمک می‌کند، درحالی که دلهره‌ی منفی از توانایی یادگیری را کاهش می‌دهد. ب.۱۰ مغز انسان چهره و لحن صدای دیگران را هنگام تهدید به روشی سریع و اغلب ناخودآگاه تشخیص می‌دهد و این موضوع بر چگونگی درک اطلاعات مؤثر است.		

ب.۱۱ بازخورد و ارزیابی معنادار برای یادگیری انسان اهمیت دارد، اگرچه ارزش و نقش این بازخورد در حوزه‌ها و فرایندها بسیار متفاوت است. ب.۱۲ خودتنظیمی (نظارت بر خود از طریق کارکردهای اجرایی) بخشی جدایی‌ناپذیر از مهارت‌های تفکر متعالی است. ب.۱۳ «دوره‌های حساس» (نه بحرانی) در روند رشد مغز انسان وجود دارند که در آن‌ها مهارت‌های خاص آسان‌تر از زمان‌های دیگر آموخته می‌شوند. ب.۱۴ احساسات برای تصمیم‌گیری حیاتی هستند. ب.۱۵ حمایت (دانشگاهی، اخلاقی یا غیره) از سوی دیگران (اغلب معلمان، همسالان یا والدین) برای عملکرد بهینه‌ی تحصیلی، که شامل یادگیری نیز می‌شود، حیاتی است. ب.۱۶ وقتی یک یادگیرنده دانش را به طور فعال		

می‌سازد، انگیزه پیدا می‌کند و بهتر می‌آموزد. ب.۱۷ آموزگاران باید از راهبردهایی استفاده کنند که عصب‌زایی[1] را بهینه کند (کاهش نگرانی، بهبود روابط اجتماعی، غنی‌سازی و ورزش). ب.۱۸ آب «غذای مغز» است. ب.۱۹ جست‌وجوی معنا در طبیعت انسان فطری است.		

حدس و گمان هوشمندانه چیست؟	شواهد محدود از اثربخشی	اثرات مختلط و ترکیبی
پ.۱ انواع حافظه (کوتاه‌مدت، بلندمدت، کاری، محرک، فضایی، ویژه، چرخشی و...) داده‌ها را به روش‌های گوناگون دریافت، پردازش و بازیابی می‌کنند، هرچند گاهی نیز مسیرهای عصبی با یکدیگر همپوشانی دارند. پ.۲ از نظر رشد سیناپسی فعال‌ترین سیناپس‌ها تقویت می‌شوند در حالی که سیناپس‌های کمترفعال رو به	حداقل یک مطالعه‌ی واجد شرایط با تأثیر مثبت قابل توجه و یا اندازه میزان اثر متوسط ۰/۱۰+ ‎+۰.۱۰ یا بیشتر	شواهدی از اثرات متناقضی که از طریق یکی از موارد زیر آن‌ها را نشان می‌دهد، داده می‌شوند: حداقل دست‌کم یک مطالعه که تأثیر مثبت آماری یا اساسی را نشان می‌دهد و حداقل دست‌کم یک مطالعه که یک بیانگر اثر منفی آماری معنادار یا اساسی استرا نشان می‌دهد. اما چنین مطالعاتی بیش از تعداد، نشان دهنده‌ی اثر مثبت آماری معنادار یا اساسی نیستند، یا

[1] neurogenesis

ضعف می‌گذارند. با گذر زمان، این روند منجر به سازماندهی مغز می‌شود. پ.۳ تمایز در تمرین کلاسی را می‌توان با این واقعیت توجیه کرد که دانش‌آموزان سطح هوش و ترجیحات شناختی متفاوتی دارند. شواهدی از اثرات متناقضی که یکی از این موارد آن را نشان داده است: دست‌کم یک مطالعه که اثرات مثبت آماری یا اساسی مهم را نشان می‌دهد و یک مطالعه که بیانگر تأثیر منفی آماری معنادار یا اساسی است. پ.۴ مغز انسان به دنبال الگوهایی است که بر اساس آن‌ها نتایج را پیش‌بینی کند. پ.۵ یادگیری با چالش، تقویت و معمولاً با تهدید سرکوب می‌شود. پ.۶ یادگیری انسانی فرایندی سازنده است که در چارچوب آن انسان‌ها از ساختارهای دانش موجود معناسازی می‌کنند.		حداقل دست‌کم یک مطالعه که تأثیر آماری معنادار یا اساسی را نشان می‌دهد در آن‌ها وجود ندارد.

| | | پ.۷ توسعه‌ی ارتباط با دانش جدید یادگیری، آموزش را آسان می‌سازد.
پ.۸ اعتماد به نفس بر یادگیری و پیشرفت تحصیلی تأثیر می‌گذارد.
پ.۹ زمانی که اطلاعات محتوایی به نیازهای بقا (اجتماعی، عاطفی، اقتصادی و فیزیکی) پاسخ می‌دهند مغز به بهترین شکل می‌آموزد.
پ.۱۰ مغز برای آموزش معمولی در کلاس درس طراحی نشده، بلکه از روش‌های یادگیری چند وجهی، تجربی و تنوع لذت می‌برد.
پ.۱۱ میان زمان آموزش و پیشرفت دانش‌آموز همبستگی مثبت وجود دارد.
پ.۱۲ مغز انسان زمانی به بهترین شکل یاد می‌گیرد که حقایق و مهارت‌ها در زمینه‌های طبیعی گنجانده شوند؛ زمینه‌هایی که در آن‌ها یادگیرنده مشکلاتی پیشِ رو را درک کند و تشخیص دهد که حقایق یا مهارت‌ها چگونه |
|---|---|---|

می‌توانند در حل مشکل نقش داشته باشند. پ.۱۳ مغز به صورت خطی، ساختاریافته و قابل پیش‌بینی یاد نمی‌گیرد، بلکه یادگیری مستلزم استفاده‌ی همزمان از شبکّه‌های حسی گوناگون از جمله شنوایی و دیداری، خواندن، کار گروهی، تأمل و فعالیت‌های خلاق است. پ.۱۴ هنگامی مغز مفاهیم پیچیده را به بهترین شکل می‌آموزد که از طریق انواع محرک‌های حسی آموزش دیده باشد. پ.۱۵ بهترین فعالیت‌های آموزشی تلاش‌هایی هستند که دانش‌آموزمحور، تجربی، کل‌نگر، معتبر، بیانگر، تأملی، اجتماعی، مشارکتی، مردم‌سالارانه، شناختی، رشدی، سازنده‌گرا و چالش‌برانگیز باشند. پ.۱۶ محیط‌هایی مناسب یادگیری هستند که ایمن باشند و آزادی اندیشه در آن‌ها تأمین شود، دارای چالش، سطحی از		

استقلال، احترام و یادگیری فعال باشند. پ.۱۷ انسان‌ها دانش و مهارت را به صورت عملی می‌سازند. پ.۱۸ انسان‌ها می‌توانند در زمان خواب اطلاعات تازه‌ای کسب کنند. پ.۱۹ همه‌ی انسان‌ها از مسیرهای حرکتی، دیداری و شنیداری برای دریافت اطلاعات نوین استفاده می‌کنند و شواهدی قوی وجود دارند مبنی بر اینکه افراد بسته به زمینه‌ی یادگیری‌شان در زمان‌های گوناگون از انواع راهبردهای پردازشی بهره می‌برند. پ.۲۰ موسیقی می‌تواند بر یادگیری تأثیر بگذارد (هنوز مشخص نیست که چطور و چرا این اتفاق می‌افتد). پ.۲۱ حرکت می‌تواند یادگیری موضوعات دانشگاهی را افزایش دهد (البته هنوز مشخص نیست سازوکار ذهن و بدن چگونه بر این امر تأثیر می‌گذارد).		

پ.۲۲ شوخ‌طبعی در آموزش می‌تواند یادگیری را تقویت کند (البته مشخص نیست که دقیقاً سازوکار ذهن و بدن در این مورد چگونه است).

پ.۲۳ کودکان مهارت‌های خاص (مانند زبان‌آموزی) را بدون زحمت یاد می‌گیرند.

پ.۲۴ مغز مردان و زنان به روش‌های گوناگونی می‌آموزد.

پ.۲۵ محیط‌های غنی‌شده منجر به باهوش‌تر شدن کودکان می‌شود

تصور اشتباه رایج یا نورومیث افسانه چیست؟	مدارک ناکافی	بدون اثرات قابل تشخیص
ت.۱ بیشتر مردم حدود ۱۰٪ از مغزشان را استفاده می‌کنند. ت.۲ «باشگاه مغز» مجموعه‌ای از حرکات ساده بدن برای ترکیب تمامی نواحی مغز به منظور تقویت یادگیری و روشی مؤثر برای بهبود ظرفیت آموزشی کودکان است. ت.۳ مغز افراد براساس نژادشان عملکرد متفاوتی دارد.	مطالعات هیچ تفاوت معناداری نشان نمی‌دهند بدون مطالعات واجد شرایط شواهد مثبتی از اثرات وجود نخواهد داشت.	هیچ مطالعه‌ای که حاوی اثرات معنادار یا اساسی باشد، چه مثبت و چه منفی وجود ندارد. یا هیچ مطالعه‌ی واجد شرایطی انجام نشده است یا اثرات بالقوه منفی در دسترس است.

ت.۴ بخش‌های مغز جدا از یکدیگر عمل می‌کنند. ت.۵ ثابت شده که تفاوت‌های میان مغز مردان و زنان باعث ایجاد عملکرد خاص در آنان می‌شود. ت.۶ مغز تغییر نمی‌کند. ت.۷ یادگیری بیش از یک زبان در یک زمان، یادگیری زبان مادری را برای همیشه دست‌خوش تغییر خواهد کرد. ت.۸ همه‌ی مسائل اساسی درباره‌ی مغز در سه سالگی مشخص می‌شوند. ت.۹ حافظه مانند ثبت عینی یک موقعیت است و واقعیت به شکلی انتزاعی وجود دارد تا همه آن را درک کنند. ت.۱۰ یادگیری اکتشافی بدون ساختار، به دلیل عملکرد اعصاب بر آموزش ساختاریافته و معلم محور برتری دارد. ت.۱۱ پژوهش‌های علوم عصب‌شناسی نظریه‌ی هوش‌های چندگانه را تائید کرده‌اند. ت.۱۲ مغز ظرفیت نامحدودی دارد.		

		ت.۱۳ به خاطر سپردن، برای پردازش‌های ذهنی پیچیده غیرضروری است.
		ت.۱۴ دوره‌های بهینه‌ای برای یادگیری مرتبط با عصب‌زایی وجود دارد.
		ت.۱۵ مغز همه‌ی چیزهایی را که تا به حال تجربه کرده به خاطر می‌آورد. فراموشی صرفاً به معنای فقدان توانایی یادآوری مغز است.
		ت.۱۶ عصب‌ها هرگز جایگزین نمی‌شوند (شما نمی‌توانید سلول‌های مغزی تازه‌ای رشد دهید).
		ت.۱۷ مغز با ذهن متفاوت است.
		ت.۱۸ نوزاد انسان همچون لوحی خالی به دنیا می‌آید و تنها باید امکان یادگیری برایش مهیا شود تا بتواند بیاموزد.
		ت.۱۹ وقتی صحبت از توانایی یادگیری به میان می‌آید، تفاوت‌های جنسیتی بر تفاوت‌های فردی برتری دارند.

ت.۲۰ انعطاف‌پذیری عصبی از آموزش مناسب سرچشمه می‌گیرد. ت.۲۱ یادگیری فقط در کلاس درس اتفاق می‌افتد. ت.۲۲ یادگیری مستقل از پیشینه‌ی یاد گیرنده صورت می‌گیرد. ت.۲۳ یادگیری را می‌توان از محتوای اجتماعی ـ عاطفی جدا کرد. ت.۲۴ نوجوانان به این دلیل «هیجانات خود را آشکار می‌کنند» و غیر مسئول هستند که قشر جلوِ مغزشان تا اواسط دهه‌ی ۲۰ رشد نمی‌کند. ت.۲۵ برخی افراد راست مغز و برخی دیگر چپ مغز هستند. ت.۲۶ نیمکره‌ی چپ و راست دستگاه‌های جداشدنی برای یادگیری شناخته می‌شوند. ت.۲۷ زبان در چپ مغزها و فضاسازی در راست مغزها قوی‌تر است. ت.۲۸ اگر آموزش با دوره‌های سیناپس‌زایی[1]		

[1] synaptogenesis

		زمان‌بندی شود، میزان یادگیری عمیق‌تر خواهد بود. ت.۲۹ توانایی استدلال و تصمیم‌گیری را می‌توان از عواطف و احساسات جدا کرد و انجام این کار کیفیت اندیشه‌ی فرد را بهبود می‌بخشد.[1]

- **آنچه به‌درستی خوبی تثبیت ثابت شده است:** این موارد، مفاهیمی هستند که پایه‌های اساسی آموزش با بهترین سطح عملکرد را تشکیل می‌دهند (به عنوان مثال انعطاف‌پذیری یا ماهیت انعطاف‌پذیر مغز و توانایی‌اش برای ایجاد ارتباطات جدید نوین در طول عمر).
- **چیزی که احتمالاً صحیح درست است:** مفاهیم یا اقدامات مهمی که باید به آن‌ها توجه داشته باشیم، زیرا که ممکن است به زودی تثبیت ثابت شوند، اما هنوز حداقل دست‌کم در یکی از سه رشته (علم عصب‌شناسی، روانشناسی و یا آموزش) پشتیبانی علمی در موردشان وجود ندارد (مثلاً دوره‌های حساس در رشدیت که صدها مطالعه پیرامونشان درباره‌شان انجام شده است، اگرچه همه‌ی این پژوهش‌هایشان در مورد انسان انجام نشده‌اند و تنها تعداد اندکی از آن‌ها ساختار آکادمیک دانشگاهی دارند).
- **حدس و گمان هوشمندانه:** این موارد معمولاً مفاهیمی هستند که می‌خواهیم باور کنیم درست هستند، اما دعوی علمی کافی برای حمایت از آن‌ها وجود ندارد. برخی از این مفاهیم ممکن است در نهایت پس از انجام تحقیقات پژوهش‌های بیشتر تثبیت ثابت شوند، یا ممکن است به سادگی در دسته‌ی افسانه‌های عصبی یک نورومیت قرار گیرند.
- **تصور غلط اشتباه رایج:** این موارد مفاهیم جذاب و خریدارانه بسیار قابل فروشی درباره‌یمغز و یادگیری هستند که شواهد علمی اندکی دارند یا حتی هیچ مدرکی پشت‌شان برای اثبات‌شان وجود ندارد. این اطلاعات یا بازخورد و منعکس کننده ناآگاهی

---

[1] منبع: توکوهاما – اسپینوزا (b2008، ص ۱۱۱ – ۱۰۸).

ترویج‌دهندگان‌شان هستند یا آگاهانه تفاسیر نادرستی در مورد مغز و با انگیزه‌ی تجاری در اختیار مردم قرار می‌دهند (مثلاً بحث راست مغزها و چپ مغزها).

مقیاس سازمان همکاری اقتصادی و توسعه OECD ابزاری عالی برای مرتب‌سازی اطلاعات داده‌ای خوب از بد در علم ذهن، مغز، تربیت MBE به شمار می‌رود چرا که ابزاری سازوکاری مبتنی بر شواهد مورد توافق دانشمندان این رشته در سرتاسر جهان است.

فهرست مفاهیم عنوان شده در جدول تا سال ۲۰۱۰ و تا حد امکان تکمیل شده است. با این وجود، مفاهیم دیگری که مطمئناً طی این دوره در ادبیات MBE این رشته ظاهر شده‌اند، و مفاهیمی آن‌هایی را که در آینده اضافه خواهد شد باید به این پیوستار اضافه شوند، و همچنین به احتمال زیاد نورومیت‌های افسانه‌های عصبی بسیاری وجود خواهند داشت که در آینده تثبیت ثابت می‌شوند. ضمناً علاوه بر این، موضوعی که شاید درکش برای خوانندگان مهم باشد، این است که برخی مفاهیم احتمالاً با انجام تحقیقات بیشتر، دسته‌بندی‌ها را تغییر می‌دهند.

وظیفه‌ی معلمان آموزگاران این است که با دیدگاهی انتقادی درباره‌ی به همه‌ی اطلاعات و داده‌های موجود تفکر کنند. «باید به عصر جدیدی از ترکیب نزدیک شویم» دانش نمی‌تواند صرفاً یک مدرک یا یک مهارت باشد. بلکه نیازمند دیدگاهی وسیع‌تر است، قابلیت‌های توانایی تفکر انتقادی و استنتاج منطقی که بدون آن نمی‌توانیم پیشرفت و سازندگیه داشته باشیم، باید در نظر گرفته شوند. روزانه اطلاعات داده‌های بسیاری در اختیار زیادی به معلمان قرار می‌گیرد داده می‌شود که صرفاً باب روز مد روز و جذاب هستند، اما در واقع هیچ پشتوانه‌ی علمی ندارند. یکی از راه‌های جلوگیری از نشر اطلاعات داده‌های سودمند، درک دقیق اهداف و استانداردهای علم MBE در جایگاهبه عنوان یک رشته است.

اهداف رشته‌ی جدید نوین

مانند همه‌ی تمامی رشته‌ها، اهداف علم MBE را نیز می‌توان به سه دسته تقسیم کرد: تحقیق، عمل و سیاست. این اهداف مقاصد کمک می‌کنند پارامترها مقیاس‌ها حول محورهای چیستی، چگونگی، چه کسی، چه زمانی، کجایی و چرایی انجام شوند، بنابراین به عنوان دستورالعمل‌ها و روش‌های اجرایی اساسی برای محققان، پزشکان، و سیاست‌گذاران هستند عمل می‌کنند. معلمان می‌توانند از این اهداف استفاده کرده تا با اطمینان حاصل کنند که تمرینات‌شان را براساس اصول مستحکم بنا نهادند. همچنین دانشجویان علم MBE می‌توانند از این اهداف برای طرح سؤالات تحقیقاتی پژوهشی جدید تازه بهره می‌برند. رهبران قادر خواهند بود رشته می‌توانند با تکیه بر اهداف تعیین شده، تصمیمات سیاسی مناسبی اخذ کنند.

این اهداف متخصصان MBE را بدین سو جهت‌دهی سوق می‌دهد که تحقیقاتشان پژوهش‌های‌شان را در این چارچوب و تعیین شده به واسطه‌ی اهداف رشته انجام دهند. با این وجود نباید فراموش کرد، اهداف تا زمانی که مقاصد با استانداردها و معیارهایی که در ادامه به آن‌ها اشاره می‌شود، مطابقت داده نشوند، بی‌معنای هستند.

هدف تحقیق پژوهشی

هدف تحقیق پژوهشی رشته‌ی نوظهور علم MBE این است که :

درک درستی از روابط پویا میان نحوه‌ی چگونگی یادگیری، نحوه‌ی آموزش، نحوه‌ی شکل‌گیری و پیدایش یادگیری جدید توسط مغز و نحوه‌ی سازماندهی و پردازش اطلاعات به وسیله‌ی مغز توسط مغز ایجاد کند.

چطور و چگونه؟

- مطالعه‌ی اینکه مکانیسم‌های سازوکار مغز چطور چگونه به آموزش و یادگیری کمک می‌کنند.
- مطالعه‌ی روابط میان رشد انسان و زیست‌شناسی مغز.
- طرح دیدگاه‌هایی درباره‌ی عوامل علمی تعیین کننده‌ی دانش علمی عصب‌شناسی و شناختی یادگیری عادی، بینابین و موفقیت‌آمیز و مرزی آسیب‌شناختی و استفاده از آن‌ها در زمینه‌ی آموزش براساس اصول یادگیری مبتنی بر شواهد.
- زمینه‌سازی برای مطالعه‌ی عوامل روانی-اجتماعی (مثلاً عوامل اجتماعی-اقتصادی، سطح تحصیلات والدین، محیط‌های فکری محرک انگیزشی، فرهنگ)، زیرا با تأثیرات زیستی بر یادگیری تعامل دارند و به دلیل تعامل با تأثیرات بیولوژیکی بر یادگیری.
- بررسی و مطالعه در مورد اینکه عوامل زیست‌شناختی (مانند خواب، تغذیه و نگرانی) چطور چگونه می‌توانند یادگیری و کارایی آموزشی را تعدیل کنند.
- مطالعه‌ی روند پیشرفت مادام‌العمر معلمان در زمینه‌ی یادگیری و آموزش روند و چگونگی یادگیری مادام‌العمر برای معلمان، از جمله اینکه چگونه خود کارامدی معلم آموزگار بر یادگیری دانش‌آموز تأثیر می‌گذارد، تجربیات او یک معلم چطور از چه راهی به آزمون‌های تجربیات کلاسی درسش کمک می‌کند و اینکه پردازش اطلاعات در میان معلمین معلمان با سنین مختلف، متفاوت چگونه است.
- مطالعه‌ی اینکه خود تنظیمی، فراشناختی، و مهارت‌های فکری چگونه باعث پیشرفت دانش‌آموزانی با درجه‌ی فکری بالاتر را به بهترین شکل توسعه می‌شود.

- بررسی اینکه چگونه و چرا برخی شیوه‌های آموزشی موفق‌اند.

این هدف پژوهشی و هشت عنصر فرعی آن آشکارا به وضوح نشان می‌دهند که علم MBE طیف وسیعی از یادگیری انسان و پیامدهای نتایج آموزشی، از عوامل عصبی ـ آناتومیکی کالبدشناسی گرفته تا عوامل انگیزه‌های اجتماعی_ اقتصادی، از رشد نمو طبیعی گرفته تا رشد آسیب–شناختی بیمارگونه، و از فرآیندهای یادگیری نوزاد گرفته تا بزرگسالان را در نظر می‌گیرد.

هدف عملی

هدف عملی علم دانش MBE این است که:

یادگیری و آموزش چگونه باید با نحوه‌ی سازماندهی بیولوژیکی زیستی انسان برای یادگیری هماهنگ شود.

چگونه؟

- مطالعه‌ی ارتباط رابطه‌ی متقابل پژوهش با عمل در فرآیندهای یادگیری و آموزش
- استفاده از اصول عصبی_زیستی در عمل و نظریه‌ی آموزش در تئوری و عمل آموزش
- مطالعه بررسی و ارزیابی اینکه یافته‌های تحقیقات پژوهشی در علم عصب‌شناسی چطور از چه راهی می‌توانند عملاً در عمل و در زمینه‌ی آموزش استفاده به کار شوند
- استفاده ازکاربرد یافته‌های تحقیقاتی در علم دانش عصب‌شناسی در عمل و تئوری نظریه‌ی آموزش
- بهره‌گیری از تجربیات موفق در کلاس درس به عنوان نقطه‌ی عزیمتی برای ادامه‌ی تحقیقات پژوهش‌های در علم عصب‌شناسی.
- به‌کارگیری درک خود از مغز را در آموزش اعمال کنیم.

در کاربردهای واقعی، این فهرست از نحوه‌ی چگونگی اجرای هدف عملی به این معنای است که معلمان از تمامی اطلاعاتیداده‌هایی که ممکن است که درباره‌یمغز ممکن است به دست آورده شود، برای ابداع بهترین روش‌های آموزشی استفاده می‌کنند. از دیدگاه پژوهشگر یک محقق، این به معنی استفاده ابزاری آن چیزی است که در کلاس‌های درس اعمال می‌شود و به عنوان نقطه‌ی عزیمت شروع برای مطالعات آزمایشگاهی به شمار می‌رود.

هدف سیاسی

هدف سیاست این رشته‌ی نوظهور آن است که: به طور مداوم به دنبال باورهای اثبات شده از نظر علم عصب‌شناسی باشد که در سؤالات پرسش‌های تحقیقاتی پژوهشی الهام گرفته

از آموزش مطرح می‌شوند و اینکه از طرح چنین پرسش‌هایی مسائلی پشتیبانی را تشویق کرده، نتایج و کاربرد بالقوه‌شان را در عمل بررسی کند.

چگونه؟

- اطلاع‌رسانی درباره‌ی خط مشی و عمل آموزشی با از راه تحقیق پژوهش درباره‌یآن علم آموزش
- با تکیه بر اصول علمی نحوه‌ی چگونگی عملکرد مغز، ذهن کودک هم برای طراحی و هم برای ارزیابی استراتژی‌ها و راهبردهای آموزشی، کارایی سیاست‌های آموزشی را هم برای کودکان عادی و هم برای کودکان در معرض خطر بهبود بخشد.
- از طریق تجربیات آموزشی، مسیرهای تحقیقاتی علم عصب‌شناسی را گسترش دهد.

نکات موجود در این لیست فهرست نشان می‌دهد که تصمیمات سیاستی در علم MBE ذهن، مغز، تربیت در مرز باریکی از علم عصب‌شناسی، روانشناسی و آموزش به یکدیگر مرتبط می‌شوند. این تعادل به گونه‌ای محقق می‌شود که به بتواند استراتژی‌ها و راهبردهای آموزشی را برای دانش‌آموزان عادی و در معرض خطر با استفاده از لنزهای دیدگاه‌های چندگانه‌ی اصلاح شده، به این رشته نزدیک می‌شود. حال که اهداف این رشته‌ی جدید محقق مشخص شد، مهم است که ببینیم چطور چگونه این اهداف مقاصد به استانداردهای معیارهای علمی و تحقیقاتی تبدیل می‌شوند.

استانداردهای معیارهای جدید نوین آموزشی

استانداردها و معیارها به عنوان یک اصل پذیرفته شده در نظر گرفته می‌شوند که بهترین عملکرد را دنبال می‌کنند. از نظر حقوقی، استانداردها معیارها، الگوها وو قواعدی هستند که رفتار را هدایت کرده و به ویژه در رابطه با حمایت از حقوق شرکت‌کنندگان، بیماران یا دانش‌آموزان مطرح می‌شوند. در حوزه‌ی آموزش، استانداردها مشخص کننده‌ی آن هستند که دانش‌آموزان پس از انجام میزان معینی از مطالعه چه چیزهایی را پس از اتمام سطح مشخصی از مطالعه، باید بدانند و چه کارهایی را باید بتوانند انجام دهند. طبق نظر انجمن نظارت و توسعه‌ی برنامه‌های درسی[۱] در ایالات متحده، استانداردها این الگوها شامل چندین جزء فرعی مانند استانداردهای محتوا، استانداردهای عملکرد، استانداردهای فرصت برای یادگیری و سطح استانداردهای کلاس جهانی هستند، را شامل می‌شوند. همچنین استانداردها در علم MBE ،

---

[۱] ASCD

اصولی هستند که بهترین عملکرد کارکرد را هدایت می‌کنند، از نظر قانونی یا اخلاقی الزام آورند بوده و به تعریف دستورالعمل‌های روش‌های اجرایی محتوایی و عملکرد یاری می‌رسانند. به طور خلاصه، کسانی که به سمت سوی این رشته‌ی جدید نوین هدایت می‌شوند، خواه معلم باشند یا محقق پژوهشگر یا مربی، باید به اصول خاصی پایبند باشند.

علوم عصب‌شناسی، روان‌شناسی و تربیت آموزش هر کدام استانداردهای معیارهای خاص خود را دارند. شاید منطقی به نظر برسد که فرض کنیم استانداردهای دانش MBE نقطه‌ی تلاقی این رشته‌ها هستند، اما این‌طور نیست و اشتباه است. دو راه برای مفهوم‌سازی استانداردهایی و معیارهایی که از ترکیب رشته‌ها پدید می‌آیند وجود دارد که از ترکیب رشته‌های موجود پدید می‌آیند. استانداردهای این معیارهای جدید نوین می‌توانند حداقل کمترین وجه مشترک را در علوم عصب‌شناسی، روان‌شناسی و آموزش نشان دهنده، یا می‌توانند مجموعه‌ای استانداردهای تمامی الگوهای این رشته‌ها باشند. در مورد اول، استانداردها معیارها همان نقاط مشترک هستند. در مورد دوم، استاندارد نقاط بخش‌های اشتراک همسو و در عین حال دارای تنوع در زمینه‌های عصب‌شناسی، روان‌شناسی، و آموزش هستند (نگاه کنید به تصویر ۱ـ۴).

اکثریت قریب به اتفاق متخصصان رشته‌ی جدید نوین MBE گفته‌اند که استانداردها و معیارهای در این دانش نوین رشته‌ی جدید باید ترکیب مناسب و دقیقی از استانداردهای الگوهای دانش عصب‌شناسی، روان‌شناسی و آموزش را نشان دهند، و علاوه بر این، باید شامل مجموعه‌ای از دستورالعمل‌های شیوه‌نامه‌های اخلاقی برای ارزیابی، تایید صحت اطلاعات ارائه شده، مفید بودن، مناسب بودن و کاربردی بودن‌شان در محیط‌های یادگیری هم باشند. به عبارت دیگر، افرادی که در این رشته‌ی جدید فعالیت می‌کنند، مایلند خود را در معرض بررسی استانداردها معیارها در تمام زمینه‌های اصلی قرار دهند، به علاوه مجموعه‌ای از شیوه‌نامه‌های دستورالعمل‌های اخلاقی قرار دهند که استفاده‌ی مناسب از اطلاعات را پیش از کاربرد در محیط‌های آموزشی ارزیابی می‌کند و قضاوت می‌کند. همچنین این استانداردها الگوها از معلمان را در برابر نورومیت‌ها افسانه‌های عصبی حفاظت و نگهبانی می‌کنند. افسانه‌های عصبی نورومیت‌ها (افسانه‌ها و اطلاعات نادرست درباره‌ی‌عملکرد مغز) بزرگ‌ترین دشمنان کار با کیفیت ارزشمند در زمینه‌ی آموزش هستند و باید به هر قیمتی از آن‌ها اجتناب کرد. در ادامه ۲۴ مورد از رایج‌ترین نورومیت‌های (افسانه‌های عصب شناسانه‌ی) موجود را بررسی خواهیم کرد.

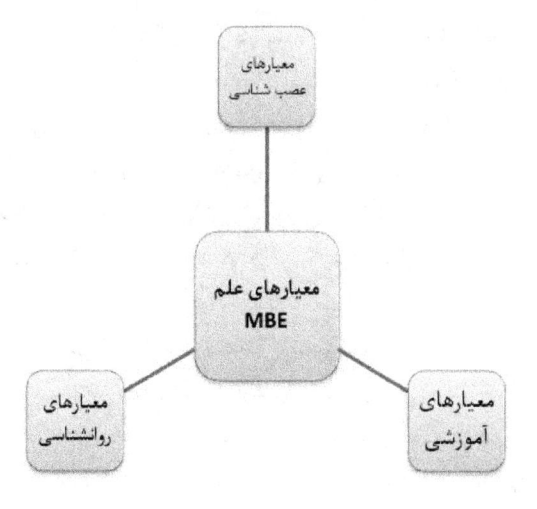

شکل تصویر ۱ ـ ۴: استانداردها و معیارهای علم MBE، مخرج مشترک یا مجموع؟

استانداردها و معیارهای نوین چطور و چگونه درباره‌ی افسانه‌های عصب‌شناسانه هشدار می‌دهند؟

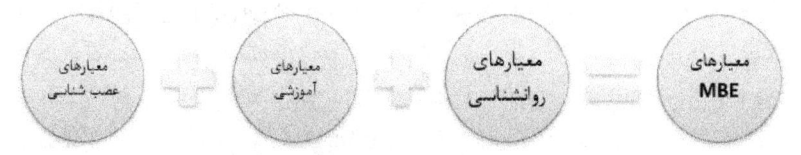

نورومیت‌های افسانه‌های عصب‌شناسانه (نورمیت‌ها) معمولاً از یک واقعیت جزئی یا یک مطالعه‌ی منفرد، سرچشمه شده گرفته و به شکلی افراطی تعمیم داده می‌شوند، یا در برخی موارد، تفاسیر نادرستی از داده‌ها هستند. براساس نظر سازمان همکاری اقتصادی و توسعه OECD (۲۰۰۷) ، نورومیت‌ها افسانه‌ها «فرضیه‌هایی هستند که باطل شده‌اند، اما باز هم این

وجود ردپایی از خود بر جای می‌گذارند و اگر تخیل گسترده‌تری به آن‌ها اختصاص داده شود، ریشه می‌گیرند» (سازمان همکاری اقتصادی و توسعه OECD، ۲۰۰۷، ص ۱۰۸). معمولاً چند گروه از نورومیت‌ها این وهمیات در ادبیات آموزشی دیده می‌شوند، اما هیچ مدرکی برای اثبات‌شان وجود ندارد. تفاسیر نادرست از داده‌ها و باورهای غیرمستند، تفاسیر توضیح در مورد فرآیندهای مغزی، افسانه‌های قصه‌های عامیانه درباره‌یمغز، افسانه‌ها در مورد خاطرات و یادگیری آموزه‌ها، و افسانه‌ها و داستان‌هایی درباره‌ی چگونگی یادگیری مغز. زمانی هرگاه که این مدل شکل از افسانه‌ها در کلاس درس و بحث آموزش اعمال می‌شوند، تدریس مسیری خطا می‌رود را در پیش خواهد گرفت. وظیفه‌ی معلم است که نسبت به افسانه‌ها و داستان‌ها آگاه بوده و هنگام برنامه‌ریزی محتوای کلاس تدریس، فعالیت‌ها یا طراحی روش‌های آموزشی، حتماً از استفاده آن‌ها اجتناب دوری کند. در ادامه رایج‌ترین افسانه‌های عصب‌شناسانه‌ی رایج در ادبیات آموزشی را توضیح خواهیم داد.

افسانه‌ی عصب‌شناسانه‌ی ۱: انسان‌ها از ۱۰ درصد٪ مغزشان استفاده می‌کنند.

روزگاری تصور می‌شد اگر زمانی که تکنیک‌های شیوه‌های مناسب‌تری برای تصویربرداری عصبی بهتری داشته باشیم، می‌توانیم دقیقاً نشان دهیم چه میزان از مغز در حال استفاده است. در سریال‌های علمی ـ تخیلی همیشه از بخش‌های بلا استفاده بی‌فایده‌ی مغز صحبت می‌کنند و البته به این واقعیت اشاره می‌کنند، که انسان‌ها از تمامی توانایی‌های‌شان بهره نمی‌برند. علی‌رغم پیشرفت‌های فناوری، اندازه‌گیری دقیق میزان اندازه‌ی استفاده از مغز به دلایل متعدد، غیر ممکن است. اولاً از همه، میزان نیروی مغز برای انجام یک کار (فکر کردن به آن در مورد، استفاده از فرمول انجام یک کار، شروع کردن و...) با فرآیندهای یادگیری تغییر می‌کند. مغز در این باره انرژی بیشتری به کار می‌گیرد و مصرف می‌کند، به عنوان مثال، زمانی که مغز می‌خواهد خواندن را یاد بگیرد و بیاموزد تا وقتی که بره آن تسلط می‌یابد، مراحل متعدد و گوناگونی را طی می‌کند. به این معنی است که مقایسه‌ی اسکن‌های تصاویر مغزی گرفته شده در زمانی که فرد در حال یادگیری یک کار است، پس از تسلط فرد بر آن کار، نشان می‌دهد مغز هنگام مهارت در یک حرفه نسبت به قبلا اسکن‌های همان مغز، مشغول‌تر هستند. مسئله‌ی دوم آن است که همه‌ی قسمت‌های مغز نباید تمامی وظایف را بر عهده بگیرند. اگر اسکنی تصویری از یک مغز می‌بینیم که در آن تنها حدود ۱۰٪ آن مغز فعال است، این میزان، ۱۰٪ در واقع ۱۰۰٪ مناطقی هستند است که باید کار کنند. نکته‌ی پایانی اینکه اگر بگوییم انسان‌ها تنها از درصد

اندکی از قدرت مغزشان را استفاده می‌کنند، نادرست است. این مسئله موضوع جدای از نادرست بودن، بلکه برای دانش‌آموزان دلسرد کننده نیز هست که به آن‌ها گفته شود از همه‌ی پتانسیل‌هایشان ظرفیت‌هایشان استفاده نمی‌کنند.

افسانه‌ی عصب‌شناسانه‌ی ۲: مغز ظرفیت نامحدودی دارد.

مغز به عنوان یک موجود مادی فیزیکی، ظرفیت محدودی دارد. نمی‌توان انکار کرد که مغز انسان شگفت انگیزترین ساختار در جهان است.، با این وجود، بی‌حد و حصر نیست. البته نمی‌توانیم به طور دقیق بگوییم، محدودیت‌های واقعی مغز چیست و چه چیزهایی هستند. با این وجود، تخیل و ظرفیت یادگیری یکی نیستند. اما بهتر است که بدانیم محدودیت‌های اعمال شده بر مغز، به واسطه‌ی وراثت ژنتیکی، تغذیه، وضعیت اجتماعی- اقتصادی، و نیز کیفیت تدریس معلمان متفاوت هستند. ممکن است برخی آموزگاران احساس کنند، باید به دانش‌آموز بگویند که ظرفیت نامحدودی برای تقویت انگیزه‌شان دارند. با این‌حال وجود، شنیدن اینکه می‌توانند و باید با پتانسیل و توانایی فردی‌شان عمل کنند، شاید دلگرم کننده‌تر باشد.

افسانه‌ی عصب‌شناسانه‌ی ۳: تفاوت‌های مغز براساس نژاد مطرح می‌شوند

پتانسیل ظرفیت یک کودک برای موفقیت در آزمون‌های هوش متأثر از سطح فرهنگ، وضعیت اجتماعی- اقتصادی، سطح میزان علاقه، آمادگی برای آزمون، یادگیری‌های قبلی، آشنایی با محتوای آزمون و عوامل بی‌شمار دیگری است. با این وجود، تا به امروز هیچ مطالعه‌ای مبنی بر وجود تفاوت‌های فیزیکی مادی در مغز، بر اساس نژاد، وجود ندارد. این افسانه در گذشته مطرح شده است، زمانی که تصور می‌شد، هوش و خلق و خوی یک فرد را می‌توان با تفاوت‌های قابل مشاهده در برآمدگی جمجمه یا سایر تفاوت‌های فیزیکی جسمی خارجی، بیرونی تعیین کرد. این افسانه که در چارچوب و قالب آن به گروهی از دانش‌آموزان گفته می‌شود به اندازه‌ی بچه‌هایی از نژاد دیگر باهوش نیستند بسیار آسیب‌رسان است و باید از تمام کل ادبیات و سیستم‌های اعتقادی و باورهای معلمان حذف شود، چرا که هم اعتماد به نفس و هم پتانسیل توانایی درک کسب‌شده‌ی دانش‌آموزان را کاهش می‌دهد. یکی از جالب‌ترین مجموعه‌های داده‌هایی که نشان می‌دهند عملکرد، بیشتر بها تفاوت‌های روانشناختی (و نه عصبی) مرتبط است، فرآیند اصطلاحاً «اثر اوباما» نامیده می‌شود. در ارزیابی آموزشی ایالات متحده، نشان می‌داد دانش‌آموزان آفریقایی-آمریکایی همیشه نمراتی اندکی کمتر از همتایان آمریکایی-

اروپایی‌شان کسب می‌کنند. اما یک ماه پس از پیروزی باراک اوباما[1] در انتخابات ریاست جمهوری، نمرات دانش‌آموزان آفریقایی تبار به همان سطح همتایان اروپایی تبارشان رسید. این موضوع این نشان می‌دهد اعتقاد به این باور که نژاد عامل موفقیت نیست به دانش‌آموزان آفریقایی تبار کمک کرد، بر این تصور غلبه کرده و آن کسری کمبود را جبران کنند.

افسانه‌ی عصب‌شناسانه‌ی ۴: همه‌ی مسائل اساسی درباره‌ی مغز در سه‌سالگی مشخص می‌شوند. هر چیزی که در مورد مغز مهم است، تا ۳ سالگی مشخص می‌شود.

اهمیت تغذیه‌ی خوب مناسب در سال‌های ابتدایی زندگی و تأثیر آن در رشد سالم مغز، به صورت غیرقابل انکاری مهم است.. اما با این وجود، چنین چیزی به این معنای نیست که تمام مراحل رشد مغزی تا سه سالگی کامل می‌شود. شکی نیست، کودکی که دچار سوء تغذیه است، شرایط مشابه‌ی با کودکی نخواهد داشت که به خوبی تغذیه شده، اما این بدان معنا نیست که کودکی که تا سه‌سالگی در برنامه‌های تحریک مغزی مشارکت داده نشده، رشد کامل مغزی نخواهد داشت و از نظر فکری برای همیشه از دست خواهد رفت. این باور نادرست در کتاب بروئر با عنوان «افسانه‌ی سه سال اول» (۲۰۰۲) رد شد.، در این کتاب اثر محدودیت‌های مصنوعی ایجاد شده بر سر راه توانایی‌ها و پتانسیل مغز برای یادگیری در طول عمر به چالش کشیده می‌شود. علم MBE اشاره می‌کند که هیچ دوره‌ی مهمی برای هیچ مهارت‌های آکادمیکی تحصیلی (مانند ریاضیات، خواندنه و...) وجود ندارد. به این معنا که اگر کسی تا شش سالگی عمل جمع کردن را یاد نگرفته باشد، تا هفت، هشت سالگی و حتی تا ۹۰ سالگی هم می‌تواند آن را بیاموزد. (البته ممکن است دوره‌های مطلوبی مفیدی برای فراگیری برخی مهارت‌های غیرآکادمیک وجود داشته باشد، مثل مانند یادگیری راه رفتن یا صحبت کردن به زبان اول مادری). این باور برای والدین و برای اعتماد به نفس کودک مضر است که اگر کودک از بدو تولد به کلاس‌های تحریک انگیزشی اولیه فرستاده نشده باشد، نمی‌تواند در مدرسه هم سطح با پتانسیل دانش‌آموزانی که به این دوره‌ها فرستاده شده‌اند، پیشرفت کند.

افسانه‌ی عصب‌شناسانه‌ی ۵: بخش‌های مغز به شکلی مجزا کار می‌کنند.

زمانی که تصویربرداری از مغز برای اولین بار در مطالعات منتشر شده‌ی در دهه‌ی ۱۹۹۰ رایج‌تر شد، بسیاری از آموزگاران امیدوار بودند انجام این کار، راه‌هایی برای تحریک این نواحی

---

[1] Barack Obama / ۱۹۶۱

مغزی ارائه کند، و شناسائی قسمت‌های مربوط به آموزش زبان یا آموزش ریاضیات در مغز شناسایی مشخص شود. امروزه می‌دانیم که بخش‌های مختلف و گوناگون مغز در عملکردشان به صورت جداگانه فعالیت نمی‌کنند. بلکه به عنوان سیستم‌ها و دستگاه‌های پیچیده‌ای هستند عمل می‌کنند و اغلب از قطعاتی شامل تمام لوب‌های متعدد (پیشانی، جداری آهیانه‌ای، اکسیپیتال پس سری و تمپورال گیجگاهی) به طور همزمان استفاده می‌کنند.

افسانه‌ی عصب‌شناسانه‌ی ۶: برخی افراد راست مغز و برخی دیگر چپ مغز هستند.

یکی از بزرگ‌ترین تبلیغات بازاری در زمینه‌ی یادگیری مبتنی بر مغز، رساندن معلمان به این باور بوده که باید نیم‌کره‌ی راست کمتر استفاده شده در مغز را تحریک برانگیخت کرد و تجربیات کلاسی را به نحوی طراحی کرده و آموزش داد تا به یادگیرندگان راست مغز کمک شود. افرادی که دوست دارند هنرهای بیشتری در مدارس بیاموزند تا حدی این افسانه خرافه را توسط افرادی که دوست دارند هنرهای بیشتری در مدارس ببینند، هدفی تحسین‌شده قابل تحسینی می‌دانند و ادعا شده، اما نکته آن است که این باور باید به شایستگی دنبال شود، نه بر این باور که برخی فراگیران به دلیل چپ مغز یا راست مغز بودن، از دریافت آموزش مطلوب محروم شوند. پیش از هر چیز باید مهم است یادآوری کنیم شد، انسان‌ها تنها یک مغز دارند که از نیم‌کره‌ی راست و چپ تشکیل شده است، و به شکلی هماهنگ از آن دو استفاده می‌کنند. افراد از بدو تولد یا به دلیل نوع آموزش‌هایی که دریافت می‌کنند راست مغز یا چپ مغز نمی‌شوند. بلکه همه‌ی ما با کمک سیستم سازوکاری یکپارچه‌ای از هر دو نیمکره تقریباً برای تمامی کارهای‌مان بهره می‌بریم. این اشتباه است که به کودکان بگوییم مثلاً چپ مغز یا راست مغز هستند، زیرا به این ترتیب محدودیت‌های کاذبی برای در مسیر رشدشان ایجاد می‌کنیم. به عنوان مثال، در حالی که بسیاری از مردم توانایی فضایی و نواحی درک آهنگ موسیقی را در نیمکره‌ی راست مغزشان را دارند، اما این موضوع برای همه صدق نمی‌کند و البته تصویر کاملی هم از چگونگی یادگیری مغز در دسترس نیست. این استدلال که توانایی خلاقیت و فعالیت‌های درک فضایی (تشخیص موقعیت‌های جغرافیایی، هندسه و ...)، مختص افراد راست مغز باشد، ساده لوحانه است.

افسانه‌ی عصب‌شناسانه‌ی ۷: نیمکره‌ی چپ و راست

سازوکار یک سیستم جداکردنی قابل تفکیک برای یادگیری که احتمالاً از افسانه‌ی شش سرچشمه گرفته این باور غلط است که سیستم‌های نظام یادگیری در مغز به دو نیمکره تقسیم

می‌شوند. برای مثال، برخی می‌گویند زبان در نیمکره‌ی چپ و خلاقیت در نیمکره‌ی راست پردازش می‌شوند. اگرچه نواحی بروکا و ورنیکه (زبان گفتار) در ۹۵٪ راست دست‌ها و ۷۰٪ چپ دست‌ها در نیمکره‌ی چپ‌شان قرار دارند، اما سایر جوانب تا حد زیادی از نیمکره‌ی راست استفاده می‌کنند (مثلاً برای درک استعاره‌ها کنایات و طنزشوخی‌ها). علاوه بر این، گمراه کننده است که به کودکان بگوییم، می‌توانند سمت راست مغزشان را تحریک کنند (موضوعی که در بسیاری از تبلیغات تجاری گفته مطرح می‌شود). مغز سیستمی دستگاهی منحصر به فرد و پیچیده مرکب است و باید به جای تقلب‌ها و دروغ‌هایی که تنها منجر به مشکلات طولانی مدت در فرآیند واقعی مطلوب یاددهی می‌شوند، صرفاً به این بخش‌های پیچیده و سازماندهی آن توجه داشت.

افسانه‌ی عصب‌شناسانه‌ی ۸: مغزها به طور عینی واقعیات را ثبت می‌کنند.

این افسانه عنوان می‌دارد چیزی به نام ثبت عینی واقعیت وجود دارد که همه در آن سهیم هستند. با این وجود، اما حقیقت آن است که خاطرات افراد در واقع در معرض دستخوش تفاسیر نادرست یا یادآوری‌های اشتباه قرار می‌گیرند، به همین دلیل است که مردم اغلب یک رویداد را با روش‌های مختلف و متعددی به یاد می‌آورند. خاطرات ذخیره شده در مغز در معرض همان فیلترهای پالایه (فیلتر)های تجربه هستند که تمام جوانب واقعیت از آن‌ها عبور می‌کنند. این واقعیت مبتنی بر گذشته‌ی یادگیرنده و نیز فیلتر ادراکات حسی اوست. ذهنیت حافظه‌ی فردی، مفهومی است که معلمان با دانش‌آموزان‌شان به اشتراک می‌گذارند، مطرح می‌کنند چرا که به دانش‌آموزان آنان کمک می‌کند سوگیری‌های شخصی‌شان را در یادآوری‌ها تشخیص دهند. این نوع همدلی فکری یک عنصر کلیدی در تفکر انتقادی است.

افسانه‌ی عصب‌شناسانه‌ی ۹: حفظ کردن برای پردازش پیچیده‌ی ذهنی غیرضروری است.

برخی معلمان به این باور رسیده‌اند که حفظ کردن به نوعی بد غیر مفید است. این مفهوم بر اساس این فرضیه عنوان می‌شود که به یاد سپاری و حفظ کردن تنها بخشی از یادگیری ساده و آسان است، که در آن فهرست‌هایی از مفاهیم خارج از زمینه موضوع ارائه می‌شوند (همان‌طور که در برخی کلاس‌ها اتفاق می‌افتد). چنین عقیده‌ای نادرست است. حفظ کردن می‌تواند در زمینه‌های معتبر، درست و لذت‌بخش نیز رخ دهد (به عنوان مثال، زمانی که

موضوعی جدید به خاطر ارتباط آشکار با تجربه‌ی گذشته به یاد می‌ماند و حفظ می‌شود). با این وجود، کسب دانش بیانی هم به توجه حافظه و هم به توجه بستگی وابسته دارد، به این معنا که پردازش ذهنی پیچیده، بدون حفظ کردن، به‌یادسپاری غیرممکن خواهد بود. تظاهر به اینکه به خاطرسپردن و حفظ کردن برای پردازش‌های ذهنی پیچیده غیرضروری است، افسانه‌ای خطرناک را در کلاس تداوم خواهد بخشید. باید دانست که یادگیری به حفظ کردن بستگی دارد که برای این نوع پردازش‌ها الزامی است ذهنی پیچیده ضروری است.

افسانه‌ی عصب‌شناسانه‌ی نورومیت ۱۰: مغز هر چیزی را که تا به حال برایش اتفاق افتاده به خاطر می‌آورد.

افسانه‌ای وجود دارد مبنی بر اینکه مغز هر آنچه را تا به حال برایش رخ داده باشد، به خاطر می‌آورد، که البته نادرست است. فراموشی زمانی اتفاق می‌افتد که دیگر به حافظه دسترسی نداشته باشیم. مغز تمام موضوعاتی را که تا به حال تجربه کرده، به خاطر نمی‌آورد، تنها آن تجربیاتی را فرا می‌خواند که با موفقیت از حافظه‌ی کاری به حافظه‌ی بلند مدت گذر کرده‌اند و بازیابی‌شان از طریق تمرین امکان پذیر شده است. زمانی چیزی را فراموش می‌کنیم، که: ۱. از ابتدا آن را حفظ نکرده و به حافظه‌ی بلندمدت‌مان نفرستاده باشیم، یا ۲. زمانی که مسیرهای عصبی را برای بازیابی تقویت نکرده باشیم و بنابراین دسترسی به یک حافظه خاطره امکان‌پذیر و ممکن نباشد.

افسـانـه‌ی عصـب‌شـناسـانـه‌ی نورومیت ۱۱: دوره‌های بهینه‌ی یادگیری به نوروژنز عصب‌زایی مرتبط هستند.

افسانه‌ای وجود دارد که براساس آن دوره‌های بهینه‌ی یادگیری می‌توانند با نوروژنز عصب‌زایی یا ایجاد سلول‌های جدید تازه در مغز زمان‌بندی شوند. چنین این چیزی موضوع صرفاً یک افسانه خرافه‌ای بیش نیست زیرا پیش‌بینی نوروژنز عصب‌زایی با فناوری کنونی غیرممکن است، و البته به این دلیل که یادگیری در خارج از لحظات نوروژنز عصب‌زایی رخ می‌دهد.

افسـانـه‌ی عصـب‌شـناسـانـه‌ی نورومیت ۱۲: آموزش را می‌توان با سیناپتوژنز (سیناپس‌زایی) زمان‌بندی کرد.

در برخی کتاب‌ها آمده که اگر آموزش با دوره‌های سیناپس‌زایی (یعنی زمانی‌هایی که سیناپس‌های تازه تشکیل می‌شوند) زمان‌بندی شوند، مطالب بیشتری می‌توان آموخته شود. چنین باوری به دو دلیل اشتباه است: اولاً آن که، یادگیری باعث سیناپس‌زایی می‌شوند و نه

برعکس. دوم آن که این طبق چنین نظریه‌ای فرض می‌کند (۱. می‌توانیم لحظات سیناپس‌زایی را پیش‌بینی کنیم، ۲. یادگیری بهتر از طریق سلول‌های مغزی جدید تازه نسبت به سلول‌های قدیمی‌تر، بهتر اتفاق خواهد افتاد. که هیچ‌کدام از این گفته‌ها تاکنون ثابت نشده‌اند.

افسانه‌ی عصب‌شناسانه‌ی ۱۳: سلول‌های مغزی جایگزین نمی‌شوند.

همان‌طور که پیش‌تر هم عنوان شد، یکی از مهیج‌ترین اکتشافات طی چند دهه‌ی گذشته به تایید این موضوع مربوط می‌شود که سلول‌های مغزی جدید واقعاً تولید می‌شوند. مستندات عصب‌زایی انسانی این افسانه را که سلول‌های مغزی هرگز نمی‌توانید قابل جایگزینی نیستند، توسط مستندات نوروژنز انسانی رد شده است. (برای اطلاعات بیشتر نگاه کنید به کار اریکسون و همکارانش، ۱۹۹۸)

افسانه‌ی عصب‌شناسانه‌ی ۱۴: مغز تغییرناپذیر است.

افسانه‌ی بسیار خطرناکی وجود دارد که مطرح و اثبات می‌کند، نمی‌توانیم مغز را تغییر دهیم. چنین باوری صرفاً یک افسانه و خرافه است زیرا که نه تنها می‌توان مغز را تغییر داد، بلکه غیرممکن است که نشود این کار را انجام داد. همان‌طور که پیش‌تر دیدیم، مغز سیستمی دستگاهی پیچیده، پویا و یکپارچه است که دائماً به واسطه‌ی تجربه تغییر می‌کند. این تغییر و دگرگونی، نتایج یادگیری تازه و تغییرات فیزیکی و جسمی است که در سطح مولکولی مغز و در پاسخ به تجربیات رخ می‌دهد.

افسانه‌ی عصب‌شناسانه‌ی ۱۵: یادگیری زبان‌های خارجی، آموزش زبان مادری دانش‌آموزان را مختل می‌کند.

در دهه‌ی ۱۹۶۰ تصور می‌شد تنها بخشی از مغز انسان به یادگیری زبان اختصاص دارد. در نتیجه این افسانه شکل گرفت که اگر فردی بیش از یک زبان یاد بگیرد، در واقع این پتانسیل و توانایی یادگیری‌اش میان چندین زبان متعدد تقسیم خواهد شد. امروزه می‌دانیم که دو زبانگی فواید زیادی دارد و این افسانه و نظریه هیچ پایه‌ای ندارد. معلمان آموزگاران باید به سختی تلاش کنند که تا در فهم به دانش‌آموزانشان کمک کنند مزایای کلی شناختی، اجتماعی، فرهنگی، اقتصادی و تحصیلی صحبت کردن به بیش از یک زبان به دانش‌آموزان‌شان درک کنند و این افسانه را به‌طور کامل از بین ببرند.

افسانه‌ی عصب‌شناسانه‌ی ۱۶: بچه‌ها و کودکان لوح‌های سفید هستند.

در قرن هفدهم اعتقاد بر این بود که کودکان بدون هیچ آگاهی پیشین با ذهن‌هایی همچون الواحی سفید وارد این دنیا می‌شوند و این والدین و معلمان هستند که باید اطلاعات لازم را روی این صفحات و لوح‌ها ثبت کنند. اما امروزه می‌دانیم که کودکان وخردسالان با اطلاعات، داده‌ها و مهارت‌های اساسی بقای انسانی (مانند توانایی زبان گفتار) به دنیا می‌آیند، که ممکن است در ساختار ژنتیکی وراثتی آنان به صورت از پیش برنامه‌ریزی شده‌شان وجود داشته باشد ، و همچنین با مجموعه‌ی از تجربیات زندگی که در دوران بارداری رخ می‌دهد پا به این جهان می‌گذارند. کودکان با همچون الواحی خالی متولد نمی‌شوند. ییتس[۱] (۱۹۲۳) اعتقاد داشت: «آموزش نوشتن روی لوح سفید نیست، بلکه روشن کردن آتش است.».

افسانه‌ی عصب‌شناسانه‌ی افسانه ۱۷: مغز و ذهن جدا از هم هستند.

یک بحث فلسفی دیرینه‌ای درباره‌یماهیت دوگانه‌ی ذهن و مغز وجود دارد و آن این است که بیان می‌کند این دو متمایز از یکدیگر هستند. مغز اندامی فیزیکی جسمانی است، در حالی که ذهن باز نمایی ناملموس خود است و مغز مفهوم ذهن را تولید می‌کند و هیچ‌کدام بدون دیگری وجود نخواهد داشت.

افسانه‌ی عصب‌شناسانه‌ی ۱۸: رشد ناقص مغز عامل برخی رفتارهای نوجوانان است.

این افسانه‌ی هجدهم بر این اندیشه استوار است که نوجوانان در برابر بسیاری از رفتارهای‌شان غیر مسئول هستند چرا که قشر جلوِی مغز تا اواسط دهه‌ی بیستم زندگی به شکل کامل رشد نمی‌کند. البته که لوب‌های جلویی مغز، (که مسئول عملکردهای رفتارهای اجرائی انسان هستند) در سال‌های نوجوانی همچنان در حال رشد هستند، اما نباید صرفاً با تکیه بر این مسئله از سایر عوامل مانند محیط ضعیف تربیتی خانه، الگوهای بد و نامناسب، چالش‌های هورمونی و فشار همسالان غافل شد.

---

[۱] William Butler Yeats / ۱۸۶۵-۱۹۳۹

افسانه‌ی عصب‌شناسانه‌ی ۱۹: استدلال نقطه‌ی مقابل احساسات است.

افسانه‌ی دیرینه‌ی دیگری که وجود دارد مبنی بر این است که اگر افرادی که بتوانند احساسات‌شان را از استدلال جدا کنند، موفق‌تر خواهند بود. اما واقعیت آن است که برای داشتن یک تصمیم‌گیری خوب و مناسب، دخالت دادن احساسات ضرورتی است و استدلال کردن نیز بدون تأثیر احساسات و عواطف غیر ممکن خواهد بود. اگرچه به نظر می‌رسد استدلال کردن و دخالت احساسات در انتهای یک طیف قرار دارند، اما این دو فرآیند در واقع مکمل یکدیگر هستند. احساسات بخشی از تمام فرآیندهای تصمیم‌گیری را تشکیل می‌دهند.

افسانه‌ی عصب‌شناسانه‌ی ۲۰: یادگیری بدون ساختار، به دلیل بهبود عملکرد عصبی بر یادگیری ساختار یافته برتری دارد.

اکتشاف بدون ساختار و یادگیری خودگام، تکنیک‌ها و روش‌های بسیار مناسبی هستند که در کلاس‌های مدرن و امروزی به خوبی کاربرد داشته‌اند. با این حال ، آن‌ها نه به دلیل بهبود عملکردهای عصبی، بلکه بیشتر به این دلیل که یادگیری بدون ساختار خود کارآمدی (یک مفهوم روانشناختی) را بهبود می‌بخشد و مبتنی بر اصول یادگیری فعال است می‌توانند مفید باشند. باید توجه داشت که مغز توانایی دارد در کلاس‌های بدون ساختار و ساختاریافته همچنان بیاموزد.

افسانه‌ی عصب‌شناسانه‌ی ۲۱: انعطاف‌پذیری محصول آموزش‌های خوب و اصولی است.

برخی مجلات و کتب مطبوعاتی رایج امروزی بیان می‌کنند که نوروپلاستیسیته، انعطاف‌پذیری عصبی به دلیل شیوه‌های درست آموزشی خوب اتفاق می‌افتد. انعطاف‌پذیری یکی از ویژگی‌های مغز است که باعث انعطاف‌پذیری‌اش می‌شود و به آن اجازه می‌دهد در پاسخ به تمامی موضوعات تازه در زمینه‌ی یادگیری‌های جدید، تغییر کند. این بدان معنا معنی است که انعطاف‌پذیری در همه‌ی موارد یادگیری، (یا بدون آموزش اصولی)، در هر صورت رخ خواهد داد.

افسانه‌ی عصب‌شناسانه‌ی ۲۲: یادگیری تنها در کلاس درس رخ می‌دهد.

با ظهور آموزش‌های رسمی، کلاس‌های درس به محلی غالب برای آموزش در محیط‌های مبتنی بر مدرسه تبدیل شدند که و در نتیجه منجر به شکل‌گیری این افسانه شد که یادگیری صرفاً در مدرسه رخ می‌دهد. البته که کمک آموزگاران به آموزش و یادگیری کودکان ضرروی است اما وظیفه‌ی دیگر آنان‌ها این است که به دانش‌آموزان کمک کنند ارزش یادگیری خارج

از مدرسه را نیز دریابند و درک کرده و از این تجربیات برای تقویت یادگیری‌شان در کلاس‌های درس نیز استفاده کنند. همچنین واجب لازم است که مردم عامه‌ی مردم نیز بدانند یادگیری در طول عمر، بسیار فراتر از سنین مدرسه و تا پایان عمر ادامه دارد.

افسانه‌ی عصب‌شناسانه‌ی ۲۳: پیشینه‌ی آموزشی دانش‌آموز بر یادگیری‌اش تأثیری ندارد.

زمانی تصور می‌شد می‌توانیم هر چیزی موضوعی را با در نظر گرفتن روش‌های توجه به تکنیک‌های مناسب به هر کسی آموزش دهیم. امروزه می‌دانیم که پیشینه و گذشته یادگیرنده و آنچه از گذشته می‌داند قطعاً بر چگونگی درک او و از اطلاعات جدید و قطعاً بر یادگیری موضوعات تازه موارد جدید از سوی او تأثیر دارد. آنچه دانش‌آموز از قبل می‌داند بر نحوه‌ی درک او از اطلاعات جدید تأثیر می‌گذارد. این بدان معناست که انتظار نتایج یکسان از همه‌ی دانش‌آموزان نادرست است.

افسانه‌ی عصب‌شناسانه‌ی ۲۴: می‌توان یادگیری را از محتوای اجتماعی و عاطفی جدا کرد.

زمانی تصور می‌شد می‌توان یادگیری را از احساس فرد نسبت به دیگران (از جمله معلم) جدا کرد. این افسانه منجر به این باور اشتباه شد که نحوه‌ی چگونگی ارائه‌ی موضوعات آموزشی در کلاس تفاوت چندانی با کیفیت یادگیری ندارد. در حال حاضر و امروزه می‌دانیم که یادگیری همواره تحت تأثیر زمینه‌های اجتماعی و عاطفی است که در آن رخ می‌دهد. برای مثال ، تشکیل داوطلبانه فعالیت‌های گروهی، تأثیر زیادی بر یادگیری خواهند داشت.

ارتباط‌دهندگان غیرمسئولانه تمایل دارند یک واقعیت واحد را بیش از اندازه تعمیم دهند به نحوی که این امر منجر به ترویج عصب‌ها افسانه‌های عصب‌شناسانه می‌شود (برای نمونه زبان فعالیت نیمکره‌ی چپ مغز است) همه‌ی مربیان باید از این افسانه‌های عصب‌شناسانه که در حوزه‌ی آموزش نفوذ کرده‌اند، آگاه بوده باشند و اصول علمی و اساسی MBE را بیاموزند. (بنگرید به توکوهاما_ اسپینوزا، ۲۰۱۰) این امر موضوع از جانب مروّجاین این رشته متکبرانه نیست. بلکه صرفاً در راستای تحقق مسئولیت‌پذیری در قبال دانش‌آموزان است. احتیاط درباره‌یتعمیم بیش از حد اطلاعات توصیه می‌شود، چرا که اگر قرار باشد برای ماندن چنین داده‌هایی با کیفیت ضعیفی در ادبیات این علم باقی بمانند، چیزهای زیادی ممکن است با خطر مواجه شود. یک راهنمای ساده برای بهبود کیفیت اطلاعات در علم MBE وجود دارد.

تشخیص اطلاعات خوب و مفید از بد و مخرب

به دو چیز عادت کن: کمک کردن یا حداقل دست‌کم آسیبی نرساندن.

– بقراط، اپیدمی‌ها، (کتاب اول، (فصل دوم، ترجمه‌ی فرانسیس آدامز، ۱۸۴۹)

همه‌ی معلمان باید اولین قانون پزشکی را بپذیرند، اینکه آسیبی نرسانند. اگر همواره به ما آموزگاران یادآوری شود، پیش از آموزش دادن و یا تدوین خط مشی آموزشی‌مان آسیبی نرسانیم و لطمه‌ای وارد نکنیم، آنگاه نظم و انضباط بهتر بیشتری حاکم تحقق خواهد یافت. چنین موضوع به طور مشابه درباره‌ی دانشمندان علم عصب‌شناسی نیز صدق می‌کند، اینکه بخواهند غریزه‌ی معلمی را از در وجودشان کنار بگذارند. در خلال کنفرانس بین‌المللی ذهن، مغز و جامعه‌ی آموزشی در سال ۲۰۰۷، بسیاری از شرکت‌کنندگان برای تشخیص اطلاعات خوب سودمند از اطلاعات بد مخرب در رشته‌ی نوظهور MBE درخواست کمک کردند. معلمان اغلب تحت تأثیر عناوین مطبوعاتی جالبی جذابی قرار می‌گیرند که ادعا می‌کنند گسترش و بهبود به توسعه‌ی بهتر علمکرد مغز کمک می‌کنند. در این‌باره دو ابزار کلیدی وجود دارد که به تشخیص تمایز اطلاعات داده‌های سودمند و ناسودمند و خوب از بد در علم MBE یاری می‌رسانند. اولین مورد را پیش‌تر در پیوستار سازمان همکاری اقتصادی و توسعه OECD توضیح دادیم. ابزار دوم، تهیه‌ی کاربر چک لیستی از مراحلی است که با استفاده از نظرات کارشناسان ابداع شده است.

از نظر پاتریشیا ولف (۲۰۰۶)، یکی از بهترین راه‌ها برای تعیین تمایز داده‌ها از یکدیگر و اطلاعات خوب از اطلاعات بد، استفاده بهره‌گیری از یک چارچوب مفهومی است. خود وولفاو چارچوبی قالبی در همین رابطه ارائه می‌کند که در ادامه به آن اشاره خواهیم کرد. این چارچوب مجموعه‌ی مفیدی از سؤالاتی را ارائه می‌کند که معلمان و محققان می‌توانند از آن‌ها برای تعیین سطح اعتبار اطلاعاتی داده‌هاکه در اختیار دارند، استفاده کنند. ولف پیشنهاد می‌کند، پیش از به کار بردن اطلاعات مربوط به مغز در تمرینات کلاس درس، باید به شکلی صورت انتقادی درباره‌ی مغز مطالعه شود و برای انجام این کار، پیشنهاد می‌کند آموزگاران در گام اول پرسش‌های زیر را از خود بپرسند:

- چند آزمودنی، در مطالعه حضور داشتند؟
- سن و ویژگی آزمودنی‌ها چگونه بود؟ (یعنی سن و ویژگی‌ها با سن و ویژگی‌های دانش‌آموزان‌تان مطابقت دارد؟)

- آیا گروه کنترلی از میان آزمودنی‌ها وجود داشت که با آزمودنی‌های گروهی آزمایش همسان باشد؟

- روش به کار رفته در مورد استفاده برای این مطالعه تحقیق چه بوده است؟

- آیا دانشمندان دیگر با روش‌های مشابه یا تکراری هم این مطالعه توسط دانشمندان دیگری و با روش‌های مشابه یا تکراری انجام داده‌اند؟

- آیا مطالعات پژوهش‌های مشابهی وجود دارند که یافته‌های متناقضی در این‌باره رابطه ارائه کنند؟

در همین راستا، سازمان همکاری اقتصادی و توسعه OECD (۲۰۰۲، ص ۴۹) عنوان می‌کند، در چارچوب تفکر انتقادی باید سؤالات زیر مطرح شود:

- مطالعه‌ی اولیه چه بوده و هدف آن چه بوده است؟ (یعنی آیا نتایج در زمینه‌ی مناسبی تفسیر می‌شوند؟)

- آیا این یک مطالعه است یا مجموعه‌ای از مطالعات؟ (یعنی آیا یافته‌ها در یک زمینه‌ی آموزشی هستند؟)

- آیا مطالعه نتیجه‌ی آموزشی به دنبال داشته است؟ (یعنی آیا یک برنامه‌ی کاربردی در محیط واقعی کلاس درس واقعی بخشی از مطالعه بوده است؟)

کارشناسان رشته‌ی MBE پنج پرسش زیر را پیشنهاد می‌کنند:

- آیا مداخلات کلاس درس مبتنی بر شواهد است، و اگر چنین نیست آیا برای توجیه اعتبار زمینه‌ای آن‌ها مبتنی بر عمل تمرین است؟ (مبتنی بر شواهد به این معنی است که مطالعه‌ای وجود داشته که اطلاعات را ثابت کند و مبتنی بر تمرین به این معنا است که نتایج خوبی در طول زمان و با استفاده از آن مداخله به دست آمده است)

- آیا هنجارهای تحقیق کیفی و کمّی به یک اندازه ارزش‌گذاری می‌شوند؟ (باید یعنی به مطالعات کیفی باید وزن یکسانی در مقایسه با مطالعات کمّی داده شود).

- آیا مطالعه یا توصیه‌ی به روز اعمال می‌شود؟ (اطلاعات مربوط به مغز آن‌قدر سریع تغییر می‌کنند که اخبار دیروز ممکن است دیگر ارزشی نداشته باشند).

- آیا اطلاعات با مهارت‌های کافی تفکر انتقادی برای تعیین چگونگی «به هم پیوستن نقاط» در علم MBE مشاهده می‌شود آیا اطلاعات با مهارت‌های تفکر انتقادی کافی برای

تعیین چگونگی برهم زدن نقاط در علم MBE مشاهده می‌شوند؟ (معلمان باید پشتکار فکری بالایی از خود بروز دهند و برای فکر کردن به تمامی اطلاعات داده‌های ممکن موجود قبل پیش از اقدام، به سختی تلاش کنند.).

- آیا اطلاعات با استفاده از یک لنز دیدگاه فرارشته‌ای قضاوت و داوری می‌شوند؟ (داشتن اطلاعات از آموزشی کافی نیست. باید درک‌مان را از نحوه‌ی چگونگی آموزش یادگیری را با اطلاعاتی درباره‌ی نحوه‌ی یادگیری آموزش مغز و نحوه‌ی پردازش ایده‌های اندیشه‌های جدید به وسیله‌ی ذهن تقویت کنیم).

تمامی این مراحل در کنار یکدیگر کاربرگی را یا چک لیستی تشکیل می‌دهند. معلمان و محققان می‌توانند برای اطمینان از کیفیت اطلاعات خود از آن پیروی کنند.

(شکل تصویر ۲-۴) این چک لیست در کنار پیوستار ارائه شده از سوی سازمان همکاری اقتصادی و توسعه OECD، دو ابزار قدرتمند برای کمک به معلمان برای در تعیین کیفیت اطلاعاتی هستند که قرار است در آموزش اعمال شوند. اما این ابزارها چطور به کار می‌آیند. عملی می‌شوند؟ مثالی از یک تمرین رایج آموزشی که در پرتو این ابزارها به اشتراک گذاشته شده است به توضیح این موضوع را توضیح می‌دهدکمک می‌کند.

آیا استفاده از روش سقراطی مکمل استانداردها و معیارهای MBE است؟

بررسی اینکه اهداف و استانداردهای معیارهای علم MBE با ساختارهای موجود در آموزش مرتبط هستند یا خیر، مسئله‌ی مهمی است. شاید قدیمی‌ترین راهبرد تدریس مورد استفاده شده در جهان را بتوان روش سقراطی دانست. رویکردی موفق در فرآینده یادگیری و آموزش که موفقیت‌اش طی ۲۵۰۰ سال گذشته، همواره در کلاس‌های درس ثابت شده است و به این ترتیب، موضوع اصلی برای مقایسه با استانداردهای معیارهای علمی MBE است. به معنای این که به جای آنکه از آزمایشگاه شروع کنیم و با پیشنهاد برای تدریس بهتر وارد کلاس شویم، می‌توانیم روند را به عقب برگردانیم. یعنی ببینیم چه اتفاقی می‌افتد وقتی یک تمرین موفق را انجام می‌دهیم و آن را طبق معیارها در معرض بررسی علمی MBE قرار می‌دهیم چه اتفاقی می‌افتد؟ پیش از هر چیز احتمالاً باید روش سقراطی را تعریف کنیم.

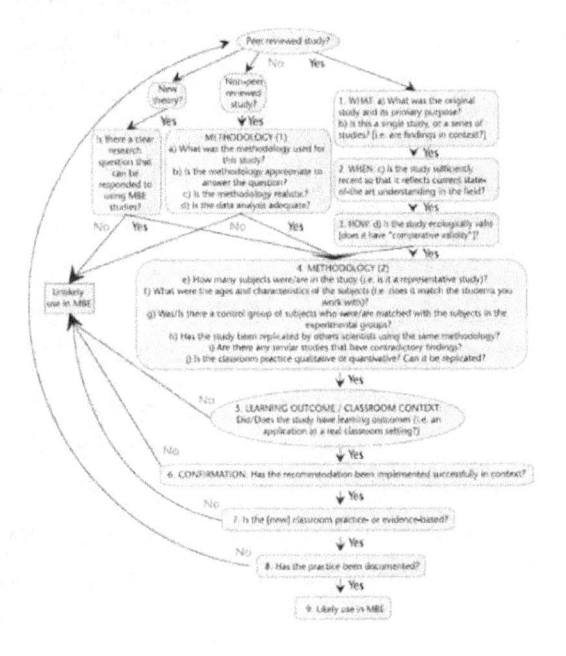

شکل تصویر ۲ ـ ۴: مراحل لازم برای کسب اطمینان از کیفیت اطلاعات

روش سقراطی بر اساس اصل «همواره آنچه را می‌دانی مورد پرسش قرار بده» مربی را وا می‌دارد که گفت‌وگوهایی را مدیریت کند که دانش‌آموزان در چارچوب آن‌ها درباره‌ی فرآیندهای تفکری‌شان بیندیشند و تأمل کنند. این روند در برخی موارد منجر به شکل‌گیری مباحثی می‌شوند که در آن یک یا هر دو طرف از موضعی ناآشنا یا بعید استفاده می‌کنند.

برای ارزیابی روش سقراطی در چارچوب MBE، می‌توانیم روش سقراطیان را با پنج مفهوم کاملاً تثبیت شده در این علم ذهن، مغز، تربیت مقایسه کنیم، همان‌طور که در ادامه خواهیم آورد:

۱. هیچ دو مغز شبیه به هم نیستند: روش سقراطی با استفاده از این واقعیت، رابطه‌ی شخصی هر فرد را با سؤال مورد نظر را بررسی می‌کند.

۲. همه‌ی مغزها برابر نیستند و زمینه و توانایی بر یادگیری تأثیر دارد: روش سقراطی تشخیص می‌دهد که نیاز به تکرار یک فرآیند تا سطح یادگیرنده وجود دارد.

۳. مغز با تجربه تغییر می‌کند: روش سقراطی برای اثبات وجود خود بر این مفهوم تثبیت شده تکیه دارد. بدون انتظار تغییر، یادگیری هیچ فایده‌ای به دنبال نخواهد داشت.

۴. مغز حالتی بسیار پلاستیسه و انعطاف‌پذیر دارد: روش سقراطی به عنوان نوعی درمان فکری، عمل می‌کند که در انتظار تفکر اصلاح شده است.

۵. مغز اطلاعات داده‌های تازه را به اطلاعات و داده‌های قدیمی متصل می‌کند: روش سقراطی بر استفاده‌ی فرد از خاطرات گذشته برای ارتباط مفاهیم جدید متکی است.

یکی از دلایل موفقیت روش سقراطی این است که به تفکری با مرتبه‌ی بالا نیاز دارد. اگر فرآیندهای ذهنی درگیر در روش سقراطی را با فرآیندهای طبقه‌بندی بلوم[۱] (۱۹۵۶) مقایسه کنیم، مشخص می‌شود هنگامی که، دانش‌آموزان مثلاً زمانی که در یک گفتمان سقراطی مشارکت دارند در مقایسه با زمانی که منفعلانه صحبت می‌کنند، در سطح بالاتری از تفکر قرار می‌گیرند نسبت به زمانی که به صورت منفعلانه صحبت می‌کنند. طبقه‌بندی اولیه‌ی بلوم او شش سطح داشت: ۱. دانش، ۲. درک، ۳. کاربرد ، ۴. تجزیه و تحلیل، ۵. ترکیب و ۶. ارزیابی. در نگاهی جدید تازه به طبقه‌بندی بلوم (شکل تصویر ۳ ـ ۴) متوجه می‌شویم، دانش و درک چطور با یکدیگر ترکیب می‌شوند و چطور چنین ترکیبی منجر به فرآیندهای خلاقانه در یادگیری خواهد شد.

---

[۱] Benjamin Bloom / ۱۹۱۳-۱۹۹۹

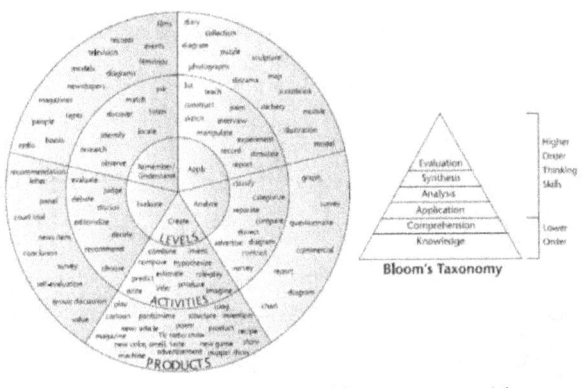

شکل تصویر ۳ ـ ۴: نگاهی جدید تازه به طبقه‌بندی بلوم

هنگامی که در کلاس درس صرفاً فقط آموزگار برای دانش‌آموزان سخنرانی می‌کند، آنان (در بهترین حالت) موفق می‌شوند دانش پایه‌ای‌اش درباره‌ی مفاهیم اصلی آن علم را کسب کنند. با این‌حال، اما تا زمانی که از یادگیرندگان خواسته نشود با تکیه بر اطلاعات‌شان کاری انجام دهند، هرگز به اواسط مرحله‌ی استفاده از مفهوم جدید بلوم در طول یک سخنرانی نخواهند رسید، چه رسد به اینکه بتوانند آن را تجزیه و تحلیل کنند. چه رسد به اینکه بتوانند آن را تحلیل کنند. ترکیب واقعی اطلاعات تنها پس از آن به دست می‌آید که یک فرد بتواند موقعیت‌های مختلف و گوناگونی را در آن مفهوم، تحلیل کند، مانند اینکه چطور یک مفهوم ریاضی خاص در بسیاری از زمینه‌ها یا مثال‌های مختلف، تجلی می‌یابد. دانش‌آموز در روش سقراطی، قهرمان فرآیند یادگیری‌اش هستند، که توسط سؤالات با دقت انتخاب شده از سوی معلم مدیریت می‌شود تا به ایده‌ها و اندیشه‌های جدید، نوین ختم شوند. این روش در بسیاری از مدارس، به ویژه بسیاری از مؤسسات حقوقی و پزشکی معتبر در سرتاسر جهان، به عنوان بهترین روش شیوه‌ی تدریس شناخته شده است و در هزاران مدرسه‌ی راهنمائی و دبیرستان نیز استفاده می‌شود. روش سقراطی برای کمک به دانش آموزان طراحی نشده که بتوانند راحت بیاموزند یا دروس را حفظ کنند، بلکه موفقیت‌آمیز است چرا که بیشتر بر «چرایی» اطلاعات تمرکز دارد تا چه چیزی«چیستی» آن‌ها.

روش سقراطی در چندین حوزه در آموزش به خوبی تحقیق بررسی شده را در بر گرفته است. اولاً زمینه‌ی حوزه‌ی مطالعه‌ی کارکردهای اجرایی و تصمیم‌گیری را شامل می‌شود، حوزه‌ای که به شدت در علم MBE نقش بسیاری دارد. این کارکردها اجرایی شامل طیف

گسترده‌ای از مهارت‌های تفکر متعالی مرتبه بالاتر است را در خود جای می‌دهند، به عنوان مثال، هدف‌گذاری و برنامه‌ریزی، سازماندهی رفتارهای در طول زمان، انعطاف‌پذیری ذهنی، توجه و سیستم‌های سازوکار حافظه، و فرآیندهای خودتنظیمی و خودنظارتی. همچنین اثبات ثابت شده است که عملکردهای اجرایی را می‌توان از طریق روش سقراطی پرسش‌گری بهبود بخشید. این موضوع کارکردهای اجرایی چندین سال است که کانون توجه علوم عصب‌شناسی رشدی قرار گرفته و اهمیت‌شان در علم MBE را نشان می‌دهد. در نهایت کارکردهای اجرایی نیز با توسعه‌ی گسترش همدلی (توانایی قرار دادن خود به جای دیگری)، یک جزئی‌ء حیاتی از روش سقراطی به شمار می‌روند که همدلی فکری یک ویژگی کلیدی متفکران انتقادی است و همدلی در علم MBE نیز مورد بررسی قرار گرفته است.

با توجه به این تحلیل، گویی به نظر می‌رسد روش سقراطی یک قالب کلاس درس است که با اهداف و استانداردهای معیارهای علمی رشته‌ی MBE تناسب زیادی دارد. اما همه‌ی روش‌های آموزشی که در کلاس‌های درسی استفاده می‌شوند، لزوماً نمی‌تواند در چارچوب این روش دقیق قرار گیرند. به عنوان مثال، پیش‌تر در سطور گذشته به سخنرانی اشاره کردیم. مشخص است که سخنرانی برای دانش‌آموزان به همان سطح از نتایج کاربردی استفاده از روش سقراطی نمی‌رسد، چرا که نمی‌تواند در برابر استانداردها و معیارهای علم MBE مقاومت کند.

فصل پنجم

هنر تدریس با اثبات علمی

بخش اول
درس‌هایی از تحقیق

«اگر می‌دانستیم چه می‌کنیم، اسمش تحقیق نبود. درست است؟»
آلبرت انیشتین

شواهد مربوط به علم MBE از کجا به دست آمده‌اند؟ همان‌طور که دیدیم، رشته‌ی در حال ظهور MBE بسیار پیچیده است و مطالعات در آن از منابع و رشته‌های گوناگونی سرچشمه گرفته‌اند. ماهیت فرارشته‌ای دانش MBE نشان می‌دهد که این علم تازه نه تنها از سه حوزه‌ی اصلی عصب‌شناسی، روانشناسی و آموزش بلکه از زیرشاخه‌های این علوم اصلی نیز وام گرفته است که علوم عصب روانشناختی، عصب‌شناسی آموزشی، عصب روانشناسی آموزشی، میکروب‌شناسی، عصب روانشناسی‌و... را در بر می‌گیرد. علاوه بر این در بسیاری از موارد پژوهش درباره‌ی مجموعه مهارت‌های خاص مانند خواندن و ریاضیات به دانش در مورد چگونگی بهترین شیوه‌ی تدریس منتهی می‌شود. نهایتاً از آنجایی که معلمان باید از روش کلی تعریف دانش و هوش آگاه باشند بررسی مطالعات در حوزه‌های فلسفه و معرفت‌شناسی نیز اهمیت دارد، زیرا پرسش‌هایی را مطرح می‌کنند که برای شناخت دنیای اطرافمان به پاسخ‌شان نیاز داریم. بنابراین دامنه‌ی ادبیات علمی MBE پیچیده به نظر می‌رسد و البته که این‌گونه است اما دلیل درستی دارد.

برای درک ادبیات این علم، باید آن را به تنهایی در زمینه‌ی مناسب بررسی و به شرایط ظهورش توجه کرد. تقسیم بعدی یافته‌های مطالعاتی گسترده به واحدهای کوچک زیر می‌تواند ما را در این امر یاری کند:

- چه مواردی مرتبط با این علم هستند؟
- چه چیزهایی در این علم جدید مورد آموزش و یادگیری قرار می‌گیرند؟
- مطالعات چگونه انجام می‌شوند؟
- کدام ابعاد برای معلمان مهم است؟

در ادامه، هر یک از این دسته مطالعات شرح داده خواهد شد.

چه کسی و چرا مورد بررسی قرار می‌گیرد؟

علم MBE دانش مطالعه و خدمت به همه‌ی گروه‌های سنی و افراد با توانایی‌های ذهنی گوناگون و کوشنده برای یادگیری است که در طول عمر انسان رخ می‌دهد. استفاده از مطالعات موازی بلندمدت در بسیاری از موارد دیدگاه متخصصان این رشته را منعکس می‌سازد: یادگیری انسان می‌تواند در سرتاسر طول عمرش تداوم داشته باشد و باید به صورت پیوسته و در ارتباط با رشد فردی و در طول زندگی‌اش و نه‌فقط هنگام تحصیل در مدرسه مورد ژرف‌نگری قرار گیرد.

همه‌ی گروه‌های سنی در رشته‌ی MBE مورد پژوهش قرار می‌گیرند اما با این‌حال عمده‌ی تمرکز بر بدو تولد تا پنج‌سالگی است. اکنون عمده‌ی بیشتر مطالعات درباره‌ی زمینه‌ی سال‌های نخستین زندگی انسان انجام می‌شود اما این روند به احتمال قوی در آینده‌ی نزدیک دست‌خوش تغییر خواهد شد، زیرا اثبات امکان یادگیری در طول عمر، مطالعه درباره‌یجمعیت مسن‌تر را افزایش داده است. از نظر تعداد کل آثار منتشر شده، گروه سنی صفر تا پنج سال را کودکان دبستانی، دانش‌آموزان راهنمایی و دبیرستانی و در پایان دانشجویان و بزرگسالان دنبال می‌کنند که نشان می‌دهد میزان مطالعات موجود نسبت مستقیمی با سن دارد. این مسئله احتمالاً سه دلیل دارد: نخست آن که علاقه به دانش‌آموزان کوچک‌تر می‌تواند به دلیل وجود ریشه‌های این رشته در روان‌شناسی رشد و عصب‌شناسی رشد باشد که بر کودکان تمرکز دارند.

دلیل دیگر برای تأکید بر سال‌های اولیه ممکن است از این باور سرچشمه گرفته باشد که سه سال اول زندگی بشر تأثیر بسیار زیادی بر یادگیری او در آینده دارد؛ ادعایی که البته به تازگی پژوهش درباره‌ی انعطاف‌پذیری عصبی و عصب‌زایی آن را رد کرده‌اند از نظر تعداد کل انتشارات، گروه سنی ۰ تا ۵ سال را کودکان دبستانی، راهنمائی، دانش‌آموزان دبیرستانی و در پایان

دانش‌آموزان و بزرگسالان دنبال می‌کنند. یعنی میزان مطالعات موجود نسبت مستقیمی با سن دارد. این مسئله احتمالاً ناشی از دو دلیل است. اول آن که علاقه به دانش‌آموزان کوچک‌تر می‌تواند به دلیل وجود ریشه‌های جزئی این رشته در روان‌شناسی رشد و علم عصب‌شناسی رشد باید که بر کودکان تمرکز دارند.

دلیل دیگری برای تأکید بر سال‌های اولیه‌ی زندگی می‌تواند نشأت گرفته از این باور باشد که ۳ سال اول زندگی تأثیر بسیار زیادی بر یادگیری فرد در آینده دارند، ادعایی که البته اخیراً به واسطه مطالعات روی نوروپلاستیسیته و نوروژنز رد شده است و نشان می‌دهد مغز می‌تواند همواره در طول عمر بیاموزد (با توجه به اینکه تغذیه در سال‌های اولیه تأثیر عمیقی بر توانایی مغز دارد). دلیل دیگر موضوع این است که محدودیت‌های کاذب بسیاری درباره‌ی توانایی‌ها وجود دارد. مثلاً زمانی گفته می‌شد اگر شخصی پیش از سه‌سالگی یک زبان خارجی را یاد نگیرد، هرگز در آینده چنین مهارتی نخواهد یافت. این دیدگاه در دهه‌ی ۱۹۶۰ اصلاح و محدودیت یادگیری زبان برای سنین نوجوانی تعیین شد. اما اکنون می‌دانیم که انسان توانایی یادگیری زبان خارجی را حتی در سنین بالا نیز داراست(اگرچه تغذیه در سال‌های اولیه تأثیر عمیقی بر پتانسیل دارد). دلیل دیگری که اکثر مطالعات روی کودکان کوچک‌تر متمرکز می‌شوند این است که محدودیت‌های کاذب زیادی در مورد توانائی‌های قرار داده شده است. به عنوان مثال، زمانی این فرضیه مطرح میشد که اگر شخصی قبل از ۳ سالگی یک زبان خارجی را یاد نگیرد، هرگز در آینده چنین مهارتی نخواهد یافت. این دیدگاه در دهه ۱۹۶۰ اصلاح شد و محدودیت یادگیری زبان برای سنین نوجوانی تعیین شد. اما در حال حاضر می‌دانیم انسان قابلیت یادگیری زبان در سنین بالا را نیز دارد. در واقع الن بیالیستوک[۱] (۲۰۰۷) متوجه شد یادگیری یک زبان خارجی در سنین بالاتر مغز زبان‌آموز را تحریک و از زوال عقل پیشگیری می‌کند و همچنین گزارش شده که حس رضایت بیشتری برایش به ارمغان خواهد آورد. ضرب‌المثل «ازش استفاده کن وگرنه از دستش می‌دهی» درباره‌ی زبان‌آموزان مسن صدق می‌کند، زیرا هرچه فردی بیشتر از مغزش استفاده کند، بیشتر هم تحریکش کرده است. چالش پیش روی جامعه رسیدن به این درک است که یادگیری فرایندی مادام‌العمر محسوب می‌شود و به هیچ‌وجه به سنین مدرسه محدود نیست. ممکن است در آینده‌ی نزدیک تمرکز بر یادگیری در بزرگسالی به سمت مسن‌ترها تغییر کند، زیرا با پیشرفت دانش، عمر انسان در مقایسه با گذشته افزایش می‌یابد و مطالعات درباره‌ی سالمندان نشان می‌دهد بخشی از دلایل بهبود

[۱] Ellen Bialystok

کیفیت زندگی در دوران کهنسالی مربوط به داشتن فعالیت است چه به لحاظ فیزیکی (جسمی) و چه از نظر ذهنی متوجه شد یادگیری یک زبان خارجی در سنین بالاتر مغز زبان‌آموز را تحریک می‌کند، از اثرات زوال عقل پیشگیری کرده و همچنین گزارش شده که احساس رضایت بیشتری ارائه می‌کند. ضرب‌المثل «یا ازش استفاده کن یا از دستش می‌دهی» برای زبان آموزان مسن صدق می‌کند؛ هرچه فردی بیشتر از مغزش استفاده کند، احتمال اینکه مغزش تحریک شود بیشتر است. چالش پیش روی جامعه پذیرش این درک جدید است که یادگیری فرآیندی مادام‌العمر است که به هیچ‌وجه محدود به سنین مدرسه نیست. این احتمال وجود دارد که تمرکز سن در آینده نزدیک به سمت یادگیرندگان مسن‌تر تغییر کند، به این دلیل که عمر انسان نسبت به گذشته بیشتر می‌شود و مطالعات سالمندان نشان می‌دهد بخشی از کلید کیفیت زندگی در دوران سالمندی مربوط به مشغول ماندن است چه به لحاظ فیزیکی و چه از نظر ذهنی.

گروه دیگری از مطالعات مرتبط با علم MBE، که برای معلمان اهمیت دارد، مطالعات بلندمدت هستند که تغییرات مغز در حال رشد را ردیابی می‌کنند و گروه دیگری از مطالعات که با علم ذهن، مغز، تربیت مرتبط هستند و برای معلمان مهم هستند، مطالعات طولی هستند که به دنبال ردیابی تغییرات در مغز در حال رشد در طول عمر هستند. بهداشت روانی[1] با پیشبرد اندیشه‌هایی درباره‌ی یادگیری در طول عمر، خدمات چشمگیری در پژوهش‌هایش ارائه داده است. گید[2] نیز با مطالعه‌ی مغز انسان از کودکی تا بزرگسالی نشان داد تغییرات اساسی مغز در دوران نوجوانی رخ می‌دهد که با دگرگونی هنگام نوزادی تا سه‌سالگی رقابت می‌کند. این مطالعات درک کامل‌تری از ویژگی‌های رفتاری مرتبط با سن به دست می‌دهند و اطلاعات تازه‌ای درباره‌ی چگونگی و چرایی رفتار افراد در مراحل گوناگون زندگی و نیازهای در حال تغییر مغز از کودکی تا نوجوانی و بزرگسالی شامل تغذیه، خواب، تحریک اجتماعی و عاطفی در اختیار والدین و معلمان می‌گذارند. با پیشبرد ایده‌هایی در مورد نحوه‌ی نگاهمان به یادگیری در طول عمر، خدمات فوق‌العاده‌ای در تحقیقات طولی‌اش انجام داده است. گید با مطالعه‌ی مغز کودکان در دوران بزرگسالی نشان داد که تغییرات اساسی در مغز نوجوانان رخ می‌دهد که با تغییرات در نوزادان تازه متولد شده تا ۳ ساله رقابت می‌کند. این مطالعات درک کامل‌تری از ویژگی‌های رفتاری مرتبط با سن ارائه کرده‌اند و به والدین و معلمان اطلاعات جدیدی در مورد چگونگی و چرائی رفتار افراد در مراحل مختلف زندگی‌شان می‌دهند. علاوه بر این، این مطالعات، معلمان

---

[1] Mental Health
[2] Giedd

را در فهم درک کامل‌تر ی نیز در مورد نیازهای در حال تغییر مغز، از کودکی تا نوجوانی و تا بزرگسالی در زمینه‌ی تغذیه، خواب، تحریک محرک‌های اجتماعی، و تنظیم عاطفی یاری می‌رسانند.

دسته‌ی دیگر

مطالعات پژوهش‌های این مربوط به علم ذهن، مغز، تربیت به بررسی ناهنجاری‌های مغز، نادر بودن برخی شرایط، یا مسیرهای رشدی غیرعادی می‌پردازند. ما معلمان آموزگاران می‌توانیم با مطالعه‌ی شرایط درباره‌ی افراد دارای استعدادهای خاص افراد، کودکان مبتلا اوتیسم و کودکان عقب‌ماندگیه ذهنی نکات بسیاری را متوجه شویم. در برخی موارد گاهی این شرایط ویژه‌ی مغز باعث به وجود آمدن‌های خاص علت مشکلات یادگیری در این افراد انسان‌ها می‌شود و در برخی موارد دیگر صرفاً مغزشان اندکی متفاوت عمل می‌کند. در نظر گرفتن این تنوع گستردگیه از توانایی‌های ذهنی به ما امکان می‌دهد آنچه را برای اکثر بیشتر مردم طبیعی و یا غیرطبیعی است و نیز پتانسیل ظرفیت وسیع مغز انسان در زمینه‌های یادگیری را کشف کنیم.

این گروه از مطالعات پژوهش‌ها روی در مورد ساختار و عملکرد غیرعادی مغز، اطلاعات‌مان را درباره‌ی مغزهای معمولی شناخته شده است، کامل می‌کنند و به محققان یاری می‌دهند در مورد مکانیسم‌ها و سازوکارهای یادگیری از جمله مکانیسم‌های واکنش کودکان در کلاس‌های درس، نظریه‌پردازی کنند. یکی از راه‌هایی خدمات که این نوع مطالعات به معلمان کمک کرده‌اند، این موضوع بوده است که تحقیقات در مورد ناهنجاری‌های مغزی در مقایسه با مطالعات روی مغز دانش‌آموزان عادی، راحت‌تر و از نظر اخلاقی کم هزینه‌تری است. جالب است بدانید در فاصله‌ی طول سال‌های دهه‌ی ۱۴۰۰ تا ۱۹۰۰ بسیاری از آنچه یافته‌ها در مورد مغز شناخته شده بود، از بررسی مغزهای آسیب دیده به دست آمد. بیشتر مغزهای سالم به همراه پیکر فرد دفن می‌شدند، در حالی‌که مغزهای آسیب دیده به عنوان راهی برای یافتن روش‌های درمان به بیماری‌ها و اختلالات مورد مطالعه قرار می‌گرفتند. اکنون و با ظهور فناوری تصویربرداری در دهه‌ی ۱۹۹۰، به مغزهای که عملکرد سالمی دارند نیز می‌توانیم دسترسی داشته باشیم و همین عامل توجه به تفاوتواریانس‌های فردی میان مغزها را برجسته کرده است. این گوناگونی‌ها تفاوت‌های فردی راهنمای محققان را دربرای درک نابرابری‌های تفاوت‌های ظریف در ظرفی در عملکرد مغز میان افرادی است که برای مثال از نارساخوانی خوانش‌پریشی رنج می‌برند، و کسانی که زبان را به روش «عادی» به کار می‌برند. راهنمائی می‌کند. این اطلاعات کلید برای آموزش مؤثرتر به همه‌ی دانش‌آموزان است.

از طریق مطالعه‌ی روشی که مواجهه‌ی افراد دارای مشکلات خاص با چالش‌های یادگیری برخورد می‌کنند، از نحوه‌ی چگونگی عملکرد مغزهای «عادی» و «متفاوت» را درمی‌یابیم. به عنوان مثال، یک اسکن تصویربرداری مغزی از فردی که به دنبال سکته، دچار افت عملکرد زبانی شده، ممکن است. نواحی از مغز را که به فرآیندهای زبانی ارتباط دارند (هم در مغز سالم و هم در مغز آسیب‌دیده) مرتبط هستند، نشان دهد. به روشی مشابه، اطلاعات و یافته‌های حاصل از مطالعات تصویربرداری عصبی افراد با مشکلات مختلف گوناگون می‌تواند به ما کمک می‌کند تا دریابیم کدام فرآیندهای «عادی» مختلف مختل می‌شوند. مغز دقیقاً قادر به چه چیز دستیابی به چه چیزی است و در چه شرایطی این امر محقق خواهد شد؟ تفاوت‌های یادگیری در علم MBE به عنوان یک نکته‌ای منفی تلقی نمی‌شوند، بلکه به عنوان راهی برای درک بهتر عملکرد همه‌ی مغز است. برخی از انواع این مغزهای مختلف و نحوه‌ی چگونگی مشارکت‌شان را در ادامه توضیح خواهیم داد.

- **دانشمند سندروم ساوانت (سندروم دانشمند):** نشانگان دانشمند بیماری نادری است که در آن فرد مانند جزیره‌ای از نبوغ و استعداد فراتر از حد طبیعی و در عین‌حال اقیانوسی از ناتوانی و کمبود است. افراد دچار این سندروم و اختلال در برخی موارد به شدت عقب مانده هستند و در همان حال مهارت‌های ریاضی نابغه‌گونه دارند، یا مثلاً نمونه‌ی دیگری از این سندروم یک فرد مبتلا به اوتیسمتیک با مهارت‌های موسیقیایی شگفت‌انگیز است. شاید بتوان دارولد ترفرت[۱] را برجسته‌ترین متخصص جهان در زمینه‌ی مطالعات نشانگان دانشمندسندروم ساوانت دانست. از نظر او، ساوانتیسم[۲] در مردان شش برابر بیشتر از زنان رایج است. در حالی‌که این سندروم به طور معمولاً ژنتیکی، ارثی است اما، در موارد نادر می‌تواند ممکن است به واسطه ضربه به سر نیز رخ دهد. همه‌ی افراد مبتلا به سندروم این اختلال مهارت‌های حافظه‌ای جذابی دارند که باید آن‌ها را بسیار به شدت مورد توجه آموزگاران قرار گیرد زیرا، که امروزه می‌دانیم هیچ یادگیری تازه‌ای بدون حافظه اتفاق نخواهد افتاد. برخی از این مطالعات به ما کمک کرده‌اند تا بیاموزیم ارتباط نزدیکی میان حافظه‌ی بسیار پیشرفته‌ی یک دانشمند متوسط و دقت او در جزئیات وجود دارد و برخی از این مطالعات به ما کرده‌اند درک کنیم ارتباط نزدیکی میان سیستم حافظه بسیار پیشرفته یک فرد ساوانتیسم بسیار پیشرفته و یک ساوانتیسم متوجه وجود دارد. اما دانستن اینکه آیا آموزش صریح جزئیات می‌تواند حافظه‌ی

---

۱ Darold Treffert

۲ savantism

غیرقابل دسترسی را تقویت کند یا خیر نیازمند تحقیقات بیشتر در زمینه‌ی درک بهتر ارتباط توجه و حافظه است.

- **دانش‌آموزان تیزهوشان:** معمولاً تیزهوشی معمولاً را به عنوان «هوش برتر» تعریف می‌کنند، اگرچه با این‌حال رابرت استرنبرگ و جانت دیویدسون[۱] درباره مفاهیم تیزهوشی خاطر نشان کرده‌اند که اگرچه نمرات بالای ضریب هوشی بالا می‌تواند نشانه‌ای از استعداد به شمار آید، اما معمولاً عوامل دیگری مانند توانایی‌های عاطفی، روانی، حرکتی و خلاقیت برتر هم بر هوش در مورد این افراد نیز وجود دارد. مطالعات پژوهش در زمینه‌ی مربوط به استعداد و تفاوت‌های فیزیولوژیکی جسمی میان ساختارهای عادی و غیرعادی مغز و اینکه چگونه این ساختارها واسطه‌ای برای فعالیت‌ها و عملکردهای اجرایی قرار می‌گیرند را واسطه می‌کنند. مطالعه‌ی لوب پیشانی دانش آموزان تیزهوش و نحوه‌ی پردازش، تحلیل، ترکیب و قضاوت اطلاعات به وسیله‌ی مغز آنان‌ها ایده‌ها و نتایج جالبی در مورد چگونگی آموزش به کودکان غیرمستعد برای تقویت این مهارت‌ها در آن‌ها ارائه داده است. تا دهه‌ها دانش‌آموزان تیزهوشان را در محیط‌های آموزشی به اشتباه تشخیص داده می‌شدند یا نادیده گرفته می‌شدند، و حتی در برخی موارد به عنوان دانش‌آموزانی دردسرساز تلقی می‌شدند. اما ما معلمان به تازگی متوجه شده‌ایم که وقتی کودک مشکل یادگیری دارد که باعث می‌شود کندتر از سایرین دیگران عمل کند، چه کاری باید انجام دهیم اما همچنان نمی‌دانیم برای کسانی که به دلایل غیرقابل توضیح نسبت به سایرین برتری دارند چه باید کرد. احتمالاً می‌بایست یاد بگیرند چگونه رویه‌های آموزشی‌مان را نسبت به آنان‌ها بهبود ببخشیم، روش‌های تدریسی ابداع کنیم که بتواند دانش‌آموزان از تمامی طیف‌های مختلف را شامل شود و با درک بهتر نحوه‌ی عملکرد مغز دانش‌آموزان تیزهوشان مستعد آموزش‌های لازم را به آن‌ها ارائه کنیم.
- **اوتیسم:** یک اختلال رشد مغزی است، که تقریباً ۶ نفر از هر ۱۰۰۰ نفر در یک جمعیت عمومی را متأثر می‌کند و در پسران چهار برابر بیشتر از دختران رخ می‌دهد. ویژگی‌های اصلی کودکان اوتیسم شامل رفتارهای تکراری (اجباری یا تشریفاتی)، و نیز سطوح پایین تعامل اجتماعی، عدم ناتوانی در برقراری ارتباط چشمی و عدم ناتوانی در واکنش به احساسات دیگران است. یک حوزه‌ی تازه و مهم از تحقیقات مربوط به علم MBE به کشف عصب‌های آینه‌ای[۲]

---

[۱] Robert Sternberg / ۱۹۴۹
Janet Davidson / ۱۹۴۱

[۲] Mirror neurons

در جایگاه پایهی زیستی همدلی و بررسی اختلال عملکرد این عصبها در کودکان مبتلا به اوتیسم پرداخته است. حوزهی جدید مهمی از تحقیقاتی علم ذهن، مغز، تربیت به کشف نورونهای آینهای به عنوان مبنایی فیزیولوژیکی همدلی و اختلال عملکردشان در کودکان مبتلا به اوتیسم مربوط میشود. نورونهای آینهای عصبهای آینهای فعالیت انسان را در رابطه با اعمال خاص انجام شده توسط خود او و اعمال مشابه انجام شده توسط دیگران نشان میدهند و پلی بالقوهای میان ذهنها ایجاد میکنند. این مطالعات ثابت کردهاند که افراد مبتلا به اوتیسم تمایل به برقراری ارتباط و احساس همدلی دارند، اما در تولید نورونهای آینهای عصبهای آینهای دچار کمبود هستند و برای اولین بار در این مطالعات پژوهشها به شواهد فیزیکی از دلایل اصلی این اختلال اشاره شده است. این مطالعات و تحقیقات صورت گرفته غیر از آنکه به توضیحاتی دربارهی نحوهی چگونگی عملکرد ذهنهای اوتیستیک و با استعداد اشاره میکنند، بلکه درک کاملتری از نحوهی عملکرد مغز در جمعیتهای مردم عادی ارائه میکنند. معلمی که در قرن بیست و یکم تدریس میکند، باید بداند که حداقل دستکم چگونه باید مغزهای خاص و اوتیستیک را شناسایی کند و بتواند والدین را به سمت متخصصان کاربلد ماهر این اختلال سوق دهد. معلمانی آموزگاری که میدانند اوتیسم میتواند به دلیل عملکرد نادرست سیستم عصبی آینهای ایجاد میشود، میتواند قادر خواهد بود استراتژیهای مداخلهای تصمیمات مناسبتری در این زمینه اتخاذ کند.

سطح	تست هوش استاندارد	در جمعیت عمومی
شناسایی تیز هوش	۱۱۵-۱۲۹	۱ در ۶ (صدک ۸۴)
با هوش متوسط	۱۳۰-۱۴۴	۱ در ۵۰ (۹۷.۷ صدک)
با استعداد	۱۴۵-۱۵۹	۱ در ۱۰۰۰ (۹۹.۹ صدک)
استثنایی	۱۶۰-۱۷۴	۱ در ۳۰۰۰۰ (۹۹.۹۹۹۷ صدک)
با استعداد شگرف	۱-۱۷۵	۱ در ۳۰۰۰۰۰ (۹۹.۹۹۹۹۷ صدک)

جدول ۱ ـ ۵: معیارهای مستعد بودن

• **دانش‌آموزان مبتلا به اختلال نقص توجه AAD[1]:** اختلال نقص توجه (بیش فعالی) یک مشکل یادگیری است، که بیش از هر جای دیگری در میان کودکان ایالات متحده به چشم می‌خورد. در حال حاضر اطلاعاتی در دسترس است که با بهره‌گیری از آن‌ها کارکرد مدارهای عصبی پیچیده در مغز را توضیح می‌دهند، مدارهایی که پردازش اطلاعات و داده‌ها و حفظ توجه را بر عهده دارند. مطالعه‌ی افراد مبتلا به نقص توجه، به ایجاد فرضیاتی را درباره‌ی چگونگی مدیریت توجه در مغزهای بدون این مشکل مطرح می‌کند. این اطلاعات داده‌ها می‌تواند به معلمان کمک می‌کنند مشکلات توجه در دانش‌آموزان‌شان را بهتر تشخیص دهند و سپس آن‌ها را با سطوح گوناگون توانایی‌های مدیریتی راهنمایی کنند، همچنین به دانش‌آموزان یاری می‌کنند که درک فراشناختی بهتری از نحوه‌ی چگونگی توجه‌شان داشته باشند. مطالعات بلندمدت، صفات رشدی در دانش‌آموزان دچار نقص توجه را طی سال‌های متمادی مقایسه کرده‌اند. به عنوان مثال، برخی تحقیقات پژوهش‌های بسیار جالب، افراد را در طول زندگی‌شان ردیابی کرده و گزارش کرده‌اند، که ۳۰ تا ۵۰ درصد مبتلایان به نقص توجه در دوران کودکی این مشکل را تا بزرگسالی همراه خواهند داشت. اما دلیل آن چیست؟ و یا چه تغییرات زیستی در ساختار یا شیمی مغز باعث بهبود این اختلال خواهد شد. اگر تغییرات فیزیولوژیکی در ساختار یا شیمی مغز باعث این بهبود شود، چه؟ چه اتفاقی در مغز ۳۰ تا ۵۰ درصد افراد رخ می‌دهد که پس از سال‌های اولیه‌ی تحصیل موفق به درمان نقص توجه نمی‌شوند. چه اتفاقی در مغز ۳۰ تا ۵۰ درصد افراد که با بزرگسالی این مشکل در آن‌ها حل می‌شود، می‌افتد؟ آیا درمان برای بزرگسالان باید متفاوت از درمان بیماران کوچک‌تر و جوان‌تر باشد؟ همه‌ی این سؤالات، پرسش‌هایی هستند که باید در علم MBE با دقت بیشتری مورد بررسی قرار گیرند.

• **افراد دارای یک نیم‌کره‌ی مغزی فعال:** علی‌رغم نادر بودن این بیماری، برخی از مطالعات و پژوهش‌های بسیار عجیب و شگفت‌انگیزی درباره‌ی نیم‌کره بودن و ادغام نیمکره‌ای یا مطالعه‌ی افرادی که تنها نیمی از مغزشان فعال است، وجود دارد. براساس این مطالعات تحقیقات نشان داده‌اند فردی ممکن است تنها دارای یک نیم‌کره‌ی مغزی فعال داشته باشد و می‌تواند در عین‌حال رشد طبیعی داشته باشد. این واقعیت انعطاف‌پذیری مغز را نشان می‌دهد و باور به این در راستای رد این ایده است که مناطق خاصی از مغز برای یک نوع

---

[1] مخفف Attention Deficit Disorder

یادگیری برنامه‌ریزی شده‌اند. (مثلاً نیمکره‌ی چپ تنها زبان را کنترل می‌کند) را رد می‌کند. مطالعات نیمکره‌ای گواهی بر انعطاف‌پذیری ساختارهای مغزی هستند و ثابت می‌کنند، که سیستم‌های سازوکارهای پیچیده‌ای، (به جای مناطق خاص مغز)، یادگیری را مدیریت می‌کنند. اهمیت این‌گونه مطالعات بسیار زیاد است، زیرا به توانایی کلی مغز انسان برای بازسازی خود اشاره می‌کند و چرا که پتانسیل کلی مغز انسان برای سیم‌کشی مجدد خود برای کارایی اشاره دارد.

• **خوانش پریشی[۱]:** یک وضعیتی چالش برانگیز که طی در سال‌های اخیر تحقیقاتی زیادی گسترده‌ای درباره‌ی با آن انجام گرفته است، خوانش‌پریشی است. می‌دانیم که خوانش‌پریشی یک اختلال یادگیری در رابطه با مشکلات مربوط به خواندن و املاً، نوشتن و یک اختلال یادگیری است که بین ۵ تا ۱۷ درصد جمعیت ایالات متحده رایج است از آن رنج می‌برند. تئوری‌های نظریات و عقاید زیادی بی‌شماری در مورد این اختلال خوانش‌پریشی، و نیز ایده‌های بی‌شماری در مورد ریشه‌های آن (تکاملی در برابر اکتسابی) این اختلال و چندین برنامه‌ی پیشنهادی برای درمانش آن مطرح شده است. با این‌حال وجود، توافق کامل و جامعی بر سر روش درمانشی صورت نگرفته این اختلال وجود ندارد. طبق اظهار نظر مؤسسه‌ی تحقیقاتی خوانش‌پریشی (۲۰۰۹)، ده تا پانزده درصد جمعیت ایالات متحده دچار به این اختلال هستند، اما از هر صد خوانش‌پریش بیمار تنها پنج نفر این اختلال مورد شناسایی قرار گرفته و کمک دریافت می‌کنند.

برخی مطالعات پژوهش‌ها توانسته‌اند، ساختارها و فرآیندهای مختلف و گوناگون مغز را در افراد مبتلا به خوانش‌پریشی در هنگام یادگیری خواندن و نوشتن در مقایسه با افراد سالم بدون خوانش‌پریشی مقایسه کنند. محققان با یادگیری روش‌های مختلف و متنوع پردازش کلمات در مبتلایان به این اختلال، محققان در مورد فرآیندهای خواندن در کودکان عادی و نیز ابزارهای برای طراحی مداخلات مؤثر در این زمینه راتر توسعه گسترش می‌دهند. امروزه آزمایش‌ها و تحقیقات مداخلات خاص ویژه‌ای در دانشگاه های مختلف در سراسر جهان در این حوزه انجام می‌گیرد. مثلاً به عنوان مثال، تحقیقات پژوهش‌های تاد ریچاردز و ویرجینیا برنینگر[۲] در دانشگاه واشنگتن ضمن تأکید نه تنها بر روابط واجی بین میان کلمات و همچنین، بلکه بر آشنایی با شکل ظاهری کلمه واژه(ظاهر فیزیکی)، تأکید می‌کند و به وسیله‌ی ابداع تمریناتی متدهایی

---

[۱] Dyslexia

[۲] Todd Richards / Virginia Berninger (۱۹۶۹)

ایجاد می‌کند که کلمات و واژگان را بر اساس آن دسته‌بندی می‌کند. محققان دریافته‌اند که این مداخلات فعالیت‌ها به اکثریت اغلب کودکان درگیر این مشکل کمک می‌کند اما تأثیرگذاری به اندازه‌ی اقدامات مداخلات پزشکی ندارد. این نتیجه چه چیز را می‌تواند به ما ثابت می‌کند؟ در واقع این واقعیت ساده است که پیچیدگی‌های خوانش‌پریشی به این معنای است که برخی افراد به برخی تعدادی از مداخلات اقدامات پاسخ می‌دهند، اما هیچ مداخله‌ای فعالیتی در این زمینه وجود ندارد که به همه کمک کند. اقدامات انجام‌شده به وسیله‌ی مداخلات اعلام شده از سوی آکادمی دانشگاه ملی علوم در جهت پیشگیری از بروز مشکلات خواندن مبنی بر این اعتقاد هستند این نتیجه را در پی داشت که مداخلات فعالیت‌های مشابهی برای دانش‌آموزان مبتلا به خوانش‌پریشی مانند خوانندگان عادی باید پیشنهاد شود: آواشناسی سیستماتیک منسجم در کنار ایجاد فرصت‌ها و موقعیت‌های بسیار برای تمرین کلمات و واژگان تازه در متن‌های معنادار و فرصت‌هایی برای نوشتن در کلاس درس.

این توصیه پیشنهاد شده به این معنا است که مغزهای درگیر خوانش‌پریشی بیشتر شبیه به مغزهای بدون خوانش‌پریش و سالم هستند که البته جای تعجبی هم ندارد. با این وجود، اطلاعات مربوط به خوانش‌پریشی به ما می‌گوید که طیف وسیعی گسترده‌ای از اجزای فرعیات در مسیر خواندن وجود دارند، و این مؤلفه‌های فرعی منجر به طرح نظریاتی درباره‌یکمبودهای احتمالی آن‌ها در خوانش‌پریشی شده‌اند: آگاهی واجی و توانایی «شنیدن» کلمات نوشته شده در سر (نظریه‌ی نقص واج‌شناسی دری خوانش‌پریشی)، سرعتی که با آن می‌توانیم می‌شنویم (نظریه‌ی پردازش سریع شنوایی)، دقتی که با آن می‌توانیم الگوهای بصری دیداری کلمات را رمزگشایی کنیم (نظریه‌ی بصری دیداری)، روشی که مانع حواس‌پرتی برای هنگام تمرکز بر کلمات نوشتاری می‌شود (فرضیه‌ی حذف ادراکی ـ بصری و دیداری صدا صدا)، نحوه‌ی بیان (صحبت کردن) و نوشتن با استفاده از عملکرد حرکتی مشخص (نظریه‌ی مخچه) و روش کلی که مغز توانایی‌اش را برای دیدن، شنیدن، پردازش، رمزگشایی، تلفظ و در نهایت خواندن یکپارچه می‌کند (نظریه‌ی سلولی مغناطیسی).

اطلاعات مربوط به مغزهایی که اندکی متفاوت عمل می‌کنند به آموزگاران را کمک می‌کند تا نه فقط تنها مشکلات خاص یادگیری خاص مانند خوانش‌پریشی را تشخیص دهند، بلکه به درک نحوه‌ی چگونگی عملکرد مغز به عنوان یک سیستم دستگاه را نیز کمک می‌کند. خواندن فرآیند ساده‌ای نیست،. بلکه شامل ترکیب پیچیده‌ای از توانایی‌هایی است که به امکان خواندن

و نوشتن ختم می‌شود. معلمان با یادگیری شناخت بیشتر و روزافزون هر یک از این مغزهای ویژه، معلمان آمادگی بیشتری برای برآوردن نیازهای فردی دانش‌آموزان‌شان می‌یابند.

به طور خلاصه، علم MBE تقریباً همه‌ی این موارد را مطالعه می‌کند: همه‌ی تمامی گروه‌های سنی و همه‌ی توانائی‌ها و ظرفیت‌های ذهنی را، این رویکرد کلی می‌تواند از آنجائی که دانش و تخصص از گروه‌های سنی مختلف متنوع یا سطوح گوناگون توانایی به دست می‌آید، این رویکرد کلی قادر است یافته‌های دقیق‌تری در اختیارمان قرار دهد. با این حال، این مرور و قیاس کلی برای آنچه در مجموعه تفاوت در مهارت‌های انسانی «عادی» در برابر «غیرعادی» در نظر گرفته می‌شود مفید خواهد بود، که به نوبه خود به درک واضح‌تر و آشکارتری از معنای واقعی دستیابی به پتانسیل توانایی افراد شخصی از طریق آموزش مطلوب اشاره می‌کند.

چه چیز و به چه دلیلی مطالعه می‌شود و چرا؟

تمامی ابعاد یادگیری انسان در علم MBE مطالعه می‌شود، بنابراین محدود کردن دامنه‌ی مطالب این کتاب به چند مداخله بخش کار بهتری خواهد بود. برای انتخاب عناصری موضوعاتی که شایستگی بیشتری برای بررسی دارند ابتدا اطلاعاتی را در نظر می‌گیریم که معلمان معمولاً به آن‌ها توجهی ندارند و در عین حال درک پویایی یادگیری و یاددهی اهمیت دارند. این مطالعات به صورت گسترده تری مفهوم این مطالعات به دو گروه دسته‌ی بزرگ تقسیم می‌شوند: مطالعات بررسی مربوط به مهارت‌ها، توانایی‌ها، یا حوزه‌های زمینه‌های خاص و مطالعاتی که بر شناخت به عنوان یک کل متمرکز هستند. (مثل نظریه‌های هوش) علاوه بر این، سه دسته‌ی کلی از مطالعات پژوهش‌های مربوط به جنبه‌ی بیولوژیکی زیستی یادگیری وجود دارد که برای درک علم MBE ضروری است: مطالعات روی درباره‌ی نوروژنزعصب‌زایی، انعطاف پذیری، و ارتباط ذهن و بدن (که شامل مطالعه در موردات خواب، ورزش، و تغذیه است، و تأثیر هر یک بر یادگیری می‌شود).

مطالعات مهارت‌های ایزوله و جداشده

مطالعات مربوطه به مهارت‌ها، توانایی‌ها یا حوزه‌های خاص در ادامه به صورت کلی توضیح داده می‌شوند و چندین نمونه نیز در فصل‌های ششم و هفتم این کتاب آورده خواهد شد. مطالعات پژوهش‌ها در این دسته، تغییرات متابولیک وابسته به سوخت‌وساز بدن در مغز را براساس محرک‌های خاصی ثبت می‌کنند، مثلاً در یادگیری نواختن گیتار یا خواندن جنبه‌ی جذاب این مطالعات گفته شده که به معلمان کمک می‌کند درک کنند و برای موضوع کلاسی ساده یا مجموعه مهارت وجود ندارد، بلکه هر کدام از مهارت‌های فرعی بی‌شماری تشکیل

شده‌اند. به عنوان مثال، برای نواختن گیتار و خواندن آواز، انگشتان یک فرد باید بتواند حرکات انگشت خاصی را حین تفسیر نمادهای صفحه برای خواندن موسیقی هماهنگ کند و همزمان ریتم و ضرب، آهنگ صدا و سرعت نواختن را نیز در نظر بگیرد. این تقسیم به مهارت‌های فرعی برای یک معلم چه معنایی دارد؟ این یافته‌ها به معلم او کمک می‌کند تا درک کنیم هر مهارتی که دانش‌آموز یاد می‌گیرد می‌تواند و باید برای مدیریت بهتر به بخش‌های کوچک‌تری تقسیم شود. یکی از مؤثرترین تاکتیک‌ها و ترفندهای جنگی، تفرقه انداختن و تسخیر کردن است. چرا؟ زیرا زمانی که کل به قطعات کوچک‌تر تقسیم شود، می‌توان با آن قطعات به شیوه‌ای کارآمدتر برخورد کرد. برخی از بهترین روش‌های تدریس این ایده شامل این طرح می‌شوند و دانشی رایج در میان معلمان موفق به شمار می‌رود. در همین رابطه زملمن[۱] و همکاران (۲۰۰۵) پیشنهاد می‌کنند معلمان باید تکالیف نوشتاری را در بخش‌هایی تصحیح کنند، ابتدا بر ایده‌ی طرح محتوا، سپس بر املا، پس از آن بر دستور زبان و در مرحله‌ی آخر بر سازماندهی و... تمرکز کنند. این رویکرد به دانش‌آموزان کمک می‌کند نقاط قوت و ضعف‌شان را در رابطه مورد با جوانب نوشتاری تشخیص دهند. پیچیدگی‌های بسیاری از مهارت‌های تحصیلی، از جمله مهارت‌های فرعی خواندن و نوشتن، در فصل هفتم با جزئیات بیشتر توضیح داده شده است. اکنون کافی است بگوییم که مطالعه‌ی مغز همان‌طور که یاد می‌گیریم چگونه آموزش دهیم، سبب گسترش درک معلم ما درباره‌ی بسیاری از پیچیدگی‌های آموزش آکادمیک دانشگاهی و همچنین مهارت های بقای زندگی می‌شود.

مهارت‌های اصلاحی نیاز به تشخیص دقیق دارند، بنابراین هر چه بیشتر درباره‌یچگونگی یادگیری مغز بدانیم، در هنگام شناسایی و حل چالش‌های یادگیری کودکان عملکرد بهتری خواهیم داشت. انبوهی از مطالعات تصویربرداری نشان داده‌اند که چگونه مغز خواندن را یاد می‌گیرد، اعمال ریاضی انجام می‌دهد، توجه می‌کند، به یاد می‌آورد و با استفاده از عملکردهای اجرایی خود را کنترل می‌کند، البته بدون اشاره به پژوهش‌های کم درباره‌ی نحوه‌ی تفسیر مغز از طنز انبوهی از مطالعات تصویربرداری اثبات کرده‌اند و مغز در رابطه با خواندن، انجام ریاضیات، توجه، به خاطر سپردن و کنترل خود با تکیه بر عملکردهای اجرائی عملکرد بهتری خواهد داشت. به عنوان مثال، مطالعات پژوهش‌های اخیر در آزمایشگاه روانپزشکی و تصویربرداری عصبی استفنورد به دنبال شناسایی چگونگی ارتباط شوخ‌طبعی و سیستم‌های سازوکار پاداش در مغز بود. اما چرا چنین موضوعی باید برای معلمان مهم باشد؟ زیرا که درک ماهیت پیچیده‌ی

[۱] Zemelman

یادگیری و درک بسیاری از اجزای فرعی درگیر در یک یک تکلیف روند یادگیری آموزشی خاص به ما کمک می‌کند به صورت مؤثرتری آموزش دهیم، نقاط مشکل را شناسایی کنیم و آموزش یاددهی را با دقت بیشتری متمایز کنیم. برای نمونه محققان درباره‌ی شوخ‌طبعی دریافته‌اند که مناطقی از مغز درگیر احساسات پاداش‌دهنده‌ای است که به دنبال مصرف برخی از داروهای اعتیادآور و الکل یا سود مالی در قمار (هسته اکومبنس، ناحیه‌ی شکمی) فعال می‌شوند و همچنین نواحی مغزی که ترس و سایر احساسات را پردازش می‌کنند. (آمیگدال) همگی در تفسیر مغز از بذله‌گویی نقش دارند و به عنوان مثال، محققان در رابطه با شوخ‌طبعی دریافته‌اند که مناطقی از مغز درگیر احساسات پاداش دهنده است که به دنبال مصرف برخی داروهای اعتیادآور و الکل، یا دریافت سود مالی در قمار، و نیز نواحی مغز که ترس و سایر احساسات را پردازش می‌کنند (آمیگدال) همگی در تفسیر مغز از شوخ‌طبعی دخیل هستند. این مطالعات درباره‌یدانش‌آموزانی که به اصطلاح دلقک کلاس هستندها یا چه اطلاعاتی ارائه می‌کنند؟ در مورد محیط‌های کلاسی آرام و شاد؟ در مورد معلمانی که «نمی‌توانند شوخی را در کلاس تحمل کنند» چه اطلاعاتی ارائه می‌کنند؟ ویژگی‌های این حوزه‌ی مهارتی هم در حوزه‌ی زمینه‌ی آکادمیک دانشگاهی و هم در حوزه‌ی بقای انسانی در فصل ششم به تفصیل مورد بحث قرار خواهند گرفت.

به‌طور خلاصه، مطالعات در زمینه‌ی مهارت‌های حوزه خاص مانند خواندن، نوشتن، نواختن گیتار، یا طنز، به معلمان کمک می‌کند، درک کنند. مهارت‌ها این استعدادها را چطور باید به بخش‌های کوچک‌تر تقسیم کنند. سایر گروه‌های بزرگ مطالعاتی نیز که به نظریه‌های جهانی هوش و شناخت مربوط می‌شوند، به معلمان یاری می‌دهند تا کارشان را بهتر انجام دهند.

مطالعات درباره‌ی شناخت در جایگاه به عنوان یک کل

مطالعاتی که بر شناخت به عنوان یک کلی تمرکز دارند، مرزهای «عادی» را برای فعالیت‌های شناختی مختلف متنوع تعیین می‌کنند. این متون به دنبال نقشه‌ی ذهن در تصاویر با استفاده از فناوری جدید نوین هستند. مهم‌ترین کمک‌ها به درک هوش عمومی، از طریق ارتباط مستقیم با علم MBE در چند دهه‌ی گذشته و بازه‌ی زمانی در فاصله سال‌های ۱۹۸۵ تاکنون رخ داده است. مستندسازی الگوهای عادی تفکر، به خلق نظریه‌های جدیدی از درباره‌ی هوش منجر شده است. آن نظریه‌های مرتبط با ادبیات علمی رشته‌ی MBE توانایی‌های فکری را در توضیحات عصب‌شناختی پایه‌گذاری می‌کنند. به عنوان مثال شبکه‌های مهارت‌های فیشر و رز (۲۰۰۱)، مدل الگوی عصبی‌شناختی آترتون برای دانش‌آموزان و مربیان (۲۰۰۲)، تلاش کانل

برای تعریف مبانی علوم عصب‌شناسی آموزشی با ادغام نظریه، آزمایش و طراحی (۲۰۰۵) و چرخه‌های پویای رشد شناختی و مغز فیشر (۲۰۰۷) هر کدام رشد شناختی را در سیستمی سازوکاری ایجاد می‌کنند که مغز چطور ذهن را ایجاد می‌کند و چگونه هر ذهن منحصر به فرد و دائماً در حال تغییر است. در حالی‌که مشخص نیست آیا که هر کدام از نظریه‌پردازان فوق‌الذکر گفته شده به طور آشکارا می‌خواستند نظریات‌شان را با نظریه‌ی رشته‌ی نوظهور یکی کنند، اما این گواهی بر نیازهای روزافزون آموزش است که در دوره‌های اخیر نظریاتی جدید نوین به طور گسترده در سطح وسیع مطرح شده است. سایر مطالعات مربوط به علم MBE عقل و اندیشه‌ی انسان را در فرآیندهای تکاملی پایه‌گذاری می‌کند و نشان می‌دهد انسان‌ها او با از راه مواجه با چالش‌های جدید در محیط، به افزایش توانایی‌های ذهنی کلی خود ادامه خواهند داد. دیدگاه تکاملی به معلمان یادآوری می‌کند که برخی از مهارت‌ها مانند خواندن به اندازه مهارت‌هایی مانند اسکن افق برای دشمن «طبیعی» نیستند، بلکه بر مغز تحمیل می‌شوند، که ممکن است توضیح دهد که چرا مشکلات بیشتری در برخی از آنها وجود دارد. مجموعه مهارت‌ها نسبت به سایرین دیدگاه تکاملی به معلمان یادآوری می‌کند، مثلاً برخی مهارت‌ها مانند خواندن، به اندازه‌ی مثلاً توانایی اسکن افق طبیعی نیستند، بلکه امری هستند که بر مغز تحمیل می‌شوند. شاید گروهی از مطالعات که مربوط بیشتر به معلمان، مربوط می‌شوند، مربوط به نظریه‌های هوش ارتباط داشته باشند. برخی از آن‌ها این مطالعات به روش‌های ساده‌ای اشاره دارند که زمانی برای اندازه‌گیری هوش در مدارس استفاده می‌کردیم، اشاره دارند. از نظر تاریخی، مطالعات درباره‌ی هوش از در نظر گرفتن «g» یا ظرفیت فکری خالص به دیدگاهی گسترده‌تر از هوش مبتنی بر توانایی فردی تکامل یافته است. از لحاظ تاریخی، مطالعات در مورد هوش با تکیه بر پتانسیل فکری خاص یا همان "g" به دیدگاهی گسترده‌تر از هوش مبتنی بر پتانسیل فردی تکامل یافته‌اند. اولین چالش برای مدل تک هوش ("g") از نظریه‌ی هوش‌های چندگانه‌ی هاوارد گاردنر بود، که در ۲۵ سال گذشته بر مباحث آموزشی غلبه داشته است و دلیل این چیرگی، به احتمال زیاد، به دلیل جذاب دیدن روش‌های مختلف (بالاخره هشت) شمارش کنید که در آن افراد می‌توانند باهوش باشند، نه فقط یک نفر، کارها و فعالیت‌های جدیدتر افرادی چون گاردنر (۲۰۰۱)، هاوکینز درباره‌ی هوش (۲۰۰۴) و نظریه‌ی سه‌گانه‌ی هوش استرنبرگ (۱۹۸۵) همگی مدل‌هایی الگوهایی هستند که به دنبال خروج از روش زمانی محدود برآورد توانایی انسان هستند را دنبال می‌کنند.

نمونه‌ی دیگری از نظریات تئوری‌های هوش مرتبط با علم MBE در کار فعالیت مل لوین[۱] یافت می‌شود. لوین (۲۰۰۰) پتانسیل ظرفیت انسان را به سیستم‌ها دستگاه‌ها یا ساختارهای توسعه‌ی عصبی تقسیم می‌کند. او معتقد است همان‌طور که بدن دارای هفت سیستم دستگاه (هضم، تولید مثل، تنفس، گردش خون، عصبی، اسکلتی، عضلانی) است، مغز دارای هشت سیستم دستگاه است: حافظه، توجه، ترتیب زمانی‌ترتیبی، نظم مکانی، زبان، عملکرد عصبی حرکتی، شناخت آگاهی اجتماعی و شناخت تکاملی مرتبه بالاتر، همان‌طور که اگر هر یک از این هفت سیستم دستگاه به خوبی کار نکند، بدن آسیب می‌بیند، اگر چنانچه یکی از هشت سیستم دستگاه نام برده به طور کامل کار نکند، پتانسیل ظرفیت مغز ممکن است و می‌تواند محدود شود. به عنوان مثال، لوین استدلال می‌کند که حافظه و توجه فرآیندهای محرک درگیر در یادگیری هستند. اگر کودک در هر جنبه‌ای از حافظه (کاری، کوتاه مدت یا بلندمدت) مشکل داشته باشد یا از نقص توجه در هر سطحی رنج می‌برد، یادگیری مختل خواهد شد. نظریه‌ی او نشان می‌دهد اگر دانش‌آموزی در درک سیستم سازوکار ترتیب زمانی‌ترتیبی ضعیف باشد، در درک فهم فرمول‌های ریاضی یا قواعد دستوری دچار مشکل می‌شود،. زیرا که ترتیب به فرمول‌ها و قوانین مربوط می‌شود. نقص در هر کدام از ساختارهای عصبی رشدی بر کل تمامی اطلاعات دانش‌آموزان تأثیر می‌گذارد و به طور مؤثری توانایی‌های یادگیری بالقوه‌ی او را مختل می‌کند. کار پژوهش لوین شکاف بین میان مدل‌های الگوهای صرفاً روان‌شناختی هوش و مدل‌های نمونه‌های مبتنی بر بیولوژیک زیست‌شناسی را پر می‌کند. اگرچه لوین کمتر از گاردنر شناخته شده است، اما نظریه‌ی سازه های رشد عصبی لوین او مورد حمایت متخصصان اعصاب قرار می‌گیرد گرفته و به احتمال زیاد شروع ژانر نوع جدیدی تازه‌ای از تفکر درباره‌ی هوش در آینده خواهد بود، به ویژه در ارتباط با علم MBE، خواهد بود.

جوانب بیولوژیکی زیستی یادگیری

برخی از جنبه‌های بیولوژیکی زیستی یادگیری بسیار به معلمان مرتبط است، اما به ندرت در برنامه‌های آموزشی، آموزش و پرورش از آن صحبتی به میان می‌آید. این موارد شامل چگونگی تأثیر فرآیندهای خاص مانند نوروژنزعصب‌زایی، انعطاف پذیری، و ارتباط ذهن و بدن (خواب، تغذیه و ورزش) بر یادگیری است.

[۱] Mel Levine / ۱۹۴۰

• نوروژنز عصب‌زایی: یکی از راه‌هایی دیگری که در جایگاه به عنوان معلم می‌توانیم به وسیله‌ی آن مغز را بهتر درک بشناسیم، آگاهی از طریق درک وجود نوروژنزعصب‌زایی، یا تولید سلول‌های مغزی جدید تازه است. نوروژنز عصب‌زایی که تنها وجودش به تازگی تنها در طی دهه‌ی گذشته ثابت شده است، نشان می‌دهد سلول‌های مغز نه تنها در حیوانات، بلکه در انسان نیز می‌توانند بازسازی شوند. نورومیت‌هایی افسانه‌هایی را که پیرامون درباره‌ی این فرآیند رشد کرده‌اند را در فصل قبل پیشین توضیح دادیم. بسیار مهم است که معلمان بپذیرند درک درست از این مفهوم هنوز در مراحل اولیه خود است و دعاوی نادرست بسیاری پیرامون آن‌ها وجود دارد مبنی بر اینکه نوروژنز با آموزش خوب مطلوب ارتباط دارد. نوروژنر به صورت چرخش‌ای رخ می‌دهد. کم و بیش ماهانه اتفاق می افتد به این صورت که: حدود نیمی از سلول‌ها بلافاصله می‌میرند و حدود نیمی از سلول‌ها باقی می‌مانند و به سلول‌های موجود متصل می‌شوند، در حالی‌که یک چهارم نهائی و باقی‌مانده پیوندهای جدیدی ایجاد می‌کنند. برخی مطالعات نشان داده‌اند که ورزش یا سطح بالای سوزاندن اکسیژن به میزان بقای سلول‌های جدید مغز کمک می‌کند، اگرچه که این مسئله تنها روی موش‌ها آزمایش شده است.

معلمان باید بدانند نوروژنز عصب‌زایی افراد بالغ در سلول‌های هیپوکامپ تولید انجام می‌شود (هیپوکامپ ساختاری است که حافظه‌ی بلند مدت را واسطه می‌کند) و برای در یادگیری اهمیت دارد و مهم است). همچنین این مطالعات به درک این موضوع کمک می‌کند که انسان‌ها می‌توانند در تمام طول عمرشان یاد بگیرند. سایر مطالعات پژوهش‌ها در مورد نوروژنز عصب‌زایی بر مفاهیم، حقایق و محدودیت‌های این دانش تمرکز دارند. آیا نوروژنز یادگیری را تا سنین بالا تضمین می‌کند؟ ظاهراً خیر، اما توضیح می‌دهد که چگونه می‌توان با به وسیله‌ی فعالیت از زوال مهارت‌های ذهنی جلوگیری کرد. بزرگسالانی که فعال باقی می‌مانند (مثلاً با انجام حل سودوکو یا جدول کلمات متقاطع، یادگیری یک زبان خارجی، یا انجام هر گونه فعالیت تحریک‌کننده‌ی ذهنی) می‌توانند با استفاده از سلول‌های جدید مغزی، که تولید می‌شوند، به ویژه در ناحیه‌ی هیپوکامپ تولید می‌شود، از این زوال جلوگیری خواهد کرد. آنچه نکته‌ی کلیدی برای ما معلمان در مورد مطالعات روی نوروژنزعصب‌زایی کلیدی است، درک این موضوع است که تکثیر و بقای سلول‌های جدید مغز می‌تواند تحت تأثیر فعالیت، تغذیه و سایر انتخاب‌های سبک زندگی قرار گیرد. مطالعات آتی در زمینه‌ی نوروژنز عصب‌زایی ممکن است راه‌های مشخص‌تری را برای تقویت رشد سلول‌های جدید در مغز شناسایی نشان دهد و از رکود منفی توانایی‌ها که عموماً با افزایش سن مرتبط است، جلوگیری کند. شواهد و مطالعات کنونی درباره‌ی نوروپلاستیسیته

انعطاف‌پذیری مغزی و نوروژنز عصب‌زایی به معلمان و فراگیران شواهدی می‌دهد که نشان می‌دهد یادگیری حتماً می‌تواند و در طول عمر اتفاق بیفتد، نه فقط در دوران اولیه کودکی همان‌طور که تا همین اواخر تصور می‌شد، که و ممکن است در نهایت بر سیاست‌ها آموزشی و برنامه های یادگیری مادام العمر تأثیر بگذارد.

• **پلاستیسیته انعطاف‌پذیری مغزی:** پلاستیسیته مغز اصطلاحی است، که برای افراد معمولی عجیب به نظر می‌رسد، چرا که واژه‌ی «پلاستیک» تصویری از نوارهای پلاستیکی و اجناس پلاستیکی را به ذهن‌شان متبادر می‌کند. اما این اصطلاح در میان دانشمندان و متخصصان عصب‌شناسی به انعطاف‌پذیری مغز برای تغییر، (چه بهتر یا چه بدتر)، در طول زندگی اشاره دارد. انعطاف پذیری و سازماندهی مجدد ارتباطات در مغز شاید جذاب‌ترین جنبه‌ی مغز انسان برای معلمان به شمار آید، زیرا مظهر یادگیری است. مشخصه‌ی همه‌ی یادگیری‌ها انعطاف‌پذیری یا اتصال سلول‌های مغزی است که قبلاً به هم مرتبط نبوده‌اند. انعطاف پذیری این ویژگی و دیدگاه‌های قدیمی را درباره‌ی اینکه مغز یک ساختار ثابت است به چالش می‌کشد. در عوض، اکنون می‌دانیم که شکل‌پذیر است و این‌گونه می‌توان از قطعات مختلف و گوناگون آن برای چیزها و کارهای متعدد استفاده کرد.

در موارد شدید استثنایی، انعطاف‌پذیری این امکان را پلاستیسیته به مغز می‌دهد که به دلیل آسیب عملکردهای مغز را از یک به ناحیه به ناحیه‌ی دیگر منتقل کند. انعطاف‌پذیری مغز، مفهومی است که در عین حال فوق‌العادگی بسیار ساده است: «اینکه مغز ساکن نیست. درکش نسبتاً آسان است که به مغز می‌تواند به شرایط یادگیری جدید پاسخ مناسب دهد.» شکل عصبی در واقع جوهره‌ی یادگیری است. هر بار که مغز چیز جدیدی یاد می‌گیرد، تغییرات فیزیکی را تجربه می‌کند و انعطاف‌پذیری‌اش را نشان می‌دهد.

برخی مطالعات در مورد انعطاف‌پذیری این ویژگی روی بر فرآیندهای خاصی مانند حافظه تمرکز دارند و این مطالعات نشان می‌دهند مغز چطور از نظر فیزیکی با ایجاد خاطرات جدید تازه تغییر می‌کند. تحقیقات دیگر نیز به تغییرات شدید در انعطاف‌پذیری در سنین مختلف گوناگون پرداخته‌اند. مطالعات پژوهش‌های مربوط به دورانه‌های رشد به این ایده اشاره دارند که مغز دوره‌های حساس و خاصی برای رشد دارد که در آن‌ها دوره‌ها یادگیری برخی از مهارت‌ها ممکن است آسان‌تر باشد. در واقع مطالعات انجام شده درباره‌ی انعطاف‌پذیری عصبی، نوروپلاستیتسیته به توانایی مغز انسان برای یادگیری در دوره‌های پیری اشاره دارد که در آن زمان مفاهیم دوره‌های حیاتی برای کسب مهارت از بین می‌روند. لازم است که معلمان بدانند،

مطالعات طولی هم انعطاف‌پذیری و هم نوروژنز عصب‌زایی را، که در جریان تغییرات زندگی آشکار می‌شوند، مورد بررسی قرار داده‌اند. تحقیقات درباره‌ی انعطاف‌پذیری عصبی نوروپلاستیسیته حاوی شواهدی هستند از اینکه تغییرات رفتاری چگونه بازتابی از تغییرات و دگرگونی فیزیکی در مغز هستند، بازتاب می‌دهند، از جمله مستنداتی درباره اینکه درمان مغز چگونه باعث تغییرات بسیاری چیزها می‌شود. انعطاف‌پذیری پلاستیسیته یکی از هیجان انگیزترین اکتشافات در دوران مدرن و یکی از یافته‌های واقعاً خوش‌بینانه مربوط به مغز است.

• **ارتباط ذهن و بدن:** تشخیص ارتباط میان ذهن و بدن به ضرب‌المثل لاتین Corpus sanus (تن سالم، ذهن سالم) باز می‌گردد. ایده‌ی باور اصلی این اندیشه آن است که آنچه برای بدن رخ می‌دهد بر توانایی مغز و عملکردش تأثیر می‌گذارد. معلمان و سیاست‌گذاران آموزشی باید از فهرست غنی و رو به رشد یافته‌ها در این زمینه آگاه باشند تا بتوانند در کلاس درس عملکرد کارکرد مؤثرتری داشته باشند. مغز چطور بدن را مدیریت می‌کند یا برعکس، بدن چطور بر مغز تأثیر می‌گذارد؟ (برای دیدن پاسخ لئوناردو داوینچی در این‌باره نگاه کنید به تصویر ۱ـ۵) حداقل دست‌کم سه کانون خاص از تحقیقات علم MBE در بدن وجود دارد: خواب، ورزش و تغذیه. در رابطه با نکته‌ی قبلی در مورد انعطاف‌پذیری عصبی نوروپلاستیسیته، مطالعات متعددی وجود دارند که نشان می‌دهند خواب چطور می‌تواند بر انعطاف‌پذیری مغز تأثیر بگذارد و این مطالعات حاکی از آن هستند که کسانی که خواب خوبی دارند، می‌توانند به طور مؤثرتری از مغزشان استفاده کنند. مؤثرتر از مغزشان را دارند و حتی ممکن است بتوانند از مناطق بیشتری از مغزشان استفاده کنند. این یافته‌ها پیامدهای بسیاری در حوزه‌ی آموزش داشته‌اند. به منظور بهره‌برداری حداکثری از این دانش، معلمان باید به والدین همسو با مطالعاتی که اثبات می‌کنند محرومیت از خواب کافی چطور بر عملکرد شناختی انسان تأثیر منفی می‌گذارد، به والدین آموزش دهند. در عین‌حال که تأثیر کمبود خواب بر عملکرد نامطلوب دانش‌آموزان برای بسیاری از معلمان و والدین مشخص شده است، اطلاعات جدید تازه نشان می‌دهند، بدن نه تنها هنگام در زمان خواب در حال فعالیت است، بلکه خواب بر توانایی ذهن برای یادگیری نیز تأثیر می‌گذارد.

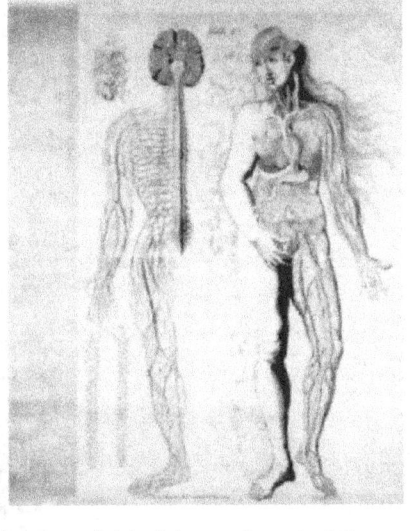

تصویر ۱ـ۵: تفسیر داوینچی از ارتباط ذهن و بدن[۱]

خواب نه تنها به بدن و ذهن آموزش می‌دهد، بلکه برای تقویت حافظه‌ی بلند مدت نیز ضروری است. کم‌خوابی تأثیر منفی بر حافظه دارد. افرادی که به اندازه‌ی کافی استراحت نمی‌کنند، نمی‌توانند به خوبی توجه کنند، و نمی‌توانند به شکلی مؤثر خاطراتشان را در ذهن ثبت و تثبیت کنند. بسیاری از تحقیقات انجام شده در این رابطه، اهمیت خواب را برای موفقیت در مدرسه به طور کامل تشریح توضیح می‌دهند. اگرچه بسیاری از ما به طور غریزی این اطلاعات را درک می‌کنیم، اما خواندن نتایج تحقیقات پژوهش‌های واقعی می‌تواند تأثیرگذاری بیشتری خواهد گذاشت. مطالعات متعددی نقش بهزیستی جسمانی را بر پیشرفت ذهنی، از جمله تأثیر چرخه‌های خواب دانش‌آموز بر پتانسیل ظرفیت یادگیری بررسی کرده‌اند. برخی از آن‌ها مطالعات در این دسته، به اهمیت کلی استراحت در مهارت یادگیری اشاره می‌کننددارند، به ویژه به این مسئله می‌پردازند که کدام شبکه‌های عصبی با به دنبال محرومیت از خواب و پیامدهای یادگیری مختل می‌شوند. مطالعات طولی انجام شده روی درباره‌ی الگوهای خواب کودکان آشکارا به

[۱] منبع: منابع آنلاین موزه علوم بریتانیا. http://www.sciencemuseum.org.uk/hommedia.ashx?id 7252&size=Small

	نوزاد تازه متولد شده					کودکی			نوجوانی			بزرگسالی			بالای شصت سال		
سن	۱ هفته	۱ ماه	۳ ماه	۶ ماه	۹ ماه	۲ سال	۵ سال	۷ سال	۹ سال	۱۱ سال	۱۳ سال	۱۴ سال	۱۵ سال	۱۶ سال	۱۸ سال	بالای ۱۸ سال	بالای ۶۰ سال
میانگین	۱۷	۱۵.۵	۱۵	۱۴.۲۵	۱۴	۱۳	۱۱	۱۰.۵	۱۰	۹.۵	۹.۵	۹.۵	۹.۲۵	۹	۸.۵	۸–۷	۶.۵

جدول ۲ـ۵: نیاز به خواب، از نوزادی تا بزرگسالی

وضوح نیاز به خواب و نیز پیامدهایی را که کمبود خواب می‌تواند بر یادگیری دانش‌آموزان داشته باشد، مشخص می‌کنند. اما خواب کافی چطور بر یادگیری تأثیر می‌گذارد؟ یک پاسخ این سؤال به این موضوع توجه دارد. به زبان ساده‌تر، افرادی که خسته‌ای هستند نمی‌توانند توجه کنند. با این‌حال، این وجود، پاسخ جالب‌تر دیگری هم به این پرسش وجود دارد که به علم MBE باز می‌گردد.

نیاز به خواب چرا و چطور چگونه از دوران نوزادی تا بزرگسالی تغییر می‌کند؟ چرا نوزادان تازه متولد شده بسیار بیشتر از بزرگسالان می‌خوابند (به طور متوسط ۱۷ ساعت در روز) و زمان زیادی را در خواب REM می‌گذرانند، در حالی‌که بزرگسالان بین بین ۷ تا ۸ ساعت در روز می‌خوابند. درباره‌ی خواب REM[1] در دوران نوزادی چه چیزی وجود دارد که بر شکل‌گیری مغز تأثیر می‌گذارد؟ چرا این نیاز به خواب در دوران کودکی به تدریج کمتر می‌شود، اما در نوجوانی مجدداً افزایش می‌یابد؟ چرا افراد بزرگسال بالای ۶۰ سال به خواب کمی نیاز دارند؟ در حالی‌که برای همه‌ی این پرسش‌ها، پاسخ‌های قاطعی نداریم، اما نکاتی در مورد پاسخ به این سؤالات در چارچوب ساختار شیمیایی خواب وجود دارد.

[1] خواب با حرکت سریع چشم (REM) مرحله‌ای در خواب است که با رویا دیدن و تثبیت حافظه مرتبط است

تعداد زیادی از مطالعات نقش خواب دیدن را در تثبیت حافظ اثبات کرده‌اند. این مطالعات پژوهش‌ها نشان می‌دهند، افراد برای تثبیت خاطرات به خواب کافی و مناسب نیاز دارند. کافی است معلمان اندکی به پیامدهای بی‌شماری این یافته‌ها بر آموزش‌ها ی تعلیمی فکر کنند. از نظر محققان، این حوزه، دلیل اصلی این تأثیر به انواع حافظه‌های کسب شده در مدرسه (یعنی خاطرات بیانی یا آشکار) و ساختار منحصر به فرد حالات REM در مقابل سایر مراحل خواب مربوط می‌شود.

• **تمرین فیزیکی جسمانی:** نقش تحرک در یادگیری کاملاً اثبات شده است که نشان می‌دهد حرکت چطور می‌تواند یادگیری را تقویت کند. اصول یادگیری فعال شامل افزایش حرکت می‌شود، چرا که حرکت تحرک بیشتر منجر به اکسیژن‌رسانی بهتر به مغز می‌شود و همین مسئله تمرکز و حافظه را بهبود می‌بخشد. از آنجایی که مغز تقریباً ۲۰ درصد اکسیژن بدن را مصرف می‌کند، اکسیژن رسانی بهتر به تفکر شفاف‌تر می‌انجامد. زمانی که بدن غیرفعال است، اکسیژن کمتری در مغز جریان می‌یابد و ممکن است احساس خواب‌آلودگی ایجاد شود. این مطالعات گفته‌شده از این جهت به معلمان و حوزه‌ی یادگیری مرتبط است که شواهدی را به منظور رد روش‌های تدریس خاص از جمله روش‌های بسیارغیرفعال به دلیل کمبود اکسیژن ارائه می‌کنند. به عنوان مثال، یکی از دلایلی که سبب می‌شود یادآوری برای تکنیک‌های داده‌ها پس از شنیدن سخنرانی بسیار کاهش یابد این است که هنگام دریافت غیرفعال اطلاعات شامل هیچ انرژی از جانب دانش آموز صرف نمی‌شود. در مقابل، زمانی که دانش آموز درگیر یادگیری فعال است. (مثلاً در بحث‌های گروهی کوچک، مناظره‌ها، ساخت فیزیکی مدل‌ها الگوها و ترکیب روایت‌ها)، احتمال بیشتری وجود دارد که محتوا را به خاطر بسپارد.

به طور خلاصه، کلاس‌های درس غیرفعال و راکد دیگر جذابیتی ندارد و امروزه کلاس‌های پویا و فعال رواج یافته‌اند. همه‌ی ما در موقعیت‌های سخنرانی‌های غیرفعال و پایان ناپذیری قرار گرفته‌ایم که در آن‌ها یادگیری از طریق انتقال جادویی، ارتباط شفاهی و ادراک شنیداری شکل می‌گیرد. این رویه برای برخی زبان‌آموزان یادگیرندگان در برخی بعضی موقعیت‌ها و برخی موضوعات کاربردی است، اما برای اکثر یادگیرندگان آنان سودمند نیست. نتیجه‌ی نهایی: اگر در کلاس حرکت وجود نداشته باشد (تغییر شخص، مکان، یا نوع فعالیت)، یادگیری کیفیت خود را از دست می‌دهد. لحظات کوتاه حرکت میان درس‌ها یا تغییر مفاهیم اختصاص داده شده به بدن به منظور تازه شاداب کردن ذهن می‌تواند توانایی حفظ مفاهیم جدید را افزایش دهد. چنین تایم‌هایی زمان‌هایی برای استراحت مثلاً می‌توانند حتی در حد تغییر صندلی باشند. البته

هیچ شواهد قطعی درباره‌ی اینکه «شکست‌ها و وقفه‌های مغزی» به دلیل اکسیژن‌رسانی بهتر هستند و مفیدند یا صرفاً به این دلیل مطلوب هستند که تمرکز و توجه دوباره می‌شوند، وجود ندارد. معلمان با تجربه می‌دانند زمانی که دانش‌آموزان فعالیت‌های حرکتی جسمانی را با فعالیت‌های کوشش‌های فکری عوض می‌کنند، می‌توانند مدت طولانی‌تری توجه‌شان را برای مدت طولانی‌تری حفظ کنند.

سایر مطالعات فیزیولوژیکی مربوط به شناخت بدن، تغییرات شیمیایی را در مغز مورد توجه قرار می‌دهند. از جمله حامیان اصلی یادگیری فعال گرین‌لیف[1] است که مقاله‌اش تحت با عنوان «نقش حرکت و احساسات در یادگیری دانش‌آموزان» (۲۰۰۳) ارتباط میان حرکت و مفاهیم یادگیری مبتنی بر مغز را نشان داد. از نظر گرین‌لیفاو، «روابط مغز، بدن، محیط در حال گسترش و تشدید تقویت ظرفیت ما برای تبدیل شدن به مربیان مؤثرتر است.». (گرین‌لیف، ۲۰۰۳، ص ۳۷) مغزهای فعال و غیرفعال، جریان خون و مواد شیمیایی متفاوتی را نشان می‌دهند. مغزهای فعال بیشتر حالت فیزیولوژیکی دارند که برای توجه بهتر و حافظه‌ی بلندمدت مفیدتر هستند. چندین مطالعه پژوهش در این‌باره رابطه اثبات کرده‌اند که ورزش و تحرک فیزیکی جسمانی می‌تواند حافظه و یادآوری را به دلیل انتقال دهنده‌های عصبی که در این فرآیند فعال می‌شوند، تقویت کند. ماس و شولی شواهدی ارائه می‌کنند که نشان می‌دهند، تجویز تزریق اکسیژن باعث بهبود شکل‌گیری حافظه می‌شود (موس و شولی، ۱۹۹۵، ص ۲۵۵) . معلمانی که به این دانش مجهز هستند، می‌دانند که باید وظایف شرایط یادگیری فعال را در کلاس ایجاد مهیا کنند، و روش‌های آموزشی را به گونه‌ای متحول سازند که به دانش‌آموزان اجازه دهد به شکلی فیزیکی جسمی و به تناوب موقعیت‌شان را تغییر دهند.

• **تغذیه:** بسیاری از مطالعات درباره‌ی تغذیه با علم MBE مرتبط هستند. عادات غذایی خوب مناسب به یادگیری کمک می‌کنند و عادات روش‌های غذایی تغذیه‌ای ضعیف ناکارآمد توانایی مغز را برای برای به حداکثر اوج رساندن پتانسیل ظرفیت یادگیری را کاهش می‌دهند. «رژیم غذایی دانش‌آموز هم به کم‌توجهی ضعیف و هم متقابلاً به بهبود تمرکزش کمک می‌کند. آنچه دانش‌آموزان می‌خورند بر عملکردشان در کلاس‌های درس تأثیر می‌گذارد.» چندین مطالعه و پژوهش درباره‌ی تأثیر خاص تغذیه بر یادگیری یا تأثیرش بر حالات ذهنی وجود دارد. وضعیت بدن بر پتانسیل ظرفیت مغز برای یاگیری تأثیر می‌گذارد. به عنوان مثال، مطالعات

---

[1] Greenleaf

تحقیقات مارکاسون[۱] (۲۰۰۵) در این‌باره بود که اثبات کرد رژیم غذایی چگونه می‌تواند بر بافت‌های عصبی تأثیر بگذارد که و به همین منوال بر در عملکرد اجرایی و توجه تأثیر نقش دارد. این بدان معناست که غذاهای چرب یا نوشابه‌های با قند بالا، که اغلب بخشی از رژیم غذایی نوجوانان ایالات متحده را تشکیل می‌دهند، نه تنها عامل چاقی هستند، بلکه در مشکلات یادگیری نیز دخیل دخالت دارند. با این وجود، مطالعات تحقیقات دیگری نیز انجام شده که به چگونگی تأثیر رژیم غذایی بر برخی کاستی‌های یادگیری مربوط می‌شوند. تغذیه‌ی نامناسب می‌تواند از طریق بر هم زدن تعادل مواد شیمیایی، قندها، چربی‌ها و سایر مواد موجود در غذاهایی که کودکان می‌خورند بر مغزشان تأثیر بگذارد و همچنین می‌تواند بالا یا پایین بودن رفتن سطح توجه آن‌ها را توضیح سبب می‌شود. مطالعات دیگر در این زمینه بررسی می‌کنند که جوانب خاص رژیم غذایی مثل مانند استفاده‌ی بیش از اندازه اسیدهای چرب غیراشباع، چطور می‌توانند بر مغز، حافظه و شبکه‌های یادگیری تأثیر بگذارند.

این حوزه اطلاعاتی و آگاهی درباره‌ی ارتباط میان سلامت روانی و جسمی، پیامدهای مثبتی بر سیاست‌های مدیریت مدرسه (مثلاً بوفه‌ها) و نیز سیاست‌گذاری در زمینه‌های بهداشت ملی دارد. مانند همه‌ی اصول دیگر علم MBE، جوانب دشوار مسائل تغذیه‌ای در ماهیت نسبی‌شان نهفته است. افراد مختلف تا حد زیادی، نیازهای تغذیه‌ای متفاوتی دارند و به رژیم‌های غذایی مشخص واکنش‌های گوناگونی نشان می‌دهند. معلمان با تجربه تأثیر بالقوه‌ی انتخاب‌های غذایی بر یادگیری در کلاس‌های درس را به خوبی درک کرده‌اند و باید سعی کنند بهترین الگوی رفتاری را از خودشان در این زمینه نشان دهند.

شواهدی از علوم زیست‌شناسی و علم عصب‌شناسی نشان می‌دهند که انتقال دهنده‌های عصبی چگونه از نحوه‌ی تغذیه تأثیر می‌پذیرند و تغذیه خوراک چگونه بر میزان یادگیری تأثیر می‌گذارد (اغلب از طریق ایجاد موانع در مسیر توجه و حافظه) آنچه دانش‌آموزان می‌خورند می‌تواند بر نحوه‌ی انتشار برخی انتقال دهنده‌های عصبی در مغز تأثیر بگذارد، که همگی می‌توانند ممکن است شرایط یادگیری را به سمت سوی سطوح بهینه یا کمتری از حد مطلوب سوق دهند. این مسئله کاملاً اثبات شده است که سازوکارهای عصبی پیچیده، متعدد و گسترده کنترل مصرف غذا و صرف انرژی را در بدن از سوی سیستم‌های عصبی پیچیده، زائد و توزیع شده، کنترل می‌شود، که اهمیت بیولوژیکی زیستی اساسی تأمین مواد مغذی و تعادل در ایجاد انرژی کافی را منعکس می‌کند (برتهود و موریسون، ۲۰۰۸، ص ۵۵) معلمان، والدین و سیاست‌گذاران باید

---

[۱] Marcason

درباره‌ی اینکه چه نوع رژیم‌هایی برای بهزیستی زندگی مطلوب عموم مردم از نظر جسمی و روانی عمومی مفیدتر است، اطلاعات داشته باشند. در حال حاضر امروزه یک قانون کلی این وجود دارد که می‌گوید آنچه برای قلب مفید است، برای مغز نیز مفید خواهد بود. به این معنا که یک رژیم غذایی کم‌چرب در کنار مصرف میوه‌ها و سبزی‌های تیره‌رنگا (با پوست تیره)، ماهی‌های سرشار از اسید چرب امگا ۳ و آجیل‌ها به جای شیرینی‌ها، راهنمای اساسی خوبی از برای نظر دریافت مواد غذایی مناسب است. ارتباط بدن و ذهن در علم MBE بسیار مورد توجه قرار دارد چرا که دانش‌آموزانی که میزان اندکی خواب، ورزش یا تغذیه‌ی نامناسب دریافت می‌کنند، در محیط‌های آموزشی رسمی عملکرد خوبی از خود نشان نمی‌دهند. ارتباط ذهن و بدن در ادبیات آثار مکتوب نشان می‌دهد دانش‌آموزان زمانی بهتر یاد می‌گیرند که نیازهای بدنی‌شان برآورده شده باشد.

«چیستی ماهیت و چرایی چگونگی»: کانون‌های مراکز تحقیقاتی در علم MBE گسترده است و از مهارت‌های مجزا و خاص گرفته تا نظریه‌های جهانی هوش را شامل می‌شود و البته جوانب بیولوژیکی‌تر زیستی یادگیری را نیز شامل در بر می‌گیرد مانند نوروژنزعصب‌زایی، انعطاف‌پذیری و ارتباط ذهن و بدن، چنانچه که در مطالعات پژوهش‌های مربوط به خواب، ورزش و تغذیه دیده می‌شود. همه‌ی این زمینه‌ها برای علم MBE مهم هستند، چرا که اثبات می‌کنند یادگیری در کلاس درس متأثر از عوامل متعددی است که بسیاری از آن‌ها هنوز در دانشکده‌های تربیت معلم مورد توجه قرار نمی‌گیرند. روش دیگر برای درک بهتر علم MBE بررسی دقیق نحوه‌ی چگونگی انجام مطالعات است.

نحوه‌ی انجام مطالعات

راه‌های زیادی برای یادگیری مغز وجود دارد، اما دو راه اساسی از طریق مشاهده و استفاده از فناوری است. در دو حوزه‌ی آموزش و روانشناسی در درجه‌ی اول به مشاهدات تغییرات ظاهری قابل مشاهده در رفتار استناد می‌کنیم. مانند معلمی که یک روش خواندن جدید و تازه را امتحان می‌کند و نتایج آن را تماشا می‌کند یا روانشناس کودکی که در چارچوب یک روش درمانی خاص راهنمایی‌هایی ارائه می‌کند و به دنبال تغییر در رفتار است. مشاهده‌ی رفتار در آموزش و روانشناسی در عصر حاضر با تکنیک‌ها و شیوه‌های تصویربرداری از مغز در علم عصب‌شناسی تکمیل شده تا با دقت بیشتری مشخص شود که مغز دقیقاً چطور یاد می‌گیرد و چه نوع آموزش یا محرکی باعث عملکرد کارآمدتر مطلوب‌تر آن می‌شود. در حالی‌که مشاهدات تاریخی،

اطلاعاتی درباره‌ی یادگیری و فناوری تصویرداری ارائه می‌کنند، در علم MBE این دو روش برای ایجاد ابزار قدرتمندتری برای با هدف درک فرآیندهای یادگیری ترکیب می‌شوند. روانشناسان در سطح کارشناسی در مورد مهارت‌های مشاهده‌ای پایه‌ای آموزش می‌بینند. همان‌طور که جان اوتس[۱] از مرکز کودکی، رشد و یادگیری در انگلستان به این مسئله اشاره می‌کند: «مهارت‌های مشاهده و ارزیابی منظم رفتار عموماً به عنوان مؤلفه‌های اصلی آموزش روش‌های تحقیق در مقطع کارشناسی در روانشناسی خطی هستند و عنصر اصلی هسته‌ی تعریف شده را تشکیل می‌دهند.». چنین مهارت‌های مشاهده‌ای باید عنصر اصلی آموزش یادگیری در سرتاسر جهان نیز باشند. به باید به معلمان باید آموزش داده شود که رفتار قابل مشاهده‌ی دانش‌آموز را با اطلاعاتی که در مورد عملکرد مغز دارند تطابق تطبیق دهند تا به تشتخیص بهتر ی از مشکلاتی دست یابند و سپس برنامه‌های آموزشی شخصی بهبود یافته‌ای در این چارچوب طراحی کنند. اما این روند بهبود یافته در عمل چگونه به نظر می‌رسد؟

یکی از راه‌هایی که ما معلمان می‌توانیم به وسیله‌ی آن کارمان را بهبود ببخشیم، سیستم‌بندی و طبقه‌بندی کردن یادداشت‌هایی است که هنگام پیشرفت دانش‌آموزان‌مان می‌بینیم، تهیه کنیم. در حالی‌که بسیاری از معلمان ایده‌هایشان را در مورد دانش‌آموزان‌شان را یادداشت می‌کنند و علم MBE نشان می‌دهد انجام این کار به شیوه‌ای ساختاری منجر به نتایج بهتر می‌شود. به عنوان مثال، یادداشت‌برداری تصادفی را می‌توان با رویکرد سازمان یافته‌تر از طریق استفاده از سه سازه‌ی کدگذاری، قابلیت اطمینان و اعتبار، جایگزین کرد که همگی ویژگی‌های اصلی مشاهده‌ی دقیق و یادداشت‌برداری جامع در روانشناسی و آموزش هستند.

• **کدگذاری**، توانایی انتخاب مفاهیم اصلی و کدگذاری پاسخ به سؤالات یا رفتار قابل مشاهده در این دسته‌های اصلی است. برای مثال، یک معلم ممکن است تصمیم بگیرد رفتار پرخاشگرانه را در کلاس تقویت کند تا ببیند چه چیزی باعث این مشکلات در کلاسش می‌شود.

• **قابلیت اطمینان**، به کیفیت واقعی اطلاعات در دسترس مربوط می‌شود. مثلاً، معلم موقعیت‌ها را براساس شنیده‌ها یادداشت نمی‌کند، بلکه تنها زمانی که شاهد رفتاری واقعی باشد، یادداشت می‌کند.

• **اعتبار یا اعتبار بوم‌شناختی** که به این معناست که زمینه‌ای که در آن رفتارهای مشاهده می‌شود تا حد امکان معتبر بوده باشد. این بدان معنی است که معلم احتمالاً رفتار

[۱] john oates / ۱۹۴۸

پرخاشگرانه در قبال همسالان را به روشی متفاوت از رفتار پرخاشگرانه در مقابل اشیای بی‌جان جواب می‌دهد (اگرچه به هر دو واکنش نشان می‌دهد). اعتبار به پردازش زمان و رویداد نیز مربوط می‌شود (اینکه آیا زمانی که یک رویداد در آن مشاهده شده است، بر نتایج تأثیر می‌گذارد یا نه). به عنوان مثال، آیا پرخاشگری در زمان‌های خاص، مانند زمانی که یکی از والدین کودک را رها می‌کند، شایع‌تر می‌شود؟ یا درست بعد پس از دوره‌های استراحت در مدرسه تشدید می‌شود؟ همه‌ی این اطلاعات تشخیص بهتری از علل اصلی مشکل کودک در اختیار می‌گذارند و در نتیجه به معلم امکان می‌دهند، مداخله‌ی مناسب‌تری داشته باشد.

گفتنی است که اعتبار اکولوژیکی بوم‌شناختی یکی از بحث برانگیزترین سازه‌ها در مطالعات علمی MBE است، که به‌طور خاص به این مسئله می‌پردازد که آیا آنچه در یک موقعیت آزمایشگاهی رخ می‌دهد لزوماً منعکس کننده‌ی اتفاقی است که در محیط‌های کلاسی می‌افتد یا خیر. مثلاً تصور کنید در آزمایشگاه، موش مورد آزمایش پس از خوردن گلوکز رفتار نامنظمی بروز می‌دهد. این رفتار لزوماً به این معنی نیست که یک کودک نیست قطعاً به همان شیوه عمل خواهد کرد. اگرچه مطالعات آزمایشگاهی روی درباره‌ی حیوانات همواره منعکس کننده‌ی رفتار کودکان انسان در کلاس‌های درس نیستند، اما پروتکل‌های تحقیقاتی آزمایشگاهی اغلب سطحی از دقت دارند که مشاهده‌ی ذهنی در کلاسی دارای چنین دقتی نیست. به همین دلیل است که هم مشاهدات و هم تکنیک‌های روش‌های تصویربرداری برای علم MBE اساسی هستند.

جدای از مشاهده که به شکل سنتی در روانشناسی و اکنون در حوزه‌ی آموزش استفاده می‌شوند، اکنون ابزارهای یادگیری دیگری نیز وجود دارند که معلمان برای درک بهتر مغز و یادگیری که از علم عصب‌شناسی به دست می‌آید، باید با آن‌ها بیشتر آشنا شوند.

تصویربرداری عصبی

تصویربرداری عصبی به معلمان کمک می‌کند، مغز را ببینند و ساختار، عملکرد و چگونگی تأثیر فارماکولوژی داروسازی بر مغز را درک کنند و در برخی موارد با استفاده از مطالعات پژوهش‌های تصویربرداری عصبی، می‌توانند از این واقعیت آگاه‌تر شوند که ترکیب‌های بخش‌های مختلف گوناگون مغز در زمان‌های مختلف همچون به عنوان سیستم‌های دستگاه‌های متفاوتی متنوعی کار می‌کنند که این آگاهی، به توضیح پیچیدگی یادگیری هر مهارت و زیرمجموعه‌هایش کمک می‌کند.

نوروآناتومی مطالعه‌ی ساختار دستگاه عصبی

مطالعه‌ی اینکه کدام نواحی از مغز در طی فرایندهای یادگیری فعال هست هستند، که در طی آن فرآیندهای یادگیری، نیازمند دانش و آگاهی از کاری در مورد نوروآناتومی یا مطالعه‌ی های قشر اولیه، بلکه شامل های مختلف گوناگون مغز است. این مسئله نه تنها شامل لوب‌بخش های عصبی را نیز می‌شود. مطالعه پژوهش درباره‌ی ساختار ناخالص اولیه‌ی مغز برای شبکه همه‌ی معلمانی که می‌خواهند به بهترین اطلاعات ممکن درباره‌ی یادگیری دسترسی داشته باشند، مفید است.

با توجه به این هدف، همه به خوبی می‌توانیم لوب‌های فرونتالقدامی را، (که مسئول تصمیم‌گیری و شناخت در مراتب بالاتر هستند) را از لوب‌های پسِ سری، (که به بینایی مرتبط هستند) تشخیص دهیم. نوروآناتومی این علم مطالعه‌ی سازمان آناتومیکی کالبدشناسانه‌ی مغز است. این رشته نه تنها شامل لوب‌های اولیه، بلکه شامل شبکه‌های عصبی نیز می‌شود.

در متاآنالیزی که در سال ۲۰۰۸ انجام دادم، مشخص شد بخش انتخاب مغز در مطالعات آموزش و یادگیری، هیپوکامپ است که در ذخیره‌سازی حافظه‌ی بلندمدت نیز نقش دارد. مطالعات پژوهش‌ها مربوط به درباره‌ی آمیگدالبادامک مغز، مربوط به پردازش حافظه عاطفی، و قشر پیش‌پیشانی، مربوط مربوط بهه عملکردهای اجرایی و تصمیم‌گیری، محبوبیت هیپوکامپ را به دنبال داشت. سایر نواحی مرتبط با ادراک حسی، مانند لوب‌های پسِ سری، لوب جداری، و جسم پینه‌ای نیز از جمله مناطق محبوب مغز در مطالعه بودند. همه‌ی این مطالعات تحقیقات تشریحی، قطعاتی از یک پازل جورچین را کنار هم قرار می‌دهند که اسرار مغز و نحوه‌ی یادگیری آن را آشکار می‌کنند. لازم نیست معلمان در زمینه‌ی نوروآناتومی متخصص باشند، اما توصیه می‌شود اصطلاحات اساسی این حوزه را بشناسند تا در هنگام بررسی مطالعه‌ی پژوهش‌های انجام شده در این زمینه داشته باشند. (نگاه کنید به تصویر ۲ ـ ۵)

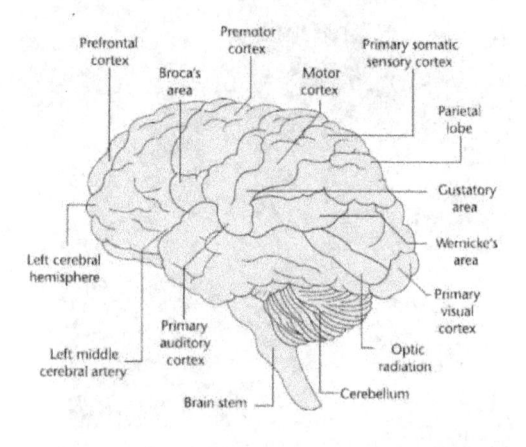

شکل تصویر ۲ ـ ۵: نوروآناتومی پایه برای معلمان[۱]

کاربرد نوروآناتومی در کلاس درس

دیدگاه سیستمی دستگاهی درباره‌ی مغز به این معنی است که بخش‌های متمایز در جوانب گوناگونی، (مثلاً در یادگیری و پردازش زبان) نقش دارند. معلمان باید بدانند مکانیسم‌های سازوکارهای عصبی متفاوتی در پردازش استعاره‌ها کنایات میانجی‌گری می‌کنند. معلمانی که چنین اطلاعاتی دارند، می‌دانند چرا دانش‌آموزان ممکن است بر یک جنبه از زبان تسلط داشته باشند بدون آنکه بر در جنبه‌ای دیگر از آن مهارت داشته باشند (مثلاً در استعاره کنایه قوی باشند اما در املا مشکل داشته باشند). در موارد دیگر، دانش‌آموز ممکن است قادر به نوشتن کامل املای کامل باشد، اما ممکن است از معنای کلمه‌ای که املا می‌نویسد آگاهی نداشته باشد یا در موارد دیگر، ممکن است املای عالی داشته باشد اما هیچ توانایی در مورد عروض نداشته باشد (نگاه کنید به تصویر ۳ ـ ۵) مطالعات پژوهش‌های انجام شده توسط لورا آن‌پتپتو از کالج دارتموث نشان می‌دهند مغز کلمات منظم را از نظر آوایی در مقابل کلمات نامنظم قرار می‌دهد. مطالعات دیگری نیز در دانشگاه گلاسکو انجام شده‌اند که نشان می‌دهن ذهن، مغز فعالیت عصبی املا را رمزگشایی می‌کند.

---

۱ Neuroanatomy meta-analys: تحلیل آماری که نتایج چند مطالعه‌ی علمی متعدد را با هم ترکیب می‌کند

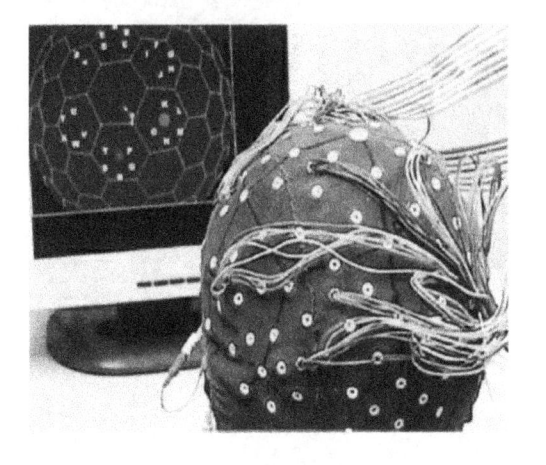

تصویر ۳ ـ ۵: املا و منبع مغز[1]

دانشگاه گلاسکو و مؤسسه همیلتون (۲۰۰۹)

مطالعات آشکارا به وضوح نشان داده‌اند که اجزای فرعی زبان به وسیله‌ی از طریق مسیرهای گوناگون عصبی وارد مغز می‌شوند. به عنوان مثال، یادگیری املایی به روشی متفاوت از پردازش واج‌شناسی وارد مغز می‌شود. به همین دلیل است که گفتن اینکه «کودک مشکلات زبانی دارد»، خیلی بسیار کلی و نادرست است، چرا که تا زمانی‌که مؤلفه‌های فرعی و خاص زبان قابل شناسایی نباشند، معلم واقعاً مشکل را مشخص نکرده است. همان‌طور که پیش‌تر نیز عنوان شد، محققان با استفاده از تکنیک‌های روش‌های تصویرداری متوجه شده‌اند چگونگی عملکرد مغز در زمان یادگیری خواندن با با نحوه‌ی عملکردش هنگامی که از قبل خواندن را می‌داند، متفاوت است. این موضوع در فصل هفتم به تفصیل مورد بحث قرار خواهد گرفت.

معلمان علاوه بر درک اصول آناتومی کالبدشناسی مغز باید از تعریف و نقش انتقال دهنده‌های عصبی در ارتباط با یادگیری نیز مطلع باشند.

انتقال‌دهنده‌های عصبی و تأثیرشان بر یادگیری

در بخش قبلی پیشین در این رابطه بحث کردیم که تغذیه چطور بر عملکرد انتقال دهنده‌های عصبی تأثیر می‌گذارد. در ادامه تأثیرات دیگری مانند حالات عاطفی مختلف را در نظر می‌گیریم.

---

[1] منبع: دانشگاه گلاسکو و مؤسسه‌ی همیلتون (۲۰۰۹)

انتقال دهنده‌های عصبی مواد شیمیایی (شامل هورمون‌ها، پپتیدها، سیستم‌های دستگاه‌های مولکولی) هستند که سیگنال‌ها امواج را از یک قسمت از مغز به قسمت دیگر منتقل می‌کنند. سیناپس‌ها (اتصالاتی که تکانه‌های عصبی از آن‌ها عبور می‌کنند) می‌توانند تبادلات الکتریکی یا شیمیایی میان نورون‌ها و عصب‌ها باشند. تبادلات شیمیایی را انتقال دهنده‌های عصبی می‌نامند.

این انتقال دهنده‌های عصبی می‌توانند به وسیله‌ی پیام‌هایی از مغز مرتبط با احساسات یا به دلیل تجربیات، تحریک شوند. در برخی موارد فقدان نبودِ برخی انتقال دهنده‌های عصبی در مغز را می‌توان عامل برخی رفتارها قلمداد کرد. به عنوان مثال، ملاتونین یک انتقال دهنده‌ی عصبی مرتبط با تنظیم ریتم توالی شبانه روز است. فرض کنید سوار هواپیمایی می‌شویم که از نیویورک به لندن می‌رود و ساعت بیولوژیکی زیستی بدنمان خاموش می‌شود. تنها راه تطبیق مغز با مناطق زمانی، تنظیم مجدد ملاتونین است. برای درک این موضوع در کلاس درس، مشخص شده است که تعادل و میزان ترشح ملاتونین الگویش را در دوره‌ی نوجوانی تغییر می‌یابد و همین امر سبب می‌شود نوجوانان تمایل داشته باشند تا دیر وقت‌تر بیدار بمانند و دیرتر بخوابند. معلمان باید بدانند که چگونه برخی از رفتارها تحت تأثیر انتقال دهنده های عصبی خاص قرار می گیرند. برخی از انتقال دهنده های عصبی نیز برای در ساختن خاطرات نقش کلیدی دارند. این اطلاعات به معلمان کمک می کند تا بفهمند چه چیزی بر انتخاب مغز درباره‌ی آنچه داده‌هایی که که در حافظه نگهداری می‌شود و چه چیزی دور ریخته می‌شوند، تأثیر می‌گذارد. برخی از دسته‌های گروه‌های کلیدی انتقال دهنده‌های عصبی در زیر نشان داده شده‌اند.

حالات عاطفی و انتقال دهنده‌های عصبی

مطالعات روی درباره‌ی انتقال دهنده‌های عصبی با هدف درک چگونگی تغییر تعادل (عدم تعادل) شیمیایی در مغز انجام شده است. به عنوان مثال، برخی مطالعات از آن‌ها اثرات مخرب هورمون‌های استرس نگرانی (استرس) نظیر کوارتیزول را بر یادگیری نشان داده‌اند. استرس نگرانی خوب «مثبت» توجه را افزایش می‌دهد و به یادگیری کمک می‌کند، در حالی که استرس و نگرانی «بد منفی»، پتانسیل ظرفیت یادگیری را به معنای واقعی کلمه کاهش می‌دهد. استرس نگرانی متوسط یا خوب مثبت باعث ایجاد حس افزایش آگاهی می‌شود که منجر به یادگیری جدید داده‌های تازه را به دنبال دارد. از سوی دیگر استرس نگرانی بد منفی هم از نظر فیزیولوژیکی جسمانی و هم از نظر روانی مضر است.

متأسفانه بسیاری از ما می‌توانیم به طور مستقیماً به ناامنی و تحقیری که در بسیاری از کلاس‌ها وجود دارد، دامن بزنیم و سطح فوق‌العاده بالایی از استرس نگرانی را ایجاد کنیم که در چنین فضایی قطعاً کیفیت یادگیری دانش‌آموزان تحت تأثیر قرار خواهد گرفت. معلمان بزرگ می‌دانند چطور به وسیله‌ی ارتباط مکرر با دانش‌آموزان و بدون ایجاد موقعیت‌های پراضطراب و استرس، مدام آن‌ها را در حالت آماده‌باش نگه دارند. این وظیفه‌ی ما در جایگاه آموزگار ایجاب می‌کند که از خود بپرسیم این یافته‌ها چه پیامدهایی برای کلاس درس دارند و آیا می‌توانیم سطح استرس نگرانی را در کلاس‌های‌مان در سطح مناسبی قرار داریم دهیم یا خیر. معلم مسئول مدیریت کلاس درس و ایجاد حالات شرایط هشدار هستند، اما نباید به هیچ عنوان وجه رفتاری بروز دهند که باعث ایجاد استرس اضطراب در دانش‌آموزان شود.

مطالعات دیگر نیز نشان می‌دهند که افسردگی بر حافظه تأثیر می‌گذارد. احساسات در تصمیم‌گیری نقش حیاتی دارند و حالات افسردگی می‌توانند هم به دلایل روانشناختی و هم به دلایل عصبی مانع یادگیری شوند. مهم است که معلمان این موضوع را در نظر داشته باشند، چرا که چارچوب ذهنی دانش‌آموزان و معلمان متأثر از تنظیمات شرایط کلاس است. حتی اگر معلمان باعث افسردگی دانش‌آموزان نشوند (اگرچه با آن که حقیقتاً در برخی موارد این کار را انجام می‌دهند)، باید از تأثیر چنین مسئله‌ای بر پتانسیل توانایی یادگیری دانش‌آموزان آگاه باشند. افسردگی طیف وسیعی گسترده‌ای از ویژگی‌ها و دامنه‌ی وسیعی دارد. بی‌حالی یکی از تظاهرات رایج افسردگی است و ممکن است شاید از سوی معلمان بی‌تجربه به عنوان بی‌انگیزگی بودن تلقی شود. معلمان آموزگاران باتجربه به قدری دانش‌آموزان‌شان را می‌شناسند که بتوانند متوجه بروز حالات افسردگی در آنان‌ها را شوند کشف و به دانش‌آموز آنان کمک کنند درمان لازم را دریافت کند. اگرچه ممکن است آموزگار خود مستقیماً باعث ایجاد حالت افسردگی نشود، اما وظیفه دارد به دانش‌آموزش کمک کند که درک کند و بفهمد حالات روانی‌اش بر میزان یادگیری‌اش تأثیر می‌گذارد.

سایر مطالعات انجام شده در حوزه‌ی MBE نشان می‌دهند، انتقال دهنده‌های عصبی دوپامین چطور با ایجاد حس شادی همراه هستند، و بر حافظه و یادگیری تأثیر می‌گذارند. جای تعجب ندارد که دانش‌آموزان شاد، دانش‌آموزان باهوش نیزی هستند. شادی که اغلب در خنده به اوج خود می‌رسد با ترشح دوپامین و سایر اندورفین‌ها مرتبط است که نه تنها احساس خوبی در فرد ایجاد می‌کند بلکه احتمال یادگیری را نیز افزایش می‌دهد. همه‌ی ما از یک خنده‌ای که از ته دل باشد لذت می‌بریم و در حال حاضر مشخص شده که چرا در چنین حالتی بهتر عمل می‌کنیم،

زیرا خنده می‌تواند جذب اطلاعات جدید و تازه را افزایش دهد. خنده و خندیدن باعث ترشح اندورفین و افزایش اکسیژن‌رسانی در مغز می‌شود که هر دو به یادگیری کمک می‌کنند. برخی مطالعات درباره‌ی شوخ‌طبعی و یادگیری، تأثیر خنده بر مکانیسم‌های سازوکارهای عصبی مرتبط با حافظه و توجه را نشان می‌دهند. به خاطر سپردن مفاهیم در لحظات توأم با خنده آسان‌تر از شرایط بدون خنده و عادی است. برخی از مطالعات، تغییرات هورمون‌ها در زمان خنده را بررسی کرده‌اند. از جمله پژوهشی که توسط برک[1] (۲۰۰۱) و انجمن Society for Neuroscience علوم اعصاب (۲۰۰۷) انجام شده است. بسیاری از معلمان نتایج استفاده از فضای خنده و شوخ‌طبعی در محیط‌های کلاسی را قبول پذیرفته‌اند و آن را گزارش کرده‌اند، از جمله باین (۲۰۰۴)، بونول (۱۹۹۳)، فیلیپوویچ (۲۰۰۲)، گارنر (۲۰۰۶) و لیتلتون (۱۹۹۸). با توجه به اینکه خنده امری فردی است، معلمان خوب نه تنها جدای از آنکه نیازمند تحریک برای خندیدن و ایجاد فضای شاد هستند تا از مزایای تأثیر آن بر یادگیری لذت ببرند، بلکه باید متوجه باشند که چه نوع شوی نمایشی باعث چنین واکنشی در دانش‌آموزان می‌شود.

همه‌ی این مطالعات تحقیقات یادآوری می‌کنند که احساسات دانش‌آموزان (استرس و اضطراب، افسردگی و، شادی) بر میزان توانایی‌شان در یادگیری تأثیر می‌گذارد.

مدارهای یادگیری و انتقال دهنده‌های عصبی

مطالعات پژوهش‌های دیگر، مدارهای عصبی میان مناطق خاصی از مغز و عملکردهای توجه را در طول یادگیری توضیح می‌دهند. این نوع تحقیق یک بار دیگر، این نوع تحقیق پیچیدگی هر تکلیف یادگیری، راه‌ها و روش‌های متفاوتی را که ممکن است اشتباه پیش بروند و همه‌ی شیوه‌های متفاوتی که یادگیری منوط به آن‌ها است را به ما یادآوری می‌کند. برخی از این مطالعات درباره‌ی رابطه با مدارهای عصبی احتمالی و زیست‌شناسی عصبی از دهه‌ها پیش ثابت شده‌اند. به عنوان مثال، بیش از حدود ۱۰۰ سال پیش، روانشناسان واکنش‌های انسان به محرک‌ها و شرطی‌سازی‌های بعدی را مطالعه کرده‌اند. دانشمندان علوم اعصاب در حال حاضر موفق به شناسایی و ردیابی تغییرات مغزی هستند که با این شرطی‌سازی توأم است.

برخی مطالعات مربوط به یادگیری مدارها و انتقال دهنده‌های عصبی در حد فوق‌العاده هستند. به عنوان مثال، تحقیقاتی درباره‌ی انتقال دهنده‌های عصبی وجود دارد که نشان می‌دهند مغز چطور و چگونه در زمان انجام جست‌وجوهای اینترنتی، روان درمانی، تجربه‌ی مدیتیشن و

---

[1] Berk

مراقبه، دوران بارداری، تولد و نوجوانی تغییر می‌کند. معلمان باید آگاه باشند که چنین اطلاعاتی این ایده را تایید می‌کنند که مغز به واسطه‌ی تجارب مختلف گوناگون مدام در حال تغییر است. MBE به معلمان کمک می‌کند دریابند، یادگیری متأثر از عواملی است که با چشم غیرمسلح قابل مشاهده نیستند. مواد شیمیایی نقش مهمی در فرآیند یادگیری دارند و تأثیر مستقیمی بر پیشرفت ذهنی و پتانسیل توانایی یادگیری می‌گذارند. درک و شناخت انتقال دهنده‌های عصبی و شیمیایی احتمالاً نقش بیشتری در شیوه‌ی آموزش معلمان در آینده‌ی نزدیک ایفا خواهد کرد، زیرا داروهای جدید و تازه‌ای (به عنوان مثال برای تقویت شناخت) به بازار عرضه خواهد شد. اکنون که به بررسی این مسئله پرداختیم که چه کسی و چه چیزی مورد مطالعه قرار می‌گیرد، این فصل را با بررسی ابعاد آموزش و یادگیری، که تمرکز کانون اصلی علم MBE هستند، به پایان می‌رسانیم.

کدام ابعاد مورد مطالعه قرار می‌گیرند؟

روش‌های متعددی برای مطالعه‌ی رابطه‌ی میان ذهن، مغز و، آموزش وجود دارد. نظریه‌ی دو «ذره‌بین» «دوعدسی» مفید از جمله در این زمینه نظریه‌های هوشیاری آگاهی و اخلاق عصبی هستند که هر کدام در ادامه به شکلی مفصل تشریح می‌شوند.

نظریه‌ی آگاهی

تئوری‌های نظریات آگاهی انسان در علم MBE مهم هستند، زیرا مفاهیم اصلی را درباره‌ی اینکه افراد چطور خودشان و دیگران را می‌شناسند، توضیح می‌دهند. ارتباط میان ذهن و مغز همچنان از جمله مباحث داغ پرچالش است. آیا ذهن و مغز موجودیت‌هایی متمایز هستند؟ آیا آگاهی از فرآیند فکری برای تعریف خود کافی است؟ آیا نظریه‌ی دکارت مبنی بر «فکر می‌کنم پس هستم» با جمله‌ی «احساس می‌کنم، پس یاد می‌گیرم» به درستی جایگزین شده است؟ یک ساختار رشد استاندارد معیار برای مطالعات مربوط به نظریه‌های آگاهی در ادبیات وجود دارند. به عنوان مثال، بسیاری از مطالعات با توضیحی در مورد اینکه کودکان خردسال چطور دسته‌بندی دنیای‌شان را شروع می‌کنند به طبقه‌بندی دنیایشان وجود دارد. پس از درک طبقه‌بندی، آن‌ها مفاهیمی در ذهن‌شان می‌سازند و از این مفاهیم، به طرحواره‌های ذهنی می‌رسند که دنیای‌شان را تعریف می‌کند. مثلاً برای مثال، طرح ذهنی اکثر آمریکایی‌ها از مفهوم میوه تصویری از یک سیب است، اما چرا؟ از آنجایی که اکثر ما از کودکی با تصویر سیب در جایگاه به عنوان نماد میوه بزرگ شده‌ایم. انتقال از یادگیری آموزش به سمت طرحواره‌های ذهنی برای یادگیری اساسی است. بدون این مهارت‌های اساسی، از یادگیری یک زبان،

ریاضیات، یا هر موضوع دیگری محروم می‌شویم چرا زیرا همگی این موضوعات به طرحواره‌های ذهنی وابسته هستند.

طرحواره‌های ذهنی ما اولین نکات ما درباره‌ی اینکه مردم چطور می‌دانند را در اختیارمان قرار می‌دهند و به درک در مورد فرآیندهای فراشناختی اشاره دارند. یعنی وقتی این طرحواره‌های ذهنی‌مان را برچسب‌گذاری و نشانه‌گذاری می‌کنیم، می‌توانیم فهم این نکات را آغاز شروع کنیم به اینکه چطور می‌اندیشیم فکر می‌کنیم و دیگران چطور چگونه مشابه ما یا متفاوت از ما می‌اندیشند. این مسئله از آن جهت برای معلمان اهمیت دارد که توضیح می‌دهد چرا افرادی که طرحواره‌های ذهنی یکسانی ندارند، در درک یکدیگر مشکل دارند. به عنوان مثال، معلمانی که دانش‌آموزان‌شان از پیشینه‌های فرهنگی متفاوتی هستند، ممکن است طرحواره‌های ذهنی یکسانی نداشته باشند. بچه‌های اکوادور زمانی که درباره‌ی مفهوم میوه از کودکان اکوادوری سؤال می‌شود اغلب یک موز را تصور می‌کنند. در این چارچوب باید یک جهش ذهنی فکری انجام دهند تا با طرحواره‌ی ذهنی اکثر آمریکایی‌ها تطبیق یابند. اما چنین موضوعاتی چگونه بر نحوه‌ی تدریس تأثیر می‌گذارند؟ خب، در درجه‌ی اول چنین مباحثی به این معنی است که نمی‌توانیم مفاهیم را به هنجارهای مشترک متصل کنیم، چرا که این هنجارها در فرهنگ‌ها بسیار متفاوت هستند. چنین موضوعی از آن جهت برای معلمان اهمیت دارد که اکثر بیشتر کلاس‌های درس ما در ایالات متحده مملو از دانش‌آموزانی از فرهنگ‌های مختلف و نیز توانایی‌های گوناگون فکری است که باعث چالشی شدن کارمان می‌شود. توانایی قدرت پرورش رشد مهارت‌های فراشناختی (که تنها پس از ایجاد طرحواره‌ی ذهنی شکل می‌گیرد) برای پرورش بالندگی تجارب مثبت یادگیری مثبت بسیار مهم است.

مطالعات فراوانی انجام شده‌اند که همگی نشان می‌دهند افزایش آگاهی از طریق فراشناخت چطور می‌تواند نحوه‌ی یادگیری را بهبود ببخشد. به معلمان یادآوری می‌شود که کمک به دانش‌آموزانشان درباره نحوه‌ی تفکرشان کیفیت کلی تفکر اندیشه‌ی دانش‌آموزان آنان را بهبود بهتر می‌بخشد. اما چنین چیزی موضوعی چطور در کلاس‌های درس محقق می‌شود؟ خیلی راحت درباره‌ی این مسائل با دانش‌آموزانتان صحبت کنید، و از آن‌ها بپرسید که چطور چگونه به پاسخ‌های‌شان رسیده‌اند. فرض کنید تامی در مورد یک سؤال ریاضی جواب درستی می‌گیرد پیدا می‌کند و مری نه. اگر از تامی بخواهیم به ما بگوید که چگونه پاسخ خود را دریافت کرده است، او سود می‌برد (زیرا بهترین راه یادگیری آموزش دادن است) و به این دلیل برای مری به این دلیل سودمند خواهد بود که از زبان مناسب همسالانش توضیحی متفاوت از با آنچه معلم

ارائه می‌دهد شنیده است. نفع دیگر راه‌حل یافته برای تامی این است که عملیات ساده‌ای که باید گام های دستیابی خود را به آن بیان کند، مهارت های فراشناختی او را تقویت می‌کند. بسیاری از مطالعات این گروه روش‌هایی را توضیح می‌دهند که می‌توان از آن‌ها برای درک آگاهی ازدیدگاه نقطه نظر عصبی با توضیح فرآیند آگاهی استفاده کرد. این مطالعات پژوهش‌ها به دنبال درک این نکته هستند که کدام بخش‌های مغز با چه نوع بازتابی تحریک می‌شوند، به این امید که بتوانند فرآیندهای فکری واقعی را مستند کنند. مطالعات دیگر در این دسته به دنبال تحلیل سطح هوشیاری به ساختارهای عصبی و توضیح مسیرهای عصبی پیچیده و درگیر در با آگاهی از خود هستند.

اخلاق عصبی

یک حوزه‌ی غنی و البته بحث برانگیز از بازتاب جدید مرتبط با علم MBE، حوزه‌ی اخلاق عصبی است که این حوزه از مطالعه استفاده‌ی (درست و نادرست یا مناسب و نامناسب) اطلاعات مربوط به مغز در زمینه‌های اجتماعی، از جمله کودکان در مدارس را بررسی می‌کنند. اخلاق عصبی به آنچه «در مورد زیست‌شناسی انسان در یادگیری» شناخته می‌شود، می‌گویند و اینکه چطور می‌توان آن‌ها را از طریق علم دست‌کاری کرد، مربوط می‌شود. در اکثر موارد، ادبیات مرتبط با موضوع اخلاق عصبی، به کاربرد معیارهای اخلاقی برای در چالش‌های اخلاقی رفتاری بالقوه مرتبط با مغز و یادگیری ارتباط پیدا می‌کند. به عنوان مثال، شریدان و همکارانش به بررسی این پرسش پرداخته‌اند که آیا عملکرد هوشمندانه‌تر داشتن در مورد مواد مخدر به اندازه عدم مصرف مواد مخدر مشروع منطقی است؟ سؤالات اخلاق عصبی درباره‌ی داروها و مخدرها و برای تقویت مهارت‌های یادگیری بسیار مطرح هستند. آیا دانش‌آموزی که به دلیل استفاده از داروهای تقویت کننده حافظه نمرات بالایی کسب کرده است، لزوماً باید اجازه‌ی استفاده مصرف از چنین دارویی را داشته باشد، حتی با آنکه دیگران به دلیل نداشتنی که توان مالی کمتری دارند، از چنین فرصتی محروم‌اند شوند؟ معلمان، سیاست گذاران و همه‌ی ما که با دانش آموزان کار می کنیم باید از معضلات بالقوه‌ای که با در دسترس قرار گرفتن انبوه اطلاعات داده‌ها در مورد مغز به وجود می‌آید آگاه باشیم. سؤالات دیگری که باید پیش‌بینی کنیم شامل این نگرانی‌ها می‌شوند که آیا بچه‌ها ممکن است اولین روزهای مدرسه خود را با آوردن اسکن مغزی خود و ارائه به معلمان خود شروع کنند یا در برخی موارد گاهی به دلیل برخی نقص‌هایی که در مغزشان مشاهده می‌شود از ورود به مدرسه منع شوند؟ آیا ممکن است کودکان خاصی در صورتی که از نظر ژنتیکی پست‌تر یا برتر به دنیا بیایند، تحت درمان ویژه قرار گیرند؟ چه کسی

مسئول مراقبت صحیح درست از مغز کودکان است؟ (معلمان؟ والدین؟ کل جامعه؟ یا فقط خود دانش آموز؟) این معضلات و بسیاری دیگر هنوز پاسخی ندارند، اما در تا یک دههی آینده با قوت مورد بحث قرار خواهند گرفت.

اکثر ادبیات و آثار مکتوب موجود در حوزهی اخلاق عصبی مربوط به موقعیتهای فرضی میشوند که رفتار اخلاقی، برابر و عادلانه با دانشآموزان را به چالش میکشند. برخی مطالعاته در این حوزه از خوانندگان میخواهند با توجه به معضلات فلسفی، بازتاب باور شخصیشان دربارهی چنین موضوعاتی را مطرح کنند. این کار به سرمایه فرآیندهای تحقیقاتی مرتبط با علم MBE و نیز کاربرد عملی کلاس درس میافزاید. اگرچه تا به امروز صرفاً گروه کوچکی از متخصصان علم عصبشناسی نگاهی عمیق به موضوع اخلاق عصبی در جایگاه به عنوان یک رشتهی تحصیلی جدید نوین داشتهاند و مسائل اصلی و روشهای فرآیندهای قضاوت محور هنوز در این حوزه به درستی تعریف نشدهاند.

فصل ششم

هنر تدریس با اثبات علمی

بخش دوم

«بقای انسان، مهارت‌های زندگی و همه‌ی اعمال انسان او یک یا چند دلیل از این هفت علت را دارند: شانس و اقبال، طبیعت، اجبار، عادت، عقل، اشتیاق و میل.»

– ارسطو به نقل از روزنبرگ[1] (۲۰۰۶، ص ۵۲)

در فصل پیشین به این موضوع پرداختیم که چه کسانی، چگونه و چرا در چه ابعادی از پژوهش در علم جدید بهره می‌برند. در دو فصل بعدی، عملکردهای اصلی مغز را بررسی خواهیم کرد، زیرا به مهارت‌های زندگی انسان (فصل ششم)، مهارت‌های تحصیلی و موضوعات مدرسه (فصل هفتم) مربوط می‌شوند.

انواع اصلی بقا و مهارت‌های زندگی انسان را می‌توان به هشت دسته‌ی کلی تقسیم کرد: ۱) اثرگذاری، همدلی، عاطفه و احساسات، همدلی و انگیزه ۲) وظایف اجرایی / تصمیم‌گیری ۳) تشخیص و تفسیر چهره ۴) حافظه ۵ توجه ۶) شناخت اجتماعی ۷) مدیریت فضائی و ۸)مدیریت زمانی، در حالی که این مهارت‌ها در محیط‌های تحصیلی مفید هستند، به بقا و موفقیت در بیشتر موقعیت‌های اجتماعی کمک می‌کنند. علم MBE به مطالعه‌ی عملکردهای مغز را در ارتباط با مهارت‌های زندگی با هدف بهبود کیفیت زندگی در محیط های تحصیلی و اجتماعی مطالعه می‌کند. هر یک از این زمینه‌های مهم مطالعاتی در زیر به طور خلاصه در رابطه با حوزه‌ها و زمینه های عمومی و مدرسه مورد بحث قرار می‌گیرند. با این حال، اما قبل

---

[1] Rosenberg

از شروع بحث درباره‌ی بقا و مهارت‌های خاص زندگی، مهم است که دو چیز را به خاطر بسپارید که همه‌ی یافته‌های دیگر را پوشش خواهد داد: اولاً یادگیری از طریق ورودی حسی رخ می‌دهد و ثانیاً فرهنگ می‌تواند بر تفسیرهای شماتیک کلی تأثیر بگذارد. این دو اخطار یادآوری در زیر توضیح داده شده است:

- **ورودی حسی:** همه‌ی یادگیری‌ها پیش از اینکه به تجربه‌ای از بقای انسانی یا مهارت‌های زندگی تبدیل شوند، نیازمند نوعی ورودی حسی هستند. یعنی فرد چیزی را می‌بیند، احساس می‌کند، می‌شنود، می‌چشد یا بو می‌کند که به نوبه‌ی خود به یکی از مهارت‌های ذکر شده در زیر تبدیل می‌شود. ورودی حسی مقدم بر کسب مهارت است: «هنر به این دلیل کار مؤثر واقع می‌شود که توانایی‌های خاصی از ذهن را جذب می‌کند. موسیقی به جزئیات سیستم دستگاه شنوایی و نقاشی و مجسمه‌سازی به عملکرد سیستم دستگاه بینایی بستگی دارند. همچنین شعر و ادبیات به زبان بستگی دارد.». بدون ورودی حسی مناسب، در هر زمینه مشکلات اساسی ایجاد می‌شود. به عنوان مثال اگر شخص نتواند چهره‌ی دیگری را از طریق مدار عصبی «عادی» درک کند و بشناسد، این احتمال وجود دارد که مقاصد دیگری را که به وسیله‌ی حالت چهره بیان می‌شوند، تفسیر کند. یا اگر ادراک حسی فرد از بدنش در فضا به اشتباه ارزیابی شود، این احتمال وجود دارد که ممکن است مدیریت کلی فضایی اندکی دچار اختلال شود. مدارهای عصبی معمولی عادی برای آرایه پیچیده پردازش پیچیده‌ی حسی در مغز برای هر بقا یا مهارت زندگی ذکر شده در زیر ضروری‌اند تا بتوانند مطابق انتظار عمل کنند. دیگران توضیح کاملی از پردازش حسی به وضوح توسط دیگران ارائه کرده‌اند، همه‌ی معلمان تشویق می‌شوند را دعوت می‌کنیم که از پیچیدگی‌های مغز (اینکه دقیقاً چگونه می‌بیند، می‌شنود، احساس می کند، بو می‌کشند و مزه می‌کند) مطالعه کنند تا بهتر متوجه نقش ادراک حسی در یادگیری شوند.
- **فرهنگ:** اخطار یادآوری دوم که اهمیت زیادی دارد به تأثیر فرهنگ بر یافته‌های علم MBE مربوط می‌شود. همه‌ی یافته‌های این کتاب در مورد انسان‌ها با هرمه‌ی فرهنگی‌ها صدق می‌کند، اما نباید تصور کرد پس‌زمینه‌های فرهنگی مختلف متنوع بر شیوه‌های آموزشی، و یادگیری و نیز نحوه‌ی چگونگی طبقه‌بندی ما (اگر در صورتی که چیزی را تهدیدکننده، یا طنزآمیز تلقی کنیم)، سایه نمی‌اندازد. در سال ۱۹۸۹، جان سیلی و آلن کالینز[۱] در مقاله‌ای منتشر

---

[۱] John Seely and Allan Collins

کردند که در آن توجهات را به اهمیت و در نظر گرفتن تأثیر فرهنگ در موقعیت‌ها و شرایط یادگیری جلب می‌کردند. این نویسندگان استدلال کردند: «بسیاری از شیوه‌های آموزشی به شکلی ضمنی فرض را بر این می‌گذارند که دانش مفهومی را می‌توان از موقعیت‌هایی، که در آن آموخته و استفاده می‌شود، انتزاع جدا کرد. اما استدلال ما آن است که دانش محصول فعالیت، زمینه و فرهنگی است که فرد در آن رشد یافته و آن دانش را استفاده‌اش می‌کند.». این نظریه اگرچه در زمان خود نظریه‌ای انقلابی محسوب می‌شد، اما امروزه اثبات شده که مفهوم یادگیری موقعیتی برجسته‌تر فراتر از این فاکتورها است. نقش فرهنگ، در اشکال مختلف گوناگون آن، هنگام بحث درباره‌ی دامنه‌ی بقا و مهارت‌های زندگی انسان نیز از اهمیتی حیاتی برخوردار است و خوانندگان باید به خاطر داشته باشند که چگونه لنزهای دیدگاه‌های فرهنگی، خودشان مفاهیم علمی MBE را فیلتر پالایش می‌کنند. این کلمات احتیاطی به منظور یادآوری به خوانندگان است که یافته‌های زیر را درباره‌ی بقا و مهارت‌های زندگی با دانش ادراک حسی و همچنین آگاهی از لنز دیدگاه فرهنگی تفسیر کنند که همه تمامی اطلاعات ارائه شده در اینجا این بخش را رنگ‌آمیزی تحت تأثیر قرار می‌دهند.

اثرگذاری، همدلی، احساسات، عواطف و انگیزه

- **تأثیرگذاری و همدلی:** احساس دانش‌آموزان درباره‌ی یک موضوع، مانند ریاضی یا خواندن، بر نحوه‌ی چگونگی یادگیری آن‌ها تأثیر خواهد گذاشت. آیا در جایگاه به عنوان معلم همیشه تأثیر قوی و قدرتمند این پاسخ‌ها واکنش‌ها بر توانایی‌های دانش‌آموزان‌مان را در نظر می‌گیریم؟ از آنجا که عصب‌شناسی عاطفه از آنجایی‌که به مهارت‌های تحصیلی خاص، مانند یادگیری زبان‌های خارجی، مرتبط است، از ویژگی‌های روان‌شناختی قابل مشاهده را پشتیبانی می‌کند.

معلمانی که ارزش و اهمیت عاطفه و همدلی را درک می‌کنند در کارشان موفق‌تر هستند. معلمان باید به دانش‌آموزان‌شان کمک کنند از احساس‌شان نه تنها درباره‌ی موضوعات درسی، بلکه در قبال خودشان و همکلاسی‌های‌شان آگاه باشند، زیرا عاطفه و همدلی تأثیر به سزایی در هوش هیجانی دارد. (گلمن، ۲۰۰۶) با توجه به نظریه‌ی روتبارت، پوزنر، و روئدا (۲۰۰۸) «همدلی به شدت با کنترل نظارت تلاشگرانه مرتبط ارتباط تنگاتنگی دارد، به‌طوری که کودکان در این نوع کوشش،کنترل پرتلاش، همدلی بیشتری بروز می‌دهند». این بدان معناست که دانش‌آموزانی که دارای مهارت‌های کنترل نظارتی پرتلاش یا به عبارتی خودمدیریتی هستند، می‌توانند همدلی و چگونگی تفسیر احساسات دیگران را با موفقیت بیشتری به دست بیاورند. به

نوعی، یک نوع موفقیت ایجاد می‌کنند. کسانی که یاد می‌گیرند احساساتشان را بشناسند و آن‌ها را به خوبی مدیریت کنند (هوش عاطفی)، کنترل بهتری بر عملکرد خود و دیگران دارند نظارت می‌کنند و کسانی که کنترل تلاشگرانه دارند، همدلانه‌تر عمل رفتار می‌کنند. این یافته‌ها اثبات می‌کنند و نمایانگر این است که ارتباط ظریفی نیز میان هوش هیجانی و فراشناخت وجود دارد. بسیاری از فعالیت‌هایی که برای تحریک هوش هیجانی در کودکان استفاده می‌شوند، از آن‌ها می‌خواهند که در موقعیت‌های عاطفی گوناگون (مانند عصبانیت یا ناراحتی) توجه کنند چه احساسی دارند و دلیل آن چیست و چرا چنین حسی می‌کنند. از بسیاری جهات، پرورش هوش هیجانی مستقیماً با مهارت‌های فراشناختی یا چرایی نهفته در پشت عمل مرتبط است. همه‌ی معلمان باید سعی کنند سه مهارت را در دانش آموزان خود پرورش دهند: کنترل تلاشگرانه، همدلی و هوش هیجانی (فراشناخت). بخشی از نقش معلم، به ویژه در سال‌های ابتدایی، هدایت دانش‌آموزان است به سمتی است که یاد می‌گیرند احساسات خود را کنترل کنند.

«انسان باید بداند که لذت‌ها، شادی‌ها، خنده‌ها، شوخی‌ها، غم‌ها، دردها، و اشک‌های ما از مغز، و تنها از مغز نشأت و سرچشمه می‌گیرند. تمام چیزهایی که از آن‌ها رنج می‌بریم، از مغزمان نشأت می‌گیرند و ناشی می‌شوند.».

– بقراط، قرن پنجم پیش از میلاد، به نقل از هرگنهان[1] (۲۰۰۵، ص ۴۵۱)

تعداد بسیاری از تحقیقات به دنبال توضیح چگونگی توسعه‌ی تنظیم قوانین عاطفی و درک مدیریت احساسات بوده‌اند که البته موضوع بسیار مهمی برای معلمان است. کودکان در مقطع ابتدایی مدرسه‌ای به این مهارت‌ها نیاز دارند تا بتوانند روابط اجتماعی با دیگران را شکل دهند و یاد بگیرند چطور باید در محیط‌های یادگیری، جوامع‌شان مانور دهند و ماهرانه رفتار کنند. دانش‌آموزان بزرگ‌تر نیز برای تبدیل شدن به اعضای یکپارچه و منطبق با ساختارهای اجتماعی به چنین مهارت‌هایی نیاز دارند.

بیشتر معلمانی که دارای حس همدلی فکری و اجتماعی هستند، احتمالاً عملکرد موفق‌تری خواهند داشت، زیرا با همسالان‌شان ارتباطات بهتری داشته و می‌توانند از دیدگاه‌های مختلف، ایده بگیرند. برخی مطالعات مورد علاقه‌ی معلمان در این دسته، مکانیسم‌های سازوکارهای عصبی، زیربنای احساس همدلی را توضیح می‌دهند که ممکن است سرنخ‌هایی را درباره‌ی چگونگی استفاده از این فرآیند به معلمان آنان ارائه دهند. آیا برخی کودکان به لحاظ عاطفی متعادل‌تر از دیگران متولد می‌شوند؟ آیا همه‌ی دانش‌آموزان می‌توانند سطح مدیریت عاطفی‌شان

---

[1] Hergenhahn

را (فارغ از اینکه از کجا شروع کرده‌اند)، ارتقاءافزایش دهند؟ برخی از محققانی که در حوزه‌ی عاطفه و همدلی مطالعه کرده‌اند تا آنجا جایی پیش رفته‌اند که حوزه‌ی جدیدی تازه‌ای به نام «عاطفه‌ی ضمنی» را مطرح کرده‌اند، عاطفه‌ای که ذاتی انسان و متمایز از عاطفه‌ای حسی است که از طریق شرطی‌سازی اجتماعی آموخته می‌شود. این مطالعات انواع شناخت اجتماعی را، که می‌توانند در محیط‌های مدرسه پرورش دهند، متمایز می‌کنند، مانند رفتارهای خودتنظیمی که در زمینه‌های اجتماعی مختلف متنوع از خود نشان می‌دهیم. علاوه بر این، معلمان باید از مطالعات پژوهش‌های مربوط به احساسات دانش‌آموزان در مورد انواع مجموعه مهارت‌های مختلف مانند ریاضی، آموزش زبان، یا پیشرفت‌های واژگانی آگاهی باشند، زیرا این مهارت‌ها نشان می‌دهند که احساس کودکان درباره‌ی موضوع مورد مطالعه (یا معلم) چقدر تا چه میزان بر توانایی‌شان تأثیر می‌گذارد. علم MBE نشان می‌دهد که وظیفه‌ی معلمان تحریک رشد هر چه بیشتر در این حوزه است. (اول صفحه ۱۰۸)

مطالعات پژوهش‌ها انجام شده درباره‌ی عاطفه و همدلی از دو جنبه حائز اهمیت هستند: اول آن که این مطالعات نشان می‌دهند که عاطفه چطور پرورش می‌یابد و چطور چگونه می‌توان احساس همدلی را به دانش‌آموزان القا کرد تا شناخت اجتماعی‌شان تقویت شود. همدلی یکی از مهارت‌های زندگی است که به افراد امکان می‌دهد محیط اطراف را بهتر درک کرده و درباره‌ی جایگاه‌شان در جهان مذاکره صحبت کنند. در حالی‌کعین‌حال که عاطفه و همدلی ه تأثیر چندانی برای رشد فکری و حیاتی ندارد، عاطفه و همدلی در همکاری با دیگران تبلور می‌یابد که یکی از اهداف نهائیی برخی سیستم‌های سازوکارهای آموزشی است. برای نمونهه عنوان مثال کشورهای عضو سازمان همکاری اقتصادی و توسعه OECD خاطرنشان می‌کنند یکی از سه معیار شایستگی برای همه‌ی فارغ‌التحصیلان آموزش‌های ابتدایی، توانایی کار با گروه‌های ناهمگن متنوع است. به همین دلیل، محققان فعال در این حوزه، باید در سال‌های آینده این موضوع را با دقت بیشتری مورد بررسی قرار دهندکنند تا درک کننددریابند چطور می‌توان این موارد را در محیط‌های آموزشی رسمی مدرسه پرورش داد.

- احساسات. مطالعات پژوهش‌ها در حوزه‌ی احساسات اگرچه ممکن است نزدیک بهم دقیق باشند، اما شاید پیچیده‌تر از موضوع همدلی و عاطفه باشندهستند. احساسات در واقع واکنش‌های فیزیولوژیکی زیستی یک فرد به محرک‌های بیرونی هستند، اما در حالی‌که عاطفهعواطف جنبه‌ی آگاهانه و ذهنی تفسیر احساسات هستندبه شمار می‌روند. احساسات بسیار بیشتر از هر جنبه‌ی دیگری از مهارت‌های مغز در تحقیقات علمی MBE مورد تحقیق مطالعه

قرار گرفته‌اند، اما چرا؟ همان‌طور که ارتباط میان احساسات و تصمیم‌گیری در سال‌های اخیر واضح‌تر آشکارتر شده ، اهمیت درک احساسات نیز اهمیت بیشتری پیدا کرده است و پررنگ‌تر شده است.

معتبرترین تحقیق در زمینه‌ی احساسات را آنتونیو داماسیو (۲۰۰۴، ۲۰۰۳، ۲۰۰۰، ۱۹۹۴) و ژوزف لدوکس (۲۰۰۰، ۱۹۹۶) انجام داده‌اند. هر دو نویسنده به بررسی این موضوع پرداخته‌اند که بدون وجود احساسات، هیچ تصمیمی ممکن امکان‌پذیر نیست. این دو بر این مسئله تأکید می‌کنند که احساسات چگونه در نهایت به خود ما تبدیل می‌شوند. مطالعات مرتبط با علم MBE به چندین جنبه از عملکرد عاطفی مربوط می‌شوند، مانند اینکه چطور استرس و نگرانی، اضطراب و خشم می‌توانند بر یادگیری تأثیر بگذارند. این مطالعات و پژوهش‌ها، مشاهدات رفتاری را با تغییرات در فرآیندهای مغزی ارتباط داده و دعاوی موجود را مبنی بر اینکه احساسات دانش‌آموز در قبال معلم یا یک موضوع می‌تواند بر عملکرد او در کلاس تأثیر بگذارد ثابت می‌کنند، صحه می‌گذارند.

تحقیقات نشان می‌دهند اضطراب چطور می‌تواند بر وضعیت عملکرد ذهن بدن و نواحی فیزیکی مغز تأثیر منفی بگذارد و در نتیجه مشکلات یادگیری طولانی مدت یادگیری را به همراه داشته باشد. به عنوان مثال، تعداد زیادی از مقالات نحوه‌ی چگونگی بروز اضطراب را در هنگام موقعیت‌های امتحان را بررسی کرده‌اند، نظیر کاری تحقیقی که توسط هونگ انجام شده داده است و در آن توضیح می‌دهد که چطور بروز احساسات مختلف می‌تواند بر عملکرد دانش‌آموزان در امتحانات و نمراتی که کسب می‌کنند تأثیر بگذارد. معلمان باتجربه نه تنها حالات اضطراب ایجاد شده در موقعیت‌های خاص کلاسی را تشخیص می‌دهند، بلکه به دانش‌آموزان مکانیسم‌های روش‌های مقابله و برای مواجهه با این شرایط را هم به دانش‌آموزان آموزش می‌دهند. مکانیسم‌های مقابله‌ای این روش‌ها برای برخورد با اضطراب موضوع خاص (مثلاً اضطراب و نگرانی در مورد درس ریاضی) و نیز اضطراب از امتحانات عمومی سراسری را می‌توان با صراحت و آشکارا در مدارس آموزش داد. چنین مکانیسم‌های سازوکار مقابله‌ای آن‌قدرها که به نظر می‌رسد پیچیده نیستند. به عنوان مثال، صرف آگاهی از ساختار آزمون، استرس نگرانی را کاهش می‌دهد (اینکه دانش‌آموز بداند چند سؤال، هر کدام با چه بارمی، و با چه مدت زمانی قرار است ارائه شوند). آگاهی از هدف آزمون (یعنی اندازه گیری یا تشخیص) نیز به کاهش استرس اضطراب کمک می‌کند، همان‌طور که آگاهی از اهمیت آزمون در رابطه با سایر معیارهای ارزیابی کمک می‌کند. معلمان بزرگ تمام بسیار تلاش می‌کنند خود را می‌کنند

تا اضطراب را به حداقل برسانند، زیرا برخلاف استرس و نگرانی، هیچ مزیت شناخته شده‌ای برای حالات اضطرابی مرتبط با یادگیری وجود ندارد. اضطراب اغلب با یک نوع فرعی از استرس نگرانی اشتباه گرفته می‌شود که این به یک دلیل اساسی اشتباه و نادرست است. اضطراب یک احساس ترس یا دلهره است، در حالی‌که استرس و نگرانی می‌تواند ناشی از بسیاری از هر تعداد موقعیت‌ها، خاطرات یا افکاری باشد را شامل شود که باعث ایجاد طیف گسترده‌ای از احساسات از جمله خشم، ناامیدی و اضطراب می‌شود. یعنی اضطراب ممکن است می‌تواند عامل استرس نگرانی باشد، اما زیر مجموعه‌ی استرس نیست.

حافظه‌ی عاطفی که ماندگارتر و تأثیرگذارتر از سایر انواع حافظه است، حوزه‌ای حیاتی محسوب می‌شود که بایستی معلمان درباره‌ی آن آگاهی حداقلی داشته باشند. اولین خاطراتی که انسان‌ها تمایل دارند به لحاظ عاطفی با آن‌ها گره بخورند (مثلاً تولد خواهر یا برادر کوچک‌تر، گم شدن در باغ وحش، اضطراب جدایی در مهد کودک) در این حافظه ثبت می‌شوند. هنگامی که احساسات منفی به برخی از تجربیات یادگیری مرتبط می شود (به عنوان مثال،مثلاً معلم ریاضی که دانش‌آموزی را در مقابل همسالانش خود تحقیر می‌کند) ممکن است حافظه‌ی عاطفی مانع یادگیری جدید در آن حوزه شود. این نه تنها یک پدیده‌ی روانشناختی است، بلکه یک واقعیتی عصبی نیز به حساب می‌آید، به این معنی که غلبه بر این مشکل نه تنها به شرطی‌سازی رفتاری، بلکه و همچنین به تغییرات عصبی نیز نیاز دارد.

سایر مطالعات جذاب برایی که مورد علاقه‌ی معلمان هستند، نقش احساسات و شناخت را در تصمیم‌گیری و فرآیندهای یادگیری بررسی می‌کنند. برخی از آن‌هااین مطالعات، عصب‌شناسی هیجان‌های مثبت و نیز احساسات مرتبط با ترس و موقعیت‌های استرس‌زا و تنش‌زا را بررسی کرده‌اند. توضیحات نحوه‌ی پردازش احساسات، (چه مثبت و چه منفی) در مغز به معلمان درک کنند اقدامات و اعمال‌شان چطور می‌تواند بر توانایی دانش‌آموز برای در یادگیری تأثیر بگذارد. به عنوان مثال ترس و استرس نگرانی باعث یا مانع جلوگیری انتشار برخی انتقال دهنده‌های عصبی می‌شوند که تثبیت خاطرات را تسهیل می‌کنند.

برخی پاره‌ای مطالعات به ارتباطات میان احساسات و ادراکات حسی مانند چگونگی درک و به خاطر سپردن محرک‌های شنیداری در مغز می‌پردازند، یعنی اینکه چه نوع صداهایی به چه طرقی به خاطر سپرده می‌شوند. برخی محققان اعتقاد دارند خاطرات اپیزودیک به هم پیوسته با صداهای خاصی مرتبط هست هستند، به نحوی که افراد برای همیشه آهنگ‌های خاصی را به یک لحظه و احساس خاص مرتبط ربط می‌دهند. مطالعات پژوهش‌هایی نیز دیگر روی بر

محرک‌های بصری تمرکز دارند. تحقیقات دیگر به این موضوع پرداخته‌اند که احساسات مثبت، مانند احساساتی آن‌هایی که به واسطه‌ی شرایط شوخی طنز ایجاد می‌شوند، چطور می‌توانند یادگیری را تقویت کنند. این مطالعات با مطالعاتی تحقیقاتی که اثبات می‌کنند استرس نگرانی و ناملایمات و نیز احساس انزجار مانع یادگیری می‌شوند، مرتبط بوده و با هم مقایسه می‌شوند و این مطالعات از آن جهت برای معلمان ضروری هستند که نیاز به روابط مثبت در محیط کلاس را روشن برجسته می‌کنند. در نهایت، بحث اهمیت اعتماد به نفس و احساسات و تأثیرشان بر یادگیری در محیط درسی بررسی شده است. در حال حاضرامروزه مشخص شده است که احساسات دانش‌آموزان نه تنها به در قبال معلم یا موضوع مورد تدریس بلکه نسبت به خودشان نیز بر میزان یادگیری‌شان تأثیر می‌گذارد. عزت نفس استاد بر در یادگیری دانش آموزان نیز مؤثر خواهد بود. وقتی معلمی به توانایی خود در آموزش خوب شک داشته باشد، دانش‌آموزان این کمبود اعتماد به نفس را درک می کنند و می‌فهمند، و این تصور بر باورشان آن‌ها تأثیر می‌گذارد که و از معلم یاد خواهند گرفت. در نتیجه، این بی اعتمادی به دانش معلم باعث کم کاری دانش آموزان می‌شود.

همان‌طور که در بخش پیشین نیز عنوان گفته شد، هیچ تصمیمی بدون احساسات اخذ گرفته نمی‌شود. در نتیجه،بنابراین احساسات بر یادگیری ی تأثیر می‌گذارند و برو انتخاب‌های زندگی در داخل و خارج از مدرسه تأثیر می‌گذارند. احساسات همچنین به عنوان یک عاملی تأثیرگذار مؤثر در سال‌های آتی تحصیل بر دانش‌آموز تأثیر می‌گذارند، به ویژه با توجه به اینکه به‌ندرت معلمان به ندرت دستورالعمل‌های روش‌های اجرایی صریحی کاربردی درباره‌ی نحوه‌ی مدیریت احساسات در محیط کلاس دریافت می‌کنند و در اختیار معلمان قرار می‌گیرد.

•انگیزه: شاید بدیهی به نظر برسد که وقتی افراد انگیزه‌ی بالایی دارند بهتر از زمانی که انگیزه‌ی کمی دارند یا اصلاً انگیزه ندارند، می‌آموزند. انگیزه‌ی مثبت و سطوح علاقه بهم به یکدیگر مرتبط هستند. اما انگیزه از کجا نشأت و سرچشمه می‌گیرد؟ مهم نیست یک دانش‌آموز در چه سطحی از انگیزه درباره‌ی یک موضوع استقرار دارد، چرا که در هر صورت تحت تأثیر میزان اشتیاق معلم نسبت در قبال به آن موضوع قرار می‌گیرد. موضوع انگیزه موضوعی است که شاید هزاران بار مورد مطالعه قرار گرفته است که، البته عمدتاً در حوزه‌ی روانشناسی بوده است، اما طی سال‌های اخیر از منظر عصب‌شناسی نیز مورد توجه قرار گرفته است و مطالعات این حوزه‌ی که همگی به موضوع انگیزه و تأثیرش در کلاس درس توجه داشته‌اند. جای تعجب نیست که انگیزه‌ی مثبت و سطوح علاقه به هم مرتبط باشند. افراد علاقه‌مند به یک موضوع،

تمایل دارند زمان بیشتری را به دنبال افزایش دانش آگاهی در مورد آن اختصاص دهند. این برای هر کسی که تا به حال سرگرمی داشته است صادق است. مردم زمان بیشتری رای را صرف انجام کاری می کنند که دوست دارند انجام دهند و به آن علاقه‌مندند. اما با اینکه، به همان اندازه که یک موضوع مهم است و موضوع انگیزه بسیار اهمیت دارد، مشخص نیست که آیا انگیزه‌ای که شخص در قبال پیگیری آن موضوع احساس می‌کند یادگیری را بهبود می‌بخشد یا نه، یا صرف زمان بیشتر برای انجام کار (به دلیل انگیزه بودن) چیزی است که به یادگیری آن کمک می‌کند.

انگیزه می‌تواند هم مثبت، هم منفی و هم درونی یا بیرونی باشد. به عنوان مثال، افراد می‌توانند به دلایلی احساس خوب یا از روی ترس برانگیخته شوند. یادگیری می‌تواند از هر دو انگیزه‌ی مثبت و منفی ناشی شود. با این حال، اگر یادگیری با انگیزه‌ی منفی همراه باشد، ممکن است مهارت‌های آموخته شده‌ی فرد کاهش یابد. مثلاً اگر شنا یاد بگیرم چون عاشق آب هستم و می‌خواهم با دوستانم در استخر بازی کنم، به احتمال زیاد به تنهایی از این مهارت استفاده می‌کنم تا اینکه در استخر پرت شوم و مجبور به یادگیری شنا (به معنای واقعی کلمه غرق شدن یا شنا کردن) برای قبولی در آزمون مدرسه یا اردوی تابستانی شوم مثلاً اگر شنا یاد بگیرم، چون عاشق آب هستم و بخواهم با دوستانم در استخر بازی کنم، به جای آنکه برای یادگیری به استخر بروم، بهتر است به تنها این مهارت را یاد بگیرم.

عوامل محرک به صورت کاملاً فردی به وجود می‌آیند و تنظیم می‌شوند. آنچه برای یک فرد محرک است ممکن است شاید برای دیگری ایجاد انگیزه نکند. برخی معلمان از شیوه‌های انگیزشی منفی مانند تهدید به اخراج استفاده می‌کنند و پس از آن ممکن است دانش‌آموز مزبور با رفتاری نظیر سکوت مطلق به این تهدید واکنش نشان دهند اما شاید با این وجود، دانش‌آموز دیگری این تهدید را یک پاداش در نظر بگیرد (چرا که حقیقتاً به دنبال راهی هستند که از کلاس خارج شوند). یک پدر یا مادر خوب یا یک معلم باتجربه می‌داند باید کاتالیزور کنش‌یار (کاتالیزور) اقدامات خود انگیزشی از جانب کودکان باشد. کودکان باید همان نتایجی را دنبال کنند که معلم یا والدین از آن‌ها می‌خواهند، دنبال کنند، زیرا که این اهداف در واقع به نفع خودشان است. یکی از بهترین راه‌ها برای رسیدن به این هماهنگی میان بزرگسال و کودک، الگوبرداری مثبت است. احتمال بیشتری زیادی وجود دارد که معلمان با کمک به دانش‌آموزان در بیان دلایل خود برای تمایل به یادگیری آموختن یک مهارت، انگیزه‌ی بیشتری برای یادگیری آن ایجاد کنند. یادگیری معتبر درست یک عنصری کلیدی در بهبود انگیزه‌ی

دانش‌آموزان به شمار می‌رود. همه‌ی ما باید درک کنیم که انگیزه چگونه بر یادگیری تأثیر می‌گذارد و چه کاری می توانیم برای بهبود آن در بین میان کودکان فرزندان زندگی خود انجام دهیم.

همان‌طور که پیش‌تر نیز اشاره شد، آنچه در یک دانش‌آموز ایجاد انگیزه می‌کند، ممکن است در دانش‌آموز دیگری چنین نکند. پس معلم خوب، معلمی ماهر به حساب می‌آید که بداند ایجاد انگیزه، و تشویق یا سرکوب کردن افراد باید براساس سوابق پیشینه‌ی فردی انان، تجربیات و سطوح دانش گذشته صورت گیرد. معلمان بزرگ به منظور ایجاد شرایط محیط‌های با انگیزه‌ی بالا باید روش‌های استراتژیک راهبردی به کار ببرند: اولاً آنکه برای کمک به دانش‌آموزان در یافتن دلیل خود برای احساس انگیزه، و دوم به منظور حفظ سطوح بالای اشتیاق خود و انتقال اشتیاق خود به دانش‌آموزان.

برخی مطالعات مورد علاقه و محبوب معلمان درباره‌ی انگیزه، نواحی فیزیکی مغز یا انتقال‌دهنده‌های عصبی واسطه در یک تجربه‌ی انگیزشی را بررسی کرده‌اند که به خود انگیزه مرتبط هستند، یا انتقال دهنده‌های عصبی درگیر در میانجی‌گری یک تجربه‌ی انگیزشی را بررسی کرده‌اند، سایر مطالعات آموزشی به این موضوع پرداخته‌اند که فارغ از اینکه دانش‌آموز با چه سطحی از انگیزه به کلاس می‌آید، معلم بر آن انگیزه تأثیر می‌گذارد. به این معنا که هم دانش آموز با انگیزه‌ی بالا و هم دانش آموز با انگیزه‌ی پایین تحت تأثیر آنچه چیزی قرار خواهند گرفت که باور دارند معلمشان معتقد است به آن دست خواهند یافت و همچنین آنچه در مورد خود معلم فکر می‌کنند. این یافته پیامدهای سیاستی دارد زیرا معلمان را وادار می کند تا متوجه شوند که ایجاد انگیزه تنها مسئولیت خود دانش آموزان نیست، بلکه معلمان، چه آگاهانه و چه غیرآگاهانه، مسئول انگیزه دانش‌آموزان هستند. خودکارآمدی یا خودباوری معلم یا اعتقاد معلم به خودش برای رسیدن به تکلیف آموزشی، به درستی یا نادرستی و آگاهانه یا ناآگاهانه، توسط دانش‌آموزان درک می‌شود. قضاوت دانش‌آموزان آنان درباره‌ی اینکه معلم چقدر خوب فکر می‌کند می‌تواند تکلیف آموزشی را انجام دهد، بر انگیزه‌ی دانش‌آموزان برای یادگیری تأثیر خواهد گذاشت.

این واقعیت که دانش‌آموزانی که به معلمان‌شان باور دارند، بیشتر به آنان‌ها اعتماد می‌کنند و یاد می‌گیرند، اثری قابل تأملی در حوزه‌ی یادگیری و تدریس دارد زیرا، که معلمان معدودی درباره‌ی اهمیت انتقال اعتماد به توانایی‌های‌شان به دانش‌آموزان آموزش دیده‌اند. این امکان وجود دارد که معلمان به سادگی با آگاهی از اهمیت نشان دادن سطح بالایی از اعتماد به نفس

در کلاس درس، در واقع اعتماد به نفس خودباوری بیشتری پیدا می‌کنند. به این چرخه «حلقه‌ی فضیلت» می‌گویند. در حلقه‌ی فضیلت، یک عمل مثبت باعث تحریک اقدامات مثبت بیشتری می‌شود. به این معنی که اعتماد به نفس خودباوری بالای معلم باعث می‌شود دانش‌آموز احساس اعتماد به معلم و تدریسش او داشته باشد که در نتیجه با یادگیری بیشتر او همراه خواهد بود. این چرخه یک تأثیری مارپیچی دوطرفه دارد: هر چه معلم به مهارت‌های خود اعتماد بیشتری نشان دهد، دانش‌آموزان هم به معلم اعتماد و اطمینان بیشتری خواهند داشت که به نوبه‌ی خود معلم را برمی‌انگیزد تا خودش را باور کند و دانش‌آموزان را هم در توانایی معلم برای تدریس و هم توانایی خود برای یادگیری الهام می‌بخشد. برای یادگیری. این دانش باید آشکارا به صراحت در برنامه های تربیت معلم آموزش داده شود.

چندین نظریه‌ی روانشناختی انگیزشی در آزمایشگاه‌های علوم اعصاب و نیز محیط‌های کلاس آموزشی بررسی شده‌اند. برای نمونه، نظریه‌ی سلسله مراتب نیازها که که از سوی مازلو[1] (۱۹۴۳) آن را مطرح شد. (شکل تصویر ۱ ـ ۶) چیزی در حدود ۷۰ سال مرجع بوده است، و در مطالعات اساسی پایه‌ای پشتیبانی به کار برده می‌شود. شواهدی در علم عصب‌شناسی، روانشناسی و آموزش وجود دارد مبنی بر اینکه اگر نیازهای اولیه‌ی فیزیولوژیک زیستی (غذا، و آب) برآورده نشوند، انسان نمی‌تواند نیازهای حوزه‌ی ایمنی (سرپناه و حفظ خود) را دنبال کند. با این‌حال وجود اگر کسی بتواند هم نیازهای فیزیولوژیکی‌اش زیستی و هم نیازهای ایمنی‌اش را برآورده کند، در مرحله‌ی بعد می‌تواند به سمت سوی تأمین نیازهای اجتماعی‌اش نظیر دوست‌یابی حرکت کند. به همین ترتیب اگر نیازهای اجتماعی نیز برآورده شوند، آنگاه فرد به سمت برآوردن نیازهای حوزه‌ی اعتماد به نفس یا دریافت احترام سوق خواهد یافت.

و از نظر مازلو یک فرد تنها زمانی می‌تواند به دنبال خودشکوفایی باشد که این تائیدات امکانات بیرونی‌اش محقق شده باشند. خودشکوفایی شامل تحقق سرنوشت، دستیابی به آنچه قرار بود انجام شود و رضایت کامل از خود است. این نظریه با جزئیات بیشتر در ادامه توضیح داده شده است.

۱

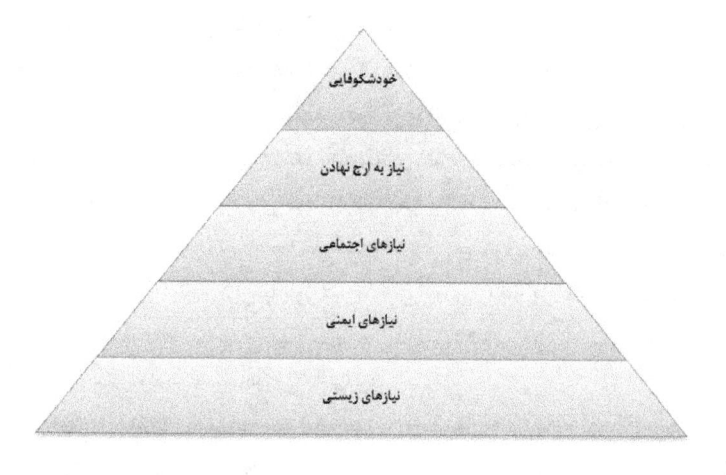

خودشکوفایی

نیاز به ارج نهادن

نیازهای اجتماعی

نیازهای ایمنی

نیازهای زیستی

شکل تصویر ۱ ـ ۶ : سلسله مراتب نیازهای مازلو[1]

۱. نیازهای فیزیولوژیکی زیستی: انسان‌ها غریزه‌ی تکامل برای بقا را در پشت خود به دنبال دارند و بخشی از این بقا در راستای کسب اصول امکانات اولیه‌ی فیزیولوژیکی زیستی مانند غذا، آب و سرپناه است. معلمان باید بدانند که ممکن است برخی نیازهای زیستی دانش‌آموزان ممکن است این نیازهای فیزیولوژیک اولیه‌شان برآورده نشود. برخی دانش‌آموزان و ناچار باشند بدون داشتن خواب و استراحت کافی یا غذای کافی مناسب به یا حتی استراحت کافی به کلاس می‌آیند. همه‌ی این عوامل می‌توانند بر یادگیری تأثیر بگذارند.

۲. نیازهای ایمنی: مطالعات اثبات می‌کنند ترس یا اضطراب (به دلیل تهدیدات اساسی برای ایمنی) مانع یادگیری می‌شوند. دانش‌آموزانی که احساس خطر می‌کنند، نمی‌توانند در مدرسه عملکرد خوبی داشته باشند. نیازهای ایمنی شامل هر دو نوع حفاظت روانی و فیزیکی استنیازهای ایمنی شامل اشکال روانی و فیزیکی محافظت می‌شوند.

۳. نیازهای اجتماعی: مطالعاتی نیز وجود دارند که نشان می‌دهند انسان‌ها با نیازهای اجتماعی مختلف گوناگون برانگیخته می‌شوند. بسیاری از مطالعات پژوهش‌های

---

[1] منبع: براساس نظریه‌ی مازول (۱۹۹۸)

جامعه‌شناختی، روان‌شناختی و آموزشی ماهیت اجتماعی تعامل و یادگیری انسان را تایید می‌کنند. بسیاری از دانش‌آموزان انگیزه‌ی انجام کار و فعالیتی را کسب می‌کنند. زیرا همسالان‌شان آن کار را انجام داده‌اند. لازم است به معلمان باید آموزش داده شود که چگونه کلاس‌های درس‌شان را مدیریت کنند تا بیشترین استفاده را از شخصیت‌ها برای منافع گروهی و همچنین فردی حداکثر استفاده را ببرند. این بدان معناست که معلمان آنان باید آگاه باشند و از روابط اجتماعی موجود در کلاس‌شان استفاده کنند. برای مثال، آموزگاران با اختلاط و تطبیق آگاهانه‌ی دانش‌آموزان بر اساس شخصیت‌ها و مجموعه مهارت‌ها، معلمان می‌توانند از آرایش ناهمگون کلاس درس خود به نفع یادگیری همگانه استفاده کنند.

۴. نیازهای ارج نهادن: مطالعات نشان داده‌اند که انسان‌ها از با برآورده شدن نیازهای احترام یا تمایل به ارزش‌گذاری به وسیله‌ی دیگران برانگیخته می‌شوند. همه دوست دارند تایید شوند، به پشت خود دست بزنند و مورد تحسین قرار گیرند و درباره‌ی کار یا پیشرفت خود بازخورد مثبت دریافت کنند. معلمان آموزگاران باید با توجه به این نیازها، بازخوردی واکنشی ارائه کنند که تا به دانش‌آموزان کمک می‌کند، احساس خوبی در قبال خود و یادگیری داشته باشند.

۵. نیازهای خودشکوفایی: در نهایت، مطالعاتی انجام شده‌اند که به انگیزه‌ی انسان براساس نیازهای خودشکوفایی یا توسعه‌ی این احساس حس خودشکوفایی مرتبط هستند. تلاش انسان بشر برای درک خود و در نهایت نتیجه خودشکوفایی پیگیری مادام‌العمر است و لزوماً همگان به چنین سطحی نمی‌رسند. مطالعات پژوهش‌های بسیاری نشان داده‌اند انسان‌ها به واسطه‌ی نیروهای درونی‌شان برای رسیدن به بالاترین سطح در هرم مزلو هدایت می‌شوند. نظریه‌ی مزلو او اساساً با نظریه‌های انگیزشی جهانی در ارتباط است. سایر نظریه‌های انگیزشی، از جمله نظریه‌ی ناهماهنگی شناختی، نظریه‌ی EGRG، نظریه خود تعیین‌کنندگی و نظریه‌ی تعیین هدف، نیز باید مورد مطالعه قرار گیرند تا ارتباطشان با علم MBE مشخص شود.

وظایف اجرایی و تصمیم‌گیری

اصطلاح کارکردهای اجرایی به روش‌هایی اشاره دارد که در آن مغز تمام فرآیندهای شناختی درجه‌ی بالاتر، از جمله تصمیم‌گیری را مدیریت می‌کند و ورودی‌های حسی باید مورد توجه قرار گرفته یا نادیده گرفته شوند. برخی از مطالعات پژوهش‌ها انجام شده در این حوزه، فیزیولوژیکی زیستی بوده و عملکردهای اجرایی و بخش‌هایی از مغز را، که در طول این نوع

فرآیندهای تفکر فعال‌تر هستند، توصیف می‌کنند. مطالعاتی درباره‌ی جوانب نامرئی تصمیم‌گیری نیز مطرح هستند که به مکانیسم‌های سازوکارهای عصبی و فرآیندهای بیوشیمیایی زیست‌شیمیایی درگیر در عملکردهای اجرایی مربوط می‌شوند. اگر معلم یا پدر و مادر آگاه باشند که عملکردهای اجرایی در دوران کودکی چطور عمل می‌کند، می‌توانند با کودک بهتر کار کنند. معلمان می‌دانند که محور اصلی تدریس مطلوب، راهبردی‌های مؤثر است. یکی از بهترین استراتژی‌ها راهبردها برای توضیح مفاهیم پیچیده، استفاده از قیاس‌ها است که در آن مغز به روش طبیعی مغز اطلاعات را اولویت‌بندی، تقویت و دریافت می‌کند. معلمان موفق آگاه هستند که برخی روش‌های تدریس هنگام توضیح اطلاعات داده‌های جدید برای دانش‌آموزان مختلف، بهتر از سایر روش‌ها کار می‌کنند. قیاس‌ها یکی از زیباترین روش‌هایی هستند که در آن‌ها ذهن مفاهیم شناخته شده را به دانش جدید تازه منتقل کرده و معرف دشوارترین نوع عملکرد اجرایی هستند. یکی از دلایلی که قیاس‌ها به خوبی کار می‌کنند این است که از مدار عصبی طبیعی مغز بهره می‌گیرند که قبل از اقدام با آمیگدال و هیپوکامپ برای نقاط مرجع بررسی می‌شود. یادگیری با از طریق مقایسه‌ی اطلاعات جدید تازه با زمینه های شناخته شده آسان‌تر خواهد بود تسهیل می شود. (A به B و X به Y است.)

تحقیقات دیگر به‌طور خاص به مشکلات خاصی ویژه‌ای از کارکردهای اجرایی مربوط می‌شوند، مثلاً مواردی که ناشی از ADD نقص توجه هستند، یا اینکه چطور با وجود عملکرد ضعیف دانش‌آموز می‌شود. مهارت‌های فکری درجه‌ی بالا در او ایجاد کرد. معلم باید بداند پیشرفت دانش‌آموز یادگیرنده می‌تواند متأثر از توانایی او در توجه به محرک‌های مناسب در زمان مناسب باشد. تکانش‌گری و نقطه‌ی مقابل آن، یعنی خودکنترلی، جنبه‌هایی از خود تنظیمی هستند که تأثیر مستقیمی بر یادگیری در محیط مدرسه و همچنین در کل جامعه دارند. معلمان موظفند به دانش‌آموزان کمک کنند تا نحوه‌ی برخورد مغز با محرک‌های متضاد وجدان‌تر شوند و یاد بگیرند که چگونه آن‌ها را کنترل و اولویت‌بندی کنند.

بخشی از یک تدریس خوب مطلوب شامل شناسایی عواملی است که دانش‌آموزان را برای تصمیم‌گیری صحیح‌تر ترغیب می‌کند. برخی تحقیقات مربوط هستند به درک چگونگی انتخاب به وسیله‌ی سیستم‌های سازوکارهای پاداش متفاوتی هستند که تا حدی توسط عملکردهای اجرایی تا حدی آن‌ها را مشخص می‌کنند. به عنوان مثال، اگر معلم تشخیص دهد دانش‌آموزی بیش از همه با به رسمیت شناختن همتایانش انگیزه می‌گیرد (اینکه مثلاً آن‌ها نمرات خوب کسب کنند یا از معلم بازخورد بگیرند)، معلم می‌تواند از سیستم پاداش مناسب برای آن

دانش‌آموز یادگیرنده استفاده کند. لازم است که آموزگاران در مورد فرآیند مدل‌سازی الگوسازی پرایمینگ اثر پیش‌زمینه[1] فکر کرده باشند و متوجه باشند که انتظارات خاص ویژه، چطور به واسطه‌ی عادات ذهنی خاص ایجاد شده در طول زمان به وجود می‌آیند. یک معلم تأثیرگذار می‌داند که چگونه از این تمرین به نفع یادگیری دانش آموزان استفاده کند. برای نمونه، دانش‌آموز یادگیرنده ممکن است عادت کند که تلاش او با برچسب صورتک روی تکالیفش شناسایی شود، اما او همچنین می‌پذیرد که نمره‌ی واقعی او برای تکالیف بر اساس کیفیت / صحت درستی پاسخ هایی است که ارائه می‌کند.

یک تازه‌کار، یادگیرنده‌ای است که برای اولین بار چیزی را می‌آموزد. متخصص کسی است که می‌تواند دانش و اطلاعات گذشته را با سرعت و دقت ترکیب کند. این بدان معناست که یادگیری مبتدی در نقطه‌ی مقابل یادگیری تخصصی قرار دارد. برخی مطالعات جذاب در این زمینه به بحث شهودی و تصمیم‌گیری پرداخته‌اند، از جمله تئوری شناخت فوق‌العاده که در آن ذهن به دلیل داشتن دانش تخصصی در یک حوزه، افکار را با سرعتی سریع‌تر از حالت عادی پردازش می‌کند. انتخاب‌ها همیشه براساس دانشی که فرد از گذشته داشته، صورت می‌گیرند. کارکردهای اجرایی افراد متخصص در مقایسه با افراد مبتدی سریع‌تر از افراد بدون وضعیت کارشناسی است.

کارکردهای اجرایی، حوزه‌ی جالبی در مطالعات MBE هستند چرا که با موضوع انتخاب مرتبط هستند و انتخاب گزینش نیز بخش جدایی‌ناپذیری از یادگیری است. زبان‌آموزان انتخاب می‌کنند به چه چیزی توجه کنند و چه چیزی را نادیده بگیرند. ادبیاتی که در اینجا مرور می‌شوند به این موضوع می‌پردازند که انتخاب‌های تصمیم‌گیری چطور قرار است انجام شوند، از طریق مکانیسم‌های سازوکارهای عصبی مدیریت می‌شوند و در برخی موارد نیز استراتژی‌های راهبردهای آموزشی در مورد اینکه والدین و معلمان چطور چگونه می‌توانند توانایی کودکان را برای تمرکز روی بر یک موضوع به حداکثر برسانند، توضیحاتی ارائه می‌کنند.

بر خلاف موضوع کارکردهای اجرایی که شامل بحث انتخاب‌ها نیز می‌شود، تفسیر حالات چهره (مثل مانند طرز چگونگی نگاه معلم) نیز می‌تواند واکنش‌های احساسی قوی در دانش‌آموز برانگیزد که اغلب منجر به واکنش‌های ناخودآگاه می‌شود. در بخش بعد به این موضوع خواهیم پرداخت که تشخیص چهره متفاوت از سایر خاطرات بصری بوده و اینکه انسان‌ها چطور عبارات و حالات یکدیگر را تفسیر می‌کنند.

---

[1] priming

تشخیص چهره و تفسیر صدا

یک حوزه‌ی جالب تحقیقاتی که از نظر اکثر بیشتر معلمان مغفول مانده است، اما بر دانش‌آموزان تأثیر دارد، بحث تشخیص چهره است که از نظر تکاملی، تشخیص چهره یک توانایی بسیار پایه‌ای به شمار می‌رود. حتی میمون‌ها نیز در تفسیر چهره‌ی یکدیگر تخصص دارند. با این‌حال، تشخیص چهره، این موضوع یکی از پیچیده‌ترین عملکردهای ذهنی و یکی از معدود توانایی‌های انسان است که کامپیوتر رایانه و هوش مصنوعی نتوانسته‌اند بر آن تسلط یابند. حالات چهره یک وسیله‌ی ارتباطی پایه اساسی هستند. به نظر می‌رسد توانایی مغز برای خواندن واکنش‌های چهره و احساساتی که در آن جریان می‌یابد، به گونه‌ای خاص عمل می‌کند (انسان‌ها می‌توانند حالات چهره‌ی یکدیگر را تفسیر کنند و شرح دهند، همان‌طور که شامپانزه‌ها حالات چهره‌ی یکدیگر را تفسیر می‌کنند، و در عین‌حال انسان‌ها در تفسیر حالات چهره‌ی شامپانزه‌ها مشکل دارند). تفسیر این حالات، چهره پیامدهای زیادی در کلاس درس و به طور کلی در زندگی دارد.

زمانی که دانش‌آموزان احساس می‌کنند حالات چهره‌ی معلم‌شان نوعی پیامد تهدیدآمیز منتقل می‌کند، احساس وحشت و یا ترس را تجربه می‌کنند که خود مانع یادگیری جدید خواهد بود. علاوه بر این، تصور می‌شود که یکی از نقش‌های کلیدی نورون‌های عصب‌های آینه‌ای، تفسیر حالات چهره‌ی فرد مقابل باشد. به عنوان مثال، نورون‌های عصب‌های آینه‌ای در مغز برای ضربه زدن به توپ بیسبال، همان نورون‌هایی هستند که برای تماشای ضربه زدن فرد دیگر به توپ عمل می‌کنند. در ارتباط با چهره‌ها، فرض بر این است که عصب‌های نورون‌های آینه‌ای وظیفه‌ی درک حالات چهره‌های دیگران را بر عهده دارند، به نحوی که احساسات و مقاصد پشت پنهان حالات صورت را تفسیر می‌کنند. (نگاه کنید به تصویر ۲ ـ ۶)

شکل تصویر ۲ـ۶ : شناخت عاطفی. پل اکمن[۱]

[۱] منبع: پل اکمن (http://www.paulekman.com/ micro-expressions)

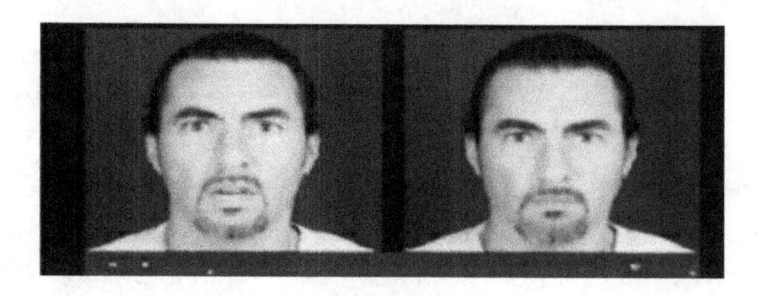

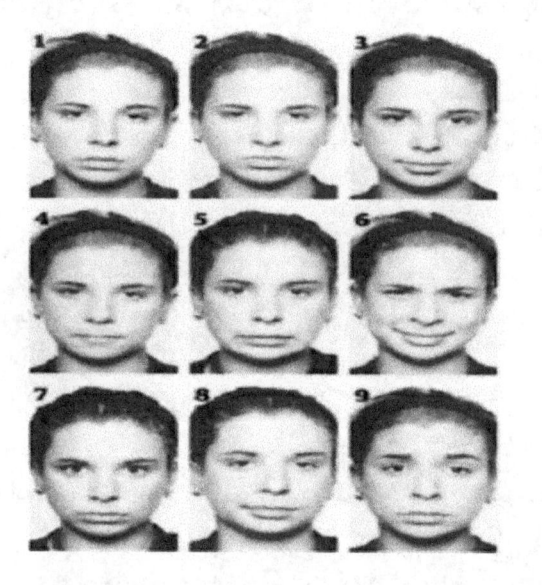

یکی از مطالعات جالب در این حوزه، مطالعه‌ای پژوهشی بود که توسط نالینی امبادی و
رابرت روزنتال[1] (۱۰۰۳) انجام شد و نشان داد، دانش‌آموزان در واقع کیفیت یک معلم دانش
درک از سوی او و نحوه‌ی آموزش آن موضوع را در عرض چند ثانیه پس از مشاهده او و در ویدئو
(بدون صدا و صرفاً براساس زبان بدن مربی از جمله حالات چهره‌اش)، قضاوت می‌کنند. روشی
که معلمان خود را به وسیله‌ی آن به دانش‌آموزان‌شان می‌شناسانند، بر میزان یادگیری‌شان
دانش‌آموزان تأثیر دارد. و همچنین آنچه دانش‌آموزان احساس می‌کنند معلمان‌شان در موردشان
فکر می‌کنند، بر یادگیری‌شان مؤثر است. بنابراین بر این اساس نحوه‌ی درک چهره‌ها از جمله

Robert Rosenthal [1]

عوامل تأثیرگذار بر یادگیری به شمار می‌آید. از آنجایی‌که این یک واقعیت است که انسان‌ها اهداف یکدیگر را از طریق حالات چهره تفسیر شناسایی می‌کنند، بنابراین معلمان باید بدانند چگونه چنین عبارات‌شان بر محیط کلاسی تأثیر می‌گذارند. دانش‌آموزان و معلمان همیشه انگیزه‌های یکدیگر را با کمک حالات چهره طرف مقابل تفسیر می‌کنند. مطالعات روان‌شناختی در این حوزه اثبات کرده‌اند، عملکرد دانش‌آموزان بسیار متاثر از آن چیزی است که تصور می‌کنند احساس معلم‌شان در قبال آن‌ها است. به همین ترتیب، بارها این گلایه را از آموزگاران شنیده‌ایم که برای کار با برخی گروه‌های خاص انگیزه‌ی کافی ندارند، چرا که احساس می‌کنند گروه مزبور «بسیار بی‌انگیزه» یا «بی‌حال» است. دانش‌آموزان برداشت‌های‌شان از معلمان را تا حدی براساس حالات چهره‌ی آن‌ها تفسیر می‌کنند. آنچه برای معلمان مهم است، این است که بدانند دایره‌ی تفسیری که در اختیار دارند، برای کنترل است. اگر معلمی ظاهری با انگیزه و مشتاق برای در مورد موضوع مورد بحث داشته باشد، احتمال بیشتری وجود دارد که دانش‌آموزان با این حالات مثبت در چهره‌ی او به موضوع علاقه‌مند شده و واکنش مثبت مناسب بروز دهند. واکنش دانش آموزان آنان نیز به نوبه‌ی خود به معلم انگیزه می‌دهد که همچنان با اشتیاق به تدریس بپردازد. متأسفانه عکس این حالت نیز صدق می‌کند: اگر معلم با حالتی مردد یا بدون اشتیاق شروع به تدریس کند، احتمال آن که دانش‌آموز موضوع مورد تدریس را ملال‌آور و کسل‌کننده احساس کنند، زیاد است. این حال در مقابل، بی انگیزه شدن معلم منجر می‌شود و باعث می‌شود نظر دانش‌آموز نسبت به آن معلم منفی شود. در بسیاری از مطالعات دیگر نیز نشان داده شده است که لبخند زدن باعث ایجاد شادی در طرف مقابل خواهد شد، حتی زمانی که احساس حس خوبی ندارد. انتقال دهنده‌های عصبی در مغز ظاهراً به واسطه‌ی تغییرات فیزیکی جسمی در ماهیچه‌های صورت ایجاد می‌شوند که در زمان لبخند زدن رخ می‌دهند و باعث می‌شود که احساس شادی یا غم داشته باشیم.

در چندین پژوهش به این موضوع پرداخته شده است، که احساسات چگونه از طریق حالات صورت منتقل می‌شوند. گروهی نیز به بررسی این امر پرداخته‌اند که مغز چگونه احساسات پشت پنهان در این عبارات را پردازش می‌کند. نتایج اگرچه بسیاری از تحقیقات درباره‌ی حالات چهره هنوز در محیط‌های کلاس‌های درسی اعمال نمی‌شوند، اما بدون شک یکی از مهم‌ترین زمینه‌هایی جدیدی است که باید مورد توجه معلمان قرار گیرد.

علاوه بر این، مغز انسان آهنگ صدای دیگران را برای هنگام سطوح تهدید به روشی سریع و اغلب ناخودآگاه قضاوت می‌کند و به این ترتیب بر نحوه‌ی درک اطلاعات از این منابع

تأثیر می‌گذارد. این واقعیت که نوزادان صدای مادرشان را از بدو تولد تشخیص می‌دهند، اثبات می‌کند آهنگ‌های صوتی احتمالاً درکی ذاتی یا اولیه از در مغز هستند. برخی تحقیقات در این حوزه به نحوه‌ی پردازش گفتار احساسی توسط مغز، به ویژه نحوه‌ی درک مغز از خشم به و تکیه بر حالت صدا مربوط می‌شود. همه‌ی این مطالعات به این واقعیت اشاره دارند که مغز آهنگ های صوتی را به روشی تقریباً ناخودآگاه درک و قضاوت می‌کند. معلمان بزرگ می دانند چگونه از صدای خود برای جذب دانش آموزان به مباحث کلاس استفاده کنند. این بدان معنی است که، یعنی آن‌ها سطوح لحن خود را آگاهانه مدیریت می‌کنند تا دانش آموزان را دفع یا خسته نکنند، بلکه حس هیجان و فتنه کنجکاوی را در مورد موضوع انتقال دهند.

حافظه

محبوب‌ترین توانایی مغز، که طی ۳۰ سال گذشته مورد مطالعه قرار گرفته است، حافظه است، توانایی که برای بقای انسان جنبه‌ی حیاتی استدارد بدون وجود حافظه، گونه‌ها منقرض می‌شوند. اگر مردم به خاطر نمی‌آوردند که چه موادی سمی هستند یا کدام حیوانات فراموش می‌کردند چه شکارچیانی خطرناک هستند، نوع بشر و انواع انسانی نابود می‌شدند. مطالعات زیادی در این حوزه انجام شده است، از جمله مطالعات مربوط به حافظه‌ی کوتاه مدت، حافظه‌ی کاری، بلندمدت و عاطفی و نیز سایر مطالعات مرتبط با تعریف اصطلاحات حافظه در علوم عصب‌شناسی، حافظه برای یادگیری در محیط‌های رسمی و غیررسمی حیاتی است. قطعاً بدون وجود حافظه‌ی بلندمدت دانش‌آموزان در مدارس شکست می‌خوردند. شاید مهم‌ترین مسئله درباره‌ی حافظه‌ی بلندمدت که لازم است معلمان آن را درک کنند، رابطه‌ی میان توجه و حافظه است که بدون آن، هیچ یادگیری‌ای شکل نخواهد گرفت. معلم باید بداند که اگر حافظه یا توجه وجود نداشته باشد، یادگیری واقعی نیز وجود نخواهد داشت.

دانیل شاتر[1]، متخصص حافظه و فراموشی، هفت نکته‌ی ظاهراً منفی درباره‌ی حافظ را شناسایی کرد: زودگذر بودن، غیبت، انسداد، نسبت دادن نادرست، تلقین‌پذیری، سوگیری و پایداری. مطالعاتی برای اثبات هر کدام از این اشتباهات انجام شده و کاربردهای مشخصی از این موارد را در زندگی روزمره و نیز کلاس‌های درس وجود دارد. برای نمونه، اگر معلمان می‌دانستند که گاهی اوقات دانش‌آموزان به این دلیل «فراموش می‌کنند» اینکه اطلاعات جدید را به یک ناحیه‌ی ذخیره‌سازی نادرست در مغز خود فرستاده‌اند، «فراموش می‌کنند» آنگاه

---

[1] Daniel Schacter

می‌توانستند بهتر به دانش‌آموزان کمک کنند. به عنوان مثال، شاید معلمی ممکن است فکر کند که مفهوم «گرمایش زمین» را تدریس کرده است، اما ممکن است دانش آموز این مفهوم را به «آلودگی خودرو» نسبت دهد و بنابراین اطلاعات را در دسته بندی اشتباهی در ذهن خود ثبت کند. این انتساب نادرست بدین معناست که مفهوم «گرمایش جهانی» به راحتی قابل بازیابی نیست. اگر معلم بفهمد که چگونه تخصیص نادرست رخ می‌دهد، ممکن است بیشتر بتواند به دانش آموز کمک کند تا یادآوری خود را بهبود بخشد.

یکی دیگر از متخصصان حوزه‌ی حافظه، (اریک کندل[۱] (۲۰۰۷)) است که چندین دهه را صرف تعریف علم عصب‌شناسی و زیست‌شناسی ذهن کرده است. کندل به دلیل توضیحی که درباره‌ی مبنای فیزیولوژیکی ذخیره‌سازی حافظه در نورون‌ها عصب‌ها ارائه کرد، موفق به دریافت جایزه‌ی نوبل سال ۲۰۰۰ در رشته‌ی فیزیولوژی یا پزشکی شد. او در کنار دانیل شاتر و لری اسکوایر[۲]، به دلیل مطالعاتی روی درباره‌ی مبنای عصبی حافظه (۱۹۹۹) شناخته شده هستند. اما کاربردی‌ترین پژوهش انجام شده در حوزه‌ی حافظه که مطالعه‌ی آن برای آموزگاران ضروری است، از آلن بادلی[۳] است ارائه شده که تحقیقی است فوق‌العاده درباره‌ی توضیحاتی در مورد از کار افتادگی میان لحظاتی است که اطلاعات ارائه می‌شوند تا زمان ذخیره‌سازی موقت، و زمانی که از بین می‌روند و به حافظه‌ی بلندمدت منتقل می‌شوند. مرکز Baddely Working Mwmory Memory and Learning در دانشگاه یورک در بریتانیا تحقیقات قابل توجهی در این حوزه انجام داده است و نقش حیاتی آموزش حافظه‌ی کاری را در افزایش یادگیری در دانش‌آموزان بررسی کرده است. توانایی حفظ اطلاعات در ذهن فرد به اندازه‌ی کافی برای انجام یک کار، تعریف حافظه فعال خوب است. از آنجایی که تمام یادگیری‌ها بر حافظه‌ی کاری خوب متکی است، منطقی به نظر می‌رسد که معلمان باید در گسترش پارامترهای معیارهای حافظه‌ی کاری دانش آموزان خود آموزش بهتری بیشتری ببینند. این محققان اطلاعات ارزشمندی را تولید ارائه کرده‌اند که در حوزه های شخصی و همچنین دانشگاهی مفید است.

سایر تحقیقات انجام شده درباره‌ی حافظه‌ی فعال، مستقیماً به روش‌های کلاسی درس و چگونگی بهبود حافظه برای سودمندی یادگیری دانش‌آموزان مربوط می‌شوند. برخی محققان

---

[۱] Eric Kandel

[۲] Larry R. Squire

[۳] Alan Baddeley

با توجه به فناوری محدود موجود، جلوتر از زمانشان و پیشرفته‌تر بودند و به این مسئله توجه کردند که زمان‌بندی بر حافظه تأثیر می‌گذارد، یعنی تا چه اندازه به دانش‌آموزان زمان داده می‌شود که به سؤال واکنش نشان دهند. در سال ۱۹۷۲، توماس[۱] پیشنهاد کرد اگر معلمان به جای میانگین یک ثانیه، به دانش‌آموزان چند ثانیه بیشتر زمان دهند تا در مورد سؤال مطرح شده واکنش ارائه کنند، پاسخ‌های بهتری دریافت خواهند کرد. رابرت سیلوستر[۲] نیز از این منظر از سایر معلمان هم دوره‌ی خودیش جلوتر بود چرا که معلمان اندکی در دهه‌ی ۱۹۸۰ نقش حیاتی برنامه‌ریزی را برای فعالیت‌هایی در نظر می‌گرفتند که حافظه را تقویت می‌کردند. اما سیلوستر با توجه به تجربیات معتبر یادگیری که در آن، دانش‌آموزان اطلاعات جدید را به چیزی که پیش‌تر در زندگی واقعی تجربه کرده‌اند، مرتبط می‌کنند، به این نتیجه رسید که دانش‌آموزان آنان می‌توانند اطلاعات جدید تازه را با سهولت بیشتری در مقایسه با اطلاعات غیرمرتبط به خاطر بیاورند.

سایر دیگر محققان تمایز حافظه‌ی رویه‌ای در مقابل حافظه‌ی بیانی و نقش‌هایی را که هر کدام در انواع مختلف یادگیری ایفا می‌کنند، مورد بررسی قرار داده‌اند. ما معمولاً درباره‌ی یادگیری رویه‌ای را تصور می‌کنیم. این مرحله شامل فرآیندهای حرکتی است که در نهایت به صورت منظم در می‌آیند، مانند یادگیری نحوه‌ی راه رفتن یا رانندگی با ماشین و دانش بیانی که باید به شکلی صریح در حوزه‌ی محتوایی آموزش داده شود، مثل فرمول‌های ریاضی نویسندگانی مانند بادلی به معلمان کمک کرده‌اند تا درک کنند خاطرات رویه‌های چگونه در مقابل خاطرات بیانی در مغز پردازش می‌شوند و توجه‌شان را به این نکته جلب کرده‌اند که چرا آموزش باید با انواع سیستم‌های سازوکارهای حافظه‌ای مورد استفاده سازگار شود.

چندین مطالعه پژوهش مهم در این حوزه می‌توانند به معلمان کمک می‌کنند تا درک کنند چرا برخی خاطرات مرتبط با عاطفه مانند خاطرات احساس ترس، باعث تثبیت آن خاطره در مغز شده است و چرا این نوع تثبیت طرحواره‌های ذهنی ایجاد می‌کند که شکستن‌شان سخت است. به عنوان مثال، دانش آموزانی که در کلاس درس تحقیر می شوند، به سختی می توانند یادگیری جدید در همان موضوع را از حافظه‌ی منفی خود جدا کنند. محصول این حافظه‌ی بسیار قوی و منفی می‌تواند اضطراب‌های یادگیری باشد، مثلاً ترس از ریاضی، اگر معلمان درک

---

۱ Thomas

۲ Robert Sylwester

کنند که خاطرات عاطفی بر خاطرات دانش مفهومی، «غلبه» می‌کند، ممکن است در نحوه‌ی تعامل با دانش آموزان در کلاس و نوع بازخورد مورد استفاده دقت بیشتری داشته باشند.

تمامی این تحقیقات را می‌توان در قالب موارد زیر مشاهده کرد:

انسان‌ها چیزهایی را به خاطر می‌آورند که ۱) ارزش بقا دارند، ۲) به راحتی با تجربیات گذشته مرتبط می‌شوند، یا ۳) دارای ارزش عاطفی هستند. خاطرات مرتبط با بقا، خاطراتی هستند که با محافظت از خود در برابر آسیب‌ها ارتباط دارند. به عنوان مثال، در خاطر ما می‌ماند که نباید از چراغ قرمز عبور کنیم کرد چرا که ممکن است با یک وسیله‌ی نقلیه تصادف کنیم. خاطرات مربوط که به تجربیات گذشته مربوط هستند، روش‌هایی هستند که دانش‌آموزان معمولی در مدارس یاد می‌گیرند. این نکته از آن جهت اهمیت حائز اهمیت است که حافظه‌ی تداعی، نوعی حافظه است که اکثر معلمان در زمان بحث درباره‌ی یادگیری دانش‌آموزان به آن اشاره می‌کنند. این نوع حافظه اطلاعات گذشته شناخته شده‌ی گذشته را با مفاهیم جدید و اطلاعت داده‌های تازه مرتبط می‌کند. به عنوان مثال، کودکی که می‌داند چطور باید اعداد را جمع کند، یادگیری تفریق را راحت‌تر فرا می‌گیرد. معلمان می‌توانند با درخواست از دانش‌آموزان برای ایجاد استعاره‌ها و تشبیهات به بازیابی حافظه‌ی تداعی کمک کنند. خاطرات با ارزش عاطفی نیز مربوط به مواردی است که دانش‌آموزان در موردشان احساس اشتیاق می‌کنند و به خاطر دوست داشتن‌شان یاد می‌گیرند. دانش‌آموزانی که احساس حس می‌کنند معلم به یادگیری‌شان آن‌ها اهمیت می‌دهد، بهتر از دانش‌آموزانی که تصور می‌کنند معلم آن‌ها را دوست ندارد یا نسبت به به آن‌ها بی توجه است، یاد می‌گیرند. سایر پیوندهای عاطفی مربوط به لذت شخصی است. افرادی که بین میان زندگی خود و آنچه می‌آموزند رابطه‌ای می‌بینند سریع‌تر از کسانی که از خود می‌پرسند: «چه زمانی از آن در زندگی واقعی استفاده خواهم کرد؟» یاد می‌آموزند. سوزا[۱] (۲۰۰۰) به پیوند حیاتی عاطفه در یادگیری به عنوان ارائه‌ی «حس و معنا» اشاره کرده است و معتقد است، به طوری که درس‌ها نه تنها معنادار (منطقی) هستند، بلکه در زندگی یادگیرنده معنا می‌یابند. نزدیک‌ترین موضوع به حافظه، توجه است. بدون وجود دوگانه‌ی پویا حافظه و توجه، هیچ یادگیری شکل نگرفته است.

---

[۱] Sousa

توجه

«همه می‌دانند توجه چیست. توجه عبارت است از تصاحب ذهن، به شکلی واضح و روشن، از یکی از موضوعات یا رشته‌های فکری که همزمان به نظر می‌رسد. توجه به معنای کناره‌گیری از برخی چیزها به منظور برخورد مؤثر با دیگران است».

– ویلیام جیمز[1]، اصول روانشناسی (۱۹۸۱، ص ۳۸۲ـ۳۸۱)

توجه سنگ بنای یادگیری است و در واقع بدون توجه آن هیچ یادگیری وجود نخواهد داشت. برخی مربیان تا جایی پیش رفته‌اند که عنوان کرده‌اند حافظه همراه توجه باعث یادگیری می‌شود. یعنی یادگیری بدون یکی از این دو، غیرممکن خواهد بود. به همین دلیل است که توجه حوزه‌ی اصلی ادبیات علمی MBE به حساب می‌آید. ادبیات و مطالعات حوزه‌ی توجه به چند دسته تقسیم می‌شوند. شاید مهم‌ترین اثر مربوط به توجه از منظر عصب‌شناختی مربوط به کار مایکل پوزنر به نام «علم عصب‌شناسی توجه» (۲۰۰۴) و مقالات متعدد او در همین رابطه باشند. پوزنر و روثبارت در جدیدترین کارشان اثرشان با عنوان «آموزش مغز انسان» (۲۰۰۷) آناتومی کالبدشناسی مدار، توسعه و ژنتیک سه شبکه‌ی توجه را که عبارتند از شبکه‌های هشدار، شبکه‌ی جهت‌یابی و شبکه‌ی اجرایی، را مورد بررسی قرار داده‌اند. سهم کلیدی در ادبیات علمی MBE که پوزنر و روثبارت انجام می‌دهند و به خود اختصاص داده‌اند این نکته است که درک این واقعیت که شبکه‌های عصبی مختلف گوناگون توجه را واسطه می‌کنند، ممکن است و از طریق آن می‌توان توضیح دهد که چرا برخی دانش‌آموزان به وسیله‌ی یک مسیر عصبی یا یادگیری بهتر می‌آموزند. معلمان باید آگاه باشند که با آموزش دادن اطلاعات به انواع روش‌های مختلف (از طریق بحث کردن، خواندن مطالب، تماشای فیلم‌ها، بحث‌ها، انجام پروژه‌ها و غیره) امکان حفظ و یادگیری دانش‌آموز بیشتر است. زیرا اطلاعات داده‌ها در سیستم دستگاه‌های عصبی مختلف گوناگون (هر چند با اینکه گاهی اوقات همپوشانی دارند) وارد می‌شوند.

مطالعات مربوط به نحوه‌ی رشد شبکه‌های توجه در دوران کودکی بسیار مرتبط با علم MBE است، چرا که این مطالعات شاخص‌های رشدی ارائه می‌کنند که نشان می‌دهند کودک چه زمانی برای تمرین انواع مختلف مهارت‌های توجهی آمادگی دارد. مشکلات توجه را نیز می‌توان از منظر شبکه‌های عصبی مختلف که زیربنای توجه را تشکیل می‌دهند، تقسیم‌بندی کرد. این تقسیم‌بندی‌ها که شامل توانایی مدیریت توجه، نحوه‌ی ارتباط حافظه و توجه،

---

[1] William James

خودتنظیمی توجه، توجه و عملکرد، ارتباط میان عاطفه و توجه می‌شود. هر مقوله مباحث مربوط به خود را درباره‌ی نقش توجه در یادگیری دارد.

مقوله‌ی اول، تحقیق در مورد مدیریت توجه است که ارتباط تنگاتنگی با تحقیقات پژوهش در مورد کارکردهای اجرایی دارد. همان‌طور که پیش‌تر نیز عنوان بیان شد، اگر کارکردهای اجرایی دست نخورده نباشند، و اگر فردی نتواند به شکلی مؤثر محرک‌های مناسب را برای توجه به آن‌ها انتخاب کند، یادگیری دچار خدشه می‌شود.

دوم، مطالعاتی که تعامل بین میان توجه و حافظه را مستند می‌کنند، ارتباط مستقیمی از آزمایشگاه به کلاس درس ایجاد می‌کنند. در حالی‌که حافظه و توجه به صورت جداگانه مفاهیم بزرگی هستند، اما در کنار هم، عوامل تعیین کننده‌ای در یادگیری به شمار می‌آیند. بدون حافظه و توجه، هیچ یادگیری جدیدی وجود ندارد.

سوم، مطالعاتی که رابطه‌ی میان توجه و خودتنظیمی را بررسی می‌کنند، نشان می‌دهند که اگر مکانیسم‌های سازوکارهای تنظیم کننده به خوبی کار نکنند، چقدر آسان است و چه‌بسا که مغز به وسیله‌ی محرک‌ها منحرف شود. در بسیاری از محافل آموزشی، فرض بر این است که تفکر مرتبه متعالی تا حدی به توانایی مغز برای خودتنظیمی متکی است، که اکنون می‌دانیم به توانایی توجه مرتبط ارتباط دارداست.

چهارم، مطالعاتی هستند که ارتباط میان توجه و عملکرد را در نظر می‌گیرند.، یعنی توانایی حفظ توجه برای داشتن عملکرد صحیح. این مطالعات پژوهش‌ها ارتباط نزدیکی با سایر مطالعات مرتبط با توجه دارند. در این حوزه، آنچه توجه به آن از سوی معلمان اهمیت دارد این است که دانش‌آموزان دائماً در حال انجام اقداماتی فعالیت‌هایی برای متعادل کردن خودشان با شرایط کلاس هستند و این تلاش بر سطح عملکردشان تأثیر می‌گذارد.

مورد پنجم تحقیقاتی درباره‌ی عاطفه و توجه است.، اینکه مردم به چه چیزی توجه می‌کنند و چرا. همان‌طور که در بخش قبلی درباره‌ی احساسات عواطف نیز عنوان کردیم، احساس یک فرد در مورد محرک‌ها (مثلاً درباره‌ی یک مفهوم جدید برای یادگیری، یا یک تماس جدید یا، یک واقعیت جدید) ممکن است بر اینکه توجه کافی به یادگیری آن موضوع بدهد داشته باشد یا خیر، تأثیر بگذارد. اما در یک چرخش و دگرگونی، محرک‌هایی که توجه را می‌طلبند راحت‌تر به خاطر می‌آیند. به عنوان مثال، یک محرک غیرمنتظره برای حواس، مانند صدای بلند یا استفاده از متن بزرگ‌تر از حد معمول در یک کتاب، توجه را به خود جلب می‌ کند و به خاطر سپردن را آسان می‌کند.

در نهایت، مطالعاتی هستند درباره‌ی اهمیت توجه برای داشتن یک عملکرد خوب کلاسی وجود دارد، همان‌طور که در مورد با گوش دادن فعال، مشارکت به میزان در سطح مناسب و دانستن اینکه چه زمانی باید ایده‌ها طرح‌ها را در کلاس مطرح ارائه کنید، تحقیقاتی انجام شده است.

همه‌ی مطالعات پژوهش‌های مربوط به توجه در ادبیات علمی MBE به درک بهتری از شیوه‌های تدریس کمک می‌کنند. برخی مطالعات از آن‌ها به این موضوع پرداخته‌اند که توجه در مغز، در زمان یادگیری چگونه عمل می‌کند، چه فرایندی دارد و برخی بعضی دیگر به جوانب توجه و حافظه در زمینه‌ی یادگیری عمومی مربوط می‌شوند. به طور خلاصه، معلمان نباید فراموش کنند که توجه به وسیله‌ی کارکردهای اجرایی فرد تنظیم می‌شود و در عین‌حال به شدت متأثر از شناخت اجتماعی است.

شناخت اجتماعی

شناخت اجتماعی به توانایی خوب کار کردن با دیگران، درک دیدگاه‌های دیگران و درک اینکه آنان خود را درک می‌کنند، اشاره دارد. محققان بسیاری در این زمینه‌ی فرعی کار فعالیت کرده‌اند. در تحقیقات پژوهش‌های پیشین گذشته عنوان می‌شد، شناخت اجتماعی عمیقاً با پاسخ‌های عاطفی فرد به دیگران مرتبط است. اما در تحقیقات جدید تازه در زمینه‌ی علم عصب‌شناسی، شناخت اجتماعی مبتنی بر همبستگی جامعه‌شناختی و عصبی است. یک موضوع جالب در این رشته‌ی جدید نظریه‌ی حرکت ذهن است که در آن تأمل درباره‌ی چگونگی درکمان از خود و دیگران در زمینه‌های اجتماعی مطرح می‌شود. این بدان معناست که اطلاعات نه تنها از رفتارهای قابل مشاهده در موقعیت‌های اجتماعی جمع‌آوری می‌شوند بلکه با مطالعات علوم اعصاب نیز مقایسه شده‌اند که به ما اجازه می‌دهند درک کنیم در طول این تعاملات اجتماعی چه اتفاقاتی در مغز رخ می‌دهد. معلمان می‌توانند از درک فهمیدن چگونگی درک افراد از یکدیگر و اینکه کدام محیط‌های اجتماعی برای تجربیات و یادگیری جدید مساعد هستند بهره‌مند شوند. به عنوان مثال، شمار زیادی از مطالعاتی که تعاملات اجتماعی و روابط انسان را ترجیح می‌دهند، می‌توانند به معلمان کمک کنند تکنیک‌ها و شیوه‌های مدیریت کلاسی‌شان را بهبود بخشند و انگیزه‌های واقعی پنهان در رفتار دانش‌آموزان را درک کنند.

برخی دیگر از تحقیقات در این زمینه بیشتر در حوزه‌ی روان‌شناخت صورت گرفته است و به ارزیابی نگرش‌ها در رابطه با اقدامات بعدی توجه دارند. در مجموع، این چشم‌انداز به معلمان پایگاه نظری قدرتمندی برای توضیح رفتار دانش‌آموزان در کلاس به معلمان ارائه می‌کند.

مطالعات دیگری نیز در این حوزه انجام شده‌اند که زمینه‌ساز برای درک این نکته است که شناخت اجتماعی چگونه بر موفقیت دانش‌آموزان در مدرسه تأثیر خواهد گذاشت، ایجاد کرده‌اند. انسان‌ها موجودات اجتماعی هستند و مغز نیز یک اندامی اجتماعی است که در تعامل با دیگران رشد می‌کند. برای نمونه، تحقیقات اثبات کرده‌اند، دانش‌آموزان زمانی که به دیگران آموزش می‌دهند، بهتر یاد می‌گیرند. پس یکی از راه‌های مؤثر برای یادگیری، آموزش دادن است. برخی مربیان استدلال می‌کنند تعامل اجتماعی بسته به سبک‌های یادگیری فردی متفاوت است، در حالی‌که متخصصان عصب‌شناسی اعتقاد دارند اطلاعات مشترک در مغز تقویت می‌شود. یادگیری زمانی تقویت می‌شود و رشد می‌کند که برای حل مشکلات با دیگران کار تعامل کنیم. نقش شناخت اجتماعی در علم MBE نقش مهمی ایفا می‌کند و البته که نقش عملکرد آن در تجربه‌ی یادگیری نیز مشخص است. حوزه‌ی دیگری که شاید چندان مورد توجه نباشد، اما در واقع در یادگیری دخیل است، حوزه‌ی مدیریت فضایی است.

مدیریت ترتیبی ـ فضایی

مدیریت ترتیبی، فضایی توانایی درک و مدیریت موقعیت خود در فضاهای گوناگون است که این توانایی به مهارت‌های عملی نظیر نقشه‌خوانی و بازگشت از مدرسه با دوچرخه به خانه و مواردی نظیر این‌ها ارتباط دارد و همچنین مدیریت فضائی شامل مدیریت دارایی‌های فیزیکی فرد نیز می‌شود. در موارد زیادی پیش می‌آید که معلمان، دانش‌آموزان را به دلیل ناتوانی در مدیریت وسایل مدرسه مورد قضاوت منفی قرار می‌دهند، مثلاً برای اینکه کمد یا دفترهای نامرتب یا کثیفی دارند. اغلب بیشتر این دانش‌آموزان از سوی همسالان‌شان دست کم گرفته می‌شوند، چرا که نمی‌توانند خودشان را به خوبی مدیریت کنند. فقدان مدیریت فضاسازی در مفاهیم تصویرسازی مفهومی نظیر هندسه نیز نمود می‌یابد، یا در ارائه‌ی طرح بصری یک نقاشی یا نوشتن مقاله خود را نشان می‌دهد. به عنوان مثال، کودکانی که مشکل در مدیریت فضایی ناتوان دارند، در ابتدای آموزش خواندن، برای تشکیل کنار هم قرار دادن صحیح حروف با به نسبت صحیح مشکلاتی مواجهند. برخی تحقیقات در مدیریت فضایی بر ناحیه‌ی بصری شکل کلمه بصری در مغز متمرکز هستند. مطالعات مشابهی برای بررسی چگونگی رمزگشایی کودکان از مسائل ریاضی انجام شده است، که آن‌ها نیز گویای آن است که نشان می‌دهند این کودکان از چه استراتژی‌هایی راهبردهای برای حل مسئله استفاده می‌کنند. مروری بر عملکردهای ذهنی دقیقی که برای خواندن یا انجام ریاضی به کار می‌روند به معلمان یادآوری می‌کند که هر مجموعه مهارت (مثلاً ریاضی یا خواندن) در واقع ترکیبی از چندین مهارت فرعی

است، که هر یک کدام می‌توانند بر کیفیت یادگیری ما تأثیر خواهد گذاشت. برای مثال، معلمانی که روش خواندن مغز را درک می‌کنند، بیشتر برای ایجاد هر یک از مهارت‌های فرعی با کودکان کار می کنند و در مقایسه با معلمی که فکر می‌کند خواندن یک مهارت واحد است نتایج بهتری به دست می‌آورند نسبت به معلمی که فکر می‌کند خواندن یک مهارت واحد است. در فصل هفتم در این رابطه بیشتر بحث خواهیم کرد.

مهارت‌های تعیین مسیر و گم نشدن نیز در رابطه با مدیریت فضایی بررسی شده است. مگوایر[1] و همکارانش، شواهدی تجربی برای اثبات این باور ارائه کرده‌اند که تحریک نواحی فضایی در مغز باعث رشد و تقویت آن‌ها نواحی خواهد شد. این محققان با تصویربرداری عصبی از رانندگان تاکسی، اثبات کردند تغییرات ساختاری در مناطقی از مغز که برای جهت‌گیری فضایی استفاده می‌شوند، وجود دارد. این محققان، مغز رانندگان تاکسی با تجربه‌ی تاکسی را با رانندگان تاکسی تازه‌کار مقایسه کرده و متوجه شدند «هیپوکامپ خلفی رانندگان باتجربه به شکل قابل توجهی در قیاس با افراد معمولی یا تازه کار بزرگ‌تر است»، به این معنی که سیستم‌های دستگاه‌های حافظه‌ی بلندمدت (هیپوکامپ) با مانورهای تمرین‌های فیزیکی مکرر در فضا تغییر کرده‌اند.

شاید در ابتدا چنین به نظر برسد که پژوهش در مدیریت فضایی خارج از قلمرو علم MBE است، با این وجود، با بررسی تحقیقات انجام شده در این حوزه مشخص می‌شود که درک بهتر مسائل مدیریت فضایی می‌تواند به تدریس بهتر ریاضی، خواندن، جغرافیا و سایر موضوعات منجر شود.

مدیریت زمان یا سازماندهی متوالی زمانی

سازماندهی متوالی زمانی، توانایی درک مفهوم زمان است. این توانایی در محیط‌های کلاسی رسمی آشکار می‌شود، زیرا چرا که می‌تواند زمان مجاز برای تکمیل یک آزمون، یا برنامه‌ریزی برای اجرای یک پروژه‌ی بلندمدت را مدیریت کند. در بسیاری از موارد، مدیریت زمان با مدیریت فضایی مرتبط هستند. بسیاری از فعالیت‌های انسانی شامل عوامل زمانی و مکانی هستند، مثل مانند اجرای موسیقی، رقص، ورزش، یا حتی شنیدن زنگ مدرسه و رسیدن به موقع به کلاس بعدی معلمان باید از اهمیت زمان‌بندی در آموزش آگاه باشند تا به این ترتیب بتوانند به دانش‌آموزان کمک کنند خودشان را در چارچوب زمان سازماندهی کنند.

---

[1] Maguire

موضوع سازماندهی متوالی زمانی از یک منظر به ساعت‌های بیولوژیکی زیستی هم مربوط می‌شود. خودآگاهی از اینکه چرا و چگونه و به چه روشی زمان را به روشی که احساس می‌کنیم می‌تواند برای دانش‌آموز مفید باشد، تنظیم کنیم. درک ساعات بیولوژیکی زیستی برای معلمانی که با نوجوانان کار می‌کنند نیز ضروری است، چرا که تغییرات هورمونی الگوهای خواب طبیعی را در این سن تغییر می‌دهند. مطالعاتی نظیر مطالعه‌ای آنچه که توسط کارسکادون[1] و همکارانش در رابطه با «الگوهای خواب نوجوانان، زمان‌بندی شبانه‌روزی و خواب‌آلودگی در روزهای اول مدرسه» بحث می‌کند، انجام داده‌اند و نتایجی از این دست، به درک بهتر معلم از رفتار کلاس و مشکلات یادگیری کمک می‌کنند. به عنوان مثال، تصور اینکه دانش‌آموزی به دلیل خواب‌آلودگی نمی‌تواند در کلاس تمرکز لازم را داشته باشد، نیمی از ماجراست، نیمی دیگر شاید این باشد که مغز او به نتوانسته زودتر بخوابد (و همین امر باعث خواب‌آلودگی در مدرسه شده است) عملکردهای بدن، مثل ساعت‌های داخلی زیستی، همیشه (یا هرگز) تحت کنترل آگاهانه نیستند.

مطالعات در مورد مدیریت زمان، مکانیسم‌های سازوکارهای عصبی زمان‌بندی در مغز را بررسی می‌کنند و اینکه سوء تفاهم و بدفهمی درباره‌ی زمان چطور ممکن است از طریق مشکلات‌های شبکه‌های عصبی توضیح داده شود. شاید گاهی شبکه طبیعی مفاهیم زمانی ممکن است دست نخورده باشد، اما ممکن است یک حس تغییر یافته از زمان وجود داشته باشد که به واسطه‌ی برخی مواد شیمیایی در مغز ایجاد شده باشد. این به این معناست که مکانیسم‌های سازوکارهای فیزیکی برای پردازش زمان در مغز طبیعی هستند، اما آن ماده‌ی شیمیایی عدم تعادل و نامتعادل می‌تواند باعث ایجاد مشکل در درک صحیح زمان شود. این تمایز مهم است چرا که ادراک زمان با درک شکل‌گیری حافظه نیز مرتبط است، و خاطرات برای یادگیری حیاتی هستند.

مجموعه‌ی گسترده‌ای از مهارت‌های ضروری برای بقای انسان لازم وجود دارند و تنها تعداد محدودی از آن‌ها در این مجموعه مورد اشاره قرار گرفته‌اند. با این‌حال، وجود هر کدام از مهارت‌های عنوان شده در این فصل، به جوانب حیاتی یادگیری مربوط می‌شوند و نه تنها از جمله عواملی هستند که برای بقاء ضروری هستند و به نظر می‌رسند، بلکه به مفاهیم کلاس درس نیز مربوط می‌شوند. اثرگذاری، همدلی، احساسات و انگیزه برای بقای انسان حیاتی‌اند، زیرا بدون آن‌ها هیچ تصمیمی گرفته نمی شود. درک کارکردهای اجرایی و یا تصمیم‌گیری نیز

---

[1] Carskadon

مهم است زیرا همه‌ی فرآیندهای شناختی دیگر به هم مرتبط هستند. حوزه‌ی جدید اما جذاب تشخیص و تفسیر چهره پیامدهای مهمی برای نحوه‌ی تعامل ما با دانش آموزان دارد و باید در همه‌ی مؤسسات تربیت معلم آموزش داده شود. نقش حافظه و توجه در همه‌ی تمامی فرآیندهای یادگیری حیاتی اساسی است و باید توسط از سوی معلمان در همه‌ی سطوح درک شود. توانایی‌های شناخت اجتماعی نیز نقش وظیفه‌ی مهمی در تعاملات دارند، چرا که انسان موجودی اجتماعی است و بسیاری از انواع یادگیری‌های جدید نوین متکی به این تعاملات ارتباط متقابل اجتماعی است. در نهایت، هر دو مهارت مدیریت مکانی و زمانی برای مانور تمرین موفقیت آمیز فضاهای فیزیکی و درک زمان بندی، مفید و در برخی موارد حتی حیاتی هستند. هر هشت مورد از این مهارت‌های انسانی برای بقا بسیار مهم هستند و همچنین پیامدهایی برای یادگیری در مدرسه دارند. معلمانی که با بهترین فعالیت‌ها در علم MBE مرتبط هستند، باید در جریان پیشرفت‌های صورت‌گرفته در هر یک از این زمینه‌ها باشند.

فصل هفتم

آزمایشگاه در کلاس درس

مورد توجه‌ترین رشته‌های تحصیلی

«آموزش روح یک جامعه است، که از نسلی به نسل دیگر منتقل می‌شود.»

– گیلبرت چسترتون[۱]، اخبار مصور لندن (۵ ژوئیه ۱۹۲۴)

«آموزش یک فرآیند اجتماعی است است. آموزش رشد است و آموزش آمادگی برای زندگی نیست. آموزش خود زندگی است. »

– جان دیویی[۲]، رکوردهای کالج معلمان (۱۹۳۸، ص ۳۴۳)

هیچ دو مغزی شبیه به هم نیستند. شاید دو مغز بخش‌های اصلی یکسانی داشته باشند، اما هیچ دو مغز شبیه هم نیستند. حتی دوقلوهای همسان که چهره‌هایشان شبیه به هم یکدیگر است، مغز یکسانی ندارند، زیرا تجربیات فردی افراد، مغز را تغییر می‌دهد. شاید بتوان گفت بخش‌های خاصی از مغز در مکان‌های خاصی قرار گرفته و این در مورد همه‌ی افراد صدق می‌کند، اما عملکرد واقعی هر بخش در هر فرد ممکن است متفاوت باشد. به عنوان مثال، در حالی که می‌توان گفت که نواحی اصلی زبان افراد معمولاً در لوب‌های فرونتال و جداری چپ است، اما این مورد برای صددرصد انسان ها صادق نیست و دقیقاً به این دلیل که برخی از مغزها متفاوتند، تجربیات فردی در افراد مختلف، مغز را تغییر می‌دهد. تعمیم یافته‌ها درباره‌ی مغز می‌تواند خطرناک باشد.

---

۱ Gilbert K. Chesterton

۲ John Dewey

چالش: تشخیص

آموزش: تدریس دانستن چیزهایی است که دانش‌آموزان از پیش می‌دانند، آنچه باید بدانند و در مرحله‌ی بعد پل زدن میان این دو آنچه مشخص است، این است که توانایی تشخیص دقیق سطح و مشکل یادگیری کودک اولین گام برای کمک به او در راستای به حداکثر رساندن ظرفیت و پتانسیل‌اش در آن حوزه‌ی موضوعی خواهد بود.

از آنجایی که مهارت‌هایی مانند خواندن، نوشتن، ریاضی، زبان خارجی، علوم، هنر و بازیگری از سیستم‌های سازوکارهای ذهنی وسیعی استفاده می‌کنند که چندین سیستم دستگاه مغزی مختلف و متنوع را به کار می‌گیرند، تشخیص ضعف‌های کودک در یک حوزه‌ی موضوعی یک کاری پیچیده و در عین حال ضروری است. با مرور زیرمجموعه‌های مختلف گوناگون خواندن، نوشتن، ریاضی و سایر دروس، معلمان از مجموعه مشکلاتی که ممکن است رخ دهد آگاه‌تر می‌شوند و برای آموزش متفاوت‌تر به همه‌ی کودکان مجهزتر می‌شوند.

دوره‌های آموزشی و مواد درسی متفاوت و متعددی در محیط‌های آموزشی ارائه می‌شوند. رایج‌ترین این مواد آموزشی در جهان غربی، زبان (ارتباطات و ادبیات)، ریاضیات، علوم اجتماعی (تاریخ و، مدنی) و علوم فیزیکی (شیمی، زیست‌شناسی و فیزیک) است. در برخی مدارس دانش‌آموزان در برخی مدارس به اندازه‌ای خوش‌اقبال هستند که در زمینه‌ی هنر، موسیقی، آموزش زبان خارجی، ورزش، کامپیوتر و فلسفه (اخلاق) نیز آموزش می‌بینند و از میان همه‌ی این رشته‌ها، تنها تعداد انگشت‌شماری از آن‌ها به شکلی دقیق در مطالعات MBE مورد بررسی قرار می‌گیرند. در بخش بعد، آنچه را درباره‌ی متداول‌ترین دروس آکادمیک دانشگاهی در این رشته بررسی می‌شود، مرور خواهیم کرد.

زبان

زبان به عنوان پیچیده‌ترین و منحصر به فردترین وظایف ذهنی انسانی، به وسیله‌ی بخش‌های مختلف مغز به‌هم پیوسته مدیریت می‌شود. به عنوان مثال، زبان نوشتاری بیش از هر کار ذهنی دیگری به‌طور همزمان از بخش‌های بیشتری از مغز استفاده می‌کند. مهارت‌های زبانی در مغز به قدری پیچیده هستند و در برخی موارد به اندازه‌ای همپوشانی دارند که پیتر ایندفری و مارلین گولنبرگ[1] (۲۰۰۶) تلاش‌های‌شان برای جداسازی دقیق آن‌ها را در قالب این

---

[1] Peter Indefrey and Marlene Gullenberg

پرسش خلاصه کرده‌اند که: «آیا بررسی اینکه کدام قسمت‌های مغز کمتر درگیر زبان هستند، بهتر نیست؟»

برخی متون، نظریه‌های جهانی را برای توضیح مبنای عصب‌شناسی زبان در نظر می‌گیرند. به عنوان مثال اینکه چطور همه‌ی زیرمجموعه و سیستم‌های درگیر در زبان به شکلی یکپارچه برای تولید زبان یکپارچه هماهنگ می‌شوند. مطالعات دیگر روی بر اختلالات زبانی تمرکز دارند و با انجام این کار، به توضیح عملکرد عادی مغز در زمان تولید زبان کمک می‌کنند. با این حال، تحقیقات دیگر، پایه‌های اجتماعی، فلسفی و همچنین عصب‌زیست بیولوژیکی زبان را در نظر می‌گیرند و بررسی می‌کنند که چه تغییراتی در مغز در طول ارتباط با دیگران در مغز رخ می‌دهد. هر یک از این مطالعات به معلمان کمک می‌کند تا مشکلات زبانی را به گونه‌ای رمزگشایی کنند که عناصر زبان را برای ایجاد مداخلات بهتر تجزیه کنند.

نظریه‌های تکاملی تأثیرگذار برای رشد زبان این باور را مطرح می‌کنند که خواندن و نوشتن از نظر تکاملی رشدی تازه‌ترین عملکردهای اخیر مغز هستند. اگر این نظریه پردازان درست گفته باشند، پیامدهای عمیقی ژرفی برای آموزش وجود خواهد داشت. مشکلات خواندن را می‌توان به شکلی بالقوه با جدید بودن مهارت‌های خواندن در مغز توضیح داد.

وقتی از این منظر نگاه کنیم، خواندن از یک موضوع آکادمیک علمی به مکانیزمی ساختاری تبدیل می‌شود که با آن جهان را می‌شناسیم. اما علم MBE توضیح می‌دهد که راه‌های زیادی برای به هم ریختن روند خواندن وجود دارد که به نظر می‌رسد یک معجزه است که کودکان اصلاً خواندن را یاد بگیرند.

برخی از مطالعات و پژوهش‌ها درباره‌ی خواندن نشان می‌دهند که بخش‌های مشخصی از مغز در جنبه‌های مختلف متنوع زبان درگیر هستند. به عنوان مثال، دانش آموزی ممکن است قادر به نوشتن املای کامل کلمات باشد، اما ممکن است هیچ خاطره‌ای از معنای کلمه‌ای که املا نوشته است نداشته باشد. این به این دلیلش این است که مکانیسم‌های سازوکارهای عصبی متمایزی برای استعاره‌ها و املا وجود دارد. مطالعات دیگر نشان می‌دهند که چگونه عروض در ناحیه دیگری از مغز قرار دارد. توانایی معلم برای تشخیص دقیق مشکلات زبان برای پیچیده‌تر کردن مسائل، مغز هر روز با تجربه تغییر می‌کند. تحقیقات جالبی وجود دارد که نشان می‌دهد زمانی که مغز زمانی که خواندن را یاد می‌گیرد متفاوت‌تر با زمانی که از زمان قبل خواندن می‌داندپیش از آن متفاوت عمل می‌کند.

خواندن

خواندن یکی از اجزای فرعی زبان است و به دلیل کیفیت و کمیت تحقیقات موجود، در این بررسی، ادبیات مرتبط با این موضوع به شکلی جداگانه مورد بررسی قرار می‌گیرند. خواندن یکی از حوزه‌های مورد علاقه‌ی تحقیقات علمی MBE است، زیرا یکی از جوانب غیرحسی یادگیری است که صرفاً خاص انسان است (در حالی‌که مطالعات پژوهش‌های عصبی متعددی درباره‌ی چگونگی واکنش چشم به نور، یا چگونگی ایجاد رفلکس‌های بازتاب‌های مبهوت کننده به وسیله‌ی صداهای بلند وجود دارد، مطالعات بسیار اندکی با سوژه موضوع انسانی درباره‌ی خواندن انجام شده است) خواندن عنصری از زبان است که کمتر از صحبت کردن «طبیعی» به نظر می‌رسد. از نظر استانیسلاس دهاین، برخی نورون‌ها عصب‌ها بازیافت شده‌اند و با کارهای فرهنگی جدیدتر، مانند خواندن، سازگار شده‌اند. دهاینه می‌نویسد:

«من یک نظریه‌ی بدیع از تعاملات عصبی_فرهنگی پیشنهاد می‌کنم که به شدت مخالف نسبی‌گرایی فرهنگی است و قادر به حل پارادوکس متناقض‌نمای خواندن است. من آن را فرضیه‌ی «بازیافت عصبی» می‌نامم. براساس این دیدگاه، معماری مغز انسان از محدودیت‌های ژنتیکی قوی تبعیت می‌کند، اما برخی مدارها به گونه‌ای تکامل یافته‌اند که حاشیه‌ای حدی از تنوع را تحمل می‌کنند. به عنوان مثال، بخشی از سیستم دستگاه بینایی ما به صورت سخت نیست، اما در برابر تغییرات در محیط باز است. در مغزی با ساختاری دیگر، شکل‌پذیری بصری به کاتبان باستانی این فرصت را داد که توانایی خواندن را اختراع کنند.» (۲۰۰۹، ص ۷)

خواندن و نوشتن به مغز نیازمندند تا وظایف تکاملی جدیدتری را نسبت به ارتباطات شفاهی ساده انجام دهند. همه‌ی فرهنگ‌ها در سرتاسر جهان از طریق کلامی ارتباط برقرار می‌کنند در حالی‌که تعداد اندکی از آن‌ها، زبان نوشتاری دارند. توضیحاتی درباره‌ی نحوه‌ی چگونگی یادگیری مغز، از جمله شبکه‌های عصبی زیربنایی، در ایجاد استراتژی‌هایی راهبردهایی که خواندن را بهبود می‌بخشند، بسیار مفید هستند.

یک مثال جالب از این نوع مطالعات، مؤلفه‌های فرعی و متمایز خواندن، مانند نواحی مربوط به املای واژگان است. اگرچه ممکن است شاید در نگاه اول غیرمنطقی به نظر بیاید، اما درک مرجع نماد به صدا (املا) شامل فرآیندهای مشابه املا نیست. این مطالعات در واقع درباره‌ی سردرگمی قابل مشاهده از سوی معلمان در چهره‌ی دانش‌آموزان هنگام حل یک مسئله‌ی دشوار، توضیحی عصب‌شناختی ارائه می‌کنند. توضیحی عصب‌شناختی برای سردرگمی ارائه می‌کنند که معلمان در چهره دانش‌آموزانشان در حالی‌که با مسئله دشواری دست و پنجه

نرم می‌کنند، مشاهده می‌کنند. تحقیق و پژوهش درباره‌ی مؤلفه‌های فرعی زبان برای معلمان مفید است زیرا شواهد تجربی ارائه نشان می‌دهند که دانش آموزان ممکن است بدون اینکه بتوانند بر جنبه‌ای از زبان مسلط شوند بر یک جنبه‌ی دیگری از زبان تسلط داشته باشند بدون اینکه بتوانند بر جنبه دیگر تسلط پیدا کنند. این مطالعات نشان می‌دهد که همچنین اجزای فرعی زبان به وسیله‌ی مسیرهای عصبی مختلف گوناگون در مغز واسطه می‌شوند و بنابراین می‌توانند تأثیرات مشخصی بر توانایی کلی زبان داشته باشند. به عنوان مثال، همان‌طور که در بالا مشاهده شد، یادگیری املایی به روشی متفاوت از پردازش واج شناختی در مغز اتفاق می‌افتد، اما در هنگام خواندن، مکانیسم سازوکارهای مکمل یکدیگر هستند. این منطق نظریه‌های جدیدتر درباره‌ی حل مشکلات خواندن را مطرح می‌کند که دوره‌های بلندخوانی طولانی‌تری را برای ایجاد تسلط بیشتر در پیوند بازنمایی‌های واج‌شناختی شنیداری و بصری، املایی بصری پیشنهاد می‌کنند.

همان‌طور که پیش‌تر نیز عنوان بیان شد، مطالعات پژوهش‌های مربوط به نحوه‌ی یادگیری آموزش خواندن در مغزهای نارساخوان در توضیح مکانیسم‌های سازوکار خواندن عادی موضوع خواندن مفید بوده است، همان‌گونه که مطالعات مربوط به اختلالات خواندن در غیرنارساخوان چنین بوده است. در نهایت، سایر مطالعات تحقیقات مربوط به خواندن، جوانب فرهنگی یادگیری خواندن را در نظر می‌گیرند. به عنوان مثال، در حال حاضر مشخص شده است که مسیرهای عصبی متمایزی برای یک نوزبان‌آموز زبان چینی جدید در قیاس با زبان آموزان جدید انگلیسی وجود دارد. اثبات چنین واقعیت‌های جالبی به ما کمک می‌کنند درباره‌ی منطق برخی شیوه‌های آموزشی فکر کنیم. به عنوان مثال، در ایالات متحده به کودکان آموخته می‌شود پیش از نوشتن چطور با خط شکسته چاپ کنند، در حالی‌که در فرانسه و آلمان برعکس است. منطق اروپایی‌ها این است که ترتیب خط شکسته نادرست است، در حالی‌که ترتیب ضربه شکل چاپی می‌تواند تصادفی باشد.

مداخلات خواندن

علم MBE دانشی جدید و نوپا است و متعاقباً در پی آن روش‌های اثبات شده‌ی اندکی برای بهبود آموزش خواندن در این رشته وجود دارد،. به همین دلیل است که تدریس در این مقطع تاریخی، یک هنر است و امروزه روش‌های مبتنی بر شواهد در MBE در حال حاضر بسیار اندک هستند.

براساس اطلاعات موجود در تحقیقات موجود، خواندن فرآیندی بسیار پیچیده است که نیازمند تسلط بر حداقل دست‌کم ۱۲ توانایی را می‌طلبد:

۱. استفاده از کارکردهای اجرایی برای توجه به مطالب خوانده نشده،
۲. توانایی جسمانی دیدن کلمات
۳. توانایی تعمیم درک مفهومی بازنمایی نمادهای مختلف گوناگون از یک محتوا
۴. توانایی ادای ذهنی کلمات در ذهن (رمزگذاری کلامی)
۵. قابلیت تبدیل واج‌ها به کلمه
۶. امکان جست‌وجوی کلمه در حافظه برای کلمه
۷. توانایی جست‌وجوی معنی کلمات در حافظه برای معنی کلمات (درک معنایی)
۸. امکان ترتیب صحیح کلمات و یکسان‌سازی کلمات آن‌ها در یک عبارت منسجم (معنای نحوی)
۹. توانایی تداعی متن با عروض و لحن مناسب (ذهنی یا با صدای بلند)
۱۰. توانایی یکی کردن همه‌ی این قطعات در یک جمله‌ی منسجم
۱۱. توانایی یکسان‌سازی جملات در پاراگراف‌هایی با معنای پیچیده
۱۲. توانایی حفظ جملات و پاراگراف‌ها به صورتی که با تجربیات گذشته مرتبط شوند و به مفاهیم معنا بخشند.

جدول ۷.۱ : فهرستی از مهارت‌های فرعی مرتبط با خواندن را ارائه می‌کند. مشکلات ممکن است در هر کدام از این فرآیندها رخ دهند. علاوه بر این، ۱۲ مهارت، چهار مهارت اجتماعی نیز وجود دارند که می‌توانند بر توانایی دانش‌آموز در خواندن تأثیر بگذارند:

۱۳. احساس کودک درباره‌ی فرآیند یادگیری (احساس حس اعتماد به نفس)
۱۴. احساس او نسبت به تأثیر و جایگاهی که در گروه دارد (شناخت اجتماعی)
۱۵. رابطه‌اش با معلمان
۱۶. عوامل انگیزشی نیز می‌توانند بر توانایی فرد برای خوب خواندن تأثیر بگذارند.

هنگام بحث پیرامون درباره‌ی مداخلات علمی مفید در MBE در رابطه مشکلات به خواندن (یا هر موضوع دیگری) لازم است، به ماهیت پیچیده‌ی یادگیری نیز توجه داشته باشید و این سؤال را از خودتان بپرسید که آیا این روش مداخله به همه‌ی این مؤلفه‌ها می‌پردازد یا تنها یک یا دو مورد را پوشش می‌دهد؟ این بدان معنا نیست که مداخلات، روش‌ها، فعالیت‌ها

یا ساختارهای برنامه‌ی درسی پیشنهادی برای اصلاح مشکلات خواندن یا مشکلات ریاضی رویکردهای خوبی نیستند، اما به این معنی است که اغلب ناقص هستند.

جدول ۱ ـ ۷: انواع مهارت‌های فرعی خواندن

خواندن	
مهارت‌های فرعی	مثال
دانش اظهاری	ارتباط میان صداها و واج‌ها (آگاهی واج‌شناختی و واجی)
دانش رویه ای	هر جمله دارای فاعل، فعل، و مفعول است. قواعد نقطه‌گذاری مفهومی دانش معنایی و نحوی، مهارت‌های رمزگشایی کلمات و صداها.
مهارت‌های برآورد	توانایی قضاوت در مقادیر، عروض
واژگان	توانایی ساخت و استفاده از واژگان متناسب با سن
مهارت‌های کد نویسی کلامی	امکان ترسیم یا تجسم تمرین زبان ذهنی، مهارت‌های نام‌گذاری، مهارت‌های فضایی روابط
مهارت‌های تفکر درجه‌ی بالاتر	مهارت‌های تفکر درجه بالاتر به این موضوع می‌پردازند که به طور انتخابی به چه چیزی توجه شود و چگونه اطلاعات جدید به اطلاعات داده‌های قدیمی مرتبط شوند.
تفاوت میان نمادها و فرم‌ها اشکال (۳، سه، و III)	توانایی مفهوم‌سازی اشکال مختلف و نمایش اعداد
مسیرهای حسی	مسیرهای حسی توانایی دیدن، شنیدن، تلفظ و نوشتن به طور عادی هستند
مهارت‌های گرافیکی	مهارت‌های املایی (توانایی نوشتن)
مهارت‌های رمزگذاری و رمزگشایی بصری واج بصری	مهارت‌های کدگذاری و رمزگشایی بصری واج بصری، درک مطلب

مداخلات خواندن در این مرحله در علم MBE چندان رایج نیستند، اما با توجه به این موضوع، در این موضوع خواندن بیش از هر موضوع حوزه‌ی دانشگاهی دیگری مطرح می‌شوند. چند مداخله با کیفیت مطلوب در این رابطه در این رشته‌ی MBE انجام شده است، که در ادامه مختصراً به آن‌ها پرداخته می‌شود.

مداخلات زبانی جدید

دلیل اصلی اینکه ابزارهای بسیار اندکی برای مداخله‌ی مبتنی بر شواهد بسیار اندکی وجود دارد است، پیچیدگی‌های بیشتر فعالیت‌های انسانی، به ویژه مهارت‌های تحصیلی است. این پیچیدگی به این معنا است که در هر فرآیند یادگیری، مشکلات گوناگونی ممکن است رخ دهد، و بنابراین هیچ مداخله‌ای وجود ندارد که برای همه‌ی کودکان به یک اندازه کفایت کند. یعنی مثلاً همان‌طور که برخی افراد با مصرف داروی X می‌توانند بر سرماخوردگی غلبه کنند، ممکن است همین دارو روی بر فرد دیگری هیچ تأثیری نداشته باشد. به همین ترتیب دانش‌آموزان ممکن است در یک یا چند جزء فرآیند یادگیری دچار مشکل شوند. این امر بار سنگینی بر دوش معلمان قرار می‌دهد که کارشان را به همان اندازه به تشخیص خوب درست مشکل و راه‌حل خوب مناسب وابسته می‌کند. معلمان آنان برای اطمینان از اینکه روش آموزشی‌شان براساس چارچوب‌های MBE به خوبی تثبیت شده یا خیر، باید از چهار دسته اطلاعات در مورد پیوستار سازمان همکاری اقتصادی و توسعه OECD که در جدول ۱ ـ ۴ توضیح داده شده‌اند، و نیز چک لیستی که در شکل ۲ ـ ۴ ارائه شد، استفاده کنند. یا همچنین برای تخمین بررسی اینکه آیا ابزار آموزشی جدید عاری از نورومیتز افسانه‌های عصبی است یا خیر؟ اگر چنین نبود، پس ابزار ارزشمندتری در نظر گرفته می‌شود از سازوکارهای اشاره شده بهره ببرند. برای در نظر گرفتن و توضیح این موضوع اجازه دهید به مورد خاص مداخلات خواندن نگاه کنیم. مطلوبیت و میزان تأثیرگذاری MBE در حوزه‌ی آموزش براساس کاربرد موفقیت آمیز آن به طور عملی در کلاس درس واقعی و براساس عملکرد دانش‌آموزان سنجیده می‌شود. بنابراین، آینده‌ی نزدیک این رشته بر ارزیابی برنامه‌هایی است که ادعا می‌کنند به اصول و دستورالعمل‌های آموزشی تعیین‌شده در توسط این رشته پایبندند. به طور خاص، برنامه های خواندن مانند Fast ForWordword، RAVE-O، Thinking ReaderTM، و Wiggle WorksTM، که توسط دانشمندان علوم اعصاب آن‌ها را توسعه شده‌اند و در کلاس درس اعمال شده‌اند، باید براساس استانداردهای معیارهای علم MBE قضاوت شوند و مورد داوری قرار گیرند. یکی از ابزارهای ممکن در دسترس برای دستیابی به این ارزیابی در جدول ۲ ـ ۷ ارائه شده است که

طبق پیشنهادات بریگز (۲۰۰۸)، دسته‌های سازمان همکاری اقتصادی و توسعه OECD را با بهترین دایره‌المعارف شواهد و خانه‌ی تسویه‌کننده What Works ترکیب می‌کند.

جدول ۲ ـ ۷: طراحی برنامه‌ی درسی در رشته‌ی MBE چطور می‌تواند مبتنی بر شواهد باشد؟

طراحی برنامه‌ی درسی	چهار دسته اطلاعات در حوزه‌ی نوظهور علم MBE	بهترین دایره‌المعارف مدرک	در عمل چه اتفاقی می‌افتد؟
روش Fast ForWord	تثبیت شده است؟	شواهد اثربخشی قوی؟ شواهد ناکافی؟ شواهد متوسطی از اثربخشی؟ شواهد محدودی از اثربخشی؟	اثرات مثبت؟ اثرات مثبت بالقوه؟ جلوه‌های ترکیبی؟ عدم وجود هیچ اثر قابل تشخیص؟ اثرات بالقوه منفی؟ تأثیرات منفی؟
روش RAVE- O	تثبیت شده است؟ احتمالاً بله؟ حدس و گمان هوشمندانه؟ اطلاعات نادرست؟	شواهد اثربخشی قوی؟ شواهد ناکافی؟ شواهد متوسطی از اثربخشی؟ شواهد محدودی از اثربخشی؟	اثرات مثبت؟ اثرات مثبت بالقوه؟ جلوه‌های ترکیبی؟ عدم وجود هیچ اثر قابل تشخیص؟ اثرات بالقوه منفی؟ تأثیرات منفی؟
روش Thinking Reader	تثبیت شده است؟ احتمالاً بله؟ حدس و گمان هوشمندانه؟ اطلاعات نادرست؟	شواهد اثربخشی قوی؟ شواهد ناکافی؟ شواهد متوسطی از اثربخشی؟ شواهد محدودی از اثربخشی؟	اثرات مثبت؟ اثرات مثبت بالقوه؟ جلوه‌های ترکیبی؟ عدم وجود هیچ اثر قابل تشخیصی؟ اثرات بالقوه منفی؟ تأثیرات منفی؟

روش Wiggle Works	تثبیت شده است؟ احتمالاً بله؟ حدس و گمان هوشمندانه؟ اطلاعات نادرست؟	شواهد اثربخشی قوی؟ شواهد ناکافی؟ شواهد متوسطی از اثربخشی؟ شواهد محدودی از اثربخشی؟	اثرات مثبت؟ اثرات مثبت بالقوه؟ جلوه‌های ترکیبی؟ عدم وجود هیچ اثر قابل تشخیصی؟ اثرات بالقوه منفی؟ تأثیرات منفی؟

طراحی برنامه‌ی درسی، حوزه‌ای جذاب و مهم برای تحقیقات آینده است. دو طرح مداخله‌ای Fast ForWord فوروارد سریع و RAVE-O هستند که در ادامه به شکلی مختصراً توضیح داده می‌شوند.

Fast ForWord

پائولا تالال و مایکل مرزنیچ فوروارد سریع [1]

فوروارد سریع، این برنامه را، در سال ۱۹۹۷، توسط پائولا تالال و مایکل مرزنیچ برای کمک به رفع نقص پردازش شنوایی کودکان ۴ تا ۱۴ سال ایجاد شد. دهه اول نتایج اجرای این طرح، یافته‌های قابل توجهی را نشان داد، اگرچه با اینکه همه‌ی این اطلاعات براساس گزارش‌های خود منتشر شده و براساس مطالعات میدانی به وسیله‌ی شرکت یادگیری علمی[2] نویسندگان منتشر چاپ شده بودند و به صورت مستقلاً تائید نشده‌اند، دهه‌ی اول نتایج اجرای این طرح، یافته‌های قابل توجهی را نشان داد.

برنامه‌ی Fast ForWord فست فوروارد بر مبنای این باور طراحی شده که بهبود پردازش واجی، تأثیر مستقیم و مثبتی بر مهارت‌های زبانی دارد و یکی از ۱۶ جزء فرعی خواندن است که در بالا به آن اشاره شد. همچنین فست فوروارد برنامه‌ای مبتنی بر اینترنت است که به هفت بازی رایانه‌ای تقسیم می‌شود که و از گفتار اصلاح شده آکوستیک آوایی برای کمک به کودکان در یادگیری ویژگی‌های آکوستیک صوتی گفتاری استفاده می‌کند. این برنامه‌ها، صداها، کلمات، و فرآیندهای پیچیده‌ی زبانی را در مغز و از طریق تمرین‌هایی در پردازش زمانی و شناسایی

---

[1] Paula Tallal and Michael Merzenich

[2] Scientific Learning Corporation

واج آموزش می‌دهند. نتیجه‌ی ایده‌آل مطلوب این برنامه افزایش آگاهی واج‌شناختی و بهبود مهارت‌های زبانی، بیانی و دریافتی است که به نوبه‌ی خود به عنوان عامل بهبود توانایی‌های خواندن آشکار می‌شود و به شمار می‌رود. براساس اعلام نظر شرکت یادگیری علمی سازمان Scientific Learning Corporation، کودکان برای تقویت این مهارت، در حالت ایده‌آل آرمانی، باید پنج تا هفت بازی در روز انجام دهند (هر بازی حدود ۱۵ تا ۲۰ دقیقه طول بکشد) و این کار را به مدت ۶ تا ۸ هفته و مجموعاً در حدود ۱۰۰ دقیقه انجام دهند.

Fast ForWord فست فوروارد برنامه‌ای برای رفع همه‌ی مشکلات خواندن نیست، اما به نظر می‌رسد نتایج قابل توجهی را در مورد کودکانی که مشکلات پردازش شنوایی دارند، ارائه می‌کند. از نظر فیشر، برنشتاین، و ایموردینو یانگ (۲۰۰۷) «زمانی که Fast ForWord فست فوروارد به عنوان یک روش درمانی برای مشکلات خواندن در بازار عرضه شود، مطمئناً بسیاری را ناامید خواهد کرد. زمانی که فست فوروارد در نقش یک ابزار مهم برای رفع یکی از کمبودهای ریشه‌ای برای برخی دانش‌آموزان با ناتوانی‌های یادگیری، به بازار عرضه شود، ممکن است ثابت شود که انتخابی عالی است.» (۲۰۰۷، ص ۲۸۹). سایر محققان نیز به نتایج مشابهی رسیده‌اند. رووس و کروگر (۲۰۰۴) پیشنهاد بیان می‌کنند، Fast ForWord فست فوروارد در برخی جوانب تقویت توانایی‌های زبانی کودکان کمک کننده بوده است، اما لزوماً باعث بهبود کلی در خواندن نشده است. به طور مشابه، پوکورنی، ورثینگتون و جیمیسون (۲۰۰۴) هوک، ماکارسو و جونز (۲۰۰۱) اعتقاد دارند بایدز از ارائه دادن وعده وعیدهای بیش‌از حد در همه‌ی روش‌های درمانی پرهیز کرد. منتقدان این برنامه عنوان می‌کنند اگر یک اصل مداخله‌ای برای دانش‌آموزان با مشکلات یادگیری وجود داشته باشد، این است که آموزش تنها در فرآیندهای حرکتی، دیداری، عصبی یا شناختی به عرصه‌ی علمی تعمیم نمی‌یابد. این بدان معناست که Fast ForWord فست فوروارد یکی از اولین ابزارهای خواندن است که در علم MBE پذیرفته شده است، اما تنها با مشکلات خواندن که می‌تواند به طور خاص با مشکلات پردازش شنوایی مرتبط شود، منطبق است.

RAVE-O[1]

RAVE-O (بازیابی، خودکار بودن، واژگان، تعامل با زبان، املاء) در مرکز تحقیقات زبان و خواندن دانشگاه تافتس قرار دارد. در سال ۲۰۰۳، این پروژه طرح به عنوان پروژه‌ای مداخله‌ای بزرگ و پنج‌ساله از سوی مؤسسه ملی بهداشت کودک و توسعه‌ی انسانی (NICHD) در سه

---

[1] retrieval, automaticity, vocabulary, engagement with language, orthography

شهر (بوستون، تورنتو و آتلانتا) با هدف بررسی دانش‌آموزان کلاس اول تا چهارم، بودجه‌ی مالی دریافت کرد. ایده‌ی کلی برنامه‌ی RAVE-O این است که به کودکان کلمات اصلی را پیشنهاد دهد که با دقت انتخاب شده‌اند، پیشنهاد دهند و «هرچه کودک بیشتر درباره‌ی یک کلمه بداند، کلمه آن واژه سریع‌تر و بهتر خوانده و درک می‌شود». تمرکز این پروژه‌ی تحقیقاتی، بررسی اثربخشی بسته‌های مداخله‌ای خواندنی پیشرفته با زیرگروه‌های مجزا برای کودکان ناتوان در خواندن است. ساختار این برنامه به عنوان برنامه‌ای برای تک به تک دانش‌آموزان و در گروه‌های کوچک طراحی شده است. RAVE-O از اطلاعات موجود در مورد پردازش واج‌شناختی، اصول رمزگشایی و توسعه‌ی واژگان به منظور خواندن استفاده می‌کند. تحقیقات تافتس در این رابطه بر اساس این فرض انجام شده‌اند که خواندن فرآیندی بسیار پیچیده شامل تعداد زیادی از زیرمجموعه‌ها و سیستم‌ها است. به عنوان مثال، نورتون، کوولمن و پتیتو (۲۰۰۷) به این مسئله پرداخته‌اند که مسیرهای عصبی متفاوتی برای املای مربوط به نقش قواعد و حافظه وجود دارد. کرنکو و همکارانش (۲۰۰۲) نقش ناتوانی در رمزگشایی و خواندن را بررسی کرده‌اند و ولف و بووز فرآیندهای سرعت نام‌گذاری را در نظر گرفته‌اند. هر کدام از این اجزای فرعی فرآیند خواندن در برنامه RAVE-O در نظر گرفته شده‌اند.

برنامه‌ی RAVE-O به دنبال تسهیل بازیابی کلماتی است که شامل دانش حروف و الگوی حروف آن‌ها، معانی متعدد، دستور زبان و پایانه‌های صرفی می‌شود. علاوه بر این، برنامه تافتسر بر این عقیده استوار است که خواندن صرفاً یک فرآیند عصبی نیست، بلکه شامل عناصر اجتماعی، زبانی، فرهنگی و ارزشی نیز می‌شود. طبق اطلاعات وب‌سایت RAVE-O: «دانش‌آموزانی که برنامه‌ی درسی‌شان را تکمیل کرده‌اند، دستاورهای قابل توجهی در مهارت‌های خواندن خاص و جهانی نشان داده‌اند» زبان و سایر موضوعات و مهارت‌های آکادمیک دانشگاهی شامل حوزه‌هایی از مغز هستند که با یکدیگر همپوشانی دارند. تعداد زیادی از مطالعات مرتبط، ثابت کرده‌اند که مثلاً زبان و محاسبات مناطق مشترک در سیستم‌های دستگاه‌های عصبی مختلف مغز، به اشتراک گذاشته می‌شود. برای درک بهتر این حوزه‌ها، در ادامه به موضوع آکادمی دانشگاهی ریاضی و عناصر فرعی این مجموعه مهارت تحصیلی می‌پردازیم.

ریاضیات

مهارت‌های ریاضی در حوزه‌ی آموزش بسیار مهم اهمیت هستند. دو تن از محققان اصلی که فعال در زمینه‌ی شناسایی مبانی عصب‌شناسی مهارت‌های محاسباتی، فعال هستند،

استانیسلاس دهاینه و دانیل انصاری هستند. کار دهاینه بر توضیح چگونگی توانایی مغز در ایجاد درک مفهومی از اعداد متمرکز است. این مطالعات پژوهش‌ها نشان می‌دهند مغز چطور مثلاً ۳ و سه و III را از هم تمایز می‌دهد و بر پردازش مفهومی سیستم‌های سامانه‌های عددی تأثیر می‌گذارد. این پیشرفت خارق‌العاده باید به معلمان انگیزه دهد، چرا که نشان می‌دهد درک نمادین سه (با حروف نوشتاری) با ۳ (عددی) در مغز متفاوت از بازنمایی‌های بصری عینی‌تر است. چنین اطلاعاتی می‌تواند در حوزه‌ی طراحی شیوه‌ی آموزش تأثیر داشته باشد و مواردی را توضیح می‌دهد که چرا دستکاری‌های مونته سوری در آموزش ریاضیات خوب جواب مطلوب بوده‌اند. در مدارسی که از شیوه‌ی مونته سوری استفاده می‌شود، کودکان با مواد مختلف متنوع ارتباط برقرار می‌کنند، که بازنمایئی ملموسی از مفاهیم نمادین ارائه می‌دهد. برای نمونه، کودکان با ماشین‌حساب‌ها و مهره‌های میله‌ای یا پای پای بازی می‌کنند که امکان نمایش تصویری مفاهیم غالباً دشوار کسری را فراهم می‌کند. این نوع دست‌کاری‌ها پیوندهای مفهومی میان دانش عینی اعداد عینی و درک نمادین انتزاعی تر از حروف و اعداد را پل ایجاد می‌کنند.

همان‌طور که گفته شد، مطالعات دیگر نحوه‌ی اشتراک زبان و محاسبات را در مناطق مختلف گوناگون مغزی مشخص می‌کنند. این تحقیق به معلمان کمک می‌کند درک کنند چرا کودکان اغلب مشکلات زبانی و ریاضی را توأمان دارند، این مشکلات به دلیل سیستم‌های دستگاه‌های عصبی است که در مغز با یکدیگر همپوشانی دارند. اما مسئله‌ی مهم دیگر، توجه به این امر است که شاید برخی کودکان ممکن است در ظاهر مشکلات ریاضی داشته باشند، اما در واقع مشکلات ناتوانی زبانی دارند. یعنی مغزشان مطالب ریاضی و محاسباتی را رمزگشایی نمی‌کند و به این ترتیب درک ایده‌ها و مفاهیم آن سوی ریاضی برای کودک غیرممکن می‌شود.

تحقیقات دیگر در این حوزه نشان می‌دهند مغز چطور استفاده از اعداد و محاسبه‌ی موفقیت آمیز را درک می‌کند، یعنی چطور درک نمادین عددی را به دست آورده و آن نماد را در محاسبه‌ای استفاده می‌کند. مطالعات متعددی وجود دارند که تلاش می‌کنند توضیح دهند چرا مکانیزم‌های سازوکارهای عصبی خاصی وجود دارند که باعث می‌شود افراد در ریاضیات ضعیف عمل کنند، وجود دارند که معلمان باید از آن‌ها به نفع خود استفاده کنند. این توضیحات به منظور توجیه افراد برای عملکرد ضعیف در ریاضیات نیست، بلکه برای ارائه‌ی توضیحاتی برای در جهت درک علل توانایی‌های ضعیف و ناتوانی ریاضی در برخی از کودکان است. بنابراین، استفاده از این اطلاعات برای طراحی بهتر محتوای دوره و مداخلات برای به منظور پاسخ‌گویی

به نیازهای دانش‌آموزانی که در شبکه‌های عصبی مهارت‌های ریاضی خود دچار اختلال هستند، به قلمرو معلمان منتقل می‌شود.

در نهایت، بسیاری از مطالعات در علم MBE ارتباط صریح میان شناخت منطقی و ریاضیات ایجاد می‌کنند. کسی که در محاسبات و ریاضیات خوب درست عمل می‌کند، لزوماً کسی نیست که در منطق هم خوب باشد. با این وجود، فردی که در استنتاج‌های منطقی خوب موفق است، احتمالاً در مسائل ریاضی موفق خواهد بود. ساختار و طراحی مسائل ریاضی به این معنی است که سناریوهای قضایای «اگر ـ آنگاه» که اغلب در منطق هم مطرح می‌شوند، در ریاضیات نیز استفاده می‌شوند. اگر افراد بتوانند این سناریوهای قضایای منطقی را مدیریت کنند، احتمال موفقیت بیشتری در کلاس‌های ریاضی دارند. مطالعات متعدد در علم MBE نشان می‌دهند که چگونه و کجا سیستم‌های سازوکارهای ریاضی و منطق در مغز همپوشانی دارند. اطلاعاتی که می‌تواند در تقویت روش‌های تدریس مفید باشد. همه‌ی این مطالعات پژوهش‌ها به درک جامع تری از بهترین روش تدریس ریاضی کمک می‌کند.

مداخلات جدید ریاضی

مشابه زبان، مؤلفه‌های فرعی زیادی برای پردازش ریاضیات در مغز وجود دارد. رشته‌ی MBE پیوند مشخصی میان ریاضیات، زبان، مهارت‌های منطقی و سیستم‌های دستگاه‌های تفکر انتقادی در مغز ایجاد می‌کند. ریاضی با همان پیچیدگی‌های خواندن مشخص می‌شود که در زمان تعیین مداخلات خوب به میان می‌آید. برای ارزیابی اینکه دقیقاً چه چیزی در مداخلات مختلف گوناگون ارائه می‌شود، ابتدا مهم است همه‌ی مؤلفه‌های فرعی مختلف در ریاضیات را درک کنید. این مؤلفه‌های فرعی از نظر کاک، فیشر و داوسون (۲۰۰۷) عبارتند از:

عنوان می‌شود که مهارت‌های ریاضی شامل پنج جنبه است: ۱) دانش بیانی، یا انبار وسیعی از حقایق ریاضی (مثلاً ۱۵۲ = ۲۲۵) ۲) دانش رویه‌ای، یا انبار وسیعی گسترده‌ای از فرآیندهای هدف‌دار مثل الگوریتم‌های محاسباتی، استراتژی‌ها راهبردها و اکتشافات (مثلاً روش کمترین مخرج برای جمع کردن کسرها) ۳) دانش مفهومی، یا شبکه‌ی گسترده‌ای پهناوری از مفاهیم (مثلاً ترتیبات اصلی) که به حل کنندگان کمک می‌کند معنای واقعیات رویه‌ها را درک کنند (مثل اینکه چرا باید در زمان تقسیم کسرها معکوس و ضرب کرد) ۴)مهارت‌های تخمین ۵)توانایی ترسیم گرافیکی و مدل‌سازی روابط و نتایج ریاضی

علاوه بر این، برخی فرضیات ریاضی را برای ترکیب «مدل کد سه‌گانه» فرض در نظر می‌گیرند. به این ترتیب که ابتدا یک کد عربی تصویری به ما کمک می‌کند رشته‌ای از ارقام و

نیز برابری یا مفهوم اعداد زوج را درک کنیم. به نظر می‌رسد این خرده مهارت ریاضی در اکثر افراد در نواحی اکسیپیتال ـ زمانی تحتانی چپ و راست قرار داشته باشد. در مرحله‌ی دوم میزان یا مقدار قیاسی وجود دارد که به یک نوع خط عدد ذهنی مربوط می‌شود. این خط عدد ذهنی به ما کمک می‌کند که ارزیابی کنیم یک عدد از عدد دیگر نزدیک‌تر است، یا اینکه یک عدد بزرگ‌تر یا کوچک‌تر از دیگری است. و در مرحله‌ی سوم، ریاضی شامل یک کد کلامی است که در نواحی زبانی مغز، به ویژه نواحی بروکا و ورنیکه قرار دارد. این زیر حوزه‌های ریاضی یک کد شماره‌ی کلامی هستند که به اختصار «حافظه‌ی روت چرخشی از حقایق حسابی» را عنوان می‌کنند. مهارت‌های فرعی لازم برای هر زیر گروه و حوزه در یک الگوی رشدی معمول مرتب شده‌اند. به عنوان مثال، اگر کودکی حس نظم نداشته باشد، درک مفاهیم ریاضی درجه‌ی بالاتر اگر نگوییم برایش غیرممکن است، حتماً دشوار خواهد بود.

برای پیچیده‌تر کردن مسائل، ریاضیات سایر نواحی مغز را نیز درگیر می‌کنند و همچنین لوب‌های پیشانی در طول فرآیندهای شناختی مرتبه‌ی بالاتر درگیر می‌شوند. تشخیص تک‌تک مسائل ریاضی و کمک به دانش‌آموزان برای بهبود مهارت‌های این رشته، ریاضی‌شان با درک روشنی از ریشه‌های مختلف گوناگون مشکلات احتمالی آغاز می‌شود. در مجموع، این مطالعات زیر مهارت‌های ریاضی لازم را نشان می‌دهند که در جدول ۳ ـ ۷ به آن‌ها اشاره شده است.

جدول ۳ـ ۷: انواع مهارت‌های ریاضی

مهارت‌های فرعی	نمونه
دانش اعلامی	۱۵^{۲} = ۲۲۵
دانش رویه‌ای	روش حداقل مخرج مشترک برای جمع کسرها
دانش مفهومی	عادی بودن، اصلی بودن
مهارت‌های برآورد	توانایی قضاوت در مقادیر
مهارت‌های گرافیکی	رسم نمودار و روابط و الگوسازی نتایج ریاضی
مهارت‌های کدنویسی بصری عربی	درک رشته‌های ارقام و نیز برابری یا درک اعداد زوج
مهارت‌های کمیت قیاسی یا کد بزرگی	امکان استفاده از خط عددی ذهنی
مهارت‌های کدنویسی	تمرین زبان ذهنی حقایق حسابی
مهارت‌های فضایی	ترسیم یا تجسم روابط
مهارت‌های تفکر درجه‌ی بالاتر	توجه انتجابی و توانایی مرتبط کردن مفاهیم جدید با مفاهیم قدیمی
تفاوت میان ۳، سه و III	توانایی مفهوم‌سازی اشکال متنوع و نمایش اعداد
مسیرهای حسی	توانایی دیدن، شنیدن، نوشتن، صحبت کردن به شکلی عادی

برای داشتن مداخلات ریاضی کارآمد، ابتدا باید این مسئله مشخص شود که کدام جزء فرعی ریاضی برای هر کودک نیاز به اصلاح دارد. این بدان معناست که هر اصلاحی در مهارت‌های ریاضی باید حداقل یکی از جوانب عنوان شده در جدول ۳ ـ ۷ را داشته باشد. دشواری بسیاری از رویکردهای مداخله‌ای ریاضی این است که اغلب‌شان بیشتر به روشی که اشتباهات دانش‌آموزان در آن تصحیح اصلاح می‌شوند تمرکز دارند تا خود مفاهیم اصلی ریاضی به عنوان مثال، یکی از راه‌های دسته‌بندی مداخلات ریاضی، تمرکز بر مهارت‌های فراشناختی عمومی است. یعنی آیا مداخلات به دانش‌آموزان کمک می‌کنند تا درباره‌ی مفاهیم خاص در ریاضی و فکر کنند، درباره استفاده (یا سوء استفاده نادرست) از آن‌ها فکر کنند و مفاهیم جدید را «مالک» شوند؟ انواع دیگر مداخله بر رویکردهای مقایسه و تقابل (مقایسه‌ی پاسخ های خوب با بد) تأکید دارند. این‌ها به دانش‌آموزان کمک می‌کند تا مثال‌های مدلی الگویی را در پاسخ‌های ریاضی در نظر بگیرند و سپس دقت کنند که پاسخ خودشان چقدر به آن‌ها نزدیک است. به طور کلی، این مداخلات به دانش آموزان کمک می کند تا درباره‌ی استراتژی راهبرد و رویکرد خود فکر کنند.

در یک دنباله‌ی ریاضی مؤثرترین مدل‌ها و الگوهای مداخله به کودکان کمک می‌کنند تا بازنمایی‌های طرح‌واره‌ای متفاوتی از مفاهیم اصلی ریاضی درک کرده و توسعه دهند. نویسندگان در این زمینه به معلمان یادآوری می‌کنند، کودکان دنیای‌شان را از طریق مفاهیمی شکل می‌دهند که به طرح‌واره‌ی ذهنی یا راه‌هایی برای دیدن یا طبقه‌بندی محیط اطرافشان منطبق باشد.

مسابقه‌ی اعداد

آنا ویلسون و استالتنیسلاس دهاینه[۱]، هر دو متخصص برجسته در ریاضیات هستند، که براساس درک پیشرفته از مدارهای مغزی زیربنای شناخت عددی، نظریه‌ی مسابقه عددی را توسعه گسترش دادند. طبق نظر آن‌ها نرم‌افزار مسابقه‌ی اعداد[۲] برای اصلاح دیسکولیا (اختلال توانایی یادگیری ریاضیات متناسب با کلاس) در کودکان ۴ تا ۸ ساله طراحی شده است. این نرم‌افزار همچنین برای پیشگیری از بروز اختلال حساب یا یادگیری حس اعداد در کودکان سنین مهدکودک بدون اختلال یادگیری خاص، مفید است. برخلاف سایر مداخلات موجود، این

---

[۱] Anna Wilson and Stanislas Dehaene

[۲] The Number Race

نرم‌افزار به صورت متن باز و به دو زبان انگلیسی و اسپانیایی موجود است. اگرچه پژوهش‌ها درباره‌ی جمعیت اندکی در سال ۲۰۰۶ انجام شد، نتایج اولیه، اگرچه روی جمعیت اندکی در سال ۲۰۰۶ انجام شد، اما بسیار مثبت بود:

نرم‌افزار مسابقه‌ی اعداد Nember Race با ارائه‌ی مشکلاتی که با سطح عملکرد هر کودک تطبیق داده شده است، کودکان آنان را در یک کار فعالیت مقایسه‌ای عددی سرگرم کننده آموزش می‌دهد. ما مشخصات کامل ریاضی الگوریتم مورد استفاده‌شده را گزارش می‌کنیم که بر یک مدل الگوی داخلی از دانش کودک در یک فضای یادگیری سه‌چندبعدی متشکل از سه بعد پایه‌گذاری شده است: فاصله‌ی عددی، مهلت پاسخ و پیچیدگی مفهومی (ص ۱)

این برنامه براساس چهار ایده و طرح است که به اجزای فرعی درک ریاضی به عنوان مانند یک کل می‌پردازد. اول، هدف کلی این نرم افزار تقویت حس اعداد عدد است، یعنی کمک به دانش‌آموزان برای درک بازنمایی کمیت و ایجاد یک طرح ذهنی بهتر از روابط اعداد. دوم آن که، این برنامه به گونه‌ای طراحی شده که پیوندهای میان نمایش عدد را محکم استحکام می‌بخشد (ص ۳)، یعنی به دانش‌آموزان کمک می‌کند نمایش نمادین اعداد و کمیت‌ها را روشن آشکار سازند. سوم، طراحی برنامه‌ی مسابقه‌ی اعداد Number Race به دانش‌آموزان کمک می‌کند «محاسبات خودکار» را مفهوم‌سازی کنند و آن را بهبود ببخشند، یعنی در واقعیت‌های جمع و تفریق روان‌تر عمل کنند. به این ترتیب می‌توانند درک مفهومی‌شان را از مقادیر عددی تثبیت می‌کنند. در نهایت، چهارمین عنصر کلیدی در طراحی برنامه، به حداکثر رساندن انگیزه‌ی دانش‌آموز برای استفاده است. این برنامه به صورت یک مجموعه بازی طراحی شده که توجه و انگیزه را در دانش‌آموزان با ارائه‌ی تقویت مثبت افزایش می‌دهد (این کار به واسطه‌ی یک الگوریتم تطبیقی انجام می‌شود شد به شکلی مداوم دشواری کار را برای حفظ عملکرد در ۷۵٪ موارد صحیح تطبیق داد).

شاید یکی از دلایلی که به نظر می‌آید برنامه‌ی مسابقه‌ی اعداد The Numner Race از موفقیت زیادی برخوردار است، کسب کرده. ماهیت محدود مداخله‌ای آن است. این نرم افزار سعی نمی‌کند همه چیز را برای همه تمامی یادگیرندگان فراهم کند، بلکه اساساً کمک به کودکان و خردسال برای غلبه بر اختلال ریاضی متمرکز است. طراحی نرم‌افزار بر این فرض استوار است که «نارسایی محاسباتی به دلیل نقص اصلی در معنای عددی یا در پیوند میان حس عددی و نمایش عدد نمادی است و طراحی مداخله به این کسری محدود می‌شود». این برنامه سعی نمی‌کند همه چیز را برای به همه‌کس ارائه کند، بلکه صرفاً به دنبال آن است که

به جمعیت خاصی خدمات ارائه کند و همین تمرکز بر جمعیتی خاص، نتایجی عالی به دنبال داشته است. مداخلات اندکی در علم MBE وجود دارد اما تعداد اندکی کمی از آن‌ها هستند که برتر از هر گزینه‌ای بوده‌اند و به خوبی از سوی معلمان و والدین استفاده شده‌اند. توسعه‌ی برنامه‌های مداخله‌ای جدید نوین مطمئناً در سال‌های آتی کانون تحقیق و توسعه قرار خواهند گرفت.

موضوعات دیگر

همان‌طور که اشاره شد، بیشترین حوزه‌ی تحصیلی مطالعه شده، خواندن و پس از آن آموزش ریاضیات است. مراجع کمتری به نحوه‌ی یادگیری هنر، موسیقی، علوم یا مطالعات اجتماعی به وسیله‌ی مغز پرداخته‌اند. با این وجود، اما این حوزه نیز در آینده رشد خواهد کرد. شرح مختصری از این حوزه‌های موضوعی که احتمالاً در آینده توسعه خواهند یافت، در ادامه عنوان شده است.

علوم پایه

ادبیات علمی در رشته‌ی MBE به ندرت به روش‌های آموزشی سازگار با مغز برای علوم پایه پرداخته‌اند. برخی مطالعات صرفاً توصیه‌هایی کلی در این‌باره ارائه کرده‌اند. این روش‌های مغز محور مفید هستند، اما هنوز به طور کاملاً با شواهد تجربی اثبات نشده‌اند. شواهدی از تحقیقاتی وجود دارند که تلاش می‌کنند توضیحات عصب‌شناسی درباره چگونگی یادگیری علم به وسیله‌ی مغز ارائه کنند. چندین مورد از این مطالعات بر شناخت منطقی یا توانایی مانور تمرین روی بر ساختارهای «اگر ـ پس» تمرکز می‌کنند، همان‌طور که در مسائل ریاضی نیز چنین است (مثلاً: اگر X = 0 پس جواب همیشه کمتر از صفر خواهد بود). یا تحقیقاتی پژوهش‌هایی وجود دارند که نشان می‌دهند بهترین ساختارهای برنامه‌ی درسی برای آموزش علوم، استفاده‌ی بیشتر از استعاره‌ها و کنایات در زمان هنگام آموزش مفاهیم علوم آن‌ها است. این تحقیقات به معلمان نشان می‌دهند استفاده از دانش قبلی پیشین برای ساختن استعاره‌هایی کنایات که به موازات یادگیری مفاهیم جدید هستند وجود دارند، تا چه حد مفید هستند.

می‌توان این گونه فرض کرد که یکی از دلایل کمبودی که تحقیقات پیرامون درباره‌ی علوم پایه در MBE بسیار کم هستند، این است که این علوم از نظر عصبی پیچیده‌تر از خواندن یا ریاضیات هستند، اگرچه چنین نظری بعید به نظر می‌آید. منطقی‌تر آن است که فرض کنیم تحقیقات اندکی در این زمینه انجام شده اند، چرا که آموزش علوم پایه خود رشته‌ای نسبتاً جوان نورسته است. یا می‌توان عنوان کرد آموزش علوم پایه، موضوعی است که می‌توان آن را حداقل

در سال‌های اولیه با بازتولید فرمول‌ها، جداول و نمودارها از طریق به خاطر سپردن صرف «یادگیری» کرد». درک عمیق تر مفاهیم علمی مستلزم روش‌شناسی‌های آموزشی است که تفکر عمیق تر درباره‌ی مفاهیم موضوعات اصلی را تشویق می کند. در دهه‌های آینده، با ابداع مدل‌های الگوهای تحقیقاتی بهتر، به احتمال زیاد تلاش‌های علمی رشته‌ی MBE برای مستندسازی فرآیندهای یادگیری علم افزایش خواهد یافت.

هنر

اگرچه تحقیقات اندکی درباره‌ی مؤثرترین روش‌های آموزشی در حوزه‌ی هنر انجام شده، ادبیات آثار مربوط به توانایی مغز برای درک، تولید و استفاده از هنر آن نسبتاً گسترده است، اگرچه تحقیقات انکی در مورد مؤثرترین روش‌های آموزشی این حوزه انجام شده است. برخی از این مطالعات به توانایی و قدرت کلی مغز در درک هنر مربوط می‌شوند و این مطالعات به دنبال تعیین چگونگی پردازش هنر در مغز هستند. اینکه مغز چگونه برخی تصاویر یا صداها را درک می‌کند و در نهایت چطور به ارزیابی‌های ارزشمند می‌رسد. سایر مطالعات این گروه، آموزش هنر را به صورت، ابزاری برای تحریک انواع دیگر یادگیری (مثلاً ریاضی از طریق طراحی و معماری یا آموزش علوم از طریق الگوهای طبیعت) توجیه می‌کند. هیچ شواهد قاطعی وجود ندارد که استفاده از هنرها یادگیری سایر موضوعات را آسان‌تر کند، اگرچه «هنر برای مغز» به‌طور قانع‌کننده‌ای استدلال و مطرح شده است، هیچ شواهد قاطعی برای این موضوع وجود ندارد که استفاده از هنرها یادگیری سایر موضوعات را آسان‌تر کند. در دورانی که بودجه برای هنر و آموزش رسمی مدارس کاهش یافته است، به نظر می رسد که چندین استدلال دلیل به نفع حفظ، اگر نه افزایش، آموزش آن‌ها در مدارس وجود دارد.

خلاقیت

مطالعات مربوط به خلاقیت ارتباط نزدیکی با تحقیقات درباره‌ی هنر دارند. خلاقیت، طیف وسیعی از توانایی‌ها را شامل می‌شود. از نقاشی گرفته تا موسیقی و حل مسئله و ورای آن. حداقل ۳۳ روش مختلف متنوع برای خلاقیت پیشنهاد شده، که از جمله‌ی آن‌ها می‌توان به مهارت‌های خلاقانه‌ی حل مسئله خلاقانه اشاره کرد. برخی مطالعاتی که دهه‌ها بلامنازع بوده‌اند، استدلال می‌کنند هوش و خلاقیت در کنار هم به نتیجه می‌رسند. به نظر می‌رسد اکثر افراد تصور می‌کنند خلاقیت، مکمل آموزش رسمی و در بهترین حالت، یک مهارت لازم ضروری است. با این وجود، مباحث مداومی در ادبیات وجود دارد که آیا می‌توان خلاقیت را آموزش داد یا خیر و یک فرد ممکن است خلاق به دنیا بیاید یا نیاید؟ در برخی از این مطالعات

علم MBE تلاش [MBE تلاش میکند، فعالیتهای خلاقانه مستند شوند و اثبات شوند که انتقال دهندهی عصبی خاص چطور در جریان یک الهام آزاد منتقل میشوند. بسیاری از این آثار نیاز مبنای عصبشناسانهی خلاق برای یافتن راهی در جهت تقویت تجربهی خلاق در دانشآموزان هستند. این ادبیات آثار به دنبال مستندسازی شواهد علوم اعصاب برای خلاقیت با اندازهگیری عملکرد در وظایف خاص است، با این تصور که چنین شواهدی میتواند برای دانشآموزان عادی نیز مفید باشد. اگرچه متناقض به نظر می رسد، این نویسندگان تلاش میکنند تا «علم» پشت ورای الهام را شناسایی کنند. با این حال، مطالعات محققان دیگر دربارهی چگونگی تجلی خلاقیت در تیپهای گروههای شخصیتی خاص تحقیق مطالعه میکنند.

در نهایت، چندین نظریه پرداز در این حوزه معتقدند و پیشنهاد کردهاند که توانایی مغز برای یادگیری، تا حدی مبتنی بر توانایی و قدرت آن برای خلاقیت است. یعنی جستوجوی مغز برای جهت دستیابی به مجموعهای از الگوها و نیز کنجکاویاش برای رسیدن به روشهایی جدید به افراد کمک میکند، بهتر یاد بگیرند. میتوان حدس زد که اگر این فرضیه ثابت شود، نشان میدهد، وجود خلاقیت در واقع طبیعیتر از فقدانش است.

خلاقیت، چه به عنوان بازتابی از هوش در نظر گرفته شود و چه عملکرد طبیعی مغز تلقی گردد، در هر صورت یکی از دشوارترین جوانب شناخت انسان به شمار میرود. اگر خلاقیت با مقولهی هوش مرتبط باشد، آیا معلمان باید راههایی را برای برانگیختن گرایشهای خلاقانه در کودکان در نظر بگیرند؟ و یا اگر خلاقیت یاد دادنی و قابل آموزش باشد، آیا نباید در مجموعه فعالیتهای رسمی مدارس ادغام شود؟ یک استدلال قوی برای گنجاندن خلاقیت در دستورالعملهای علمی MBE، براساس نیاز به توسعهی متفکران متفاوت در جامعه است.

موسیقی

مطالعات رشتهی MBE که با موسیقی مرتبط هستند به چند دستهی اصلی تقسیم میشوند، مواردی که مکانیسمهای سازوکارهای عصبی پردازش موسیقی در مغز هستند، مطالعاتی که رابطهی میان موسیقی و احساسات را توضیح میدهند، و مطالعاتی پژوهشهایی که تأثیر موسیقی بر سایر مهارتها را بررسی میکنند.

مرتبطترین مطالعات با موضوع پردازش موسیقی در مغز، تحقیقاتی آنهایی هستند که تلاش میکنند شبکههای عصبی موسیقی را با شبکههای دیگر مانند زبان و ریاضی پیوند دهند. به عنوان مثال، شواهدی قوی وجود دارد برای اثبات همپوشانی در پردازش ساختار میان زبان

و موسیقی وجود دارد و برخی شواهد نیز نشان می‌دهند که پردازش حافظه‌ی شنیداری برای زبان‌آموزان با هنگام آموزش موسیقی تقویت می‌شود. موسیقی نوشته شده، بسیار شبیه به ریاضیات است. در همین چارچوب است که می‌توان درک کرد چرا افرادی که در سنین پایین در موسیقی موفق هستند، عموماً در ریاضیات نیز خوب عمل می‌کنند. بسته به کیفیت برنامه‌ی موسیقی، آموزشی موسیقی مطلوب‌تر می‌تواند منجر به بهبود نمرات آزمون ریاضی شود. علاوه بر این، تعداد زیادی از مطالعات نیز ادعا می‌کنند موسیقی به رشد شناختی عمومی کمک می‌کند. تحقیقاتی دیگری آموزش موسیقی را به بهبود در سایر زمینه‌های مهارت پیوند می‌دهند. به عنوان مثال، برخی مطالعات نشان می‌دهند که آموزش موسیقی به حافظه‌ی کلامی، مهارت‌های فضائی و ریاضی کمک می‌کند.

برخی از تأثیرگذارترین مطالعات پژوهش‌ها نشان می‌دهند که آموزش موسیقی ساختار فیزیکی مغز را تغییر می‌دهد. از جمله تغییرات فیزیکی جسمی ثبت شده در این زمینه، تغییر در قشر حرکتی است که با افزایش تمرین با آلات موسیقی رخ می‌دهد. علاوه بر این، استفاده از نواحی فضایی در مغز نوازندگان با رشد همراه بوده است، احتمالاً به این دلیل که ریتم آهنگ هم از نظر زمانی و هم از نظر مکانی سازمان یافته است. این مسئله ممکن است تا حدی به دلیل درکی است باشد که کار با موسیقی از بافت و حالت آلات موسیقی به دست می‌دهد.

در نهایت، دسته‌ی بزرگی از ادبیات آثار ادبی این حوزه به بررسی این مسئله پرداخته‌اند که موسیقی چگونه بر حالات عاطفی تأثیر می‌گذارد و چگونه احساس مردم را تغییر می‌دهد. آزمایش کنندگان با دست‌کاری کیفیت‌های مختلف و گوناگون آهنگ سعی کرده‌اند «پیش‌بینی تأثیر موسیقی با استفاده از ترکیبی از نشانه‌های ساختاری آکوستیک آوایی» ارائه کنند، که تا حدی، واکنش تقریباً جهانی را نسبت به ترکیب‌های مختلف و متنوع آهنگ نشان می‌دهد، که به طرز عجیبی به موسیقی به عنوان یک زبان جهانی می‌نگرد. مطالعات دیگری نیز نشان می‌دهند که موسیقی چگونه شرایط کلاسی را بهبود می‌بخشند (با تمرکز بر ارزش احساسی موسیقی و البته بدون شواهد تجربی) همچنین مطالعاتی مربوط به استفاده از موسیقی درمانی برای کمک به آرامش افراد انجام شده است. سایر مطالعات خنثی‌تر به دنبال توضیح دقیق این موضوع هستند که یک فرد چطور موسیقی را درک می‌کند و اولین القائاتش از ارزش‌های موسیقیایی را دریافت می‌کند.

بسیاری از کتاب‌های منتشر شده در مطبوعات رایج درباره‌ی آموزش و یادگیری مبتنی بر مغز، استفاده از موسیقی را برای بهبود محیط کلاس توصیه می‌کنند. با این‌حال، وجود شواهدی

مبنی بر ارزش موسیقی در این زمینه، قبل از اینکه به طور کلی برای همه‌ی کلاس‌ها توصیه شود، باید اعتبار بیشتری دریافت کند. علاوه بر این، همه‌ی مطالعات پژوهش‌های مربوط به موسیقی، برای این حوزه مزایا و توانمندی در نظر نمی‌گیرند. چندین مطالعه‌ی مرتبط، تأثیرگذاری عصب‌ها را رد کرده‌اند، مانند این باور که «اثر موتزارت» به حافظه کمک می‌کند و مهارت‌های آموزشی را تقویت می‌کند. نویسندگان اصلی مطالعه‌ی «اثر موتزارت» باور نداشتند نواختن اثر موتزارت برای دوره‌های کوتاه قبل از آزمون بتواند به بهبود آزمون کمک کند. موسیقی حوزه‌ی مطالعه‌ای جذابی است، اگرچه با اینکه هنوز مزایایش به طور کامل شناخته نشده است. مطمئناً در سال‌های بعد، تحقیقات بیشتری در زمینه‌ی موسیقی و مغز انجام خواهند شد.

فصل هشتم

راه‌حل‌های مبتنی بر شواهد برای کلاس درس

علم ذهن، مغز، تربیت چطور چگونه دانش قابل استفاده را به معلمان ارائه می‌کند؟

«کسی که جرئأت تدریس دارد، هرگز نباید از یادگیری دست بکشد.»

– جان کاتن دانا[1] (۱۹۲۹ – ۱۸۵۶) نقل شده از فرهنگ نقل قول (۱۹۸۹)، ص ۵۴۱

به نظر می‌رسد معلمان بزرگ به شکلی غریزی و فطرتاً می‌دانند که چه رویکردهایی برای کدام دانش‌آموزان بهتر جواب می‌دهد. برخی ممکن است به شکلی غریزی به این سطح از تخصص برسند، اما اکثر معلمان پس از سال‌ها انباشت تجربه و با کسب شناخت از انواع شخصیت‌ها، ترجیحات شناختی و سلایق علمی، پیشینه‌های اجتماعی،اقتصادی و سیستم سازوکار ارزشی به چنین دانشی دست می‌یابند. در حال حاضر و با اتکاء بره علم MBE می‌توانیم در بسیاری از موارد توضیح دهیم که معلمان بزرگ به لحاظ عصب‌شناختی چه کارهایی انجام می‌دهند.

معلمان بزرگ چه کارهایی انجام می‌دهند و چرا؟

از اطلاعات علم MBE می‌توان برای ارائه‌ی آموزش بهتر استفاده کرد. این دانش قابل استفاده به اصول اولیه‌ای تقسیم می‌شود که می‌توان از آن‌ها برای آموزش بهتر استفاده کرد. این اصول مبتنی بر کلیات مغز و یادگیری هستند پایه‌گذاری شده‌اند که برای در همه‌ی افراد مشابه هستند. (در ادامه به شکل مفصل‌تر درباره‌ی مورد آن بحث خواهیم کرد) این اصول به جوانب فردی‌تر یادگیری انسانی می‌پردازند که پیش‌تر در این کتاب به آن‌ها اشاره شد

[1] John Cotton Dana

(زمینه‌هایی مانند چگونگی تأثیرگذاری انگیزه و حالات عاطفی بر یادگیری) این اصول و مبانی به طور کلی به روش‌های بهتر آموزشی اشاره دارند.

اصول

برای ترکیب اطلاعات این کتاب و ارائه‌ی برخی از اطلاعات داده‌های قابل استفاده فوری برای کلاس‌های درس، برخی اصول اصلی در جدول زیر به شکل خلاصه عنوان آورده شده‌اند.

جدول ۱ ـ ۸

۱. معلمان بزرگ می‌دانند هر مغز شرایط منحصر به خود را دارد.
۲. معلمان بزرگ می‌دانند همه‌ی مغزها در همه‌چیز به یک اندازه مطلوب نیستند.
۳. معلمان بزرگ می‌دانند مغز دستگاهی پیچیده و پویاست و هر روز به واسطه‌ی تجربیات جدید، تغییر می‌کند.
٤. معلمان بزرگ می‌دانند که یادگیری فرایندی سازنده است و توانایی یادگیری در مراحل رشد و با بلوغ ادامه می‌یابد.
٥. معلمان بزرگ می‌دانند جست‌وجوی معنا در فطرت انسان نهادینه شده است.
٦. معلمان بزرگ می‌دانند مغز انعطاف‌پذیری بالایی دارد و در طول عمر رشد می‌کند.
۷. معلمان بزرگ می‌دانند اصول علم MBE در تمام سنین کارایی دارد.
۸. معلمان بزرگ می‌دانند یادگیری تا حدی مبتنی بر توانایی مغز برای اصلاح خودش است.
۹. معلمان بزرگ می‌دانند جست‌وجوی معنا از طریق شناخت الگو صورت می‌گیرد.
۱۰. معلمان بزرگ می‌دانند مغزها به دنبال کسب تجربیات تازه هستند.
۱۱. معلمان بزرگ می‌دانند احساسات برای تشخیص الگوها، تصمیم‌گیری و یادگیری بسیار مهم‌اند.
۱۲. معلمان بزرگ می‌دانند یادگیری با چالش افزایش می‌یابد و با تهدید مهار می‌شود.
۱۳. معلمان بزرگ می‌دانند یادگیری انسان شامل توجه متمرکز و ادراک پیرامونی است.
۱٤. معلمان بزرگ می‌دانند مغز به شکل مفهومی اجزا و کل را به شکل همزمان پردازش می‌کند.

۱۵. معلمان بزرگ می‌دانند مغز برای درک موقعیت‌های اجتماعی به تعامل با افراد دیگر وابسته است.

۱۶. معلمان بزرگ می‌دانند بازخورد برای یادگیری مهم است.

۱۷. معلمان بزرگ می‌دانند یادگیری مبتنی بر حافظه و توجه است.

۱۸. معلمان بزرگ می‌دانند سازوکار حافظه در ورودی و یادآوری متفاوت عمل می‌کند.

۱۹. معلمان بزرگ می‌دانند مغز زمانی به بهترین شکل به یاد می‌آورد که حقایق و مهارت‌ها در زمینه‌های طبیعی گنجانده شوند.

۲۰. معلمان بزرگ می‌دانند یادگیری شامل فرایندهای ناخودآگاه و خودآگاه است.

۲۱. معلمان بزرگ می‌دانند یادگیری کل فیزیولوژی را شامل می‌شود (بدن بر مغز تأثیر می‌گذارد و مغز بدن را کنترل می‌کند).

معلمان بزرگ می‌دانند، هر مغز به شکلی منحصر به فرد سازماندهی شده است.

مغز انسان به شکلی صورتی منحصر به فرد و بی‌همتا سازماندهی شده است. اگرچه ساختار اصلی مغز در همه‌ی افراد یکسان است، اما هیچ دو مورد کاملاً یکسانی وجود ندارد. این اصل شاید مهم‌ترین سنگ بنای علم MBE باشد. هر مغزی براساس تجربیات فردی و با وجود الگوهای کلی، عملکرد و نحوه‌ی درگیری متفاوتی دارد. به عنوان مثال، یک دختر ۱۶ ساله‌ی چند زبانه‌ی چپ دست، براساس شرایط زندگی، ساختار مغزی متفاوتی از یک مرد تک زبانه‌ی راست دست ۵۰ ساله دارد. تجربیات (مثلاً در نمونه‌ی قبل، سن، جنسیت و تسلط بر زبان‌های گوناگون) نحوه‌ی برخورد این دو نفر با مشکلات زبانی و سایر مسائل را متفاوت می‌کند. معلمان بزرگ می‌دانند برای به حداکثر رساندن پتانسیل ظرفیت هر فرد برای یادگیری یک زبان جدید تازه (یا برای حل یک مسئله‌ی ریاضی یا یادگیری یک ساز جدید)، نیازمند درک حداقلی از تجربیات زندگی آن فرد هستند تا به این ترتیب بتوانند روشی متناسب با شرایطشان را انتخاب کنند. چالش‌های یادگیری موفقیت‌آمیز دانش‌آموزان به توانایی معلم در تمایز شیوه‌های آموزشی و ارزشیابی که برای تجربیات گذشته‌ی هر دانش آموز قائل در نظر گرفته می‌شوند بستگی دارد.

معلمان بزرگ می‌دانند همه‌ی مغزها در همه چیز به یک اندازه مطلوب نیستند.

زمینه و نیز توانایی بر یادگیری تأثیر می‌گذارد. زمینه‌ای که یادگیری در آن انجام می‌شود (محیط)، میزان انگیزه‌ی فرد برای موضوع مورد تدریس و اطلاعات قبلی فرد، همگی بر میزان توانایی فرد برای یادگیری تأثیر دارند. این بدان معنی است که انتظار نتایج یکسان برای همه‌ی دانش‌آموزان احتمالاً غیرمنطقی است. این باور که همه‌ی مغزها در همه چیز به یک اندازه خوب مطلوب نیستند، در تعارض با ایده‌ها و عقاید خوش‌بینانه‌ی دهه‌های ۱۹۷۰ و ۱۹۸۰ است که در آن معلمان اعتقاد داشتند با آموزش صحیح، همه‌ی کودکان می‌توانند به سطوح یکسانی از موفقیت برخوردار شوند. این اصل به این معنی بود که همه‌ی کودکان با قابلیت‌های یکسانی متولد شده‌اند. این قابلیت‌ها را صرفاً با تکنیک‌های شیوه‌های خوب درست تدریس می‌توان پرورش داد و به حداکثر رساند. در این چارچوب، نقش معلم از نقش یک تعدیل کننده‌ی رفتار به یک تحلیلگر حرفه‌ای تغییر می‌کند که وظیفه داشت استعدادهای هر دانش‌آموز را تشخیص داده و سپس برنامه‌ی یادگیری فردی برای هر دانش آموز طراحی کند تا به دانش‌آموز کمک کند نقاط ضعف و قوت خود را درک کند و بشناسد.

معلمان بزرگ می‌دانند مغز دستگاهی پیچیده و پویا است و هر روز براساس تجربیات تغییر می‌کند.

مغز به واسطه‌ی تجربیات مدام در حال تغییر است، اگرچه بیشتر این تغییرات تنها در سطح میکروسکوپی مشهود هستند. پیچیدگی مغز و تجربه‌ی تغییرات دائمی که تجربه می‌کند، از دهه‌ی ۱۹۷۰ باورهای متقابلی را موجب شده مبنی بر اینکه شخصیت و هوش در سن خاصی ثابت می‌شود. این اصل، حکم «استفاده از آن یا از دست دادن آن» را تایید می‌کند، براساس این دانش که سیناپس‌های فعال تقویت می‌شوند، در حالی‌که سیناپس‌های فعال نسبتاً کمتر ضعیف می‌شوند. با گذشت زمان، این الگوی تقویت برخی سیناپس‌ها در حالی که برخی دیگر را تضعیف می‌کند، سازمان مغز را شکل می‌دهد. این نکته برای یادگیرندگان در تمام سنین نیز مهم است، زیرا یادآوری می‌کند اگر دانش و اطلاعات بلااستفاده بمانند از بین خواهند رفت و یادگیری می‌تواند و باید فرآیندی مادام‌العمر باشد. معلمان بزرگ می‌دانند که به آرامی اما مطمئن، روش‌های اندیشیدن آن‌ها مغز دانش‌آموزان را کم کم تغییر می‌دهد، حتی پیش از آن که بتوان تغییرات واقعی در رفتار را مشاهده کرد. معلمانی که به این دانش مجهز هستند کمتر در سرعت یادگیری (رفتار بیرونی) ناامید می‌شوند. زیرا متوجه می‌شوند که دانش‌آموزان به آرامی

اما مطمئناً به سمت «اورکا»ی بزرگ پیش می روند. لحظاتی که در آن پیوندهای کافی در سطح عصبی ایجاد شده است تا خود را در رفتار آموخته شده‌ی قابل مشاهده نشان دهند.

معلمان بزرگ می‌دانند یادگیری فرایندی سازنده است و توانایی یادگیری در مراحل رشد و با بلوغ بالغ می‌شود، ادامه می‌یابد.

هر روز یاد می‌گیریم. با توجه به فرآیندهای بقایی که در مغز شکل می‌گیرد، شاید چنین چیزی غیرممکن به نظر بیاید. با این وجود، فرآیند یادگیری در خلأ رخ نمی‌دهد.، بلکه یادگیری مبتنی بر اطلاعات گذشته و توسط به وسیله‌ی خود یادگیرنده ساخته می‌شود. اگرچه الگوهای اساسی در رشد انسان می‌توانند و باید به عنوان دستورالعملی برای درک نقاط عطف مورد استفاده قرار گیرند، اما این کل داستان نیست. به عنوان مثال، درک این نکته برای معلمان ضروری است که یک کودک معمولی در فاصله‌ی ۷ تا ۱۲ سالگی شروع به برخورد با مسائل از زوایای مختلف و گوناگون می‌کند. اگر کودکی تا پیش از نوجوانی نتواند به چنین مهارتی برسد، باید به علایم هشدار بیشتر توجه کنیم. اما جدای از علایم هشدار، معلمان بزرگ به دنبال دلایل تأخیر براساس بلوک‌های پایه‌های سازنده‌ی گذشته در یادگیری هستند. از آنجا که هر کدام از تجربیات منحصر به فرد خودمان را داریم، پایه‌های دانش هر کدام از ما نیز متفاوت است.، این بدان معنی است که برخی دانش‌آموزانی که بلوک‌های پایه‌های سازنده‌ی قبلی را کسب نکرده‌اند، ممکن است برای رفتن به این مرحله‌ی تفکر غیر متمرکز آماده نباشند.

انسان‌ها براساس ساختارهای دانش موجود و طرحواره‌های ذهنی‌شان معناسازی می‌کنند و چنین ساختارهایی برای هر کدام به صورتی جداگانه تعریف می‌شود. معلمان بزرگ نه تنها می‌پذیرند چمدان تجربی که یک کودک با خود به کلاس می‌آورد با چمدان کودک دیگر متفاوت است، بلکه می‌توانند از این دانش خود برای کمک به یادگیری بهتر با استفاده از ساختارهای اولیه‌ی کودک آنان استفاده کنند.

معلمان بزرگ می‌دانند جست‌وجوی معنا در فطرت هر انسانی نهادینه شده است.

انسان‌ها برای یادگیری متولد می‌شوند. جست‌وجوی معنا یک نیاز ذاتی است و یادگیری به دلیل فرآیندهای تکاملی مغز رخ می‌دهد که نشان می‌دهد یادگیری عملی برای بقا است. اگر انسان‌ها یاد نمی‌گرفتند، این گونه زنده نمی‌ماندند. یادگیری مبتنی بر سازگاری است و مغز انسان به شکلی طبیعی برای یادگیری در جایگاه به عنوان یک عملکردی برای بقاء برنامه‌ریزی شده است. این اصل نشان می‌دهد آموزش در واقع باید آسان‌تر از آن چیزی باشد که گاهاً به

نظر می‌رسد. چرا تدریس برخی موضوعات آسان‌تر از بقیه به نظر می‌آید؟ معلمان بزرگ اعتقاد دارند چنین چیزی به دلیل قطع ارتباط میان کلاس‌های درس سنتی (منفعل، معلم محور) و شیوه‌های آموزشی مدرن است که یادگیری فعال و دانش آموز محور را دنبال می‌کند. اگر مغز درگیر باشد، به کاوش ادامه می‌دهد. برای ساختن این لحظه‌ی یادگیری، معلمان باید از دانش‌آموزان بخواهند که آنچه را که فکر می‌کنند در جریان است توضیح دهند، سپس مفهوم را با جزئیات بیشتری ببینند. (به تفصیل) و در نهایت آنها باید یافته‌های خود و تفکر خود را درباره‌ی مورد این مفهوم ارزیابی کنند.

معلمان بزرگ می‌دانند مغزها دارای درجه‌ی بالایی از انعطاف‌پذیری بوده و در طول عمر رشد می‌کنند.

پلاستیسیته شکل‌پذیری، نمایش فیزیکی انعطاف‌پذیری مغز است که انعطاف‌پذیری در کودکی مظهر یادگیری جدید به شمار می‌رود. ساختار انعطاف‌پذیر مغز و تعداد بی‌شمار اتصالات جدید که به شکل روزانه ایجاد می‌شوند، شکل‌پذیری را تشکیل به دنبال دارند. با این وجود، اکثر مردم انعطاف‌پذیری را با بازیابی نواحی آسیب دیدیه مغز مرتبط می‌دانند. زمانی اعتقاد بر این بود که قربانیان سکته‌ی مغزی پس از مدت زمان معینی ظرفیت‌شان برای یادگیری جدید را به حداکثر می‌رسانند. به عنوان مثال، سطح بهبودی یک قربانی سکته‌ی مغزی پس از ۸ ـ۶ هفته مراقبت‌های حاد شدید و طی دوره‌ی درمانی فشرده، با بهبودی کلی همراه می‌شد. در حال حاضرئمی‌دانیم که انعطاف‌پذیری می‌تواند بعد از مدت زمان طولانی‌تری به شکل‌گیری مغز ادامه داده و ادامه‌ی مشوق‌های درمانی می‌تواند در این زمینه مفید باشند. مهم است که در نظر داشته باشید، درجه‌ی انعطاف‌پذیری با افزایش سن به دلایل متعددی کاهش می‌یابد، از جمله تغییرات هورمونی و نیز عدم استفاده نکردن. بسیاری از محققان خاطر نشان می‌کنند اگر مغز محرک‌های مناسب را دریافت کند، می‌تواند تا سنین بالا فعال بماند و همچنان به یادگیری ادامه دهد. به عنوان مثال، تحقیقات اثبات کرده‌اند افراد بین میان ۷۰ـ۶۰ سال که در فعالیت‌های چالش‌برانگیز ذهنی شرکت دارند، دیرتر دچار زوال عقل شده یا اصلاً به دچار این عارضه مبتلا نمی‌شوند و احساسات بهتری را گزارش می‌کنند. بهزیستی احتمالاً به این دلیل که فعالیت‌های چالش برانگیز ذهنی، ذهن را به همان شکلی که ورزش بدنی می‌تواند متناسب نگه دارد، حفظ می‌کند. این حوزه‌ی مهمی از مطالعات است که به معلمان یادآوری می‌کند که مغز در طول عمر آماده است با چالش‌های یادگیری جدید، حتی اگر آسیب دیده باشد، روبه‌رو شود، آماده است. نشان داده شده است که حدود بیرونی پلاستیسیته انعطاف‌پذیری بسیار بیشتر از آن چیزی

است که قبلاً تصور می‌شد. معلمان و درمان‌گران بزرگ به طور یکسان و به یک اندازه می‌دانند که دلیلی برای داشتن انتظارات بالاتر از مغز(بیش از آنچه قبلاً تصور می‌شد) وجود دارد.

معلمان بزرگ می‌دانند اصول علم MBE برای همه‌ی سنین کاربرد دارد.

مغز انسان دارای درجه‌ی بالایی از انعطاف‌پذیری است و در طول عمر رشد می‌کند، اگرچه محدودیت‌های عمده‌ای نیز برای این انعطاف‌پذیری وجود دارد و همان‌طور که عنوان شد، این محدودیت‌ها با افزایش سن، افزایش می‌یابند. با این وجود، اصول علم MBE برای همه‌ی فراگیران در هر سنی قابلیت اعمال دارد. چنین نیست که این اطلاعات اصول صرفاً برای کودکان خردسال یا حتی دانش آموزان در سنین مدرسه قابلیت اعمال داشته و قابل اجرا باشد. معلمان بزرگ می‌دانند اگرچه ممکن است دوره‌های حساسی برای یادگیری برخی مهارت‌ها وجود داشته باشد، اما هیچ دوره‌ی حساسی وجود ندارد که فرصت‌های انجام این کار را محدود کند. نکته‌ی مهم در ترتیب یادگیری مهارت‌ها، مهم از سنی است که در آن‌ها مهارت ارائه می‌شوند. این چالش بزرگی در مسیر سیاست‌های آموزشی و تقویت و برای کسانی است که اعتقاد دارند باید به دانش آموزان اجازه داد با سرعت خود پیش بروند.

معلمان بزرگ می‌دانند یادگیری تا حدی مبتنی بر توانایی مغز برای اصلاح خودش است.

مغز به واسطه‌ی تحلیل داده‌ها، خودبازتابی و در نهایت خوداصلاحی، یاد می‌گیرد. برقراری ارتباط میان اطلاعات جدید و دانش قبلی یادگیری را تسهیل می‌کند. مغز این فرایند خود اصلاحی را تا حدی در پاسخ به فرآیندهای حفظ خود و تا حدی به دلیل توانایی خود برای درگیر شدن در بازتاب خود طی می‌کند. حفظ خود به این معناست که مغز وقتی نتایج عملکرد مغزش نامطلوب باشد، اعمالش را اصلاح می‌کند. این اصلاح شامل محافظت از خود نه تنها در برابر آسیب بدنی، بلکه در برابر تحقیر، سایر احساسات منفی یا آسیب به اعتماد به نفس است. زمانی که بهزیستی زندگی بهتر به چالش کشیده می‌شود، مغز رفتار را تنظیم می‌کند. معلمان باتجربه درک می‌کنند برخی تغییرات رفتاری دانش‌آموزان در کلاس به دلیل احساس نیاز به مراقبت از خود، مثلاً در برابر فشار هم‌سالان، یا تهدید والدین در صورت از دست دادن امتیازات یا عدم کسب نمره‌ی لازم است.

نیاز مغز به خودبازتابی به این معنای است که در بهترین موارد و در سطح فردی، اعمالی را در نظر می‌گیرد که با توجه به ارزش‌های شخصی از نظر اخلاقی چالش برانگیز هستند، به این معنی که چه چیزی درست و چه چیزی نادرست است. مسئله‌ی دوم آن که، خودبازتابی به

این معنی است که اندیشیدن درباره‌های باورهای جدید در رابطه با طرح‌واره‌های ذهنی موجود به زمان نیاز دارد. مغز چه در جریان حفظ خود و چه در بازتابی خود، همچنان که خود را اصلاح می‌کند، آموزش نیز می‌بیند. یک معلم باتجربه می‌داند که توانایی مغز برای تصحیح خود پیامدهای قوی بسیار مناسب برای آموزش و به ویژه شیوه‌های ارزشیابی دارد. دانش‌آموزانی که به آن‌ها زمان فرصت داده می‌شود که تا فکر کنند، قاعدتاً انتخاب‌های بهتری خواهند داشت. بازخورد خوب طراحی شده، مناسب راهی برای یادگیری بهتر ارائه می‌کند.

معلمان بزرگ می‌دانند که جست‌وجوی معنا از طریق تشخیص الگو رخ می‌دهد.

مغز اطلاعات را از طریق حواس دریافت می‌کند و این اطلاعات به شکلی مداوم با آنچه فرد از پیش می‌داند، مقایسه می‌شود. به عنوان مثال، من نوع خاصی از الگوی ابری را می‌بینم و براساس تجربیات و آموزه‌های گذشته‌ی خود از چنین شکل از ابری، باران را پیش‌بینی باران می‌کند. یا مثلاً ترکیب خاصی از بوها را استشمام کرده و با توجه به تجربیات گذشته حدس می‌زنم، بوی بیسکوئیت شکلاتی چیپسی باشد. در واقع مغز انسان به دنبال الگوهایی است که براساس آن‌ها نتایج را پیش‌بینی کند و سیستم‌های دستگاه‌های عصبی به الگوهای مکرر فعال‌سازی پاسخ می‌دهند. تشخیص الگو با مقایسه‌ی مداوم اطلاعات جدید تازه با آنچه مغز از پیش می‌دانسته، به دست می‌آید. الگوهایی در طبیعت، رفتار اجتماعی، مسائل ریاضی، طراحی معماری، طراحی لباس و ژانرهای انواع ادبی و به معنای واقعی کلمه در تمامی جوانب زندگی وجود دارند. معلمان بزرگ می‌دانند که اگر به دانش‌آموزان کمک کنند روابط خودشان را با از طریق یادگیری جدید شناسایی کنند، سریع‌تر آموزش خواهند دید.

به همین دلیل، تشبیهات، استعاره‌ها و نمونه‌ها به دانش‌آموزان در درک مفاهیم جدید و برقراری ارتباط میان مفاهیم جدید و قدیمی کمک به سزایی می‌کنند. ممکن است در روند آموزش، دانش‌آموز ایده‌ای طرحی را درک نکند، اما زمانی که ایده آن را با یک الگوی آشنا برایش شرح دهند، حداقل می‌تواند اصل موضوع را درک کند. به عنوان مثال، اینکه اگر به یک دانش‌آموز گفته شود که در معرض گرفتن «کارت زرد» قرار دارد، بدون اینکه تحقیر شود، اما پیام هشدار در مورد رفتارش را دریافت می‌کند. یا مثلاً استفاده از تشبیهاتی نظیر «اسب‌ها برای گذشتگان مثل اتومبیل برای ما بودند» یا «برج ایفل برای فرانسه مثل اهرام ثلاثه برای مصر است» به آن‌ها کمک می‌کند بتوانند راحت‌تر یاد بگیرند.

معلمان بزرگ می‌دانند مغز به دنبال چیزهای تازه است.

مغز انسان به دنبال چیزهای تازه است و اغلب به سرعت آن را تشخیص می‌دهد. طبق تحقیقات کالوین (۱۹۹۶)، سیگل (۱۹۹۹) و دیگران، مغز برای تشخیص نوسانات و تغییرات تکامل یافته است. در حالی‌که مغز در جست‌وجوی الگو است، با دریافت اطلاعات جدید، تغییر می‌کند. این یک فرآیند تکمیلی است که در آن مغز به دنبال یادگیری الگوهای جدید می‌گردد. معلمی که می‌داند مغز به دنبال یافتن چیزهای جدید است، می‌تواند با تغییر روال کلاس و ایجاد تجربیات تازه، از این موضوع به نفع خود و برای یادگیری بیشتر استفاده کند. معلمان بزرگ می‌دانند که آموزش در سال‌های اولیه، کلید توسعه‌ی توانایی تشخیص چیزهای یافته‌های جدید نوین در سال‌های بعد است. آنچه ممکن است «بی‌ربط» به نظر بیاید، اگر از سوی معلم به خوبی مدیریت شود، می‌تواند کاتالیزوری انگیزه‌ای برای یادگیری جدی باشد. به عنوان مثال، پرسیدن سؤالاتی از این دست که «این مورد چه تفاوتی با مورد قبل دارد؟» یا «چه قسمتی از طراحی، مسئله‌ی ریاضی، ساختار شعر، آزمایش با دیگری با متفاوت است؟» درک فراشناختی دانش‌آموزان را توسعه داده و یادگیری جدید را با پیوند دادن دانش گذشته به ائده‌های طرح‌های جدید، تسهیل می‌دهد.

معلمان بزرگ می‌دانند احساسات در تشخیص الگوها، تصمیم‌گیری و یادگیری ضروری حیاتی هستند.

عواطف نقش حیاتی در یادگیری دارند و به ویژه در تصمیم‌گیری و انتخاب مؤثر هستند. معلمان باتجربه می‌دانند که این اصل گفته شده این باور را به چالش می‌کشد که یادگیری اساساً مقوله‌ای عقلانی و وظیفه‌شناسانه است. آن‌ها متوجه هستند که ایجاد ارتباطات عاطفی با یادگیری بیشتر ارتباط مستقیم دارد. تأثیر احساسات بر یادگیری به تازگی وارد مقوله‌ی دانش مبتنی بر شواهد برای آموزش شده است. تحقیق گولمن درباره‌ی مورد هوش هیجانی (۱۹۹۶) یکی از دعوت‌های قبلی از والدین و معلمان بود تا درباره‌ی نقش عاطفه در یادگیری تأمل کنند. این باور که احساس یک دانش آموز درباره‌ی مورد آنچه به او آموزش داده می‌شود، توسط چه کسی، چگونه و چه زمانی و کجا بر کیفیت و کارایی یادگیری‌اش تأثیر می‌گذارد، اخیراً به تازگی در علم پذیرفته شده است. اگر معلمان این اصل را بدانند احتمال اینکه دانش آموزان کلاس‌هایشان را بیشتر با زندگی شخصی‌شان مرتبط بدانند، افزایش می‌یابد.

معلمان بزرگ می‌دانند یادگیری با چالش‌ها تقویت می‌شود و با تهدید مهار می‌شود.

یادگیری در مواجهه با چالش‌ها افزایش یافته و معمولاً در اثر تهدیدات مهارت می‌شود. این نظریه اگرچه بسیار منطقی به نظر می‌رسد، اما اینکه چه چیزی تهدیدآمیز و چه چیزی چالش باشد، امری فردی است. این بدان معناست که آنچه من یا شما را تهدید می‌کند، ممکن است برای فرد دیگری تهدیدکننده قلمداد نشود. پس برای تعیین آنچه تهدیدکننده است، نباید دیدگاه‌های فردی درباره‌ی تهدید را بررسی کنیم، بلکه برعکس باید آنچه تهدیدکننده نیست را نگاه تحلیل نماییم. فرض اصلی مربوط به تعریف محیط‌های یادگیری خوب مناسب است که تصور می‌شود با چالش‌های شخصی و سطوح تهدید پایین پر شده است. یکی از عناصر کلیدی در طراحی محیط‌های آموزشی مطلوب، توانایی معلم در مدیریت کلاس است. معلمان بزرگ می‌دانند که تعاملات معلم و دانش آموز بر یادگیری تأثیر دارد. یکی از طبقه‌بندی‌های جدیدتر درباره‌ی آموزش، دیدگاه خلاقانه محور ال. دی. فینک L.Dee.Fink از طراحی کلاس است. در طبقه‌بندی فینک (۲۰۰۳) نیمی از عناصر مربوط به طراحی انتظارات بالا با ایجاد موقعیت‌های یادگیری چالش برانگیز و نیمی دیگر، به طراحی موقعیت‌های کم خطر مربوط می‌شوند:

۱)دانش بنیادی ۲) کاربردی ۳) یادگیری و نحوه‌ی یادگیری ۴) ادغام ۵) مراقبت و ۶) بُعد انسانی مربوط می‌شوند. معلمان باید درباره‌ی مورد تبادلات خود با دانش‌آموزان بیشتر بیندیشند و اطمینان حاصل کنند که سطح تهدید درک در آن‌ها پایین باشد و در عین‌حال سطح بالایی از چالش را حفظ کرده‌اند.

معلمان بزرگ می‌دانند یادگیری شامل توجه متمرکز و ادراک پیرامونی است.

همه می‌دانیم هیچ یادگیری بدون توجه محقق نمی‌شود، به همین دلیل است که معلمان معمولاً از دانش‌آموزان‌شان می‌خواهند توجه‌شان را به کلاس حفظ کنند، اما همین آموزگاران اغلب به ندرت متوجه می‌شوند که ادراک پیرامونی دانش‌آموزان مدام در حال تغییر بوده و توجه مغز را تقسیم می‌کند. توجه را می‌توان «به عنوان تخصیص مناسب منابع پردازش یا توانایی تمرکز بر یک جنبه از محرک‌های دریافتی» تعریف کرد. از منظر مغز، آنچه در اطراف دانش‌آموز رخ می‌دهد، به همان اندازه‌ی مطلب آموزشی مهم است، مثلاً دوستی که پشت میز پشتی عقب نشسته و صدا تولید می‌کند، صدای آژیری که از بیرون می‌آید، یا صدای پچ‌پچ در راهرو. از منظر تکاملی، انسان بدون ادراک پیرامونی (بینایی، شنوایی، بویایی) زنده نخواهد ماند. ما به عنوان معلم می دانیم که برخی از دانش‌آموزان در تنظیم تمرکز توجه خود بهتر از دیگران

هستند. برای کسانی که به کمک نیاز دارند، باید مایل و قادر به ارائه‌ی تسهیلات خاصی باشیم، مانند حذف عوامل حواس‌پرتی، در صورت امکان جابه‌جایی ساده‌ی صندلی کودک در کلاس (دور از پنجره و همسایه‌ی پرحرف به سمت جلوی کلاس که بتواند بهتر تمرکز کند) اغلب می‌تواند موارد ناامیدکننده‌ای را برطرف کند.

معلمان بزرگ می‌دانند مغز به شکل قابل مفهومی اجزا را و کل‌ها را به شکلی همزمان پردازش می‌کنند.

ذهن ورودی‌ها را به صورت خطی و منظم پردازش نمی‌کند، بلکه بسته به میزان آشنایی فرد با اطلاعات، قادر به پردازش کل مفاهیم به شکلی همزمان است. این بدان معنی است که دانش‌آموزان مفاهیم را به صورت گام به گام نمی‌آموزند، بلکه از طریق تجلی مفاهیم مرتبط، زمانی که همه‌ی قطعات در ذهن‌شان گرد هم می‌آیند، یاد می‌گیرند. معلمان باید متوجه باشند که آموزش کامل زمانی رخ می‌دهد که تمام قطعات به مانند عنوان یک کل در جای خود قرار گرفته باشند، نه زمانی که هر مرحله جداگانه تکمیل شود. به عنوان در جایگاه یک معلم باید آگاه باشیم که معمولاً مفاهیم یک ایده جدید را در مراحل منطقی آموزش می‌دهیم. با این وجود می‌دانیم که درک واقعی این مفهوم برای دانش‌آموزان با پردازش گام‌ها به شکلی جداگانه روشن نمی‌شود، بلکه زمانی که مفهوم بزرگ‌تر چیزی که مثلاً فرمول ریاضی نشان می‌دهد آشکار می‌شود. معلم باید این مسئله را در نظر داشته باشد که پردازش تمام قطعات به یک کل بزرگ‌تر (یادگیری واقعی)، زمان می‌برد. چنین چیزی می‌تواند به این معنی باشد که دانش‌آموزانی که سریع‌تر یاد می‌گیرند نسبت به دانش‌آموزان دیگر، بیشتر با مفاهیم فرعی تمرین کرده‌اند و به این ترتیب سریع‌تر میان آن‌ها و مفاهیم جدید ارتباط برقرار می‌کنند. اگر به دانش‌آموزانی که کندتر یاد می‌گیرند، فرصت تمرین مفاهیم فرعی داده شود (مثلاً در تکمیل تکالیف‌شان) می‌توانند به دانش‌آموزانی که سریع‌تر یاد می‌گیرند، برسند.

معلمان بزرگ می‌دانند مغز برای درک موقعیت‌های اجتماعی به تعامل با افراد دیگر بستگی دارد.

حمایت (آکادمیک و دانشگاهی، اخلاقی و...) از سوی دیگران (معلمان، همسالان یا والدین) برای عملکرد تحصیلی مطلوب حیاتی است. انسان‌ها موجودات اجتماعی هستند و به این ترتیب یادگیری را نمی‌توان از زمینه‌های اجتماعی جدا کرد. حتی اگر در اتاقی تنها باشیم و کتاب بخوانیم هم ممکن است طرح جدیدی به سراغ‌مان بیاید و این ایده ممکن است ناشی از تعاملات با دیگران اعم از مجازی یا از طریق مطالعه‌ی ادبیات دیگر باشد. معلمان باتجربه

می‌دانند که این اصل از مفاهیم آموزشی مانند فعالیت‌های یادگیری فعال، همتا یا مشارکتی پشتیبانی می‌کند. همین که فرد ادراکاتش را به اشتراک می‌گذارد، اغلب نحوه‌ی تفکری یا آنچه را درباره‌اش فکر می‌کرده، تغییر می‌کند. هر فرد باورهای خود را دارد، اما پس از به اشتراک گذاشتن آن، ممکن است آن باور و تصوری که داشته تغییر کند. این اصل پیامدهای مهمی برای آموزش دارد. زیرا شیوه‌های آموزشی را تشویق می‌کند که برای یکپارچه‌سازی فضایی برای و یادگیری مفهومی ترکیب شوند.

معلمان بزرگ می‌دانند بازخورد برای یادگیری مهم است.

بازخورد و ارزیابی معتبر در یادگیری بسیار تأثیر دارد، اگرچه اهمیت و نقش بازخورد در افراد، حوزه‌ها و فرآیندهای گوناگون، متفاوت است. در آموزش، بازخورد بر این فرض استوار است که برای بهبود یادگیری، دانش‌آموز باید چیزهایی را که هنوز نمی‌داند، بداند. به این معنا که وقتی دانش‌آموزی به سمت تشخیص اشتباهاتش هدایت می‌شود، و سپس به شکلی ضمنی راهنمائیی می‌شود، می‌فهمد که دفعه‌ی بعد چطور عملکردش را بهبود ببخشد. معلمان بزرگ می‌دانند که لحظات ارزشیابی همیشه می‌توانند و باید به لحظات تدریس تبدیل شوند. روزگاری که صرفاً یک برگه‌ی آزمایشی به کودک داده می‌شد و به سراغ بحث بعدی می‌رفتیم، گذشته است.امروزه معلمان می‌دانند برخی لحظات تدریس بسیار مهم هستند، چرا که دانش‌آموزان گاهی متوجه هستند که اشتباه کرده‌اند اما نمی‌دانند چرا و در کجا، در آن لحظه است که معلم باید برای ارائه‌ی بازخورد درباره‌ی چگونگی پیشرفت وقت بگذارد. بازخورد برای همه‌ی گروه‌های سنی مهم است، نه فقط برای کودکان، به منظور ایجاد انگیزه در یادگیری مداوم، فراگیران بزرگسال نیز باید به اندازه‌ی بچه‌ها بشنوند که عملکرد خوبی داشته‌اند. اگر معلم بتواند بازخورد را به عنوان مثابه‌ی نتیجه‌ی طبیعی شخصیت‌اش مدیریت کند، می‌تواند با ارائه‌ی بازخورد آن به شکلی با درایت، دانش‌آموزان را تشویق کند. و این نکته‌ای بسیار کلیدی است که اغلب در آموزش معلمان نادیده گرفته می‌شود.

معلمان بزرگ می‌دانند یادگیری مبتنی بر حافظه و توجه است.

(حافظه + توجه = یادگیری) این فرمول گرچه بسیار ساده است، اما روشن می‌کند هیچ یادگیری بدون حافظه و توجه ممکن نمی‌شود. این اصل به این معنی است که اگر سیستم دستگاه حافظه (مثلاً حافظه‌ی بلندمدت، کوتاه مدت، عاطفی یا اجتماعی) یا سیستم‌های سازوکار توجه (توجه متمرکز یا محیطی) دچار اختلال شوند، مانع جلوگیری یادگیری می‌شوند. معلمان باتجربه می‌دانند فعالیت‌های کلاس درس و فرآیندهای ارزیابی را چطور به گونه‌ای انجام دهند

که حافظه‌ی بلندمدت مفاهیم را تقویت کرده و توجه دانش‌آموزان را حفظ کنند. این اصل بر تغییر مسئولیت، دلالت دارد. معلمان بزرگ نقش‌شان را در طراحی فعالیت‌های کلاسی جذاب که باعث جلب توجه می‌شود، می‌بینند (دیگر دوره‌ی سخنرانی‌های یک‌طرفه‌ی غیرفعال به سر آمده است). در حالی که حقیقت دارد که دانش‌آموزان نیز بار توجه را به دوش می‌کشند، اما معلم مسئول طراحی تجربیات یادگیری جذاب و به یاد ماندنی است. معلمان بزرگ می‌دانند که یکی از راه‌های اطمینان از توجه دانش‌آموز، متمرکز نگه داشتن آن بر خود دانش‌آموزان است. فعالیت‌های دانش‌آموز محور به حفظ سطح بالاتری از هوشیاری در مقایسه با فعالیت‌های متمرکز بر معلم محور کمک می‌کنند.

معلمان بزرگ می‌دانند سیستم‌های سازوکار حافظه در ورودی و یادآوری عملکردی متفاوت دارند.

مغز از سیستم‌های سازوکار حافظه‌ای مختلف گوناگون (حافظه‌ی کوتاه مدت، بلندمدت، طولانی مدت، احساسی، فضایی و چرخشی) برای دریافت و پردازش اطلاعات به روش‌های کمّی متفاوت استفاده می‌کند. عملاً، اگر معلمان چالش‌های یادگیری را به گونه‌ای ارائه کننده که ورودی اطلاعات را از طریق چندین مسیر عصبی تسهیل کند، احتمال بازیابی آن اطلاعات در آینده بیشتر خواهد بود. این بدان معناست که فعالیت‌های متنوع کلاس درس برای تحریک انواع حالات حسی مختلف (شنوایی، دیدن، لمس کردن، بوییدن، چشیدن) اجازه می‌دهد انواع مسیرهای عصبی کمّی متفاوت در رابطه با یک مفهوم شکل بگیرد.

تحقیقات بسیاری که طی سال‌های اخیر انجام شده‌اند، بر چگونگی انتقال اطلاعات از ذخیره‌سازی کوتاه مدت به حافظه‌ی بلندمدت توسط به وسیله‌ی مغز متمرکز شده‌اند، جایی که می‌توان از آن برای ایجاد یادگیری استفاده کرد. برای همه‌ی ما پیش آمده که احساس کنیم دانش‌آموزان به شکلی رضایت بخش کار کلاسی را تکمیل کرده‌اند، اما متوجه شده‌ایم این رضایت نشان دهنده‌ی حافظه‌ی کاری خوب مناسب بوده است. نگهداری اطلاعات به اندازه‌ی کافی برای تکمیل اطلاعاتتان و زمانی که تنها یک روز بعد، از آنان خواسته می‌شود دقیقاً همان کار را انجام دهند، متوجه می‌شویم قادر به انجامش آن کار نیستند، چرا؟ زیرا سیستم حافظه‌شان در روز اول فعال بوده و آنچه در روز دوم قصد انجامش را داشتند، از حافظه‌ی بلندمدت‌شان فراخوانی می‌شد. این بدان معنی است که اطلاعات روز اول‌شان از حافظه‌ی کاری به حافظه‌ی بلند مدت منتقل نشده است. پس بهتر است معلمان زمان بیشتری در اختیار دانش‌آموزان قرار

دهند که تا درباره‌ی مورد مفاهیم جدید بیندیشند و روند انتقال از حافظه‌ی کاری به حافظه‌ی بلندمدت را تحریک کنند. مطالعات درباره‌ی حافظه‌ی کاری، یک مورد بسیار معمولی را توضیح می‌دهد که در آن دانش‌آموز چیزی را در کلاس درک کرده و متوجه می‌شود، اما پس از چند روز نمی‌تواند همان چیز را به یاد بیاورد (یا نمی‌تواند آن اطلاعات را به زمینه زندگی واقعی منتقل کند). برای تقویت حرکت مفاهیم فعال به حافظه‌ی بلندمدت و تحریک یادآوری در صورت نیاز، معلمان باید تمرین‌های کلاسی و تکالیفی طراحی کنند که یادگیری را زمینه‌ای سازد. به عنوان مثال، یادگیری مبتنی بر مسئله (PBL)[1] وسیله‌ای عالی برای کمک به دانش‌آموزان برای ایجاد پیوندهای معتبر به مفاهیم یادگیری است. یک معلم فیزیک یا ریاضی می‌تواند یک مسئله‌ی واقعی جامعه را شناسایی کند، مثلاً مشکلی که همه‌ی دانش‌آموزان درباره‌اش شنیده‌اند یا در مقالات خوانده‌اند و از دانش‌آموزان بخواهد که یک راه حلی برای آن طراحی کنند. در انجام این کار، دانش‌آموزان مفاهیم «سست» (داده‌ها، فرمول‌ها، تاریخ‌ها، نام‌ها و غیره) را می‌گیرند و آن‌ها را به واقعیت‌های خودشان مرتبط می‌کنند. پیوند عملی، تمرین طولانی، و ماهیت معتبر یادگیری مبتنی بر مسئله، PBL منجر به درک طولانی مدت مفهوم زمانی «سست» (یعنی قطع ارتباط، شناور آزاد) می‌شود.

معلمان بزرگ می‌دانند مغز زمانی که حقایق و مهارت‌های در زمینه‌های طبیعی گنجانده می‌شوند، مغز به بهترین شکل یاد می‌گیرد.

مغز انسان زمانی به بهترین وجه آموزش می‌بیند که حقایق و مهارت‌ها را در زمینه‌های طبیعی یا مثال‌های عینی درک کند، به نحوی که در آن چارچوب، یادگیرنده مشکلاتی را که با آن‌ها مواجه می‌شود، درک کند و تشخیص دهد که حقایق یا مهارت‌ها در موقعیت‌های طبیعی چطور عمل می‌کنند. همان‌طور که گیون (۲۰۰۲) عنوان داشت، حافظه با زمینه‌های یادگیری مناسب، یا زمینه‌هایی حوزه‌هایی که به زندگی واقعی نزدیک‌تر هستند، بهبود می‌یابد. قرار دادن حقایق و مهارت‌ها در زمینه‌ی طبیعی، فرآیند به حافظه سپردن را تسهیل می‌کند، چرا که خاطرات در تجارب واقعی زندگی جاسازی می‌شوند. اگرچه این یک فرض منطقی به نظر می‌رسد، اما بسیاری از ما نیاز به یادگیری مفاهیم خاصی را خارج از زمینه تجربه کرده‌ایم. به عنوان مثال، برخی مفاهیم علمی خرد و کلان در بافت طبیعی خود بدون تجهیزات تخصصی دشوار مطرح می‌شوند. می‌دانیم که در حالی‌که مغز زمانی که حقایق و مهارت‌ها را در زمینه‌های

---

[1] PBL

طبیعی گنجانده شوند، مغز احتمالاً به بهترین شکل یاد می‌گیرد، اما باید بدانیم که چنین چیزی برای یادگیری لزوماً ضروری نیست. این اصل برای معلمان خوب، منطقی است و البته باید در برنامه‌های آموزشی معلمان مورد توجه قرار گیرد.

معلمان بزرگ می‌دانند یادگیری شامل فرآیندهای آگاهانه و ناخودآگاه است.

گاهی از روند یادگیری‌مان آگاه هستیم و گاهی نیز غافل هستیم. این بدان معناست که هم دانش‌آموزان مبتدی و هم فراگیران تخصصی هیچ‌کدام نمی‌توانند همیشه به این پرسش پاسخ دهند که «این را از کجا یاد گرفتی؟» در حالی‌که همه‌ی معلمان می‌دانند یادگیری شامل فرآیندفرایندهای آگاهانه است، مکانیسم‌های سازوکارهای یادگیری ناخودآگاه چندان مشخص نیست‌شده است. یادگیری به دو صورت خودآگاه و ناخودآگاه رخ می‌دهد.

موضوع اول آن است که در ادراک ناخودآگاه صداها و چهره‌هایی وجود دارد که بر احساس ما درباره‌ی مورد نحوه‌ی ارائه‌ی اطلاعات تأثیر می‌گذارد. چنانچه در فصل ششم نیز اشاره شد، مغز انسان چهره و لحن صدای دیگران را در موارد تهدید به روشی سریع و اغلب ناخودآگاه قضاوت تشخیص می‌دهد و این قضاوت بر نحوه‌ی درک اطلاعات از این منابع تأثیر می‌گذارد.

معلمان بزرگ می‌دانند حالات چهره و آهنگ صدای‌شان را چطور به نفع ایجاد یک محیط آموزشی خوب مدیریت کنند.

مسئله‌ی دوم آن است که خواب در جایگاه به عنوان یک فرآیند ناخودآگاه برای تثبیت حافظه‌ی بیانی مهم است. این بدان معناست که کم خوابی نیز تأثیر منفی بر حافظه دارد. مطالعات در ادبیات آثار مربوط به خواب و سطوح گوناگون آگاهی و مکانیسم‌های سازوکارهای یادگیری، مانند مطالعات پژوهش‌های هابسون و همکارانش، نشان می‌دهد که یادگیری در واقع در انواع سطوح مختلف هوشیاری رخ می‌دهد. معلمان بزرگ می‌دانند نقشی که خواب در REM در برای تثبیت حافظه ایفا می‌کند، باعث می‌شود دانش‌آموزانی که شب امتحان تا صبح بیدار مانده‌اند در مقایسه با دانش‌آموزانی که خواب کافی و خوب داشته‌اند، کمتر احتمال دارد بتوانند اطلاعات را به حافظه‌ی بلندمدت‌شان منتقل کنند. پس وظیفه‌ی معلم است که به دانش‌آموز کمک کند، بداند نمره‌ی کاملی که نتیجه‌ی بیدار ماندن تا صبح بوده، در درازمدت بی‌معناست و تأثیری در موفقیتش نخواهد داشت، چرا که قطعاً بخش مهمی از آن اطلاعات را فراموش خواهد کرد. این دانش‌آموز باید یاد بگیرد اطلاعات را مجدداً مطالعه کند، زیرا آن‌ها را به خوبی یاد نگرفته و به حافظه‌ی بلندمدتش منتقل نکرده است.

معلمان بزرگ می‌دانند یادگیری کل فیزیولوژی را درگیر می‌کند (بدن بر مغز تأثیر می‌گذارد و مغز، بدن را کنترل می‌کند).

ارتباط میان ذهن و بدن در یادگیری به این معنای است، که تغذیه، خواب و ورزش بر پتانسیل ظرفیت مغز برای یادگیری تأثیر می‌گذارند. اگرچه انتخاب‌ها درباره‌ی مورد تغذیه، خواب و ورزش از محیط خانه منشأ سرچشمه می‌گیرند، اما تأثیرشان در کلاس درس احساس می‌شود. معلمان بزرگ باید به والدین و دانش‌آموزان کمک کنند تأثیرات مخربی را که تغذیه‌ی نامناسب، عادات بد خواب یا عدم ورزش نکردن می‌تواند بر پتانسیل توانایی یادگیری داشته باشد، درک کنند. زمانی که دانش‌آموزی عادت غذایی بدی دارد، متعاقباً عملکرد درسی‌اش نیز تضعیف می‌شود. اگر کودکی خواب کافی نداشته باشد، نه تنها بدنش خسته می‌شود، بلکه ذهنش نیز در وضعیتی کمتر از حد نامطلوب قرار می‌گیرد و آنچه روز قبل آموخته است، احتمالاً به حافظه‌ی بلند مدتش منتقل نخواهد شد. دانش‌آموزانی که بسیار کم ورزش می‌کنند، نمی‌دانند که بدن سالم، مغز سالم را موجب می‌شود. مؤسسات آموزشی و سیاست‌گذاران بر آن هستند که تا ارتباط میان ذهن و بدن را به دقت مورد توجه قرار داده و راهنمایی‌های اساسی در این رابطه به والدین ارائه کنند. به هر حال، آموزش، مسئولیت کل جامعه است. و تلاش هماهنگ میان مدارس و خانواده‌ها برای به حداکثر رساندن کامل پتانسیل و ظرفیت همه‌ی فراگیران لازم است.

دانش قابل استفاده

محیط‌های آموزشی خوب، عنصر کلیدی هستند.

محیط یادگیری که با دانش و محتوای بالا قوی متوازن شده است، یکی از مهم‌ترین عوامل تعیین کننده در مبادلات آموزشی، یادگیری با کیفیت بالا هستند. به طور کلی، محیط‌های یادگیری خوب مناسب در آموزش، محیط‌هایی هستند که امنیت جسمی و روانی، احترام، آزادی فکر، خود هدایتی، چالش‌های سریع، بازخورد، و تجربیات یادگیری فعال را فراهم می‌کنند. این محیط‌های یادگیری خوب به دنبال ایجاد حالتی از هوشیاری آرام هستند که در آن دانش‌آموزان به مسائل آموزشی توجه کرده و در عین حال احساس اضطراب نمی‌کنند.

معلمان باتجربه می‌دانند محیط‌های یادگیری خوب مطلوب ساخته می‌شوند، نه آنکه پیدا شوند. معلمان بزرگ به اهمیت ایجاد محیط‌های یادگیری خوب مناسب اذعان داشته دارند و بنابراین تعاملات کلاسی‌شان را حول این دانش طراحی می‌کنند. شروع این روند از دوران مهدکودک و تداومش تا بزرگسالی، اثبات می‌کند، احساسات بر یادگیری تأثیر می‌گذارند. زمانی

که معلم بتواند یک محیط یادگیری بهینه طراحی کند، می‌تواند توجهش را به طراحی کار درسی معطوف کند و هر دو عامل حس و معناسازی را به شکلی توأمان داشته باشد.

نقش حس، معنا و انتقال

آموزش رسمی چندین هدف را دنبال می‌کند، از جمله ۱) توسعه‌ی توانایی‌های تفکر انتقالی و ۲) انتقال دانش در زمینه‌های محتوایی مانند ریاضیات، زبان، علوم و هنر. هیچ یک از این اهداف بدون کاربرد مفاهیم حس، معنا و انتقال ممکن نمی‌شود. سوزا (۲۰۰۰) معنا و مفهوم را «به عنوان قرار دادن یادگیری در چارچوب یادگیرنده» توصیف می‌کند. مفهومی که گروهی دیگر آن را «انتقال» می‌نامند. به این معنا که دانش‌آموزان زمانی بهتر یاد می‌گیرند که چیزی که یاد می‌گیرند، موضوع یادگرفتنی معنا داشته باشد و نظمی منطقی داشته باشد و همچنین در زندگی‌شان به کار بیاید. همه‌ی معلمان بزرگ می‌دانند متقاعد کردن دانش‌آموزان به یادگیری چیزهایی که احساس می‌کنند به زندگی‌شان ربطی ندارد و در آینده نیازی به آن نخواهند داشت، چقدر دشوار است. این مسئله از آنجا ناشی می‌شود که مغز زمانی اطلاعات را به بهترین شکل به خاطر می‌آورد که حقایق و مهارت‌ها را در تجربیات معتبر تجربه کند.

معلمان بزرگ تلاش می‌کنند تا، آموزش‌هایی ارائه شده در که در مدرسه را با تجربیات روزانه‌ی دانش‌آموز گره بزنند. دانش را در موقعیت‌های معتبر زمینه‌سازی کرده یا حداقل با ارجاعات استعاری ارائه کنند. معلمانی که سعی می‌کنند آنچه را در کلاس درس تدریس می‌شود می‌کنند با برنامه‌ی کاربردی به دانش‌آموزان آموزش دهند، موفق‌تر خواهند بود. ایجاد ارتباط نه تنها مستلزم دانش کامل درباره‌ی مورد موضوع، بلکه نیازمند دانش علم و آگاهی جامع کامل درباره‌ی دانش‌آموز نیز هست. ارزیابی دانش قبلی و توجه به شبکه‌های عصبی مبتنی بر فرهنگی که دانش‌آموز با خود به کلاس می‌آورد، هر دو مورد به یک اندازه نیاز هستند.

معلمان بزرگ از انواع مختلف مسیرهای حافظه بهره می‌برند.

از آنجایی که یادگیری تا حد معینی به حافظه وابستگی دارده است، منطقی است که استفاده از سیستم‌های سازوکارهای حافظه‌ای مختلف مغز، معلمان را تأثیرگذارتر کند. معلمانی کسانی که تجارب یادگیری را ایجاد می‌کنند و باعث می‌شوند آموزش‌ها به شکل خاطرات در مغز ذخیره شده و در نتیجه احتمال یادآوری‌شان بیشتر شود، موفق‌تر خواهند بود. یکی از راه‌های بهره‌گیری از سیستم‌های حافظه، تغییر فعالیت‌های کلاسی است زیرا، شیوه‌های مختلف آموزش از مسیرهای حسی متفاوتی در مغز بهره می‌برند. معلمان باید مسیرهای شنیداری، دیداری، و حرکتی را آموزش دهند و در عین‌حال فراگیران را به اجازه کار فردی و گروهی بدهند تشویق

کنند تا به این ترتیب شانس فرصت یادآوری را بهبود ببخشند و دانش‌آموزان را در فرصت‌های زمان‌های مناسبی برای بحث، مناظره و پرسش قرار دهندآماده سازند.

معلمان می‌توانند با برانگیختن جلسات یادآوری اجباری که خاطرات دانش‌آموزان را تداعی می‌کنند، رشد حافظه‌ی بلندمدت را آسان سازند. به این ترتیب دانش‌آموزان شروع به ایجاد عادات ذهنی درباره‌ی مورد چگونگی ذخیره و بازیابی اطلاعات می‌کنند را ایجاد خواهند کرد. رشد حافظه در دانش‌آموزان به شدت به توانایی معلم برای ۱) طراحی فعالیت‌های کلاسی به یاد ماندنی، ۲) کمک به دانش‌آموز برای توسعه‌ی سیستم سازوکار یادآوری، بستگی زیادی دارد.

همان‌طور که در طول این کتاب نیز بارها اشاره شد، حافظه و توجه، دو عنصر کلیدی در یادگیری هستند. دستورالعمل آموزشی بعدی به این موضوع مربوط می‌شود که معلمان چطور می‌توانند به دانش‌آموزان کمک کنند تا در کلاس توجه بهتری داشته باشند.

بدانید که چگونه از فواصل توجه طبیعی استفاده کنید.

یک دانش‌آموز با سطح متوسط، بسته به سن و درجه میزان بلوغش، محدوده‌ی توجهی بین میان ۱۰ تا ۲۰ دقیقه دارد. زمان توجه کوتاه است، چرا که هوشیاری و توجه، انرژی زیادی می‌طلبد. هیچ کلاسی و هیچ آموزشی نباید بیشتر از ۱۰ تا ۲۰ دقیقه طول بکشد. بنابراین معلم باید بداند چطور زمان کلاسش را به بخش‌های مختلف تقسیم کرده و در این مدت زمان مفاهیم اصلی را آموزش داده و تقویت کند. به منظور بهترین استفاده‌ی بهینه از این بازه‌ی زمانی، معلمان بزرگ تشخیص می‌دهند که دانش‌آموزان بهترین یادگیری را زمانی خواهند داشت که فرد، مکان (مثلاً صندلی) یا موضوع (مثلاً تمرکز مجدد مفهومی) حداقل هر ۲۰ دقیقه یک‌بار تغییر کند. حداقل هر ۲۰ دقیقه یک‌بار، اگر نگوییم چنین کاری غیرممکن است، اما حداقل می‌توان گفت دشوار است که دامنه‌ی توجه بیش از این طول بکشد (مگر آنکه خود دانش‌آموز انگیزه‌ی ذاتی بالایی داشته باشد). برای حفظ توجه، قهرمان کلاس باید یادگیرنده (دانش‌آموز) باشد نه معلم، و همین نکته‌ای است که توضیح می‌دهد چرا کلاس‌های درس دانش‌آموزمحور مدرن بسیار محبوب‌تر و البته موفق‌تر هستند.

معلمن بزرگ لزوم وجود «زمان استراحت» را درک می‌کنند، زمانی که طی آن دانش‌آموزان اطلاعات جدید تازه را به منظوربرای به حداکثر رساندن تثبیت حافظه، مرور می‌کنند. از آنجایی که این زمان خاموشی مستقیماً با بهبود سطح توانایی‌های فراشناختی ارتباط دارد، ضروری است که لحظات تمرکز شدید با زمان تأمل در مورد دانش محتوا متعادل شود.

چنین زمان انعکاسی می‌تواند از طریق نوشتن مجله، بحث گروهی یا زمان آرامی برای گفت‌وگو صورت گیرد.

علاقه بر گستره‌ی توجه و در نتیجه بر انگیزه‌ی یادگیری تأثیر می‌گذارد. معلمان می‌توانند با صرف زمان برای جهت شناخت دانش‌آموزان‌شان و با توجه به علایق آنان‌ها، دامنه‌ی توجهات‌شان را بهبود بخشند. یکی دیگر از تأثیرات بر توجه، با عنوان «تحت عنوان اثر تقدم، تأخر» شناخته می‌شود. انسان‌ها آنچه را در درجه‌ی اول رخ می‌دهد، بهتر به یاد می‌آورند و آنچه را در آخر رخ می‌دهد، در درجه‌ی دوم چیزی را که در پایان رخ می‌دهد به خاطر می‌سپارند و آنچه در وسط رخ داده، کمتر به یاد می‌آورند. معلمان بزرگ کلاس‌های‌شان را با فعالیت‌های جذاب شروع می‌کنند تا سطح علاقه‌مندی دانش‌آموزان بالا رود . نقطه‌ی میانی کلاس می‌تواند شامل فعالیت‌های گروهی باشد که در آن‌ها هر دانش‌آموزان می‌تواند اطلاعات جدیدی تازه‌ای را که کسب کرده مورد استفاده قرار دهد، درباره‌اش بحث کند یا در موردش سؤال بپرسد (زمانی که توجهات به روی شما جلب شده است، غیرممکن است توجه نکنید). پایان کلاس باید برای خلاصه کردن مفاهیم اصلی باشد. معلمان برای استفاده از دامنه‌ی توجه، می‌توانند فعالیت‌های غیرفعال را به حداقل برسانند، فعالیت‌هایی که صرفاً دانش‌آموزان را خسته می‌کنند.

ماهیت اجتماعی یادگیری

اکثر مردم ترجیح می‌دهند در کنار دیگران یاد بگیرند، نه به تنهایی. مغز اندامی اجتماعی است و افراد زمانی بهتر یاد می‌گیرند که بتوانند ایده‌ها و آموخته‌ها را رشد داده و مفاهیم را از دیگران یاد بگیرند. صدها سند مرتبط با ماهیت اجتماعی یادگیری وجود دارد. معلمان باتجربه می‌دانند یادگیری اغلب در زمینه‌های اجتماعی مانند کلاس‌های درس رخ می‌دهد و به دنبال تقویت این واقعیت، از طریق تعاملات اجتماعی نظیر کارهای گروهی یا بحث با دانش‌آموزان هستند. فعالیت‌های آموزشی که تبادل فعال ادراکات و اطلاعات را تشویق می‌کنند، کارآمدتر از کار فعالیت‌های فردی هستند (مثل خواندن آرام برای خود). مباحث و فعالیت‌های گروه‌های کوچک، تعاملات اجتماعی را تشویق می‌کنند، به گونه‌ای که حداکثر مشارکت را در ایجاد یادگیری دانش‌آموزان به دنبال دارد. آموزش همتایان، قالب دیگری است که تعامل را تشویق می‌کند.

سیاست‌های جدید مبتنی بر ارتباط ذهن و بدن

مغز نحوه‌ی استفاده از بدن را انتخاب می‌کند، اما کیفیت مغز تحت تأثیر روشی است که بدنمان را با آن پرورش می‌دهیم. بدن بر مغز تأثیر می‌گذارد و مغز بدن را کنترل می‌کند.

همان‌طور که در بخش‌های قبل نیز عنوان بیان شد، زمانی که نیازهای بدنی دانش‌آموزان برآورده شود، بهتر یاد می‌گیرند. معلمان می‌توانند این دستورالعمل را با استفاده از تکنیک‌های شیوه‌های یادگیری فعال و یادآوری اهمیت خواب، تغذیه و ورزش برای دانش‌آموزان‌شان اجرا کنند.

معلمان بزرگ نه تنها برای الگوسازی تعادل میان تمرینات بدنی و ذهن را در نظر دارند، بلکه در عین‌حال می‌توانند سیاست‌های جدید مدرسه‌ای ایجاد کنند و به شکلی واضح به دانش‌آموزان در مورد اینکه چطور انتخاب غذا یا ساعت خواب متفاوت می‌تواند بر عملکرد بهترشان تأثیر بگذارد، آموزش دهند. اغلب دانش‌آموزان درباره‌ی اینکه انتخاب نوشیدنی‌شان چطور می‌تواند بر میزان و محدوده‌ی توجه‌شان تأثیر بگذارد، ناآگاه هستند و در حالی‌که بسیاری از دانش‌آموزان ممکن است تأثیر تا دیروقت بیداری طولانی ماندن بر کیفیت مطالعه را بدانند، اما تنها تعداد اندکی از آن‌ها می‌دانند که این کار باعث می‌شود اطلاعاتی که مطالعه کرده‌اند به حافظه‌ی بلندمدتشان منتقل نشده و در نتیجه پس از مدتی از یادشان برود. زمانی که دانش‌آموزان به چنین اطلاعاتی مجهز شوند، قطعاً بسیاری از رفتارهای مخرب‌شان را ترک خواهند کرد.

رایانش ارکستراسیون (ارکستراسیونرایانش) و مامایی

زمانی که معلم از غوطه‌وری اشتغال هماهنگ استفاده می‌کند، دانش‌آموز را در تجربیات پیچیده‌ای غوطه‌ور می‌کند که با فراخوانی تک‌تک افراد برای بیان نظرشان و سپس ترکیب این اطلاعات در یک تجربه‌ی کلاسی واحد، یادگیری را پشتیبانی می‌کنند. به عنوان مثال، تمرین‌هایی که نیازمند تفکر عمیق هستند، (مثل مناظره)، نیازمند مهارت‌های مدیریت کلاس هستند که تا حداکثر مشارکت دانش‌آموزان را به دنبال داشته باشد. معلمان باید نظریات مختلف را باهم ترکیب کرده و به هر دانش‌آموز اجازه دهند بهترین توانایی‌اش را بروز دهد. هسته‌ی اصلی این راهنمایی، این باور است که هر فرد نه تنها در رشد خود، بلکه در یادگیری کلی گروه نیز نقش دارد. معلمانی که ساختار و شکل هر کلاس را به گونه‌ای برنامه‌ریزی می‌کنند که از دانش هر دانش‌آموز استفاده کنند و ضعف‌هایش را جبران کنند، در عمل موفق‌تر خواهند بود. سقراط اعتقاد داشت معلمان مانند ماماهایی هستند که اساساً وظیفه‌شان آنها کمک به دانش‌آموزان است تا درک خود را به وجود دنیا آورند. ایده‌های ارکستراسیون رایانش و مامایی با هم نیاز به یادگیری در زمینه‌های اجتماعی، روش‌شناسی مؤثر و مهارت‌های عالی مدیریت کلاس را تثبیت می‌کنند.

معلمانی که معتقدند کلاس درس‌شان مملو از انواع مختلفی از دانش‌آموزان است، که هر کدام محتوای مغزی متفاوت و تجربیات گذشته و ترجیحات متفاوتی دارند، نه تنها کلاسی سازنده‌تر، بلکه کمتر ناامیدکننده خواهند داشت. معلمان موفق این تفاوت‌ها را یک فرصت می‌دانند و تعاملاتی را ایجاد می‌کنند که نقاط قوت و ضعف یادگیرندگان را با هم ادغام می‌کند.

فرآیندهای فعال در طراحی کلاس درس

همان‌طور که پیش‌تر نیز عنوان کردیم، معلمان بزرگ، خطر نگران از دست دادن درک تجربیات منفعل نیستند را ندارند. در مقابل، تجارب یادگیری را به نحوی طراحی می‌کنند که مشارکت فعال دانش‌آموزان را می‌طلبد. دانش‌آموزان باید درگیر فعالیت آموزشی شوند. این بدان معناست که معلمان با وجدان، تجارب یادگیری را به گونه‌ای برنامه‌ریزی می‌کنند که تا از استعدادهای هر کدام از اعضا استفاده می‌کند، به دانش‌آموزان نقش‌ها و مسئولیت‌ها می‌دهند و آن‌ها را با دانش‌شان درباره‌ی نحوه‌ی مدیریت توجه و سیستم‌های سازوکار حافظه برای بهبود یادگیری ترکیب می‌کند.

در کلاس‌های درس فعال، دانش‌آموزان بیش از آن که درگیر گوش دادن غیرفعال باشند، به فعالیت آموزشی می‌پردازند و به این ترتیب مهارت‌های بیشتری کسب می‌کنند. آن‌ها در فعالیت‌هایی شرکت می‌کنند که تأکید کمتری بر انتقال اطلاعات و تأکید بیشتر بر توسعه‌ی مهارت‌های دانش‌آموز دارد و نگرش‌ها و ارزش‌های‌شان را بررسی کرده و بازخوردی فوری از مربیان دریافت می‌کنند. معلمانی که فرآیندهای فعال را در کلاس استفاده می‌کنند، برای طراحی تجربیات یادگیری مهم که دانش‌آموزان را ملزم می‌کند براساس دانش‌شان عمل کنند، وقت صرف می‌کنند.

رشد مهارت‌های فراشناختی و خودبازتابی در دانش‌آموزان

تمام یادگیری‌ها تا حدی به فرآیندهای فکری بازتابی متکی هستند، تفکر درباره‌ی فکر کردن یا فراشناختی. معلمانی که فعالیت‌هایی را استفاده می‌کنند که فراشناخت را تحریک می‌کند، درک مفهومی کلی دانش‌آموزان از باورهای جدید را تقویت می‌کنند. معلمان باتجربه نیاز به فعال بودن را با نیاز به زمان خالی برای دادن فضا به بازتاب فراشناختی متعادل می‌کنند. این بدان معناست که معلمان باید در طول کلاس وقت بگذارند و تکالیفی را خارج از کلاس که مستلزم استفاده از مهارت‌های فراشناختی است، تعیین کنند. به عنوان مثال، معلمان بزرگ اغلب آخرین دقایق کلاس را برای به یک فعالیت فراشناختی که مهارت‌های تفکر درجه‌ی بالاتری را تشویق می‌کند، مانند نوشتن ژورنال و مقاله، تأملات پایان کلاس، یا سؤالاتی

درباره‌ی یک مورد موضوع مورد نظر، اختصاص می‌دهند. معلمان می‌توانند به دانش‌آموزان کمک کنند تا مهارت‌های فراشناختی خود را با هدایت عادات ذهنی خود که به تفکر تشویق‌شان می کند، بهبود بخشند.

یادگیری در طول عمر اتفاق می‌افتد.

تمام اصول، مبانی و دستورالعمل‌های آموزشی می‌توانند برای همه‌ی سنین اعمال شوند. عموم مردم تصور می‌کنند، یادگیری تنها در سنین مدرسه رخ می‌دهد، در حالی‌که واقعیت آن است که مردم می‌توانند در طول عمرشان یاد بگیرند. مشخص است که یادگیری باکیفیت بیشتر به ترتیب یادگیری یک مهارت بستگی دارد تا سن دانش‌آموز، به این معنا که آموزش تشخیص حروف پیش از آموزش املا، مهم‌تر است، چه یادگیرنده ۱۳ ساله باشد یا ۳۰ ساله.

همچنین می‌دانیم که یادگیری انسان از طریق فرآیندهای رشدی حاصل می‌شود که از یک الگوی جهانی پیروی می‌کند که و مشخصه‌ی بیشتر کسب مهارت است، از جمله مهارت‌های تحصیلی مشترک در فرهنگ‌هایی با سطح سواد بالا نظیر خواندن و نوشتن و ریاضیات. همان‌طور که پیش‌تر نیز عنوان شد، دوره‌های حساس در رشد مغز انسان وجود دارند که در آن‌ها مهارت‌های خاصی با سهولت بیشتری در قیاس با زمان‌های دیگر آموخته می‌شوند. با این وجود، این دوره‌های حساس، دوره‌های به اندازه‌ای حساسی نیستند که در صورت از دست رفتن پنجره‌های فرصت، بسته شوند.

دقیقاً به دلیل اینکه دوره‌های حساس حیاتی نیستند، معلمان بزرگ در برابر وسوسه‌ی برچسب زدن به دانش‌آموزانی که به نقاط عطف در رشد استاندارد معیار را برآورده نمی‌کنند مقاومت می‌کنند. در عوض، این معلمان فعالیت‌های اصلاحی را برای کمک به دانش‌آموزان برای پر کردن شکاف‌های موجود در دانش به منظور پیشرفت یادگیری و تحقق پتانسیل‌ها و توانایی‌های خود ارائه می‌کنند.

یادگیری در طول عمر همچنین به این معنی است که کسب علم و یادگیری در دوران پیری نیز محقق می‌شود. انسان‌ها می‌توانند با موفقیت به مدرسه برگردند و بعدها در زندگی‌شان آموخته‌های‌شان را به کار بگیرند. با افزایش جمعیت سالخورده در سرتاسر جهان، ضروری است که فعالیت‌های ذهنی فعال و سالم را برای سالمندان و البته کل جامعه تشویق کنیم و گسترش دهیم.

این فصل، تحقیقات علم MBE را در ساختار دانش، قابل استفاده تحلیل کرد، به این امید که مطالعات بیشتری را در علمی MBE در این حوزه را زمینه‌سازی کند. معلمانی که بتوانند این اطلاعات را در کلاس‌های درس‌شان اعمال کنند، کارآمدتر، مؤثرتر و موفق‌تر خواهند بود.

فصل نهم

نتیجه‌گیری

حوزه‌ی آموزش هرگز ابزارهای چندانی برای بهبود فرایندهای آموزش و یادگیری در اختیار نداشته است. علم عصب‌شناسی و روانشناسی درک ما را نسب به نحوه‌ی یادگیری مغز پرورش می‌دهد و به ما کمک می‌کند بهترین شیوه‌های آموزشی ممکن را شناسایی کنیم. اگرچه ابزارهای تجاری نیز در این حوزه مهم هستند، بزرگ‌ترین تغییری که به لطف علم ذهن، مغز، تربیت MBE در زمینه‌ی آموزش رخ می‌دهد، تبدیل نقش معلم به یک کنش‌یار (کاتالیزور) برای تغییرات اجتماعی است.

رشد شغل معلمی

دانیل انصاری در نامه‌ای متفکرانه به سردبیر مجله‌ی «نیچر» در سال ۲۰۰۵، ورود علم عصب‌شناسی به کلاس‌های درس را تحسین کرده و توصیه‌های جالبی برای چگونگی تحقق این امر ارائه کرده است: «من معتقدم، زمان آن فرارسیده که تا به تعاملات میان آموزش و علم عصب‌شناسی در قالب‌های گسترده‌تری از تبادل اطلاعات ساده و بیشتر در قالب یک مشارکت فکر کنیم. در عصر حاضر، ضروری می‌نماید که آموزش شواهد علمی از علوم عصب‌شناسی را در برنامه‌های آموزش معلمان و آموزش بیشتر آغاز کنیم تا شکل‌گیری یک مدل الگوی پژوهش محور در زمینه‌ی آموزش تسهیل شود.» (انصاری، 2005 b، ص ۲۶)

چنین مدلی الگویی در حال ظهور است. در حال حاضر امروزه چندین برنامه در سطح کارشناسی و کارشناسی ارشد وجود دارند که برای تشکیل پژوهش‌های جدید MBE در آینده طراحی شده‌اند (برای مطالعه برخی برنامه‌های شناخته شده‌تر به ضمیمه B مراجعه کنید). بنیاد ملی علوم، ابتکاری طراحی کرده که در چارچوب آن یافته‌های علم عصب‌شناسی در کلاس‌های درس مورد استفاده قرار می‌گیرند. پیش‌بینی می‌شود رشته‌ی MBE با سرعت بالایی رشد کند

و در دروس آموزشی تربیت معلم برای آموزش معلمان در سرتاسر جهان مورد توجه قرار گیرد. امیدواریم این یک خیابان سه طرفه بوده و شامل به برنامه‌های روانشناسی، آموزشی و عصب‌شناسی در سرتاسر جهان دنیا شود.

امید است در آینده‌ای نزدیک برنامه‌های آموزشی «جدید و بهبود یافته» براساس مفاهیم علمی MBE پدیدار شوند. با این‌حال وجود، برخلاف بسیاری از برنامه‌های قبلی، این برنامه‌ها طرح‌ها در سطوح بالاتری از بررسی قرار می‌گیرند و با شواهدی تجربی که از اصول، مبانی و دستورالعمل‌های آموزشی حمایت می‌کنند، مورد قضاوت قرار می‌گیرند. آموزش‌هایی که پشتوانه‌ی علمی نداشته باشند، به فراموشی سپرده خواهند شد. خود نظم و انضباط شروع به خودتنظیمی خواهد کرد و سطح عمومی دانش مشترک در این رشته را رشد می‌دهد.

با در دسترس قرار گرفتن تکنیک‌های روش‌های تصویربرداری بهتر و بهبود روش‌های مطالعه‌ی مغز، این رشته به رشد خود ادامه خواهد داد. در حال حاضر رشته‌ی نوظهور MBE، شامل مطالعات محدودی درباره‌ی مورد چگونگی عملکرد مغز در زمان خواندن، انجام ریاضیات، درک موسیقی و انجام تفکر می‌شود. این منابع اندکی راهنمایی با پیشرفت فناوری و کم هزینه‌تر شدن، از نظر تعداد و کیفیت افزایش می‌یابند و به این ترتیب، تصویربرداری عصبی به جای آن که صرفاً مختص مؤسسات تحقیقاتی باشد، در دانشگاه‌ها نیز به شکلی کم هزینه انجام خواهند شد. در نتیجه، دوره‌های تحصیلات تکمیلی در این رشته افزایش یافته و کمیّت نیز به کیفیت در مطالعات MBE اضافه افزوده می‌شود. پیش‌بینی می‌شود، تکنیک‌های روش‌های بهتر تصویربرداری مغز، امکان بهبود در بسیاری از زمینه‌ها را فراهم کنند. برخی از این پیشرفت‌ها احتمالاً شامل این موارد زیر خواهند بود: ۱) راهبردهای خواندن و نوشتن که بیشتر شخصی‌سازی شده باشند زیرا، چرا که تعداد بیشتری از مطالعات تفاوت‌های فردی را مستند ثابت می‌کنند. ۲) افزایش ارزیابی متمایز در مدارس براساس شواهد مبنی بر اینکه مغز هر کودک منحصر به اوفرد است. ۳) افزایش تولید نرم‌افزارهای آموزشی که از دانش مربوط به گستره‌ی توجه بهره می‌برند و ۴) اصرار والدین بر ارائه گسترش بهتر بیشتر محیط‌های یادگیری مثبت توسط از سوی معلم و تصمیم‌گیری درباره‌ی خط‌مشی آموزشی که بیشتر با روش طبیعی یادگیری مغز مطابقت دارند. براساس مسیری که این رشته در چارچوب آن در حال حرکت است، فرض می‌شود، دهه‌ی آینده دهه‌ی بسیار تعیین کننده‌ای خواهد بود و تحقق این پیش‌بینی تا حدی براساس موفقیت تحقیقات آینده در رشته‌ی جدید شکل خواهد گرفت.

رشته‌ی MBE به عنوان مدل الگوی جدید و بهبود یافته‌ی یادگیری مبتنی بر مغز به آرامی اما پیوسته در حال تکامل است. حوزه‌های غنی و پرورش دهنده‌ی علم عصب‌شناسی، روان‌شناسی و آموزش، رشته‌ی جدیدی نوینی را شکل داده‌اند که نوید بخش تغییر در روش‌های انجام تحقیقات و نحوه‌ی تدریس خواهد بود. محققان اولیه‌ی این رشته به سازوکارهایش دست یافتند که منجر به توسعه‌ی یک رشته‌ی دانشگاهی جدید شد که به شکلی بالقوه از لحاظ آموزشی از هر رشته‌ی دیگری قدرتمندتر است. محققان، شاغلاین و سیاست‌گذاران جدید در این رشته مسئولیت خاصی در جهت در راستای اطمینان از رعایت استانداردها معیارها و تحقق اهداف رشته بر عهده دارند. اگر این کار را انجام دهند، جامعه بزرگ‌ترین متنفع اجرای این سیاست‌ها خواهد بود.

این کتاب را با بررسی چگونگی ظهور این رشته‌ی جدید نوین شروع آغاز کردیم. برخی مباحث مفهومی مشکل‌سازتر را بررسی کردیم و در عین‌حال این نوید را نیز شناسایی کردیم که چطور ارتباط بهتر میان زمینه‌های اصلی می‌تواند به یک موجودیت واقعاً منحصر به فرد منجر شود. در فصل سوم تاریخچه‌ی رشته‌ی MBE را مرور کردیم تا بتوانیم بهتر درک کنیم که اکنون و در لحظه‌ی تولید علم آموزشی جدیدی هستیم که از روش‌های آموزشی بهتری مطلوب‌تری استفاده بهره می‌گیرد. در فصل چهارم تحقیقات، شیوه‌ها و اهداف و استانداردهای معیارهای رشته‌ی جدید را مطرح نمودیم. آموختیم که چرا مفاهیمی در آموزش مطرح شده‌اند که در زمره‌ی به عنوان افسانه‌ها یا دروغ‌های آشکار درباره‌ی مورد مغز و یادگیری طبقه‌بندی می‌شوند. به علاوه روش سقراطی را در برابر استانداردهای معیارهای MBE بررسی کردیم و متوجه شدیم این ابزار آموزشی آزمایش شده و واقعی به صورت با رنگ‌های درخشان ظاهر شد و طی ۲۵۰۰ سال گذشته با ادله‌ی علمی و موجه زنده مانده به حیات خود ادامه داده است. توصیه می‌کنیم تمام روش‌هایی که تحت با عنوان «بهترین عملکرد» در تدریس و براساس استانداردهای معیارهای MBE مطرح شده‌اند، آزمایش شوند. در فصل پنجم به این موضوع پرداختیم که چه کسی، چه چیزی، چگونه و کدام ابعاد تدریس و یادگیری در علم MBE مطرح هستند و توضیح دادیم این روش‌ها چگونه به معلمان مرتبط ارتباط هستند. در فصل ششم به کاربرد عملی‌تر علم MBE از نظر درک مهارت‌های بقای انسان پرداختیم. در این رابطه و هشت حوزه را بررسی کردیم: عاطفه، همدلی، عواطف و انگیزه،. وظایف اجرایی و تصمیم‌گیری، تشخیص و تفسیر چهره، حافظه، توجه و شناخت اجتماعی، مدیریت ترتیبی فضایی و مدیریت متوالی زمانی. هر کدام از این حوزه‌ها، که در آن انسان‌ها مجموعه مهارت‌های مهمی را توسعه

می‌دادند، از نظر کاربردهای اساسی بقا و نیز نحوه‌ی ارتباط با تجربه‌ی کلاس درس توضیح داده شدند. در فصل هفتم حوزه‌های موضوعی مدرسه را مرور کردیم و علم پشت نهفته در آموزش زبان (خواندن و نوشتن)، ریاضیات، هنر، خلاقیت، موسیقی و علوم پایه را بررسی کردیم. همچنین مداخلات پیشرفته‌ای را در نظر گرفتیم که در چارچوب استانداردهای معیارهای MBE اعمال می‌شوند و به نظر می‌رسد نتایج دلگرم کننده‌ای به دنبال دارند. نهایتاً در نهایت در فصل پیشین، (فصل هشتم)، بر روش‌هایی متمرکز شدیم که این اطلاعات به واسطه‌ی آن‌ها به تمرین واقعی در کلاس درس تبدیل می‌شوند.

این کتاب در برهه‌ی هیجان‌انگیزی از نظر آموزش، شکل گرفته است. معلمان بزرگ به واسطه‌ی توسل اتکا به MBE می‌توانند علم پشت پنهان در هنرشان را درک کنند و با تکیه بر این رشته، ابزارهایی به دست آورنده‌اند که به آن‌ها در تدریس بهتر کمک می‌کند، امری که در نهایت به نفع دانش‌آموزان است. با این وجود، اما این تازه آغاز راه است. هر کدام از ما نقشی در توسعه‌ی مستمر این رشته‌ی جدید نوین داریم. به عنوان معلم در کلاس درس می‌توانیم اقداماتی انجام دهیم: ۱) می‌توانیم مصرف کنندگان با وجدان‌تر اطلاعات پیرامون درباره‌ی مغز و یادگیری باشیم. ۲) می‌توانیم مداخلات کلاسی‌مان را مستندسازی کنیم تا بیشتر روی در مورد عملکردمان بیندیشیم و ۳) می‌توانیم بهترین فعالیت‌ها را در اختیار متخصصان علم عصب‌شناسی در آزمایشگاه‌ها قرار دهیم و آنان‌ها را تشویق کنیم پرسش‌های واقعی‌تری در رابطه با کلاس مطرح کنند. روانشناسان در این تغییر وظایف ویژه‌ای دارند. از بسیاری جهات، روانشناسی پلی طبیعی میان علم عصب‌شناسی و آموزش است. این موقعیت محوری نقش بسیار مهمی برای روانشناسان قائل است و احتمالاً به شکل طبیعی‌تر واقعی‌تر از معلم در کلاس درس، از متخصص مغز و اعصاب در آزمایشگاه دعوت می‌کند روی بر مبانی مشترک کار تمرکز کنند.

از روانشناسان خواسته می‌شود به این پرسش‌های زیر بپردازند: پیوندهای احتمالی میان طرح‌های پژوهشی کجاست؟ چگونه می‌توان یافته‌های مکمل را به یک مطالعه‌ی دقیق‌تر مرتبط کرد؟ چه کسی باید در این روند درگیر شود؟

عصب‌شناسان در این روند مسیر تغییر، وظایف متفاوتی در مقایسه با روانشناسان بر عهده دارند. دانشمندان عصب‌شناسی آنان می‌توانند از معلمان دعوت کنند زمینه‌های تحقیقاتی را توصیه کنند و با آن‌ها همکاری کنند تا تبادلات بهترین میان این همکاران ایجاد شود. نشریات باید به دنبال یافتن واژگان رایج‌تری باشند تا به وسیع‌ترین میزان مخاطب ممکن دسترسی

یابند. برخی از دانشمندان علوم اعصاب، مانند استانیسلاس دهاین، جودی ویلیس، اوشا گوسوامی، مایکل پوزنر، و مایکل گاززانیگا، و مربیانی مانند دیوید سوزا و پت ولف، توانسته‌اند صدای خود را در رشته‌های مختلف گوناگون پیدا کنند و طنین‌انداز سازند و به متخصصان نیز شیوا بنویسند. به عنوان مردم عادی با این حال، ژانر انواع جدید نوشتن درباره‌ی مورد علم MBE تازه در حال ظهور است و به افراد بیشتری نیاز دارد که تا به این زبان مشترک صحبت کنند.

واژگان مشترک

برای ادامه‌ی رشد موفقیت‌آمیز علم MBE، باید بر چندین چالش غلبه کرد. یکی از مهم‌ترین چالش‌ها، ایجاد واژگانی است که برای همه‌ی شرکت کنندگان در این رشته مشترک باشند و شامل تعریف روشنی از این اصطلاح مذکور باشد، با هدف بهبود فرآیندهای ارتباط میان انواع رشته‌های مختلف پایه‌گذار این رشته شامل شود.

نمونه‌ای از دشواری در ایجاد واژگان مشترک، زمانی مشاهده شد که از متخصصان «پنل متخصصان دلفی» خواسته شد کلمات مهم این رشته را انتخاب و آن کلمه‌ی مذکور را تعریف کنند (۲۰۰۸). «پنل دلفی» با درخواست از کارشناسان برای تغییر تعریف، جمله‌ای را از با کلمه‌ی «یادگیری» آغاز کرد که در نهایت به رساله‌ای متنی شامل ۱۶۶ کلمه منتهی گردید:

«می‌توان گفت که یادگیری از نظر روانشناختی در ذهن و در مفهوم عصبی، در مغز رخ می‌دهد. یادگیری از مغز آغاز می‌شود و توسط به وسیله‌ی فرایندهای فکری درونی، ورودی حسی، تمرین حرکتی یا ورودی ادراکی شبیه‌سازی شده در ذهن تحریک می‌شود می‌گردد که این خود منجر به تغییر فیزیولوژیکی و قابل اندازه‌گیری در شبکه‌های عصبی و نیز تغییرات در عضلات و سایر قسمت‌های بدن خواهد شد. یادگیری انسانی امری پیچیده است و به شکلی پیچیده ترکیب‌شده با احساسات، شناخت، عمل، اراده و ادراک مرتبط است. یادگیری همچنین همواره با تغییرات مغزی همراه است که در واقع زمینه‌ساز خودیادگیری و نیز تغییر در رفتار از جمله فکر و احساس هستند. یادگیری انسانی را می‌توان از طریق فرایندهای فعال و سازنده مثلاً در چارچوب مدرسه به دست آورد. بسیاری از یادگیری‌ها را می‌توان قبل از اینکه در رفتار نمود یابند، از نظر عصبی مشاهده کرد، نظیر یادگیری ضمنی، که منجر به تغییرات ظریف در رفتار شده و معمولاً تنها زمانی قابل توجه است که یادگیری تازه را به همراه داشته باشد روی آن قرار گیرد، مانند بسیاری از یادگیری‌های اولیه‌ی دوران کودکی.»

واضح است که چنین تعریف طولانی و پیچیده‌ای کار دشواری است و مستلزم دقت و پالایشی مداوم است. تفاوت دیدگاه‌ها در تعریف دقیق واژه‌ی یادگیری در درجه‌ی اول به دلیل وابستگی‌های حرفه‌ای متفاوت کارشناسان و جهان‌بینی‌شان است. این تعارض در مقاله‌ی اخیر وارما، مک کندلیس و شوارتز مورد اشاره قرار گرفته است:

«تفاوت در واژگان علم آموزش و علم اعصاب می‌تواند در نهایت آن‌قدر زیاد باشد که امکان نظریه‌پردازی چند رشته را از بین ببرد. واژگان حوزه‌ی آموزش در زمینه‌ی علوم اجتماعی تعریف می‌شوند و اصطلاحات ذهنی مانند فهم و هویت را شامل می‌شوند. این سیستم سازوکار برای توصیف پدیده‌های رفتاری، روانی و اجتماعی طراحی شده است. در مقابل، واژگان حوزه‌ی علم عصب‌شناسی در زمینه‌ی علوم زیستی تعریف می‌شوند که شامل اصطلاحات مادی مانند پاسخ همودینامیک و دستگاه ماده‌ی سفیید است که لذاب برای توصیف پدیده‌ی فیزیکی طراحی شده‌اند. این تفاوت‌ها می‌توانند مشکل‌ساز شوند.»

به طور خلاصه، متخصصان مختلف گوناگون در این رشته‌ی جدید، واژگان متفاوتی را مطرح کرده و این واژگان را براساس حوزه‌ی فعالیت‌شان تعریف می‌کنند. اما باید توجه داشت سایر رشته‌های دانشگاهی از متخصصان‌شان انتظار دانش واژگانی خاصی دارند. به عنوان مثال، همه‌ی روانشناسان به احتمال زیاد از اصطلاحات خاصی مرتبط با حرفه‌شان استفاده می‌کنند، که ورای تخصص‌های فرعی‌شان است. با توجه به همه‌ی مطالب عنوان شده، نکته آن است که رشته‌ی MBE نیازمند توسعه‌ی واژگان مشترک است. در اولین تلاش برای ایجاد یک پایگاه واژگان مشترک، از خوانندگان دعوت می‌شود واژنامه‌ی انتهای کتاب را مرور کرده و نقدهایشان را ارائه کنند.

در پایان باید یادآوری کرد، در ابتدای این کتاب به کار عمیق تأثیرگذار برونو دلاکیزا، ونسا کریستوف و کریستینا هینتون (۲۰۰۹) اشاره کردم. این متحققان و پیشگامان علم MBE به سه ویژگی اصلی اشاره کردند که باعث پیشرفت این رشته خواهد شد. اولین ویژگی، نیاز به افرادی است که تمایل داشته باشند دانشی خارج از رشته‌ی اصلی‌شان را به اشتراک بگذارند. در مرحله‌ی دوم به افرادی نیاز دارید داریم که تمایل به تطبیق هرچه بیشتر زبان‌شان با مخاطبان تمایل بیشتر داشته باشند و در درجه‌ی سوم به افرادی نیازمندیم داریم که بدانند ارتباط اطلاعات در زمینه‌های متنوع و مشاهده‌ی مشکلات از دیدگاه‌های میان رشته‌ای، نه تنها به پرورش دیدگاه‌های خودشان، بلکه منجر به پرورش دیدگاه‌های دیگران نیز می‌شود و این می‌تواند به نفع همه باشد. این نقش‌های جدید برای مربیان، روان‌شناسان و عصب‌شناسان به سطحی از

ابتکار نیاز دارد که پیش‌تر وجود نداشته است. در حالی‌که ممکن است همه خواهان ارتباط بهتر، تحقیقات مشترک بیشتر، زبان مشترک و... باشند، نباید از لزوم کنش‌یار (نقش کاتالیزور) غافل شد. این دعوتی برای این انجام کار است.

پایان

معرفی چند کتاب دیگر از انتشارات:

برای تهیه کتاب ها از آمازون یا وبسایت انتشارات می توانید بارکدهای زیر را اسکن کنید

kphclub.com

Amazon.com

Kidsocado Publishing House
خانه انتشارات کیدزوکادو
ونکوور، کانادا

تلفن : ۸۶۵۴ ۶۳۳ (۸۳۳) ۱+
واتس آپ: ۷۲۴۸ ۳۳۳ (۲۳۶) ۱ +
ایمیل:info@kidsocado.com
وبسایت انتشارات: https://kidsocadopublishinghouse.com
وبسایت فروشگاه: https://kphclub.com